SOCIÉTÉ ARCHÉOLOGIQUE D'EURE-ET-LOIR.

CARTULAIRE

DE L'ABBAYE

DE LA SAINTE-TRINITÉ DE TIRON

PUBLIÉ ET ANNOTÉ

PAR M. LUCIEN MERLET

Archiviste d'Eure-et-Loir, Membre correspondant de l'Institut.

TOME DEUXIÈME

CHARTRES
IMPRIMERIE GARNIER
15, Rue du Grand-Cerf, 15

M DCCC LXXXIII

CARTULAIRE

DE

L'ABBAYE DE TIRON

SOCIÉTÉ ARCHÉOLOGIQUE D'EURE-ET-LOIR.

CARTULAIRE

DE L'ABBAYE

DE LA SAINTE-TRINITÉ DE TIRON

PUBLIÉ ET ANNOTÉ

Par M. Lucien MERLET

Archiviste d'Eure-et-Loir, Membre correspondant de l'Institut.

TOME DEUXIÈME

CHARTRES
IMPRIMERIE GARNIER
15, Rue du Grand-Cerf, 15

M DCCC LXXXIII

CHARTULARIUM

ABBATIÆ

SANCTÆ-TRINITATIS DE TIRONE

EX AUTOGRAPHIS

ET ALIIS INSTRUMENTIS NOVISSIME COLLECTUM.

CCXXVII.

Don de terres et de bois à Bouffry.

« De Gurgitibus. »

(1140 circa.)

« Noverint fideles cuncti presentes atque futuri quod ego Bartholomeus de Vindocino (¹) concedo Deo Salvatori et monachis *de Tyrum* terram quam eis dederat Rainaudus Roboratus apud Montem-Luisel (²), que

---

(¹) Barthélemy de Vendôme, fils de Gautier Payen de Vendôme, fonda le prieuré de Chauvigny en Vendômois entre les années 1116 et 1136. En 1147, au moment de partir pour la Croisade, il fit confirmer cette fondation par ses frères Vulgrin et Engelbaud, alors archevêque de Tours, et par Gosbert du Bouchet, mari de sa fille Adèle. Barthélemy avait épousé Guiburge, fille de Payen de Mondoubleau.

(²) Nous avons déjà, T. I, note 1, page 103, émis une supposition sur la situation du lieu appelé *Mons-Luisernus*, *Mons-Luisel*, *Mons-Lucellus*; nous nous réservons de déterminer son emplacement lors de la publication de notre *Index géographique* à la fin de ce second volume du *Cartulaire*.

erat de meo feodo; necnum concessi et dedi eis viiii denarios census, quos de eodem feodo singulis annis recipiebam. Dono etiam predictis monachis in elemosina, pro salute anime meę atque antecessorum meorum, duas carrucatas terrę juxta Planos-Baufredi, omnia nemora mea ad 'eamdem terram hospitandam et ad ceteros usus in eadem terra habitancium, et omnem pasturam extra defensum meum (1). Inde sunt testes: Engelbaldus canonicus et Guillelmus *de Coldrucel*, Petrus Machua, Fulcherius de Ferreria, Hainricus Brunellus, *Galebrun*, Gundracus, Raginaudus de Lenda, Pelos filius Fulcherii, Hainricus filius Mainerii Panerii. Hoc concesserunt Goffredus sororius meus et soror mea Maria et filius eorum Johannes et filię eorum. Unde sunt testes: Paganus de Fractavalle, et Paganus *Muthart*, et Petrus de *Turne*, et Hugo de Foro, Vulgrinus, Bochardus de Malavea, Rainbertus de Butellis, Fulco famulus Gaufridi, Petrus *Torel*, Garnerius *Borrel*. »

(*Cart. de Tiron*, f° 32 r°.)

CCXXVIII.

Abandon par Hugues de Crignon de ses prétentions sur les moulins de Espaus.

« De molendinis Arsiciorum. »

(1140 circa.)

« Notum sit omnibus quod ego Hugo de Crononio, in plenario capitulo Tyronii, dimisi calumpniam quam inferebam monachis *de Tiron* super exclusas molendinorum *de Espaus*, dantibus eis annuatim xii denarios de censu in Nativitate sancti Johannis-Baptiste, quem censum infra octabas ab eis sine lege accipiam. Hujus rei testes sunt : Burgundus de Monte-Hatoino ; Ansgotus *de Termeis;* Goffredus de Barris ; Robertus *Perdriel;* Fulcoius faber ; Guillelmus Rex ; Frericus miles ; Gis-

---

(1) On donnait le nom de *défenses* aux parties de bois interdites, soit en tout temps, soit pendant une partie de l'année, aux bestiaux et aux porcs.

lebertus, famulus abbatis; Richerius Albus ; Robertus *Athopart ;* Robertus de Fulgeriis. »

(*Cart. de Tiron*, f° 8 v°.)

CCXXIX.

Acquêt de quatre arpents de terre à Gourdez.

« De iiii^{or} arpentis terre apud Gorzeias. »

(1140 circa.)

« Sciant omnes tam futuri quam presentes Hubertum Asinarium, priorem monachorum Tyronensium Carnotum immorantium, Gebertumque suum socium, Constantino de Sancto-Martino vendente, iiii^{or} terre agripennos que est apud Gorzeias bis centum solidos et xxx emptos fuisse. Oleardus autem, Constantini frater, et conjux sua Maura, et sorores sue Haaborgis scilicet, *Hermengart*, et cognati ejus, Remberti filii, Guido scilicet atque Hodeerius, quietatis contra omnes homines fidejussores concessus fuerunt. Preterea Constantini filii filiaque fratris et sororis concessus suscipientes concesserunt se esse fidejussores, quorum sunt hec nomina : *Goflechaus*, Raginaldus, Maria, *Hermengart*, Haois, Teobaldus, Maria, Hubertus, Radulfus, Alcherius, Milo, Maria. Radulfus autem presbiter, Constantini frater, Paganusque major et frater suus Hubertus fidejussores fuerunt. Quo tempore curam pondusque Tyronensium monachorum Guillelmus abbas sustinebat, Teobaldus consulatum Blesis obtinebat, Gaufridus Carnoti episcopatum regebat, Paganus, hujus rei plegius, major de Sancto-Martino existebat. Hec omnia attestantibus istis : Paganus faber filiusque Petrus ; Guillelmus famulus ; Honfredus ; Stephanus cordarius et filius suus Guillermus ; Stephanus ; Odo Catus-Cornutus ; Holdinus et Martinus. »

(*Cart. de Tiron*, f° 13 v°.)

CCXXX.

Don au prieuré du Gué-de-Launay de la dîme de Vibraye.

« De Vado-Alneti. »

(1140 circa.)

« Notum sit cunctis fidelibus tam futuris quam presentibus quod Guillelmus de Fastiniis, cum moreretur, advocatis ad se monachis de ecclesia Sancti-Laurentii .que dicitur esse apud Vadum-Alneti, pro salute anime sue parentumque suorum, in elemosina eidem dedit ecclesiæ totam suam decimam quam, in feodo Vibreiæ, ex patrimonio, absque calumpnia et penitus liberam, tunc temporis possidebat. Quod vero decime beneficium ejus quippe parentes non immerito concesserunt, quorum quoque nomina infra memorantur : Erenburgis uxor ipsius G[uillelmi] nuncupata a vulgo Eschiva, Teobaudus quidem et Fulco filii ejus, et filia Helois, et avita eorum Hersendis, cum aliis nempe eorum amicis. Quo postmodum Guillelmo in proximo defuncto, ejusque corpore apud Alnetum in claustro monachorum venerabiliter inhumato, Raimbertus prior volens nimirum probabilius elemosinam testibus confirmari atque sub scripto im posterum retineri, omnes defuncti propinquos et boni testimonii viros qui ad defuncti exequias venerant congregavit et palam omnibus predictam decimam a parentibus defuncti rursus concedi obtinuit. Quod equidem factum est, assistentibus monachis de conventu ad hoc vocatis, scilicet istis : Rollando atque Huberto scriptoribus, Goffredo Tyronensi cantore, et fratre prioris Johanne, Herberto et ejus socio Herberto de Runcheria, cum aliis nempe quorum nomina tacentur. Cujus namque rei, id est decime beneficii, testes qui interfuerant subscribuntur : de sacerdotibus, Guillelmus de Torinio et Teobaudus, Guillelmus de Vibreia capellanus ; de militibus autem, Guillelmus de Alvia, Landricus de Vibreia, Garnerius de Torinio, et Tescelinus *Guerrer* et Teobaudus filius ejus ; de inferiori quippe gradu, David *de Tireht*, Paganus, Garnerius villici filius,

Guillelmus carpentarius, Galo pelliparius, Herenbertus monachorum famulus, cum aliis diversarum professionum quampluribus (¹). »

(*Cart. de Tiron*, f° 64 r°.)

CCXXXI.

Don d'un arpent de vigne à Nigelles.

« De Nido-Galli. »

(1140 circa.)

« Ne latere queat posteros memorie mandamus quatinus Renardus de Artenario, vitam canonicorum regularium aggrediens, pro anime sue remedio, agripennum vineę que est apud Gallinum-Nidum Tyronensibus monachis tribuit. Deinde, brevi temporis transacto curriculo, Ricardus de Orgeriis et uxor sua Adelina eam de patrimonio suo esse dicentes calumpniati sunt; qui autem sicophante ostensi hujus rei concessores effecti sunt. Et ne etiam amplius monachos calumpniando inquietarent, Huberto Asinario et Geberto suo socio suscipientibus, nullo eis etiam concessu dato, ambo etiam in obside fidem dederunt. Unde etenim quidam scilicet Stephanus cordarius, fratribus Tyronensibus amicissimus, eis, potius amicitie causa quam quietatis, v solidos erogavit. Quod hii testantur : Alcherius, Aalonis filius, et frater suus Hernaudus; Guillermus de Cella et filius suus Hernaudus; Bernerius; Hernaudus institor; Gebertus institor; Ansodus *de Croci*; Stephanus *Menstel;* Guidardus Excubia. »

(*Cart. de Tiron*, f° 14 r°.)

(¹) Une copie de cette charte existe aux Archives de la Sarthe (H. 84); mais ici, comme dans presque toutes les copies conservées au Mans, les noms propres sont défigurés.

CCXXXII.

Don d'une maison à Chartres.

« De domo Armentrudis, Carnoti. »

(1140 circa.)

« Haudricus et *Hermentrut* uxor ejus emerunt a canonicis Sancti-Martini quemdam ortum, et, mortuo illo Haudrico, uxor ejus *Hermentrut* a vademoniariis emit partem illius mariti sui et sibi fecit propriam, cujus partem ipsa dedit monachis Tyronensibus et ostendit eis et vestivit eos inde, et duo illorum, Gosbertus et Glavius, donum illud per vitem quamdam (¹) receperunt. Et hujus doni monachi habent testes vicinos ipsius domine, scilicet Goscelinum manentem in domo ipsius domine, et Odonem *Tondu,* filium Huberti *de Luisant,* et Guillermum clericum qui est de Normannia, et Raginaldum filium Restoldi, et Guillermum filium Garmundi, et Guillermum Parvum, et Robertum fratrem suum, et Gislebertum cognatum eorum, et Girardum textorem (²). Justaque partem monachorum ipsa dedit aliam partem homini cuidam, Goscelino nomine, cui dederat orphanam quamdam sponsam, pro Dei amore; et inter illas duas partes est semita quedam que eas dividit. »

(*Cart. de Tiron,* f° 15 r°.)

(¹) Il faut sans doute entendre par ces mots une forme particulière d'investiture.

(²) Les texiers formaient ce qu'on appelait au Moyen-Age le *Métier de la Rivière;* on les désignait sous le nom de *Bourgeois de la rivière de Chartres.* Ils comprenaient les drapiers et sergers, les cardeurs et laveurs de laines, les arçonneurs ou feutriers et les teinturiers. Le Métier de la Rivière demeura florissant à Chartres jusqu'au XVII° siècle. L'ordonnance qui le régissait datait du mois de janvier 1213 et était connue sous le nom de *Charte de la Perrée aux Marchans.*

CCXXXIII.

Vente de trois arpents de terre à Grosselle.

« De Carnoti terra. »

(1140 circa.)

« Innotescat cunctis per orbem fidelibus quod Harduinus et Adelina uxor ejus et filius eorum Johannes vendiderunt monachis Tyronis III arpentos terre ad Grossellam, de quibus ab eisdem monachis habuerunt VII libras et X solidos. Hoc autem concesserunt tres filie Lamberti cellerarii, accipientes singule XII nummos. Sed quia supradicti venditores fidejussores non habebant, domum suam *de Mureth* ([1]) in fidejussione miserunt. Nam et Guillermus Grandus, filius Aucherii, habuit inde gauntos ([2]), scilicet duos denarios. Inde sunt testes : Stefanus cellerarius, Vitalis, Gosbertus monachi, Stephanus cordarius, filius ejus Lambertus, Osbertus de Ceresvilla, Radulfus aurifaber et gener ejus Ernaudus, Gosbertus *Gainart*, Robertus filius Johannis, Herbertus cutellarius, Bertrannus filius Rogerii, Herbertus de Cepeio, Robertus de Columbis, Aucherius filius Richerii coconarii ([3]). »

(*Cart. de Tiron*, f° 15 r°.)

CCXXXIV.

Don d'une terre à Puerthe.

« Sancti-Georgii de Cloya. »

(1140 circa.)

« Notum sit omnibus hominibus tam futuris quam presentibus quod

---

([1]) Il paraît que les arpents de terre vendus par Hardouin ne furent pas livrés aux religieux de Tiron, car nous voyons ceux-ci, jusqu'à la Révolution, en possession de la maison de la rue Muret, donnée en gage par les vendeurs.

([2]) Les *gauts* étaient un droit qui revenait aux serviteurs du seigneur lors de chaque mutation de propriété.

([3]) La même charte, moins complète, se trouve dans le Cartulaire f° 13 r°

Goscelinus *Borrel* (¹) dedit Deo et monachis *de Tyron*, per manum Goffredi episcopi, in ecclesia Sancti-Georgii Cloie, in die dedicationis ejusdem ecclesie, omnem terram suam quam juxta Pertas habebat, et quicquid adquirere poterunt emptione aut dono in suo feodo, salvis suis servitiis. Hujus rei testis est domnus Goffredus, Carnotensis episcopus, et fidejussor. Item testes sunt : Urso de Fractavalle, Odo de Muntigneio (²), Matheus Rufus, Jeremias de Bosco-Garnerii (³), Britto de Sancto-Karilelfo, Herbertus de Boscato.

» Deinceps vero, quadam die, venit Goscelinus *Borrel* apud Castridunum, cum duobus filiis suis, Odone videlicet et Hugone, et que prius dederat, sicut superius dictum est, tunc concedentibus supranominatis filiis suis, in presentia domni comitis Theobaudi, per manum ejusdem comitis, firmius stabilivit. Hujus rei testis est comes Theobaudus, et fidejussor et justicia. Testes sunt etiam : Goffredus vicecomes, Petrus Guina, Gauterius de Vernolio, Guiternus de Pataio. Ob hoc dederunt monachi decem libras Goscelino, et sexaginta solidos filio suo Odoni, et viginti quinque solidos alteri filio suo Hugoni, hoc pacto quod ipsi debent ipsam terram ab omni calumpnia defendere, vel si defendere non poterunt excambium dare. Hujus rei testes sunt : Herveius decanus, Stephanus sacerdos *de Donemain*, Stephanus *de Novi*, Haimericus filius ejus, Fromundus prepositus (⁴), Guiternus de Pataio. »

(*Cart. de Tiron*, f° 37 r°.)

(¹) Ce Joscelin Borrel appartenait probablement à la famille Borrel propriétaire de Courtalain, et qui joua un grand rôle dans le pays dunois aux XI° et XII° siècles. *Joscelinus Borrelli de Curia-Alani* figure comme premier témoin à une confirmation par Agnès, dame de Courtalain, et Eudes Borrel, son fils, vers 1160, d'un don fait à l'Aumône de Châteaudun par Eudes de Cormeray.

(²) Eudes avait pris le surnom de Montigny depuis son mariage avec Agnès, dame de Montigny-le-Gannelon. Avant son mariage il portait le titre de la seigneurie de Vallières dont il était propriétaire.

(³) Jérémie de Bois-Gasnier et Mathieu, son frère, furent témoins d'un accord fait en 1119 entre les religieux de Marmoutier et Nivelon de Fréteval pour les droits dans l'église de Fréteval.

(⁴) Fromond, prévôt de Châteaudun, avait d'abord été cellerier du comte Thibaut IV. C'est en cette qualité qu'en 1114 il s'empara de force des chevaux d'Ingelric, maire des religieux de Marmoutier à Chamars, pour transporter au Puiset les bagages militaires du comte de Chartres. Sur la plainte des religieux, il fut condamné à l'amende.

CCXXXV.

Accord entre l'abbaye et le Chapitre de Chartres pour le moulin de Mazangé.

« De molendino de Mesange. »

(1140 circa.)

» Notum sit omnibus hodie et cras quod quidam miles volens fieri monachus Tironii quendam molendinum quem habebat prope Masengiacum, reddens per singulos annos ecclesię Carnotensi censum duorum solidorum, pro salute animę suę, dedit monachis Tironensibus, et factus est monachus Tironii. Quem molendinum monachi Tyronenses habuerunt et tenuerunt libere et quiete per multos annos. Demum Bernardus, capicerius Carnotensis ecclesię, qui tunc temporis tenebat censivam de Masengiaco (¹), impetravit a monachis Tironensibus ut darent et concederent medietatem molendini et medietatem prati Carnotensi ecclesię, ita tamen quod, preter censum duodecim denariorum, quem daturi sunt monachi per singulos annos ęcclesię Carnotensi de medietate sua, omnem dominationem haberent in omnibus quę pertinent ad molendinum pro curando, ordinando, sicut illi qui de ęcclesia Carnotensi, et pro ecclesia haberent medietatem molendini et non haberent potestatem faciendi aliquid vel ordinandi de molendino seu in molendino illi qui tenerent medietatem molendini, vel illę, sine assensu monachorum, nec monachi Tironenses sine assensu illorum vel illius. Moltam quoque haberet molendinus de tota terra Masingiaci, sicut proprius molendinus ęcclesię Carnotensis habet. Et ut hoc firmum et inviolabile per succedentia permaneat tempora, confirmatum est in

---

(¹) La terre de Mazangé appartenait depuis longtemps au Chapitre de Notre-Dame de Chartres. C'était une des censives les plus importantes du Chapitre : aussi lorsqu'à la fin du XII° siècle, les prévôts furent dépossédés par l'évêque de Chartres de leurs prébendes de Nogent, Fontenay-sur-Eure, Amilly et Beauco, la prêtrière de Mazangé fut une des quatre qui leur furent assignées.

capitulo Carnotensis ęcclesię in tempore Zacharię decani, et sigillo ęcclesię Carnotensis roboratum. »

(*Cart. de Tiron*, f° 43 r°.)

CCXXXVI.

Don d'un droit de cens à Villandon.

« De Guillelmo, filio Ansodi. »

(1140 circa.)

« Notum sit omnibus tam presentibus quam futuris quod Guillelmus, Ansoldi filius, dedit monachis *de Tyron*, pro remedio anime sue carorumque suorum, tres minas avene et tres obolos quos habebat ad *Vilandum* de tutela in terra quam dederat eisdem monachis Guido de Umpharvilla. Hoc concesserunt uxor ejus nomine Elisabeth et filii et filie sue, Ansoldus, Guillelmus, Goffredus, Girardus, Robertus, Agnes, Maria. Hujus rei sunt testes : Gauterius Britellus frater ejusdem Guillelmi, Raginaudus de Freevilla, Ansoldus fultrerius. Gauterius, famulus ipsius Guillelmi, habuit de monachis tres solidos pro concessu trium obolorum, quia sui erant de vicaria. Hujus rei sunt testes : Guibertus faber, Guillelmus frater ejus, Menerius. »

(*Cart. de Tiron*, f° 18 v°.)

CCXXXVII.

Don au prieuré d'Ablis d'un arpent de terre audit lieu.

« De Raimbaldo. »

(1140 circa.)

« In nomine sancte et individue Trinitatis, Reinbaldus *de Coldrai* et uxor ejus Agnes, pro Dei amore, dederunt monachis *de Tyrum* habitantibus *Ableis* quoddam arpentum terrœ, quo terra proxima est terre sue retro Sanctum-Hispanum, teste domino Engelberto, sacerdote Sancti-Germani de Castris, cui ipse domnus Reinbaldus peccata sua confessus est cum hanc elemosinam supradictis monachis dedisset. Teste etiam domno Baldrico, sacerdote de Castris, et Filippo, sacerdote de Lanorvilla, et Hugone *Cever* et uxore ejus, et Rainardo et matre ejus Dina. »

(*Cart. de Tiron*, f° 20 r°.)

CCXXXVIII.

Don par Guillaume du Plessis de tout ce qu'il possédait en fief à Choudri et à Auvilliers.

« De Chodri. »

(1140 circa.)

« Noverint fideles cuncti presentes atque futuri quod ego Guillelmus de Plesseio [1] quicquid habebam in feodo *de Cheldri* et *de Orviler*, que videlicet mihi contigerant a Girardo avunculo meo, qui, cum sine herede esset, me in predictis feodis heredem suum constituerat, partim pro remedio anime mee et antecessorum meorum, partim pro nummis quos inde habui, monachis Tyronensibus in elemosinam dedi ; habui enim inde quingentos ab eisdem monachis solidos. Hanc autem elemosinam non solum concesserunt Paganus pater meus, et Hugo et Odo fratres mei, sed etiam mecum fide sua firmaverunt predictam elemosinam ab omnibus calumpniis liberam et quietam reddere. Unde sunt testes : Hugo *Desree*, Bernardus prepositus [2], Teobaudus Engelardus, Rainaudus Tunica, Tardivus, Matheus *Maingarin*, Stephanus *Rabel*, Paganus *Robin*, Britonus, *Cholet* major *de Chemart*, Johannes de Verreriis,

[1] Guillaume du Plessis était le fils de Payen de Frouville, neveu par conséquent de Girard le Diable. C'était du chef de son oncle que Guillaume était seigneur du Plessis-Maillé. (Voir ch. LXXXVII, CIX et CXIX.)

[2] Hugues le Déshérité et Bernard, prévôt, neveu du doyen Hervé, assistent comme témoins à une renonciation faite par Ursion de Meslay en faveur du Chapitre de Chartres, en 1139.

Girardus pelliparius. Et sciendum quia pro hujus rei concessione habuerunt Paganus de Plesseio et filii ejus Hugo et Odo xxx solidos, unusquisque x.

» Item testes qui viderunt et audierunt tam concessionem Hugonis vicecomitis (¹) quam dationem Guillelmi et concessionem Pagani et filiorum ejus Hugonis atque Odonis : Robertus capellanus, Guiardus de Monte-Dulceto, Hugo vicarius, Matheus Rufus, Stephanus Forrerius, Johannes *Halori*, Teobaudus de Merlainvilla et Hubertus Bren-in-Bursa.

» Hoc concessit Guilduinus de Plesseio. Unde sunt testes : Tebaudus Engelardus, Herbertus de Cantamerla, Ricardus *Ganbeser*, Ernulfus famulus monachorum. Hoc concessit Matildis de Rocha et filie ejus Beatrix et Maria, his testibus : Tebaudo Engelardo, Ricardo Ganbesario, Ernulfo famulo monachorum. † Signum concessionis Hugonis vicecomitis. »

(*Cart. de Tiron*, f° 28 r°.)

CCXXXIX.

Don de quatre arpents de vignes à Châteaudun.

« De vineis Castriduni. »

(1140 circa.)

« Notum sit omnibus tam presentibus quam futuris fidelibus quod Ysanna, uxor Engolrandi *de Noce*, dedit monachis *de Tyron* IIII agripennos vinearum apud Castrumdunum, concedente Maria, filia sua. Hoc donum concedit Goffredus legis-doctus (²), ex cujus feodo sunt iste vinee, et uxor ejus et filii. »

(*Cart. de Tiron*, f° 24 r°.)

(¹) Cette concession du vicomte de Châteaudun n'est pas rapportée explicitement dans la notice du Cartulaire ; mais nous trouvons à la fin de cette charte une croix mise comme preuve de la confirmation du vicomte Hugues.

(²) Par l'exemple de ce *Gaufridus legisdoctus*, Geoffroy jurisconsulte, on peut voir que, dès avant saint Louis, les légistes jouissaient d'une grande considération à la Cour

CCXL.

Acquêt par l'abbaye de prés à Néron et don de vignes et terres au même lieu.

« De Neronio. »

(1140 circa.)

« Notum sit omnibus quod monachi emerunt duo agripenna pratorum de Roberto Gaio cui reddituri sunt quotannis ıı denarios in die Ascensionis. Cujus rei testis est : Ogerius decanus, Guiardus de Nerone, Gervasius major, Gauterius *Buveri*. Et hoc pactum factum fuit tempore Achardi, prioris.

» Similiter notum sit omnibus Nicholaum dedisse monachis de Tirone duo agripenna pratorum, pro anima sua et pro animabus omnium fidelium defunctorum ; cui Nicholao reddimus ıııı denarios in die Ascensionis.

» Notum etiam omnibus quod Geubertus *Ledreies* concessit monachis de Tirone omnes elemosinas quas habebant de sua proprietate, scilicet medietatem arpenti vinearum et omnem elemosinam Germundi Nigri ; et pro medietate arpenti vı denarios reddimus in die sancti Remigii, et quia Geubertus hoc concessit ı minam avene, et *Ernol* Aurelianis xıı denarios, et pepigit quod hoc faceret concedere uxori et filiis, et dominus *Gosdeschal* (¹) audivit et est testis, et Guillelmus *Lebal*, et Radulfus

---

des seigneurs. Nous voyons en effet Geoffroy, en sa simple qualité de jurisconsulte, posséder un fief à Châteaudun et nous l'avons trouvé mentionné parmi les principaux conseillers du comte de Chartres, *inter optimates*, sur le même rang que les plus nobles seigneurs du Dunois.

(¹) Godescal est-il simplement un nom de baptême, ou cette appellation ne désignerait-elle pas un membre de la famille Godescal que nous voyons établie avec de riches propriétés en Touraine au commencement du XIII siècle? Vers 1205, Geoffroy Godescal fit don de 5 sous de cens aux religieux de Marmoutier, à la condition d'être inhumé dans l'abbaye. Il possédait des domaines à la Croix-de-Bléré, à Larçay, à Chouzé et la seigneurie de la ville de Cléré.

pelliparius, et Garinus filius Theobaldi forestarii *de Neiron*. Hoc fuit factum tempore Gauteri Brutelli. »

(*Cart. de Tiron*, f° 38 v°.)

CCXLI.

Confirmation d'exemption de droit pour un navire de l'abbaye.

« Concessio filii regis Scotie de nave data a patre suo. »

(1140 circa.)

« H[enricus], filius regis Scotie et comes Northimbrię([1]), episcopis, abbatibus, comitibus, justiciariis, baronibus, prepositis, ministris et omnibus fidelibus suis clericis et laicis, Francis et Anglicis et Scottis, tam futuris quam presentibus tocius regni patris sui et portuum maris, et omnibus probis hominibus tocius comitatus Northimbrie, salutem : Sciatis me concessisse et confirmasse Deo et ęcclesię Sanctę-Trinitatis de Tyrone, pro salute animę meę et antecessorum et successorum meorum, donum patris mei, scilicet unam navem singulis annis quietam *de can*([2]), ubicumque venerit vel applicuerit in tota terra patris mei. Volo itaque et firmiter precipio quod predicta navis et homines qui in ea fuerint juste habeant meam firmam pacem vendendi et emendi et mercata sua faciendi, ubicumque venerint vel applicuerint in tota terra patris mei; et omnes homines ejusdem navis cum mercatis suis sint quieti ubique per terram patris mei de cano, si voluerint piscari an non. Hoc idem vero sciatis me dedisse et concessisse illis ubicumque predicta navis venerit vel applicuerit in tota terra mea de Northimbria, et hoc petitione Johannis, Glasgwensis episcopi. Testibus : eodem, Ada comi-

---

([1]) A la suite d'une longue guerre entre David, roi d'Ecosse, et Etienne, roi d'Angleterre, une paix fut conclue entre les deux rois en 1139. Aux termes de cette paix, le prince Henri, fils aîné de David, obtint le comté de Northumberland que son père réclamait comme venant de Waltheof, dont il avait épousé la fille. Henri mourut avant son père en 1152.

([2]) Voir T. Ier, charte LX.

tissa, Hugone de Morevilla([1]), Roberto de Umfranvilla et Gilleberto de Umfranvilla, Gervasio *Ridel*, Gwillelmo de Sumervilla, Normanno vicecomite, Hugone *de Broi*, Gwillelmo Masculo, Engerano clerico, Ricardo capellano. Apud *Jeddewrde*. »

(*Orig. en parch. — Cart. de Tiron*, f° 48 v°.)

CCXLII.

Don de dix sous de revenu pour entretenir la lampe qui brûle devant la tombe du bienheureux Bernard.

« De redditu sacriste supra medietariam de Monguimer. »

(1140 circa.)

« Notum sit omnibus tam futuris quam presentibus quod ego Robertus de Clarofonte, concedente Ascelina uxore mea, dono et concedo in elemosinam monachis Tyronensibus in medietaria mea de Monte-Guimeri, quam ego et heredes mei de heredibus *de Curtgaudre* tenemus, x solidos habendos singulis annis in perpetuum, ad emendum oleum unde lampadi serviatur que jugiter ardet ante sepulcrum beatissimi abbatis Bernardi. Quare volo quod quicumque medietariam illam, dum presens seculum durabit, habiturus est, in pace jamdictis monachis hos x solidos, singulis annis, in festo sancti Remigii, reddat, vel infra octo dies ab ipso festo. Hoc donum concesserunt filii mei et filie : filiorum hec sunt nomina : Richerius clericus, Robertus Rusellus, Henricus monaculus; filiarum vero nomina hec sunt : Johanna, Agathes. Hujus rei testes existunt : Durandus capellanus, Robertus *Hai*, sponsus filie mee Johanne, Odo serviens meus, Goslenus, Radulfus, Guillelmus *Allevot*, et Hugo, Richardus, famuli monachorum. »

(*Cart. de Tiron*, f° 51 r°.)

[1] L'un des assassins de Thomas Becket en 1170 s'appelait Hugues de Morville.

CCXLIII.

Cession par l'abbaye de Bonneval de la chapelle de Saint-Maixme.

« De Sancto-Maximo. »

(1140 circa.)

« Notum est omnibus nec longa persuasione indiget quod multum ad pacem et quietem servorum Dei custodiendam valeat rerum presentium dispositiones et exhibitiones litterarum apicibus traditas noticie posterorum fideliter commendare. Ego igitur Bernerius, Bonevallensis cenobii abbas, notum esse volo tam presentibus quam futuris quia dominus Guillelmus, Tironensis abbas, et fratres ejus, paupertatis semper amatores, petiverunt humiliter et impetraverunt a nobis quandam capellam sancto Maximo ([1]) dicatam, juxta Osane fluvium sitam, tali videlicet pacto ut nichil unquam de his que ad matrem ecclesiam *de Trisi* pertinerent ullo modo presumerent, neque parrochiale omnino aliquid haberent. »

(*Cart. de Tiron*, f° 36 r°.)

CCXLIV.

Don d'une terre et de prés au Mesnil-Bercier.

« De terra que est ad Mesnilium-Bernardi. »

(1140 circa.)

« Notum sit omnibus hominibus tam futuris quam presentibus quod Alexander de Noerio dedit monachis *de Tiro* terram quam habebat ad

([1]) A la suite de cette donation, les religieux de Tiron fondèrent un prieuré à Saint-Maixme. Depuis longtemps toutes traces de la chapelle et du prieuré ont complètement disparu; nous avons en vain cherché l'emplacement de la chapelle sur les plans terriers du XVII° siècle de la paroisse de Trizay-lès-Bonneval.

Mesnilium-Bercerii et prata et quecumque ibi habebat, et in eadem terra fecit donum in manu Girardi monachi cum libro. Unde sunt testes : Robertus Pulcrellus, Richardus de Cantapia, Guillelmus de Tiliolo, Girardus famulus, Rogerius ejusdem terrę rusticus. Postea vero in capitulo predicte ęcclesię Tironis ipse Alexander idem donum confirmavit. Unde sunt testes : Alexander de Marneriis, nepos illius, Raginaudus famulus, Guimundus, Brientius, Herbertus, famuli. »

(*Cart. de Tiron*, f° 54 r°.)

CCXLV.

Don au prieuré de Clères d'une terre et d'un bois à la Bassée.

« De Clara. »

(1140 circa.)

« Notum sit omnibus hominibus tam presentibus quam futuris quod Gillebertus dedit monachis *de Tiron* qui apud Sanctum-Silvestrum commanent terram Basse sicut a via que boscum *Rohart* petit dividitur. Dedit etiam et terram Tursensium quam ab ipsis emerat cum bosco, liberam et quietam ab omni consuetudine. Dedit et boscum quod habebat in suo dominio, inter viam que boscum *Rohart* tendit et boscum Rainaudi de Ceonio, et in aliis nemoribus suis quicquid opus fuerit ad edificationem ęcclesię et dominium fratrum, suo tamen vidente forestario. Dedit etiam preterea tocius victus sui decimam, preter carnem et caseos. Dedit et vivarium quod est juxta Cleram. Dedit et ortum cum prato ei adjacente. Concessit etiam prefatis fratribus annonas suas dominicas in molendinis suis molendas absque molta. Dedit idem G[illebertus] eisdem monachis pasturam porcorum et omnium animalium suorum quietam extra et intra boscum ubi scilicet sua pascerentur animalia. Horum omnium dator extitit G[illebertus], concedentibus uxore sua Eustachia et filiis ejus Matheo, Gaufrido, Rogerio, Berengario, et filiabus suis Basiria et Eustachia. »

(*Cart. de Tiron*, f° 54 v°.)

CXLVI.

Don d'une vigne au terroir de Coulaines.

« De Monte-Alerii. »

(1140 circa.)

« Notum sit Elisendam, usitato nomine Paganam, civem Cenomannensem, in extremis vitę suę positam, a monachis Tironensibus velatam atque Christo consecratam, eisdem monachis, filiis suis Gerrico, Hernaudo, Petro, cum ceteris propinquis suis, concedentibus, quarterium arpenti vineę in territorio Colonie in Sancti-Mauricii monte, in elemosina prebuisse. Tali tamen conditione filii ejus concessere ut si vineam amplius recuperare voluerint centum solidos de moneta cenomannensi monachis persolverint. Testes sunt : Robertus *de Balaon*, Fulcheius Rufus presbiter, Menardus de Sancto-Vincencio, Guiardus filius Ricolli, Radulfus *Daguenez*, Ivo de Campania, Frogerius *Bacherot*, Robertus *Hirebec*. Preterea sciendum est vineam supradictam omni consuetudine liberam, preter tria dolia asinaria vino plena domino Rotrocho de Monteforti singulis annis reddenda. »

(*Cart. de Tiron*, f° 69 v°.)

CCXLVII.

Don du lieu de Secreu.

« De Secreu. »

(1140 circa.)

« Notum sit omnibus et hominibus tam presentibus quam futuris quod dominus Tescelinus et filius suus Dainbertus cum uxore sua Amica, et donnus Fulco *de Taruent* et uxor sua Amelina cum filio suo

Joscevino, et donnus Gaubertus et uxor sua Mabilia, isti supranominati, Deum timentes et sua peccata, et memorantes scripturam que dicit : « Qui manet in caritate in Deo manet et Deus in eo, » misericordiam Dei consequi cupientes, pro animabus suis et antecessorum suorum, donaverunt et annuerunt locum *de Secreu* ecclesię nostri Domini Salvatoris *de Tiron*. Et ex eadem terra *de Secreu* ipsi supramemorati, diligentes locum et cupientes eum crescere, concesserunt libere et sine aliqua calumpnia quantum poterint lucrari quatuor aratra, et si magis possunt lucrari plus habeant. Et cum ipsa terra annuerunt eis omnes usus terre et silve, id est decimam, pasnagium, forestagium. Et ita quod aliquis heres, nec presens nec futurus, aliquid posset calumpniari nec clamare nisi beneficium *de Tirum*. Et hoc ipso annuente et audiente Rainaldo de Campovalum, de cujus beneficio sunt locus et terra, et de quo isti supradicti tenent. Istam concessionem loci istius supradicti viderunt et audierunt ex utraque parte : Reinardus Joviniensis comes, Isnardus vicecomes, Joldoinus filius ejus, Rainaudus vicecomes, Joldoinus filius ejus, Joscevinus *de Tavoent*, Gosbertus et Erbertus fratres ejus, Gosbertus *de Vilecen*, Girardus frater ejus, Nariotus et Isnardus *de Baium*. »

(*Cart. de Tiron*, f° 75 v°.)

CCXLVIII.

Confirmation de dons au prieuré de Notre-Dame-d'Arable et donation d'une dîme à Tréloup.

« De Dormanz. »

(1140 circa.)

« Quoniam que fiunt sine litterarum apicibus custodiri diu nequeunt, ad posterorum noticiam placuit scripto adnotari quod Jacobus *de Dormanz* concessit Tironensibus monachis qui habitant apud Fontem-Erabli ea que mater ejus predictis monachis in elemosina dederat, scilicet unum modium vini et unam carratam feni, reddenda per singulos annos. Unde sunt testes : Rainaudus *de Chaumesi*, et Hugo filius ejus, Guiardus *de Ange*, Herbertus major, Milo filius Johannis molendinarii, Johannes filius Constancii, Petrus filius Milonis prepositi.

» Gauterius etiam *de Cortergei* et Robertus gener ejus dederunt supradictis monachis decimam quam habebant ad *Treslort*, pro remedio animarum suarum et suorum predecessorum. Unde sunt testes : Jacobus *de Dormanz*, Radulfus Rufus, Guiardus *Trose* et Paganus filius ejus, Fulco prepositus([1]) et Girelmus nepos ejus, Robertus *de Treslort*, et Godescallus frater ejus([2]). »

(*Cart. de Tiron*, f° 62 v°.)

CCXLIX.

Don au prieuré de Tiron, près Maillezais, d'une terre à Saint-Médard.

(1140 circa.)

« Ego Paganus de Vallibus([3]) et *Beloth* de Claris-Vallibus et Johannes de Tuschia donamus cuidam monacho, Bernardo de Murciaco nomine, duas partes terre que est inter silvam juxta Sanctum-Medardum et silvam de *Lapelocheria*, quam divisam in tres partes dedimus tribus heremitis, ipsi Bernardo scilicet unam partem, alteram Mauricio atque alteram alteri. Harum duas vero diximus, partem scilicet quam dedimus ipsi B[ernardo] et partem Mauricii, ipsi Mauricio et sociis ejus concedentibus, coram testibus : Erveo de Clia, Illario, Bertrando, Guidone, concedimus jamdicto B[ernardo], ego quidem Paganus coram testibus : Johanne de Tuschia, Guillelmo de Bello-Joco, Petro *Grisce*; ego vero Johannes, coram Aimerico vicecomite, Bosone fratre, Guillelmo *de*

([1]) Foulques était prévôt de Dormans, sous la juridiction du comte de Champagne.

([2]) La même charte est reproduite dans le Cartulaire, f° 77 r°.

([3]) Payen de Clairvaux (*de Claris-Vallibus*), Geoffroy de Clers et Hugues son fils furent choisis pour arbitres par Geoffroy Plantagenet, vers 1150, dans une contestation survenue entre lui et les chanoines de Saint-Pierre-de-la-Cour du Mans, au sujet des foires de la Pentecôte et de la Saint-Jean au Mans.

Valentai; ego *Beloth,* coram Aimerico vicecomite, Petro Elie. Hanc terram concedimus Bernardo et sociis ejus post eum futuris possidendam in perpetuum absque ulla consuetudine. »

(*Cart. de Tiron,* f° 80 v°.)

CCL.

Don au prieuré de Ferrières de terres à la Coudraie.

« De Ferrariis. »

(1140 circa.)

« Aimericus de Torneria duas masuras terre inter Cosdreiam et *Taisum,* et Vilena conjux, de cujus genere erant, dederunt monachis Tironis, Guidone et Raginaudo filiis Villene concedentibus, Gaufrido de Nigra-Terra, Ugone Carvello et Petito, Guillelmo de Butatore, Raginaudo Quercore, testantibus. Omnia hec scripta tunc temporis fuerunt, Isemberto Sancti-Laurentii domus Ferrarum priore, Airaudoque Mali-Leonis cellario, Alcalmo atque Stephano cum eis fratribus. »

(*Cart. de Tiron,* f° 79 v°.)

CCLI.

Don au prieuré de Tiron, près Maillezais, de la terre de la Sècheterie.

(1140 circa.)

« Guillelmus *de Escollon* dedit semetipsum suaque Deo et monachis *de Tiron* et unam borderiam terre que vocatur Sichateria, audiente Morino presbitero, Ricardo Brucelerio, Rainaudo Brucelerio et Mensurate sorore ejusdem Guillelmi. Hanc vero terram postea calumpniatus est Guillelmus de Dillonio et Painellus frater ejus de quibus movebat ; pro qua calumpnia dedit eis Giraudus monachus xx solidos. Preter hoc etiam IIII solidos donant monachi singulis annis supradictis fratribus pro omnibus que in terra clamare poterant. Hujus rei testes sunt : Raginaudus de Foresta, Paganus Rigerius, Gavanus de Prato-Girardi. »

(*Cart. de Tiron*, f° 81 r°.)

CCLII.

Don au prieuré de Tiron, près Maillezais, d'une terre à la Verdonnière et à la Passidotière.

(1140 circa.)

« Petrus Girardus, frater Guillelmi *de Escolon*, dedit semetipsum monachis *de Tiron* et unam borderiam terre in duobus locis, quorum unus vocabatur Verdoneria, alius Passidoteria. Testes sunt : Girbertus presbiter, Haimericus presbiter, Anseius et domina castri nomine Color. Hoc concesserunt Goffredus *Panet* et alii. »

(*Cart. de Tiron*, f° 81 r°.)

CCLIII.

Don au prieuré de Russé du droit sur le pain vendu à Faye.

« De Rusayo. »

(1140 circa.)

« Ego Aimericus Faiensis et Aimericus filius meus ([1]), cum assensu uxoris sue, ęcclesię Sanctę-Marię-Magdalene apud Rusiacum site damus venditionem panis annone quam in castello. Faie habemus, ita tamen

---

([1]) Cet Amaury de Faye eut pour fils Jodouin, seigneur de Faye, qui, en 1190, fonda le prieuré de Saint-Eutrope dans son château de Bois-Jodouin (depuis Bois-Rogues). En 1201, Amaury de Faye et Rogues de Coué, son frère, confirmèrent cette fondation. Amaury de Faye fut le dernier de cette famille; la terre de Faye passa ensuite entre les mains des seigneurs de la maison de Fréteval.

quod Oda, nutrix Aimerici filii mei, quamdiu vixerit, habeat illam. Radulfus etiam de Bosnaio suam terciam partem ejusdem venditionis, cum Scolastie uxoris suę et Reensendis matris suę [assensu], in perpetuum habendam concedit. Testes sunt : Boso capicerius, Hugo capellanus Sancti-Georgii, Calo de Fornosio, Britius *de Chillo*, Boso *de Boslantot*, Gaufridus de *Orchet*. »

(*Cart. de Tiron*, f° 81 v°.)

CCLIV.

Don et confirmation de l'église de Saint-Sulpice-en-Pail.

(1140 circa.)

« Notum sit omnibus sancte Dei ecclesie cultoribus tam presentibus quam futuris Sanctum-Sulpicium-in-Paillo parrochiam habuisse ([1]), metas cujus adhuc plures ruricole sciunt sicuti ab antecessoribus acceperunt, sed sevicia dominorum in quorum feudo illa ecclesia erat, fugato Vitale presbitero et pene omnibus cultoribus ipsius parrochie, totus locus in desertum conversus est, et sic longo tempore soli heremite locum illum frequentaverunt. Tandem divine placuit pietati quod ecclesia illa cum suo cimiterio et parte parrochie que vocatur Chia..... in manu Hugonis de Sancto-Albino venit. Is Hugo, cognita re, condolens destructe ecclesie volensque in quantum poterat ipsi ecclesie jus suum restituere, dedit eam Sancto-Salvatori *de Tiron*, cum toto cimiterio et cum omnibus redditibus istius terre quam supradixi que ecclesie matri pertinent. Dedit etiam duas partes decimarum et primiciarum quas antecessores ejus quamvis injuste possederant, et in manu domni Bernardi abbatis posuit. Eodem tempore, tres homines qui de Hugone suam terram tenebant recognoverunt jus ipsius ecclesie, et de tribus mansuris suis decimas reddidere, Andreas *de Bolornel* totam decimam, Gauterius *Valeillon* totam, Gauterius Calculus terciam partem. In dono Hugonis plures

---

([1]) La paroisse de Saint-Sulpice-en-Pail n'a jamais pu se remettre de sa ruine. Ce n'est plus qu'une simple ferme, en la paroisse de Gesvres, à l'extrémité méridionale de la forêt de Pail.

testes affuerunt : Herveus presbiter Gevre, Hugo Borrellus, Injolbaldus de Gevra, Johannes *Memnon*.

» Postea Hugo volens *Jerusalem* pergere et ecclesiam Sancti-Sulpicii in pace relinquere, in presencia Hildeberti episcopi, qui postea Turonorum archiepiscopus factus est (¹), cum Gaufrido monacho (²) ab Bernardo abbate ibidem relicto, venit et parrochianos Sancti-Sulpicii qui ad ecclesiam Sancti-Pauli, inopia presbiterorum et divini officii, confugerant, sue ecclesie jure restituit, et ipsos et omnia que parrochiani sue matri ecclesie debent, Sancto-Sulpicio, judicio ipsius episcopi, et capitulo Beati-Juliani Cenomanis adquietavit. Hujus rei testes et diratiocinatores : Herveus, et Injubaldus, et Stephanus hasterius de Gevra, Gauterius *de Puisat*, Andreas *de Bolornel*, Robertus Bordelinus.

» Post mortem Hugonis, Gaufredus de Sancto-Albino, heres ejus, hec omnia dona concessit et vadimonium suum super altare Sancti-Sulpicii posuit, et beneficium Sancti-Salvatoris sibi et suis heredibus a monachis ibi manentibus, Johanne videlicet et Gaufrido, accepit. Ibi fuerunt testes : Andreas Bordelinus, Andreas filius Willelmi filii *Orri*, Garmundus, Radulfus filius Richeldis, Andreas nepos Radulphi hasterii, Matheus presbiter Avertoni. Hanc elemosinam quam fecit Hugo et alii quos supradixi concesserunt domini de quibus ipse terram suam tenebat, Robertus de Villeio et Gaufridus de Avertono.

» Insuper et Robertus de Villeio volens esse particeps beneficii Sancti-Salvatoris propriam elemosinam sibi et suis antecessoribus et heredibus fecit, et dedit monachis terram Roureie exercendam vomere et ligone et omni humano exercitio et ad prata edificanda, sicut illa terra a grosso nemore (³) dividitur, et materiem viridem et siccam ad ecclesiam

---

(¹) C'est le célèbre Hildebert de Lavardin qui, après avoir été évêque du Mans, de 1097 à 1125, devint en effet archevêque de Tours en 1125 et mourut au mois de décembre 1134.

(²) Une note du XVIᵉ siècle jointe au Cartulaire original porte ce qui suit : « *Gauffredus deputatus a beato Bernardo forsan is erat Gauffredus qui ejus vitam postea composuit.* »

(³) Par ce gros bois, il faut, croyons-nous, entendre la forêt de Pail. Le nom de *Roureia* indique assez que cette terre donnée à l'église de Saint-Sulpice était le résultat d'un défrichement.

et ad domos suas faciendas et ad ignem et victum bestiarum, pasnagium et herbam per totum nemus.

» Postea vero petiit Willelmus monachus Gaufridum de Avertono, cui illa terra et nemus communia erant cum Roberto et de eo tenebat, ut ad Bernardum abbatem veniret, qui ad Sanctum-Supplicium illis diebus erat : venit suamque partem in elemosinam dedit, ipsam terram quam Robertus ex sua parte dederat, et adjunxit etiam, si monachi vellent exercicia per totum commune nemus facere, suam partem quietam haberent. Hoc viderunt Johannes Salomon et Paganus, ambo qui cum Gaufrido venerant. Hoc tenuit quietum Bernardus abbas per totam vitam suam. Hanc elemosinam sicut Gaufridus dederat concessit Guillelmus filius ejus, post mortem patris, super pontem Villane. Ibi fuerunt multi homines : Nicholaus decanus, Robertus Poinchus, Hamelinus Rufus, Robertus frater ejus, Rainaldus de Aurelianis, Johannes Salomon.

» Iterum convenerunt ad Sanctum-Supplicium Guillelmus abbas et Robertus de Villeio et Gauterius filius ejus et heres, et recordati sunt tocius elemosine sicuti data et concessa fuerat, et Gauterius concessit ex sua parte, et beneficium Sancti-Salvatoris et tocius congregationis sibi et suis heredibus a predicto abbate accepit. Ibi Garinus Gonbaldus affuit, qui similiter beneficium sibi posuit et accepit. Postea Gauterius, astucia diaboli permotus, cepit monachos infestare quia donum videbatur sibi majus sua voluntate.

» Iterum, combusta urbe Cenomannica (¹), monachos adiit et domum quam apud Sanctum-Sulpicium habebant ab eis dono expeciit, ut per eam fratrem suum Willelmum, canonicum Beati-Juliani, in urbe posset reospitari. Ex hac occasione Villanam convenerunt, et, accepta ab eis domo, totam terram et decimam ipsius quam cum terra prius habuerant reconcessit. Hoc vidit et audivit : Herbertus decanus Villane, Bernerius famulus ejus, Guido de Sancto-Aniano, Mauricius *de Gorram*,

---

(¹) Deux incendies successifs détruisirent une grande partie de la ville du Mans et de ses faubourgs en 1134 et en 1136. Le premier éclata, le 3 septembre, allumé par la foudre qui tomba sur la cathédrale et la réduisit en cendres ; le second, causé par une imprudence, se déclara dans l'abbaye de Saint-Vincent et s'étendit jusqu'aux jardins de l'évêché. C'est à l'un ou l'autre de ces désastres qu'il est fait ici allusion.

Johannes canonicus Villane, Bellerus *de Cortpoltrein*, Garinus *de Jeuvron*, Hamelinus Rufus, Matheus de Avertono. »

(*Cart. de Tiron*, f° 92 v°.)

CCLV.

Don au prieuré des Châtaigniers de la terre et des prés de Scharset.

(1140 circa.)

« Notum sit omnibus quod Rainaudus *de Eschaset* (¹) dedit in elemosinam masuram suam *de Eschaset,* cum pratis ad eam pertinentibus, monachis *de Tiron* apud Castaneos habitantibus, libere et quiete im perpetuum possidendam, concedente sorore sua Odelina, cum filiabus suis Auburge et Audeburge. »

(Copie sur papier du XVI° siècle.)

CCLVI.

Don de la maison de Baudouin le médecin, à Nogent-le-Rotrou.

« Domum Balduini medici. »

(1141.)

« Noverint omnes tam futuri quam presentes quod ego Rotrocus, Deo annuente, Pertici comes, concessi apud Tyronium et donavi venerabili Willelmo abbati et fratribus nostris ibidem Deo servientibus domum Balduini medici, ipsius peticione, et quicquid apud Novigentum de dono nostro tenebat, sine ulla retentione. Hoc testantur, cum mul-

---

(¹) Ce Renaud était le fils d'Eudes de Scharset, qui figure comme témoin de la fondation du prieuré de Saint-Gilles des Châtaigniers (voir ch. XII).

tis monachis qui ibi presentes erant, nostri homines qui mecum die illo illuc venerant: Radulfus videlicet de Caritate; Paganus de Sancto-Quintino (¹); Ivo de Falandris; Hugo de Septem-Fontanis; Gauterius de Moteia; Guibertus de Marcheilo; Gaufredus, de Suentheio decanus; Stephanus, clericus; Vitalis, capellanus; Gaufredus, de Sancto-Hilario sacerdos, et alii plures. Hec autem facta sunt anno ab incarnatione Domini M° C° XL° I°. »

(*Cart. de Tiron*, f° 11 v°.)

CCLVII.

Don par Robert de Blainville de tout ce qu'il possédait et confirmation par Adèle Filoche, sa femme.

« De Roberto de Bellenvilla. »

(1141.)

« Notum sit universis sancte ecclesie filiis presentibus et futuris quod Robertus de Bellenvilla, in conversione sua cum factus est Tironii monachus, dedit ejusdem loci monachis, pro salute anime sue et antecessorum suorum, quicquid habebat dominii, in terris scilicet et pratis, a chimino Dunensi usque ad torrentem Tyronii, et a divisione terre sue que terminatur cum bosco Ferrarie usque ad divisionem iterum terre sue et Sancte-Marie (²). Dedit etiam dimidium decime quam habebat in decimatione Sancheville, et decimam quam habebat in parrochia Sancti-Victoris, apud Roureriam. Hujus rei testes sunt: Goffredus, Sancti-Hilarii sacerdos; Guillelmus *Hanetum;* Ernaudus *Gifart;* Jocho molendinarius; Lambertus *Bigot;* Guillelmus Dimidius-Brito; coram monachis : Guillelmo, priore; Geroio Forti; Fulcoio, cellarario.

(¹) En 1124, Payen de Saint-Quentin, prévôt du comte Rotrou à Bellême, eut un long procès avec les moines de Saint-Léonard pour les droits d'entrée et d'issue sur les denrées qui se vendaient à Bellême le jour de la fête du saint.

(²) Les terres du Chapitre de Notre-Dame de Chartres, propriétaire, comme nous l'avons vu, de la plus grande partie de la paroisse de Gardais.

» Post non multum vero temporis, Adeles *Filoche* (¹), avaricie spiritu seducta, calumpniata est quedam prata que predictus Robertus, maritus ejus, cum ceteris que hic leguntur, monachis dederat et ipse etiam concesserat; sed postquam inter se diu inde placitaverunt tandem in unum convenerunt et quinquaginta solidos illi dederunt ut et calumpnia pacificaretur, et hanc se injuste tenuisse confiteretur, et de his omnibus pax firma deinceps inter se custodiretur. Dederunt etiam duobus ejus infantibus, Machelino scilicet et Ameline, cuique sex denarios pro recognitione, quia hoc idem et fecerunt et concesserunt. Hujus iterum taliter sedate calumpnie testes sunt, qui de parte domine erant: Goffredus, Sancti-Hilarii sacerdos; Guillelmus *Hanetum*, qui et inde habuit tres solidos; Ivo major, qui et inde habuit XII denarios; de parte vero monachorum: Robertus *Perdriel*; Benedictus *Torel*; Dodo de Gaudena; Guillelmus, filius Herberti Os-Leporis; Bernardus Grandis; Garinus de Malesiis, filius Gisleberti; presentibus monachis Tyronii ecclesie: Bosone, priore; Fulcoio de Arsitiis; Ysembardo, camerario; Guillelmo, priore (²); Philippo de Nonancuria; Garino scriptore de Mauritania.

» Quando vero infantes adducti sunt ut hoc concederent, isti iterum testes affuerunt; Rainaudus *Pascher*; Petrus, nepos Reinelmi; Reinerius Palmagis; Hugo de Mauritania; Maugerius; Robertus *Oer*; Goffredus. Hoc autem factum est tempore W[illelmi] abbatis, anno ab incarnatione Domini millesimo centesimo XL primo. »

(*Cart. de Tiron*, f° 5 r°.)

(¹) Adèle Filoche avait d'abord été mariée à Gautier Payen, fils de Richer. Celui-ci étant mort vers 1130, elle se remaria à Robert de Blainville. Nous l'avons déjà vue figurer avec ce dernier dans les chartes XCI et XCIX, et nous la retrouverons encore dans la suite.

(²) Il est presque impossible de dresser la liste exacte des prieurs claustraux de l'abbaye de Tiron, à cause de la confusion apportée dans les chartes entre les prieurs claustraux et les prieurs ruraux. Nous voyons en effet figurer à la même date et dans les mêmes pièces jusqu'à trois ou quatre prieurs différents, sans autre indication qui puisse servir à les faire reconnaître: ainsi en 1141 nous rencontrons à la fois Guillaume, Boson et Philippe.

CCLVIII.

Bail par l'abbaye d'une maison à Chartres.

« De domo Oriellis. »

(1141 circa.)

« Notum sit omnibus quod ego frater G[uillelmus], Tyronensis ecclesie minister et servus, totusque noster conventus concessimus Hugoni de Vindocino et uxori ejus Heremburgi domum Orieldis (¹) que nostra est, ut eam haberet in vita sua, tali videlicet pacto ut, eodem Hugone mortuo et uxore ejus, predicta domus, qualis tunc temporis fuerit, revertatur ad ecclesiam de cujus possessione est. Hujus rei testes sunt : ipse Hugo, Heremburgis uxor ejus, Rogerius sutor, Osanna uxor ejus, Goffredus clericus, Grimoldus. »

(*Cart. de Tiron*, f° 14 r°.)

CCLIX.

Don au prieuré des Coutures de terres et de bois à Choelle.

« De Cultura Mereil. »

(1141 circa.)

« Notum sit omnibus quod ego Drogo Brochardus et Egidia mea conjux et Robertus noster filius donamus Deo Salvatori et abbati et monachis Tironii nemus et terram et quicquid habebamus ad Choellia (²). Testes : Odo filius meus monachus, Adam de Crutis, Gauterius de Bosumvilla, Guntardus de Crutis. »

(*Cart. de Tiron*, f° 72 r°.)

(¹) Cette maison est celle dont il est question dans la charte CI : *Orioz dedit monachis Tyronis domum suam.*

(²) Il ne reste plus de vestiges du bois de Choelle : il faisait certainement partie de la forêt d'Orléans (*Leodica sylva, foresta Lagii*, comme on l'appelait au XII° siècle). Cette forêt, déjà bien réduite de ce qu'elle était du temps des Romains, s'étendait en-

CCLX.

Don au prieuré des Coutures de terre aux Coutures et du bois de Choelle.

« De Cultura et de bosco Coelle. »

(1141 circa.)

« Noverint omnes tam futuri quam presentes quod ego Drogo Brochardus concedo Deo et monachis Tironensibus dimidiam terram illius terre que Cultura vocatur, quam Adam nepos meus dedit eis(¹). Insuper dono eis unam carrucatam terre de eadem Cultura post obitum meum. Item do eis boscum de Coella cum terra in qua sedet; et accepi inde ab eis quinque solidos de caritate et modium annone, et accipio per singulos annos XII denarios de censu de predicto bosco. Et totum concessit Egidia uxor mea. Testes: Gauterius *de Bollei*, Radulphus de Caritate, Guillelmus prior, et Odo filius meus monachus. »

(*Cart. de Tiron*, f° 72 r°.)

CCLXI.

Echange de maisons entre l'abbaye et Lambert le Fèvre.

« De camera Lamberti. »

(1142 circa.)

« Notum sit omnibus fidelibus futuris quod Johannes, prepositus, et

---

core à cette époque jusqu'à Neuville et Boyne. Une foule de localités des environs portent des noms qui rappellent leur présence au milieu des bois : Chilleurs-aux-Bois, Mareau-aux-Bois, Bouzonville-aux-Bois, Vrigny-aux-Bois, etc. Le nom de Gâtinais, donné au pays dont Pithiviers était la capitale, est lui-même la preuve des défrichements opérés, et le prieuré des Coutures est, comme nous le verrons, appelé parfois *Sanctus Laurentius in-Gastina*, souvenir de l'ancien canton boisé où il était situé.

(¹) Voir T. I, ch. CLX.

Hubertus Asinarius Lamberto fabro(¹) cameram unam propter alteram et propter terram que post cellarium monachorum est escanbiaverunt. Hoc autem concessit in communi capitulo donnus abbas Guillermus, assensu omnium fratrum ibi presentium, videntibus et audientibus istis : Eustachio clerico, Gosberto, Rainardo, Gauterio sororio, Herberto *Surrel*, Bernardo de Bergevilla, Ansoldo *Enparchepen* (²), Adam Herberti Surrelli filio. »

(*Cart. de Tiron*, f° 13 v°.)

CCLXII.

Don d'une maison à l'abbaye de Saint-André.

« De Sancto-Andrea. »

(1142 circa.)

« Notum sit universis ecclesie fidelibus quod ego Ascelina, uxor Guimundi, dedi Deo et monachis *de Tyron* apud Sanctum-Andream, coram fratribus ibi manentibus, domum meam quam mihi dedit frater meus Roaudus et quam etiam ab ipsis tenebam monachis, et terram eidem domui pertinentem. Concessi insuper omnia quecumque eis frater meus Roaudus, ad religionem veniens, dederat. Hoc concessit Guimundus, maritus meus, et filii mei, Philippus videlicet et Rannulfus et Gislebertus. Hec autem ut firmius starent, donum istud super altare Sancti-Andree manu propria posui. Hujus rei testes sunt : Guillelmus *Dive*, Semandus Flavus, Helinus *Couin*, Auvrichius *Sengobert*, Semandus filius Ave. Deinde, apud Hantonium, coram burgensibus, in presentia Bonefatii prefecti, confirmatum est, quorum burgensium subscripta sunt nomina : W[illelmus] frater Bonefatii, Osbertus *Bohic*, Guillelmus *Bohic*, *Sinergar*, Harneisius *Dodes*, Sicardus filius *Ringestan*, Hugo Coillardus, Robertus de Latelea. »

(*Cart. de Tiron*, f° 48 v°.)

(¹) Lambert le Fèvre est le même qui figure dans la charte XXVIII comme neveu de Ledgarde, femme d'Evrard le Fèvre.

(²) On rencontre souvent des membres de cette famille parmi les bienfaiteurs des abbayes du pays chartrain au XIᵉ siècle.

CCLXIII.

Don de bois et de terres au pricuré de Bréau.

(1142 circa.)

« Notificamus tam presentibus quam futuris fidelibus quod Erardus de Curte-Ostranni et uxor Finia et filii eorum Simon, Hubertus, Henricus, Goscerannus dederunt monachis *de Tiron* qui apud Beatam-Mariam commorantur in loco qui vulgo dicitur Broilum nemus et terram juxta Calumpniam; concedentibus Simone *de Panil* et uxore ejus Amelina et filiis eorum. Teste : Gautero ejusdem Simonis vitrico, et Girardo *de Bunbun*, et Adam fratre ejus, et Milone de Spina, et Hildeerio de Nigella, et Engelrando *de Bunbun*.

» Willelmus de Monte-Leti-Bovis et uxor ejus Richeldis dederunt monachis Sanctę-Marię de Broilo duos campos terre, teste Girardo filio Nevelini. »

(*Cart. de Tiron*, f° 70 v°.)

CCLXIV.

Don au prieuré de Russé de la place d'un moulin et d'un étang.

(1142 circa.)

« Ego Boso *de Boslantot* concedo, pro remedio animę meę, monachis *de Tirum* habitantibus Rusaicum locum ad edificandum molendinum, et stannum et piscaturam stanni et calciatam et quicquid super calciatam edificabunt, et cursum aquę et quocienscumque necesse recurare *bet* molendini (¹) ; si autem mutare velint et emendare in alium locum hoc

---

(¹) La réparation des biez des moulins était une charge généralement imposée à tous les usagers des moulins. Une charte de 1270 énumère ainsi les obligations des hommes du ban des moulins : entretenir et réparer le moulin, apporter les meules, les pierres et les bois, curer les étangs, entretenir les écluses et les chaussées, *ad menagium molarum seu merreni et curagium beciorum dicti molendini.*

similiter concedo. Medietatem molture illis concedo, aliam autem medietatem mihi retineo quamdiu vixero, post mortem meam totam illis concedo; arbores vero ubicumque nascantur preter in calciata mihi retineo. Hoc concedit uxor mea *Aiart,* et filius meus Hugo, et alii filii mei et filię meę, et uxor fratris mei Aimerici *de Boslantot* Amelina, et filius ejus Petrus. Istis testibus : Aimerico de Faia et filio suo, Briscio *de Chillo,* Effredo David, Hugone dapifero, Gervasio *Blanchet,* Gaufrido de Orchiis, Gaufrido, Gauterio, Pagano de Fonte, Aimerico de Magno-Campo, Amanuino Rohelino. »

(*Cart. de Tiron,* f° 81 v°.)

CCLXV.

Don d'une terre au prieuré de Russé.

(1142 circa.)

« Ego Gaufridus de Orchis, cum Radulfi fratris mei et Bucardi nepotis assensu, do Sanctę-Marię-Magdalene de Rusaio, pro remissione peccatorum meorum, quamdam terram circa VII jugera, que est inter Rusaium et *Orches,* in valle quę Mors-Radulphi vocatur. Istis testibus : Bosone capicerio, Hugone capellano, Aimerico de Faia ([1]), Bosone, Calone de Fornosio, Briscio *de Chillo.* »

(*Cart. de Tiron,* f° 81 v°.)

([1]) Les seigneurs de Faye-la-Vineuse jouèrent un rôle important en Touraine aux XI° et XII° siècles. Ils fondèrent à Faye une collégiale célèbre sous le titre de Saint-Georges : l'église de cette collégiale existe encore avec sa crypte dédiée à Sainte-Marie-Madeleine, la plus spacieuse et la plus curieuse qui se voie dans le diocèse de Tours. A la fin du XII° siècle, la seigneurie de Faye passa par alliance dans la famille de Coué. Le second fils de Jodouin de Coué, Aimery, seigneur de Faye, avec ses frères Rogues, Jodouin et Roland, par une charte de 1201, augmenta la fondation du prieuré de Saint-Eutrope, faite en 1199 par Jodouin dans la chapelle du Bois-Jodouin, en faveur de l'abbé et des religieux de Bonnevaux.

CCLXVI.

Don de la chapelle de Saint-Nicolas en l'île de Corsept.

« De Septem-Fagis. »

(1142 circa.)

« Notum sit omnibus fidelibus quod Goslenus *de Corseth*, pro sua et antecessorum suorum salute, quandam insulam Ligeris, in qua Beati-Nicholai oratorium situm est, monachis Tyronensibus in elemosinam concessit. Extra insulam vero dedit tres quarteriatas terre pratumque quod potest uno die duobus ad falcandum sufficere, necnon et piscaturam aquę a stagno suo defluentis quantum porrigitur idem pratum, illud enim preterfluit, et preterea dimidium sulci magni prati. Que omnia sciendum est ipsum cum tanta libertate monachis dedisse ut nulli deinceps mortalium aliquid eorum teneatur obnoxium. Concessit etiam idem Goslenus jure suo predicti Sancti-Nicholay ecclesie dari a Martino sacerdote duas terre sextarias quas ab ipso Gosleno tenebat. Item sepedictus Goslenus suam exclusam que prefate insule adjacet ejusdem loci monachis ad piscandum pro tercia parte in eternum concessit, parte videlicet tercia piscatorum piscium sibi Gosleno reservata, reliquis vero duabus in partem monachorum piscantium cedentibus. Hec autem omnia Goslenus *de Corseth*, ut presens cartula determinat, concessit et reliquid apud Tyronium, donno abbate Guillelmo et ecclesie Tyronensis Philipo priore. Testes sunt: Petrus, ejusdem Gosleni frater, qui pariter et concessor fuit; Goffredus *Graphyon*; Rainaudus de Guirchia.

» Illud quoque futurorum posteris notificamus quod Radulfus de Guirchia ([1]) ecclesie Sancti-Nicholay quę est in insula *de Corseth* suam

---

([1]) Raoul appartenait à l'illustre famille de la Guerche qui, jusqu'au commencement du XIVe siècle, posséda le château de ce nom, passé à cette époque dans la famille de l'Ile-Bouchard.

decimam ejusdem insule, insuper et suam partem sulci magni prati in elemosinam dedit. Cujus rei testes sunt : Roaudus vicecomes, et item Roaudus Daniel, Haimericus *Androin*. »

(*Cart. de Tiron*, f° 83 v°.)

CCLXVII.

Confirmation par Ursion de Fréteval de tout ce que l'abbaye possède dans ses domaines.

« De eis que pertinent ad feodum Ursonis de Fractavalle. »

(1142-1145.)

« In nomine Patris et Filii et Spiritus-Sancti, amen. Quoniam corrupti et abhominabiles facti sunt in studiis suis filii hominum, vixque invenitur qui dicat verum vel qui faciat bonum, secundum illud : « Sa- » pientes sunt ut faciant mala, bene autem facere nescierunt; » student enim quod patres ecclesiis in elemosinas erogaverunt calumpnie morsibus avellere, et, si nequiverint delere, saltem moliuntur corrodere. Noscat universalis ecclesia quod ego Urso de Fractavalle [1], pro salute anime mee et antecessorum meorum, concessi, tempore Guillelmi abbatis, monachis Sancte-Trinitatis *de Tyrum* quicquid de feodo meo habuerant a retroactis diebus usque ad annum illum quo in bello captus est Stephanus, rex Anglorum [2], libere et quiete im perpetuum possidendum : scilicet quod habebant de feodo Malesiarum, et quicquid habebant apud Oysesmam, et apud Leporisvillam, de custodia mea,

[1] Ursion, seigneur de Meslay et de Fréteval (1133-1149), descendait en ligne directe de Giroard, vidame de Chartres en 928. Il succéda dans la seigneurie de Fréteval à Foucher, fils de Nivelon, et petit-fils d'un autre Foucher, fidèle du comte Eudes de Chartres (1020-1030). Ursion de Fréteval fut un des plus ardents partisans d'Henri Plantagenet. Un des chevaliers qui prirent part, en 1170, au meurtre de Thomas Becket, celui qui porta les premiers coups, s'appelait Renaud Fitz-Urse : il était sans doute le fils d'Ursion de Fréteval et le même qui paraît comme témoin dans cette charte.

[2] Etienne, roi d'Angleterre, fut fait prisonnier à la bataille de Lincoln (2 février 1141) par le comte de Glocester, partisan de l'impératrice Mathilde, et enfermé dans le château de Bristol.

terre carrucatam, et apud Villarium-Mafredi quicquid de feodo meo habebant, et apud Maisam unam terre carrucatam de terra Petri Regis, et apud *Autol* duas bovetas terre, et apud Guichereium decimam, et decimam terre Sancte-Marie que est justa Ogriam, et decimam terre Harduini, et decimam proprie terre ipsorum monachorum que pertinet ad decimationem Sancti-Severini, et vineas Goffredi *Burel* de Frigido-Mantello, et unam carrucatam terre liberam et quietam et solutam ab omni viatoria et ab omni consuetudine apud Vitreias. Et omnem querelam et malivolentiam que erat causa discordie inter me et monachos dimisi et condonavi eis, et ipsi michi. Et hoc concesserunt filii mei Nevelo, Hamelinus, Raginaudus. Hujus rei testes sunt, sacerdotes : Raínaudus, Herbertus, Gauterius, Garinus de Sancto-Leobino et Benedictus; de laicis: Paganus de Frovilla et filius ejus Robertus, atque Villanus, Herbertus *de Boschet* (¹), Theodericus frater ejus, Teobaldus Manandus, Radulfus prefectus et Brito de Sancto-Karilelfo, Hugo de Frigido-Mantello, et Fromundus prefectus Castriduni, Bernardus prefectus, Hamelinus *Columber*, Ernaudus decanus, Henricus *de Broiel*, Teobaldus *de Gohere*, Engelbertus, Johannes filii Maugerii, Robertus *de Jupeel* (²) et Gilebertus.

» Hoc iterum concessit apud *Halou* (³) Fulcherius, ipsius Ursonis filius. Hujus rei testes sunt : Girardus *Boel* (⁴), Burgunnus Merlaici (⁵),

---

(¹) Gosbert du Bouchet, sans doute le frère de Herbert, avait épousé Adèle, fille de Barthélemy de Vendôme. Il hérita des riches domaines de son beau-père. En 1155, il confirma à l'abbaye de Marmoutier la donation faite par Barthélemy de la terre et du village de Chauvigny en Vendômois. La petite-fille de Gosbert du Bouchet, Alix, fut la femme de Geoffroy, vicomte de Châteaudun.

(²) Les membres de la famille de Jupeau se rencontrent fréquemment dans les chartes du XIIe siècle. En 1189, Barthélemy de Jupeau donna à l'Hôtel-Dieu de Châteaudun une maison qu'il possédait dans l'enceinte du château (*in castello Castriduni*).

(³) C'est aussi à Hallou que Foucher confirme la transaction faite par son père avec le Chapitre de Chartres en 1139. Hallou, aujourd'hui simple ferme dans la commune de Brou, était sans doute alors un château.

(⁴) Girard Boël était fils de la vidamesse Hélissende et de Barthélemy Boël, son second mari. Il figure déjà comme témoin dans une donation faite à l'abbaye de Saint-Jean en-Vallée par le roi Louis VI en 1111.

(⁵) Ce témoin figure dans l'acte de 1137 sous le nom de Burgundius de Merlaio; sa femme Béatrix est présente en 1139.

Gauterius nepos ipsius, Alcherius *Aletru* Bonevallis, Goffredus Ruffus, Ernulfus famulus cellerarii.

» Hoc etiam concessit apud *Mestenum* Philippus, ejusdem Ursonis filius. Hujus rei testes sunt : Amauricus de Mestenone, Guillelmus capellanus, Robertus filius Gathonis, Herbertus villanus de Mestenone, Gadus filius Guiberti.

» Sed et filia ejus Hersendis concessit apud Fractamvallem. Inde sunt testes : Benedictus presbiter Sancti-Nicholai, Matheus *Poteron*, Benedictus Gennardus, Hernulfus famulus cellararii Tyronis, Rainaldus de Sancto-Hylario, Radulfus Triquedus, Hugo de Flovilla, Odo carnifex, Guillelmus *Papilion*. »

(*Cart. de Tiron*, f° 30 v°.)

CCLXVIII.

Confirmation de vingt marcs d'argent sur le trésor de Winchester.

(1142-1154.)

« H[enricus], dux Normannorum et Aquitanorum et comes Andegavie, omnibus archiepiscopis, episcopis, comitibus, baronibus, justiciariis, vicecomitibus et omnibus fidelibus suis et amicis Francie et Anglie, salutem : Sciatis me concessisse et confirmasse monachis *de Tyrun*, in perpetuam elemosinam, xx marcas argenti annuatim de thesauro Wintonie illis reddendas, videlicet xv marcas quas rex H[enricus] eis dedit(¹) et mater mea confirmavit, et alias v marcas quas Matildis imperatrix, mater mea, eis in incrementum dedit, sicut carta ipsius testatur(²). Quare volo et firmiter precipio ut ipsi singulis annis de firma Wintonie illas habeant, in festo sancti Michaelis x marcas et in Pascha x marcas, et qui firmam Wintonie tenuerit illas sine omni disturbatione eis in predictis terminis reddat. Testibus :. Philippo, Baiocensi epis-

(¹) Voir T. I, ch. XXVII.
(²) Voir T. I, ch. LXXXVIII.

copo (¹); Arnulfo, Luxoviensi episcopo (²); Guillelmo, Cenomannensi episcopo (³); Ricardo de Humeriis, constabulario; Gaufrido *de Claers*. Apud Cenomannum. »

(*Cart. de Tiron*, f° 49 v°.)

CCLXIX.

Accord entre l'abbaye et le vicomte de Châteaudun.

« De vicecomite. »

(1145.)

« Notum sit omnibus fidelibus quod ego Gaufridus, Dei gratia, Carnotensis episcopus, et ecclesia nostra, pro multis dampnis quę nobis et fratribus nostris monachis Tyronensibus fecerant, excommunicavimus Gaufridum, Castriduni vicecomitem, et filios ejus Hugonem et Paganum et castrum eorum, videlicet tam terribiliter ut nec vivi christianitatem ullam nec mortui haberent sepulturam. Moriente itaque predicto Gaufrido vicecomite apud Carnotum et facto Tyronensis ecclesie monacho, uxor ejus Helois vicecomitissa et filius eorum Hugo pacem fecerunt cum prefatis monachis, per manum meam et per manum Richerii Dunensis archidiaconi: hoc videlicet modo ut quia comes Teobaudus suis de causis eos adgravabat et redditus eorum in propria manu retinebat, monachi dampna que sibi continuo deberent restitui in hujusmodi respectum posuerunt, et predictus quamdiu cum monachis pacem veram haberet et omnia que ad ipsos pertinent fideliter custodiret et fidem quam proinde in manu mea affidere non distulit illesam inviolatamque servaret, ipsi predicta dampna non repeterent. Si vero, quod absit, hoc pactum sciens preteriret et emendare negligeret, monachi ulterius hac lege astricti non tenerentur, sed usque ad novissimum qua-

---

(¹) Philippe d'Harcourt, évêque de Bayeux, de 1142 à févr. 1164.

(²) Arnoul, évêque de Lisieux, de 1141 à 1181.

(³) Guillaume de Passavant, évêque du Mans, de 1142 au 27 janv. 1186.

drantem dampna sua ipsis restituerentur. Nec illud silendum est quod predictus Hugo et mater Helois propterea monachos ad faciendam pacem mitiores invenerunt quod semetipsos ad sepulturam Tyronensi ecclesie dederunt, et quicquid de feodo eorum usque ad tempus illud monachi habuerant, quamvis jam multociens concessissent, tunc demum eis quiete et in pace possidere concesserunt (¹). His interfuerunt, de parte vicecomitis : Erchembaudus abbas Sancte-Marie-Magdalene, Guiardus *de Mondulcet*, Hugo Viator, Odo Pauper et alii de hominibus eorum ; de parte vero monachorum : Guillelmus abbas Tyronensis, Philippus illius ecclesie prior, Stephanus cellararius, Stephanus abbatis capellanus ; de utraque vero parte : Goslenus archidiaconus, Henricus prefectus, Richerius archidiaconus et Raimbaldus ejus clericus, Robertus capicerius et multi alii tam clerici quam laici. Hec autem, me pre-

(¹) On voit, d'après cette charte, que le vicomte Hugues se montra généreux envers l'abbaye de Tiron ; mais les moines ne se contentèrent pas de cette confirmation de leurs biens. Ils imaginèrent une pièce du 27 avril 1139, d'après laquelle Hugues, vicomte de Châteaudun et seigneur de Mondoubleau, exemptait l'abbaye, « a pedagiis, traversibus, barragiis, rotagiis, portuagiis, transitibus, chantelagiis, corveiis, talliis, pontinagiis, corvagiis, fetagiis, biannis, foagiis, tabernagiis, mensuragiis, ponderibus et ponderagiis, foragiis, vinivenditionibus, stalagiis, tondeiis, plateagiis, havagiis, tolturis, bladeagiis, pavagiis, boisselagiis, molturis, corrodiis, corratagiis, vendagiis, pastis procurationibusque, quadrigagiis, salagiis, furnorum, molendinorum, tabernarum, torcularium bannis, vicorum, pontium, itinerum, villarum et castrorum repparacionibus et eorum custodiis, vigiliis et gueto. » — La longue énumération de ces diverses sortes d'impôts, dont beaucoup sont imaginaires, se retrouve sans aucun changement dans plus de trente chartes fausses, soi-disant émanées des divers seigneurs du Perche. Nous citerons entre autres les chartes de Guérin Chevreuil, seigneur de Brimont et sénéchal du Perche (28 avril 1128) ; — de Nivelon, seigneur de Meslay, Courville, la Gastine et les Yys, revenu sain et sauf de Jérusalem par la vertu des prières des moines de Tiron (13 mai 1128) ; — de Guillaume, seigneur de Feuillet, Manou, la Ferrière, les Gués et Gémages, qui a dû aussi son salut dans la croisade aux prières des religieux de Tiron (13 mai 1128) ; — de Guillaume, seigneur d'Illiers, Bois-Buffin, Courtalain, Bruyère, Aunay et Langey (12 mai 1128) ; — de Wimon, seigneur de Bullou, Marchéville, L'Aune et Rabestan (29 juin 1129) ; — de Guillaume Goët le jeune (5 mars 1158) ; — de Renaud, seigneur d'Alluyes, Montmirail, Brou, la Bazoche, Authon et le Saulce (25 nov. 1203) ; — de Geoffroy, comte du Perche, qui, ayant éprouvé dans son voyage de Terre-Sainte une foule de maux et ayant senti la main vengeresse de Dieu, revenu dans sa patrie, chercha quelles fautes il avait commises lui et les siens contre les serviteurs de Dieu, et reconnut que ses fidèles avaient inquiété dans leurs possessions les moines de Tiron dans l'abbaye desquels il avait pris la croix (10 déc. 1206).

sente, facta sunt apud Carnotum, in nostra ecclesia et in nostra domo, et ideo sigilli nostri auctoritate corroboro, anno videlicet ab incarnatione Domini M° C° XL° V°.

» Et quia dampna monachorum non relaxantur omnino, sed pro pacis stabilitate in respectum ponuntur, debent hic ascribi ut memoriter retineatur. Rapuit igitur de Childrerio Gaufridus vicecomes XVII libras, sed de his reddidit x modios avene pro centum solidis, et XII libre remanserunt. Filius vero ejus Hugo *de Monluiser* rapuit XXX novem modios annone, que annona plus quam XLIII valebat libras, et VII boves arantes plus quam IX libras valentes, et XX solidos denariorum. Demum ambo filii ejus Hugo et Paganus habuerunt de animalibus monachorum que vendiderunt XLIIII libras, Hugo videlicet XI de bobus Yronii et XIII de bobus Gurgitum-Ermengardis; Paganus vero frater ejus XX libras de quodam fratre monachorum, Rogerio Barbato, quem redemit et cujus bidentes abstulit, et fenum de Risu-Bovis. »

(*Cart. de Tiron*, f° 31 v°.)

CCLXX.

Lettre de l'abbé de Tiron à l'évêque du Mans pour lui rappeler les privilèges de l'abbaye.

(1145.)

« G[uillelmo], Cenomannensium, Dei gratia, episcopo [1], karissimo patri dominoque suo, sincera di . . . . . apud . . . . . diligendo, frater G[uillelmus], Tyronensis ecclesie minister indignus, totusque conventus, discretionis prem . . . . judicio et justicie corrosores potestatis arcere magisterio : Paternitatis vestre auribus certum sit, dilectissime, ecclesiam nostram in omni episcopatu, in omni loco, ab exordio religionis nostre, servientes suos et quicumque de propria mensa fuerunt hucusque, absque parrochiali consuetudine, quiete et in pace possedisse, Dei gratia et benefactorum nostrorum clementi diligentia, pro sancte religionis reverentia. Preter hujusmodi gratuitam libertatem ad confutandam invidorum hostilem altercationem apostolicis mu-

[1] Guillaume de Passavant, évêque du Mans, de 1142 à 1186.

nimur presidiis, fulcimur privilegiis, hunc modum habentibus, pro talibus incommodis et repentinis casibus : « Sane laborum vestrorum quos propriis
» manibus aut sumptibus colitis, sive de nutrimentis vestrorum animalium
» decimas vel de propria mensa parrochialia nullus a vobis exigere presumat. »
Accidit tamen in preterito anno ut sacerdos quidam de Carnotensi episcopatu,
nimia levitate ductus, ad dominum papam contra nos appellationem faceret
et ad diem statutum cum episcopo Aurelianensi Romam pergeret (1), cum
episcopus Carnotensis ipsum secum ire non permitteret. Qui, Dei gratia,
et laborem perdidit et impensas, vacuus etiam et sine honore, cum magno
dedecore et derisionis exclamatione, reversus est, sicut uterque episcopus testis
adest. Ad hoc iterum spectat quod bone memorie G[aufridus], Carnotensis
episcopus, dum apostolice sedis legatione fungeretur, hos latratus futuros esse
previdens, inter cetera que nobis pro conservanda quiete et providit et scripsit,
quod hic subscribitur edixit : « Juste pastoralitatis officium esse cognoscitur,
» cum is qui curam habet regiminis in administratione pacis plebibus a Do-
» mino sibi commissis sollicite providet universis; cum vero omnibus qui Christi
» nomine insigniti sunt necessarium sit pacis bonum, illud precipue convenit
» qui ex mutue dilectionis exhibitione discipuli veritatis ab omnibus agnoscun-
» tur. Ne igitur inter Tyronenses monachos karissimos fratres nostros et lega-
» tionis nostre episcopos vel presbiteros, pro decimis et aliis ęcclesie beneficiis
» nascatur aliquando discordia, ego G[aufridus], Dei gratia, Carnotensis epis-
» copus, apostolice sedis legatus, monachorum quieti providens, ...
» sitati co. . . . . nostre inscriptionis paginam, auctoritatis nostre munimine
» roboratam, ad agnitionem tam presentium quam futurorum, reliqui. Sta-
» tuimus enim ut predicti fratres Tyronenses de proprio dominio suo deci-
» mas majores et minutas, et servientes qui de propria eorum mensa sunt,
» quiete et in pace et absque parrochiali consuetudine in perpetuum possi-
» deant (2). »

(*Cart. de Tiron, in initio.*)

(1) Le voyage à Rome de l'évêque d'Orléans auquel il est fait ici allusion est sans doute celui qu'Hélie, évêque d'Orléans, entreprit en 1144 vers le pape Lucius II, pour se purger de l'accusation de simonie portée contre lui par quelques-uns de ses chanoines.

(2) Nous ne croyons pas pouvoir hésiter à déclarer cette charte fausse. Elle servit au XVe siècle de base à tout l'échafaudage des titres falsifiés par les moines de Tiron pour se soustraire aux droits parrochiaux réclamés par les évêques et les archidiacres. L'extrait cité par Guillaume dans cette pièce des bulles des papes est évidemment falsifié : jamais aucun pape n'exempta l'abbaye de Tiron du droit de gîte qu'elle devait

CCLXXI.

Don du pré des Chasseurs.

(1145 circa.)

« Noscat universalis ecclesia quod ego Odo de Virgultis et Constantius, sororius meus, et cognati mei Guillelmus (¹) et Ogerius de Virgultis dedimus monachis de Tyronio, pro amore Dei, apud locum qui dicitur Daviticaria, pratum Venatorum, sicut chiminum quod venit de foresta dividit, singulis annis nobis in festo sancti Johannis reddendo VII denarios de censu; ab eodem autem chimino inantea usque ad chiminum Lede noas et quicquid in prata converti poterit, et dedimus eis pro octo denariis de censu; tali etiam conditione quod si terram illam in proprio excolere voluerimus, dimidium istud pratum habebimus, et dimidius cadet inde census, et quia supradictis monachis placuit sibi facere stannum quod de prato illo partem occupat, si, ut diximus, partiri nobis prata placuerit, quod facere poterimus ex quo terra culta fuerit,

comme toute autre au visiteur de l'évêque. La prétendue charte de l'évêque Geoffroy ne se retrouve pas non plus. Le passage cité est évidemment copié sur une charte de Geoffroy relative à l'église de Ruan (voir n° CLXXXVI); mais le faussaire l'a singulièrement défiguré.

Cependant il faut reconnaître que cette pièce a été écrite avec une rare habileté. Sauf une légère différence dans l'encre, sauf un abus des abréviations, sauf enfin deux *e* cédillés, il est impossible à première vue de ne pas confondre l'écriture avec celle du XII° siècle. Quiconque ne connaîtrait pas l'histoire de l'abbaye de Tiron affirmerait la sincérité de cette charte, et, tout en s'étonnant quelquefois du style, l'admettrait parmi les titres authentiques de l'abbaye.

Elle a été écrite, comme cela se faisait quelquefois, sur la feuille de garde du Cartulaire original. Immédiatement à la suite de cette charte, on lit les mots suivants, en écriture du XV° siècle, peut-être inscrits par celui-là même qui venait de faire ce vrai chef-d'œuvre d'écriture : « Indue me, Domine, vestimento salutis et tunica justitie, et » indumento leticie circumda me semper. Precinge, Domine, lumbos cordis et corporis » mei virtute fidei et castitatis, et extingue in eis humorem libidinis. »

(¹) Nous trouvons en 1180 un autre Guillaume du Verger témoin d'un accord entre le prieuré de Vieuvicq et Eudes le Roux pour la jouissance du bois *de Stellario*.

prius de communi sine parte tantum capiemus quantum stannum illud occupat, et in molendino quod ibi fecerunt sine moltura molemus, Guillelmus et Ogerius et Constancius, quamdiu vixerimus, excepta parte molendinarii. Pro concessione vero supradicti prati Venatorum ego Odo et Guillelmus recepimus ab eisdem monachis xii solidos de caritate, et Ogerius, frater Guillelmi, ii solidos, quando terram recepit, et porcum trium solidorum; sed pro concessione aliorum pratorum recepimus xiiii solidos de caritate. Pro concessione autem stanni atque molendini recepi ego Guillelmus duos porcos viii solidorum. Ad ultimum vero, cum hoc cyrographum factum fuit, ego et Constantius et Guillelmus atque Ogerius a predictis monachis x solidos carnotensium recepimus. Si vero in his omnibus aliquid insurrexerit calumpnie, nostrum erit defendere. Inde sunt testes: Goslenus et Odo, sacerdotes de Fractigneio; Hugo de Septem-Fontibus (¹); Hugo *Gaugan;* Goffredus monnerius; Girelmus carpentarius; Engelbaudus; Fulcho, filius Ranaldi; Bernardus, filius Roberti de Sancto-Martino; Herbertus de Monte-Hibrelo et Vaslinus (²). »

(*Cart. de Tiron*, f° 10 r°.)

CCLXXII.

Don d'une maison et de terres à la Ferrière.

« De domo Ferrerie et terra et pratis. »

(1145 circa.)

« Notum sit omnibus quod Geroius *de Lunviler,* volens pergere *Jerusalem,* dedit monachis *de Tyron,* in ejusdem ecclesię capitulo presens,

---

(¹) Hugues de Sept-Fontaines fut témoin d'un accord passé entre Guillaume Rebours, quand il partit pour la croisade, et les moines de Saint-Denis de Nogent, au sujet de la dîme du moulin de la Chapelle. — En 1199, Pétronille, fille de Barthélemy de Sept-Fontaines, donna à l'Hôtel-Dieu de Châteaudun 3 setiers et 3 boisseaux d'avoine sur son revenu de Châteaudun.

(²) Ce Vaslinus nous paraît être le même que Vaslin, forestier de Brimont, qui figure à la charte LXXXVI.

unam domum apud Ferreriam. Deinde, postquam de capitulo exivit, ipso die, dedit item monachis terram quamdam juxta Ferreriam quam Raginaudus de Ferreria habebat pro marca argenti in vadimonium, insuper et prata sua que apud Meisaevardum habebat ; pro quibus singulis reddebat supradictis monachis xii denarios de censu. Hoc concessit mater ejus Villana, et Filochia de Bellenvilla (¹), et Mascelinus, filius ejus, de cujus feodo erat. Hoc audierunt : Hugo prefectus Ferrerie ; Herbertus *Moschet* (²) ; Goffredus Teberius et Ricardus, frater ejus ; Turpinus, avunculus Geroii ; Ricardus de Terceio ; Fulcherius de Ausio. »

(*Cart. de Tiron*, f° 11 r°.)

CCLXXIII.

Don de prés à Margon.

« Prata apud Margun. »

(1145 circa.)

« Notum sit omnibus tam futuris quam presentibus quod Hersendis de Curia et Villanus, filius ipsius, atque Hugo de Rotorio, maritus Hersendis, victricus autem Villani, pro salute animarum suarum, dederunt monachis Sancti-Salvatoris *de Tyron* omnia prata que habebant apud *Margun*, ut ea futuris temporibus in perpetuam elemosinam possiderent. Huic dono presentes affuerunt : Hugo de Coquina ; Gauterius Anglicus ; Durandus ; Burgundius ; Gauterius *Fichet* ; Ernaudus ; Belerus. »

(*Cart. de Tiron*, f° 11 v°.)

(¹) *Filochia* est la même qu'Adèle Filoche, femme en secondes noces de Robert de Blainville. (Voir *supra*, ch. CCLVII.) Mascelin paraît avoir été le fils d'Adèle Filoche avant qu'elle se fût remariée à Robert de Blainville.

(²) On rencontre souvent dans les chartes du XII° siècle des membres de la famille Moschet. En 1116, Rahier *Muschatus* est témoin d'un accord entre Gaston de Brou et les moines de Marmoutier pour les dîmes des vignes de Nottonville.

CCLXXIV.

Don de maisons et jardins à Séresville.

« De Herberto Ceresville. »

(1145 circa.)

« Noverint fideles cuncti presentes atque futuri quod ego Herbertus de Ceresvilla et uxor mea Adelina nos nostraque omnia Deo et ecclesie Tyronensi dedimus, scilicet domos nostras de Ceresvilla cum orto et virgulto, et terram nostram de Conio-Hildrerii. Unde sunt testes : Paganus faber ; Radulfus pistor ; Osbertus Mala-Herba (¹) ; Garinus *Morel* ; Gaulterius *taberner* ; Constancius famulus ; Raginaldus Barbatus ; Constancius *regrater* ; Ricardus *Savore*. »

(*Cart. de Tiron*, f° 14 r°.)

CCLXXV.

Don de deux bovées de terre au prieuré de Villandon.

« De Villandum. »

(1145 circa.)

« Noverint fideles cuncti presentes atque futuri quod ego Robertus de Teuvilla et duo filii mei Guillelmus et Haimericus dedimus Deo et monachis Tyronensibus qui habitant apud *Vilandum* duas bovatas terre adjacentes proprie terre predictorum monachorum, accipientes ab eisdem monachis sexaginta et VIII solidos quos caritative dederunt no-

---

(¹) Les membres de la famille Malesherbes apparaissent assez fréquemment dans les chartes de l'abbaye de Saint-Père. Vers 1120, Arnoul Malesherbes, *Arnulfus Maleserbes*, se donna à l'abbaye lui et tout ce qu'il possédait.

bis, mihi videlicet Roberto sexaginta, filiis autem meis Guillelmo v et Haimerico III. Et sciendum quod si aliquando aliqua calumpnia de terra illa orta fuerit, nos duos annone modios, singulis annis, in decima nostra Teuville sepedictis monachis, donec calumpnia illa per nos terminetur, reddemus. Inde sunt testes : Goslenus archidiaconus ; Guillelmus Boslenus ; Garinus de Pruneio ; Petrus faber ; Hubertus *Sale;* Lambertus cordarius ; Robertus famulus monachorum, apud Carnotum, in domo archidiaconi predicti.

» Apud Tuvillam autem concesserunt predictam elemosinam Robertus filius predicti Roberti et filia ejus Ermengardis, his testibus : Goffredo carnifice, Aucherio et Gaufredo fratre ejus de Tuvilla, Guillelmo de Croceio, Hugone de Gaudena, et Rainaudo Lepore, et Ernulfo *de Grantval*, famulo monachorum. »

(*Cart. de Tiron*, f° 19 v°.)

CCLXXVI.

Vente de deux sous de cens à Villandon et à Villequoy.

« De Villandum. »

(1145 circa.)

« Omnibus christianis fidelibus notum sit quod ego Hugo *de Vilecoc* vendidi duos solidos census quos habebam apud *Vilandum* et apud *Vilecoc* monachis Tyronensibus, videlicet xxv solidos, concedente fratre meo Rainaudo, his testibus : Guillelmo Bosleno, Petro fabro et Sale fratre ejus, Lamberto cordario, Roberto de Lero, Laurentio de Exclusis, Radulfo Girardo, Goscelino famulo de Ogerivilla. Sed et hoc concessit uxor mea Odelina et Enricus filius meus et filie meę Engelguis et Luciana atque Ermengardis, apud *Vilecoc*, in domo mea, unde caritative receperunt ab eisdem monachis v solidos, Rainaudus frater meus xii denarios, uxor mea xii, filius meus xii, filie unaquaque viii. Inde sunt testes : Robertus de Tuvilla, Guillelmus et Haimericus filii ejus, Paganus de Andevilla, Robinus de Umbleriis, Huldierius de Bosco,

Guillelmus et Gauterius et Hugo, famuli monachorum. Sed et isti sunt qui predictam censivam reddent : Robertus de Brainvilla xii denarios, Landricus *de Auviler* vi, Guido de Loisvilla et *Gastinel* filiaster ejus vi, in festo sancte Marie de augusto. »

(*Cart. de Tiron*, f° 19 v°.)

CCLXXVII.

Etat des cens dus pour les vignes de Châteaudun.

« De censu vinearum Castriduni. »

(1145 circa.)

« Inter monachos Sancti-Salvatoris Tyronis et Teobaudum Ravardum Sancti-Aviti debent Roscelino Mala-Terra (1) et Huberto Pagano octo nummos census et obolum de vinca que est super Busseriam, de quibus nummis debent monachi Roscelino unum reddere, de quo denario reddit ille Teobaudus unum obolum de quo ipse censerius corum est. Die festivitatis sancti Johannis debent monachi Tyronis monachis Majoris-Monasterii ii solidos et viii denarios census de vineis Albe-Vie, Guiardo de Monte-Dulci denarios x de vinea que est in Valle-Sancti-Johannis. Census vinearum Raginaudi de Spieriis, ad festum sancti Sepulchri, donatur Athoni de Bonevallo et Ermengardi de Fontenella, scilicet duos solidos et viii denarios : ad festum sancti Johannis Guillelmo *Bigo* xii denarios de Bibeterra ; ad festum Nativitatis sancte Marie Petro *Guine* iii solidos et x denarios et obolum de vineis Christiani Minonii ; Hugoni filio Gilbaudi de Sancto-Remigio xii denarios de vinea Risi-Bovi ; Goffredo Marcha-Suaviter v denarios ; Garino Bogerello (2)

---

(1) La famille Male-Terre était une des plus importantes parmi la bourgeoisie de Châteaudun au XII° siècle. Au mois de mars 1202, Arnaud Male-Terre donna à l'Hôtel-Dieu de Châteaudun un setier de blé de rente sur la grange de la Haie et 12 deniers de cens sur la vigne de Rouserein.

(2) Au mois d'août 1235, Geoffroy de Marville, *de Merrevilla*, donna à l'Hôtel-Dieu de Châteaudun 12 deniers de cens sur la maison d'Aucher de Gohory, boucher, en remplacement de 12 deniers de cens sur une maison à Marboué que contestait à l'Hôtel-Dieu Geoffroy Bouguerel.

III solidos et VIII denarios de platea que est in Valle-Sancti-Aniani ; Johanni filio Michaelis VIIII denarios et obolum, ad festum sancti Valeriani, de vinea Filebendis ; dominis Templi (¹) VIII denarios de domo Regine ; Heloise *Ledvite* III [solidos] et VI denarios de vinea Teobaudi *de Usseel* ; Auberto Rufo VIIII denarios nostrarum domorum ; Goscelino Borrello XV denarios et unum obolum. »

(*Cart. de Tiron*, f° 24 v°.)

CCLXXVIII.

Don de prés au Parc.

« De pratis Olivari de Sancto-Juliano. »

(1145 circa.)

« Omnibus sanctę christianitatis fidelibus notum sit quod Olivarus de Sancto-Juliano dedit monachis Tironis duos arpennos pratorum in pratis de Parcho ; quod concesserunt Guillelmus de Maisnilio et Drogo *de Cortoslain* (²) soceri ejus, et Haois, filia ejus, uxor prefati Drogonis ; videntibus et audientibus istis quorum infra sunt nomina : Rogerius de Maisnillo, Guillelmus *de Marais*, Gislebertus *de Blavou* (³), Haimericus clericus, Robertus presbiter, Gauterius Guibertus, Robertus *Bogro*, Girardus de Campo-Parvo. »

(*Cart. de Tiron*, f° 52 v°.)

(¹) L'ordre du Temple possédait auprès de Châteaudun une maladrerie importante connue sous le nom de la Boissière.

(²) Dreux de Courtalain était seigneur de Marolles : il ne paraît pas avoir jamais possédé la terre d'où il tirait son nom. Courtalain, comme nous l'avons vu, était alors la propriété de la famille Borrel. Les descendants de Dreux devinrent dans la suite seigneurs du Favril et de Prasville, où on les rencontre encore en 1598.

(³) En 1090, Hugues de Blavou, que nous croyons le père de Gilbert, est témoin d'un accord passé entre l'abbaye de Saint-Evroul et Guillaume, prêtre, pour la dîme de l'église de Notre-Dame de Mahéru.

CCLXXIX.

Cession par l'abbaye de Tiron à l'Hôtel-Dieu de Châteaudun d'une terre pour faire un cimetière.

« De concessione Elemosine Castridunensi cujusdam terre ad cimeterium faciendum. »

(1145 circa.)

« Frater Willelmus, Tyronii abbas, totusque conventus, omnibus infirmis de Elemosina Castriduni([1]), salutem in Domino : terram quam, petitione comitis Theobaldi, ad vestram sepulturam a nobis quesitis, pro Dei amore et memorati principis intercessióne, vobis concedimus, tali pacto ut censum quod pro ea debebamus de cetero persolvatis et nonnisi vestrorum corpora defunctorum sepeliatis ibidem ([2]). Valete. »

(*Cart. de l'Hôtel-Dieu de Châteaudun*, A 6, n° 28; A 8, n° 17; A 17, n° 2. — *Archives de la Maison-Dieu de Châteaudun*, par M. de Belfort, p. 7.)

CCLXXX.

Accord entre le prieuré des Châtaigniers et les sires de Saint-Bomer pour une terre et un étang près de l'église.

(1145 circa.)

« Sciant tam presentes quam futuri qualiter tandem sopita sit controversia que habebatur inter monachos Tironenses apud Castaneos habi-

---

[1] L'Aumône, depuis Maison-Dieu ou Hôtel-Dieu de Châteaudun, avait été fondée dès la fin du XI° siècle. Une lettre d'Ives de Chartres, écrite vers 1101, mentionne expressément « ptocotrophium situm in Castroduno prope ecclesiam Beate-Marie-Magdalene. »

[2] Ce don d'un cimetière fait par l'abbaye de Tiron fut la source de longues difficultés entre la Maison-Dieu de Châteaudun et les religieux de la Madeleine, sur le terrain des-

tantes et Guillelmum atque Philippum de Sancto-Bomario super terra que est inter ecclesiam Sancti-Bomarii et stagnum. Remiserunt siquidem predicti G[uillelmus] et P[hilippus] illam calumniam quam super predictis faciebant, videlicet stagno, terra et decima, concedentibus Amelina sorore eorum, Petro de Sancto-Bomario et Odone fratre ejus. Et predictus Guillelmus contra omnes debet hoc garantizare. Monachi vero de caritate dederunt eis triginta solidos et totius ecclesie Tironensis beneficium eis concesserunt. Testibus hiis : Gaufrido capellano ; Michaele de Brueria ; Huberto Capreoli ; Guillelmo *Cointet* et Gaufrido fratre ejus ; Hugone Male-Nutrito ; Gauterio de Coeria ; Huberto forestario et aliis pluribus. »

(Copie sur papier du XVIe siècle.)

CCLXXXXI.

Don par Guillaume de Courcerault de tout ce qu'il possédait au fief de Saint-Germain,

« Hildreville. »

(1145 circa.)

« Ne oblivione deleretur litterarum memorie tradidimus quod Guillelmus de Cursesaudo dedit Sancto-Salvatori *de Tiro* quicquid habebat in dominio in feodo Sancti-Germani, sicut habebat solutum cum vigeria, scilicet terram et nemus et molendinum, concedente uxore sua *Milesent*, et filiis suis et filiabus Hugone (¹), Gauterio, et Ysabele, et

---

quels l'Hôtel-Dieu avait été établi. Outre le cens que les frères condonnés de Châteaudun devaient à l'abbaye de la Madeleine aux termes de la donation, les religieux prétendaient percevoir un droit curial par chaque sépulture. De là longue contestation qui ne fut terminée qu'en 1212 par une transaction qui reconnut les droits curiaux de l'abbaye.

(¹) Hugues de Courcerault assista à la fondation du couvent du Val-Dieu faite par Rotrou IV, comte du Perche, en 1169, et abandonna au nouveau monastère tout ce qu'il possédait dans la forêt de Réno. La famille de Courcerault était très ancienne. Vers 1020, *Geroius de Corte-Sedaldi*, fils d'Arnaud Le Gros, fut un des principaux bienfaiteurs de l'abbaye de Saint-Evroul.

Maria. Insuper quicumque voluerit dare aliquid in feodo suo Sancto-Salvatori concessit, sic tamen ut servicium suum non perdat. Unde in caritate dederunt ei monachi ducentos solidos, et filiis et filiabus ejus decem et septem solidos. Inde sunt testes: Girelmus carpentarius, Herbertus *de Osterlancort,* Gillebertus Torta-Rota, Robertus pelletarius, Ernulfus *Bucheri,* Radulfus famulus hospitarii, ex parte monachorum, et ex parte illorum fuerunt hii : Goscelinus forestarius, Hugo filius Auberti, Goffredus *de Salvalou,* Goffredus de Pontis. »

(*Cart. de Tiron*, f° 55 v°.)

CCLXXXII.

Don de huit sous de rente par Cécile, fille de Gui Turpin.

« De Granri. »

(1145 circa.)

« Notum sit omnibus fidelibus quod ego Sicilia, filia Guidonis Turpini et uxor Mathei *de Trou,* pro salute anime mee et pro salute mariti mei predicti Mathei, dono Deo et monachis Tyronii viii solidos, singulis annis, in festivitate Omnium-Sanctorum. Et promitto Deo et beate Marie et omnibus sanctis me illos octo solidos in aliquo redditu ita constituere in vita mea ut post mortem meam prefati monachi eos perpetualiter habeant. »

(*Cart. de Tiron*, f° 67 v°.)

CCLXXXIII.

Notice de la fondation du prieuré de Bréau et des dons faits à cette maison.

« De Broilo. »

(1145 circa.)

« In nomine Domini, noticie fidelium tradere disponimus oblationes possessionum que per manum Marchi, cujusdam monachi, ecclesię

Sancti-Salvatoris Tironensis, a fidelibus date sunt. In primis Dodoinus de Bumboio ipsum locum Broilum quo conversantur monachi, consensu et consilio Adhelaidis uxoris suę filiorumque suorum, Girardi scilicet et Ade, et *Helisabeth* filię, eidem ęcclesię liberum et absque ullo servitio perhenniter habendum, tantumque alterius telluris contigue quantum uni aratro ad arandum sufficeret, donavit.

» Item jamdicto loco et fratribus ibi degentibus usum tocius sui nemoris ad calefaciendum et ad sua edificia construenda, porcis eorum ipsorum pabulum et liberum discursum, sine aliquo redditu, per totam suam silvam, caritatis munere concessit. Testes hujus rei sunt hii : Judialus, Girardus, Ollarius, Willelmus *Enforciet*.

» Item etiam Dodoinus, in articulo mortis jam positus, augens suum beneficium, concessit prefatis fratribus omnem decimam ad se pertinentem omnium terrarum illarum quę a fidelibus date fueruṅt.

» Item Odo, filius Rollandi, amore Dei et sue causa salutis, concedentibus et consencientibus uxore Felice et filia sua Avelina atque Hugone fratre suo, dedit prefato loco et fratribus terram de Becaceria usque ad currentem et usque ad divisiones. Testes hujus rei sunt : Judicaelus, Robertus faber Parisiensis, Girardus.

» Item Cecilia, quę Bona-Filia noncupatur, cum concessu filiorum filiarumque suarum, dedit prefatis fratribus omnem decimam quę sibi a fratre suo Girardo in matrimonium fuerat concessa.

» Iterum Ernaldus et Fulcho dederunt sepedicto loco et monachis terram quam juxta Broilum pariter possidebant, concedentibus ipsorum uxoribus et filiis et filiabus. Testes hujus rei sunt : Leodegarius, Garnerius, Joscelinus, Judicaelus.

» Item iste Fulco, accepta caritate ab ipsis fratribus, xvi^{cim} scilicet solidis, cum consensu conjugis suę et filiorum, dedit eis terram quam inter torrentem Ansquesium et silvam Calumpnie possidebant. Hujus rei testes sunt : Ingerrannus, Judicaelus, Durannus.

» Garnerius etiam, miles quidam, quicquid decime Bonboii habebat Deo et fratribus istis largitus est. Testes hujus rei : Ernaudus presbiter, Rainaudus *Esluart*, Ascelinus, Drogo *Postels*.

» Deinde Elisabeth, uxor Alrolli, jam in extremis posita, dedit sepedictis fratribus, concedentibus genero et filiabus ipsius et Adelaide domina a qua ea habebat, duo jugera cujusdam arabilis terrę. Testes: Willelmus major, Nevelonus et Petrus fratres.

» Simili modo Guillemus de Monte-Leobovio (¹) dedit eis alia v jugera terre que apud Regentum possidebat. Testes : Leodegarius, Garnerius, Rainaldus, Judicaelus.

» Postmodum Amelina et Ilduinus filius ejus dederunt eidem loco et fratribus tria jugera terre quam apud Iboscellum possidebant, concedentibus filiis et filia ipsius. Testes: Isembardus, Ingerannus, Ascelinus, Rogerius, Durannus, Obertus. »

(*Cart. de Tiron*, f° 70 r°.)

CCLXXXIV.

Don au prieuré de Ferrières par André Bégon de tout ce qu'il possédait.

(1145 circa.)

« Notum sit quod Andreas Begonus uxorque sua concesserunt se et omnia sua monachis Tironensibus apud Ferrarias. Hoc donum fecerunt et concesserunt sine ullius calumpnia, ante Savaricum, Maulleonis dominum (²), in cujus castro illi habitabant, ipso etiam Savarico annuente, pro anima Petri de Monte-Rabeni, et pro sua parentumque suorum, videntibus: Guillelmo Sancti-Amandi sacerdote, Vaslino pellitario, Fulcone de Cerescio, Isenberto monacho.

» Iste homo, scilicet Andreas, tanto animi affectu quecumque habebat largitus est monachis, ut nichil sibi retinuit preter usum cotidianum, cibum videlicet et vestitum, quamdiu in seculum permanserit,

---

(¹) Dans une autre charte, le même personnage est appelé *Guillelmus de Monte-Leti-Bovis*, ce qui était son véritable nom.

(²) Savary de Mauléon est un des plus illustres capitaines du XII° siècle ; il prit une part active à toutes les luttes de la France contre l'Angleterre. Il est célèbre non-seulement par ses faits d'armes sur mer et sur terre, mais aussi par les chansons et romans qu'il composa. A sa mort, la baronnie de Mauléon passa dans la maison de Thouars. Mauléon a perdu son nom depuis 1736, où le comte de Châtillon la fit ériger en duché-pairie sous le nom de Châtillon-sur-Sèvre.

sed universa Deo servientibus tribuit, bestias videlicet omnes, domos, vineas, censusque suorum ortorum (¹) et vinearum. De xxx^{ta} et duobus ortis qui sunt in quodam loco exeunt de censu x solidi et ix denarii ad Pascam reddendi; item alio loco sunt orti x et viii, ex quibus ad Pascham, sicut de supradictis, redduntur vi solidi et i denarius; rursum alio in loco sunt orti xiii^{cim}, ex quibus exeunt iiii solidi et vi denarii; alio vero in loco sunt orti iiii, ex quibus xvi denarii solvuntur; iterum ad Auri-Vallem de illis ortis qui ibi sunt redduntur ii solidi et vi denarii; item in alio loco de Vineoclis exeunt de censu ii° solidi et duo denarii : xx^{ti} scilicet et vii solidi iiii^{or} que denarii sunt secundum numerum istum. Hoc quoque sciendum est quod de unoquoque orto redduntur iiii nummi. »

(*Cart. de Tiron*, f° 80 r°.)

CCLXXXV.

Don d'une vigne au prieuré de Reuzé.

« De Rusayo. »

(1145 circa.)

« Ego Guillelmus de Colonia et uxor mea Milesendis, pro remedio peccatorum nostrorum, damus ecclesię de Rusaio vineam quam a Gaufrido de Turre, sub censu duorum denariorum, habemus. Testes : Hugo capellanus, Guillelmus Barborinus, Alo *Palpitroth*, Aimericus villanus. Hoc donum concessit Gaufridus de Turre et uxor et filius. Testes : Briscio et Calone de Fornosio. »

(*Cart. de Tiron*, f° 81 v°.)

(¹) Les jardins étaient encore plus communs au Moyen-Age que de nos jours. Chaque maison avait son jardin, non-seulement dans les campagnes et les bourgs, mais encore dans les villes. Les tènements de certains paysans ne se composaient guère que d'un jardin, et nous croyons que c'est ici le cas. D'ailleurs, on donnait souvent le nom de jardin à des champs cultivés en blé, en lin ou en chanvre, situés autour de la maison d'habitation. C'est ce qu'on appelle aujourd'hui dans le Perche des *chénevries*.

CCLXXXVI.

Confirmation à l'abbaye du lieu de Sept-Faux.

« De Septem-Fagis. »

(1145 circa.)

« Notum sit quod dominus Garsirius atque frater suus Goscelinus et filius suus *Harroid* locum illum qui dicitur Septem-Fagos, sicuti Philippus *de Mecent* atque Escummardus *de Veud* Giraudo Normanno demonstraverunt, ita libere et pacifice in terris et silvis et aquis, cum Fulcoio de Daonia et Grafione *de Pornez* atque Guillelmo ipsius Grafionis filio, qui partem ipsius loci Septem-Fagos sibi vendicabat, monachis *de Tiron* dederunt ac concesserunt. Testibus : Brientio de Chemicherio et Otone de Sancto-Philiberto, Mauritioque Raginaudi filio, Radulfo *de Corsort*, Guillelmo Pilato, Ivoneque Cornilio, Petro Pilato. Et Gaudinus, Attonis *de Chamaire* filius, qui in illis terris dominium exercebat hoc concessit. Testibus : Fulcoio de Daonia, Constantio, Girardo de Sancto-Stephano, Guillelmo Tornamina, Guasirio Hamonis filio. »

(*Cart. de Tiron*, f° 82 r°.)

CCLXXXVII.

Fondation du prieuré du Saint-Sépulcre d'Allemagne.

« De Sancto-Sepulcro, Meldensis dyocesis. »

(1145 circa.)

« Notum sit omnibus quod Radulfus de Bolerio, pater Aaliz de Fulfriaco, et Petrus cognomine *Maleit*, pro sua et antecessorum suorum salute, dederunt in elemosinam monachis Tyronensibus capellam

Sancti-Sepulcri de Monte-Geheir (¹), cum omnibus appendiciis suis. Huic dono interfuerunt Galo et Hosmundus multique alii qui hoc viderunt et audierunt.

» Adam etiam de Fulfriaco et uxor ejus Aaliz dederunt eisdem monachis partem suam culturarum de Monte-Geheir, et hoc donum super altare ejusdem loci fecerunt, testibus Matheo de Fulfriaco et Evrado prefecto.

» Radulfus quoque de Ginbriaco et Paganus frater ejus monachis in predicto loco habitantibus dederunt in elemosinam terram *de Cooli* liberam et quietam ab omni exactione et seculari consuetudine, et inde ab eisdem monachis triginta solidos in karitate acceperunt. Hoc concessit Reuricus *de Osseri*, de cujus feudo terra illa erat, et Helissendis, neptis predicti Radulfi, cum Johanne de Barris, marito suo. Hujus rei testes existunt : Balduinus *de la Cheveie* et Rainaudus de Sancto-Suplicio.

» Hubertus vero de Monte-Jonis dedit eisdem monachis in predicto territorio sex arpenta inculte terre. Cui dono interfuerunt : Balduinus, Gauterius de Sancto-Suplicio et Henricus frater eorum. Postea vero monachi predicti loci emerunt quatuor arpenta terre triginta solidis a predictis Balduino scilicet et Gauterio et Henrico fratre ipsorum. Hujus rei sunt testes : Huldricus, Guido, Boletus, Gislebertus.

» Gauterius vero *Haiz* de Creciaco, pro remedio anime sue, dedit in elemosinam memoratis monachis partem quam habebat. »

(*Cart. de Tiron*, f° 91 v°.)

CCLXXXVIII.

Don d'un muid de blé de rente sur le moulin de Beauvais.

(1146 circa.)

« Memorie succedentium notificare curavimus quod miles quidam, Erardus videlicet *de Villabum* nomine, volens ire *Jerusalem*, dedit mo-

(¹) La chapelle du Saint-Sépulcre de Montgé, devenu un des prieurés de l'abbaye de Tiron, quitta son nom primitif pour prendre celui de Saint-Sépulcre d'Allemagne, à cause de la forêt sur les confins de laquelle il était construit.

nachis Tyronensibus, ob remissionem peccatorum suorum, unum modium frumenti de molendino suo quod vulgariter Belvetum dicitur, ita ut singulis annis sine ulla intermissione illum inde in perpetuum habeant. Concessit autem hoc Gunherius de Alneto([1]), de cujus feodo erat, audientibus his quorum subnexa sunt nomina : Herveius decanus, Stephanus presbiter, Erardus ipse *de Villabum*, Hugo de Pomeio ([2]), Paganus de Manso-Leonci, Galterius de Gandunvilla, Jordanus miles. »

(*Cart. de Tiron*, f° 91 v°.)

CCLXXXIX.

Abandon par Geoffroy d'Ouzouer d'une terre aux Saintes-Vallées.

« De Sanctis-Vallibus. »

(1146 circa.)

« Notum sit omnibus sancte ecclesie fidelibus quod Robertus, frater Gaufridi de Oratorio, Jerosolimam pergens, dedit monachis Tyronensibus unam carrucatam terre ad Sanctas-Valles ([3]), et cum ad demonstra-

---

([1]) Gohier d'Aunay fut témoin de la confirmation faite en 1140 par Geoffroi IV, vicomte de Châteaudun, du don fait à la maladrerie de Saint-Lazare de Châteaudun par Renaud de Patay, surnommé Guiterne, d'une terre à Machelainville, paroisse de Péronville. De 1118 à 1141, nous le rencontrons souvent comme témoin dans les pièces du chartrier de l'abbaye de Bonneval. Il était fils de Gautier d'Aunay, et frère de Gautier et de Garin d'Aunay, dénommés dans plusieurs actes de l'abbaye de Saint-Père.

([2]) Hugues *de Pomeio* est témoin de l'abandon fait en 1118 par Thibaut, comte de Chartres, à l'abbaye de Bonneval d'un marché libre et de la justice entière de la ville de Bonneval.

([3]) Nous n'avons pu déterminer l'emplacement précis des Saintes-Vallées; mais ce champtier devait être situé non loin d'Ozouer-le-Marché. D'après la description qui est donnée dans la charte même, ce lieu se trouvait à côté de Villemafroy, près de la ferme de la Mouise, vendue à l'abbaye de Tiron par Pierre Leroy.

tionem ejus ventum fuisset, Gaufridus frater ejus terram Umbaldi *Chevalet* pro sua monachis demonstravit, quam eis nec defensare nec testificari potuit, cumque res in calumpniam venisset nec Goffredus demonstrare aliam terram vellet, Simon de Balgenceio (¹), rogatus a monachis, per Radulfum dapiferum suum, et per Umbaldum Rufum juniorem, et per Petrum *Denit* demonstravit terram que sine contradictione Gaufridi erat : cui demonstrationi cum diu Gaufridus restitisset, tandem christianitate simul ac dominis suis cogentibus, xxx^{ta} solidos et duodecim minas frumenti a monachis accipiens, predictam demonstracionem concessit, ea conditione ut si demonstracio illa uni carruce non sufficeret, monachi de terra adjacenti infra annos quinque tantum ararent quousque carrucatam plenariam haberent nec prius eam aliquo modo Gaufridus occuparet quominus de una carrucata haberent. Hoc concessit Roscelina uxor ejus et filii ipsorum Goffridus, Odo et Robertus, ac filie Dimesengis et Roscelina. Hec carrucata incipit a terra Unbaldi *Chevalet* secus viam usque ad terram de Maisia, ex altera parte habens viam, ex altera metas Gaufridi, que, ut prediximus, removebuntur si aliquid uni carruce defuerit. Hanc terram se promisit Gaufridus monachis defensare et testificari ubicumque eis necesse fuerit. Hec viderunt et audierunt, de monachis Tyronensibus : David de Cintreio, Gauterius de Rivo-Bovis, Henricus *de Espal*, Willelmus *de Vilandun*, Richardus medicus, et Anquitinus. Cujus rei testes sunt, ex parte monachorum : Grossinus presbiter, Godefridus *de Brixe* et Garnerius frater ejus, Hugo vicarius, Goffredus gener Gaufridi, Teodericus *Denit*, Fromundus de Pusiolis et Stephanus frater ejus ; ex parte ejus : Radulfus de Pruneio, *Bolot* de Ermentervilla, et Rainaudus vicinus ejus, Rogerius Barbatus, Robertus *de Vilerjoet* et Gauterius filius ejus, et Radulfus gener ejus, Rainaudus de Vineis et Ascelinus vicinus ejus, Patricius *de Espal*, Ruallenus, Mainardus et Rogerius et alii multi, quia publice factum fuit. »

(*Cart. de Tiron*, f° 35 v°.)

(¹) Simon de Beaugency, fils aîné de Raoul Ier et de Mathilde, succéda à son père dans la seigneurie de Beaugency après 1130 et mourut sans enfants vers 1156.

CCXC.

Remise par Ursion, seigneur de Fréteval, de terres usurpées sur l'abbaye.

« De his que adversus nos calumpniabatur Urso de Fractavalle. »

(1146.)

« Notum sit omnibus quod Urso de Fractavalle, in infirmitate de qua mortuus est penitentia ductus, de malis que ęcclesię Tyronensi multotiens fecerat, in presentia Gaufridi, Carnotensis episcopi, indulgentiam postulans, reddidit inter cetera que de possessionibus ipsius injuste sibi usurpaverat, nominatim ista que subscribuntur : boscum de Pautoneria sicut dividitur cum bosco Johannis de Subcureio, et mansuram de Monte-Dupplelli, et quod occupaverat in mansura de Villa-Nova, metas etiam terre monachorum de Fonte-Radulfi quas transgressus fuerat pro cupiditate sue foreste augende, sicut palam omnibus confessus est, culpam suam recognoscendo, solutas ęcclesię reddidit et quietas, et terram pariter Pireii quam monachi emerant de Petro Rege (¹), et sui homines partim calumpniabantur, partim inquietabant, liberam clamavit, et suos filios jussit ut deinceps ab infestatione illius terre cessarent. Hoc concesserunt filii ejus Nivelo et Hamelinus. Inde sunt testes : predictus episcopus G[aufridus], Paganus de Frovilla, Herbertus de Boscheto et Theodericus frater ejus, Brito de Sancto-Karilelpho, Salomon de Thoerio et Herbertus ejus capellanus, elemosinarius etiam ipsius Ursonis camerarius. His interfuerunt, de monachis Tyronensibus : Girardus Diabolus, Garinus de Herdrevilla, Rangerius de Yronio. »

(*Cart. de Tiron*, f° 46 v°.)

(¹) Voir charte LXXIX.

CCXCI.

Confirmation par le pape Eugène III des biens de l'abbaye.

(1147, 30 mai.)

« Eugenius episcopus, servus servorum Dei, dilectis filiis Guillelmo, Tironensi abbati, ejusque fratribus tam presentibus quam futuris regularem vitam professis, in perpetuum : Religiosis desideriis dignum est facilem prebere consensum ut fidelis devotio celerem sortiatur effectum, eapropter, dilecti in Domino filii, vestris justis postulationibus clementer annuimus et Tyronense monasterium in quo divino mancipati estis obsequio sub beati Petri et nostra protectione suscipimus et presenti scripti privilegio communimus, statuentes ut quascumque possessiones, quecumque bona idem monasterium juste et canonice possidet, aut in futurum, concessione pontificum, largitione regum vel principum, oblatione fidelium seu aliis justis modis, Deo propitio, poterit adipisci, firma vobis vestrisque successoribus et illibata permaneant. In quibus hęc propriis nominibus annotanda subjunximus : in regno Anglię, in episcopatu Sancti-David, ęcclesiam Sanctę-Marię de Chatmeis cum appenditiis suis; in episcopatu Sancti-Andreę de Scotia, abbatiam Sanctę-Marię Rochaburgensis cum appenditiis suis; æcclesiam sanctorum martirum Johannis et Pauli de Ogra cum appenditiis suis, æcclesiam Sancti-Egidii de Castenariis, æcclesiam Sancti-Leonardi de Ferreriis, æcclesiam Sanctę-Marię de Asneriis, æcclesiam Sancti-Michaelis de Lucezio, ecclesiam Sanctę-Marię de Tilio, æcclesiam Sancti-Laurentii de Brigia, æcclesiam Sancti-Petri de Audita, æcclesiam Sancti-Martini de Hildrevilla, ęcclesiam Sanctę-Marię de Jarzia, æcclesiam Sanctę-Marie de Aguille, ecclesiam Sancti-Johannis-Baptiste de Murgeriis, ecclesiam Sancti-Andreę de Anglia cum appenditiis suis, æcclesiam Sanctę-Marię de Mapedroella, æcclesiam Sanctę-Marie de Titileia, æcclesiam Sanctę-Crucis de Insula; in archiepiscopatu Rotomagensi, æcclesiam Sancti-Sulpicii de Germunvilla, æcclesiam Sancti-Martini de Crasvilla, æcclesiam Sancti-Laurentii de Calcia, æcclesiam Sanctę-Marię de

Baschevilla, æcclesiam Sancti-Silvestri de Clara, æcclesiam Sanctę-Marię de Turneio, æcclesiam Sancti-Johannis de Monte-Ursino, capellam Sanctę-Marię-Magdalenę-super-Sequanam ; in pago Ebroicensi, æcclesiam Sanctę-Cecilię *de Guest*, œcclesiam Sanctę-Anastasię, ecclesiam Sancti-Martini de Busseio, capellam Sanctę-Marię et æcclesiam Sancti-Lupi de Chavigneio, ęcclesiam Sancti-Bartholomei et ęcclesiam Sancti-Mauricii de Cherenthaio ; in episcopatu Karnotensi, æcclesiam Sanctę-Marię-Magdalenę prope Briherii-Vallem, ęcclesiam Sancti-Remigii de Neronio, ęcclesiam Sancti-Spani de Abluis, ecclesiam Sanctę-Marię-Magdalenę de Oisesmo, ęcclesiam Sancti-Michaelis *de Climarz*, ęcclesiam Sanctę-Marię de Ledo, æcclesiam Sanctę-Marię de Cumbris, ęcclesiam Sancti-Petri de Hargenvilla, ecclesiam Sancti-Leobini-de-Quinque-Fontibus, ęcclesiam Sancti-Laurentii-de-Gastina, ęcclesiam Sancti-Vincentii de Maieroliis, ecclesiam Sancti-Martini de Brenella, ęcclesiam Sancti-Vincentii de Arseciis, ecclesiam Sancti-Germani de Colingis, ecclesiam Sanctę-Marię de Planis, æcclesiam Sancti-Nicholai de 'Foetellis, ecclesiam Sancte-Marię de Hironio, ęcclesiam Sancti-Andreę de Silvelonia, ęcclesiam Sanctę-Marię de Molendino Novo, ecclesiam Sanctę-Marię de Monterium, ecclesiam de Risu-Bovis, graneas etiam Tyronii, Sanctas-Valles, Cintreium, Villarium-Maffredi, Gimigneium et aliud Gimigneium, Childreium, Spesovillam, Culturam, Pertas, Ogeriivillam, Leporisvillam, Villamdonum ; in episcopatu Segiensi, capellam Sancte-Marię-Magdalenę *de Resno*, Runcheriam, ecclesiam *de Corgehaut, Mesnilbertre*, æcclesiam Sancti-Jovini, ęcclesiam de Monte-Chevrel, ecclesiam de Martigneio, æcclesiam de Nuileio ; in episcopatu Baiocensi, æcclesiam Sancti-Antonini *de Montehargis*, ecclesiam Sanctę-Marię de Strata, capellam Guillelmi *de Crevecor;* æcclesiam Sanctę-Marię de Rensiaco, æcclesiam de Bulunello, capellam de Tigerio ; in episcopatu Meldensi, æcclesiam Sancti-Sepulchri de Montegihelli cum suis appenditiis et decimis, et locum *de Dormanz* cum suis possessionibus ; in episcopatu Pictavensi, æcclesiam Sanctę-Marię-Magdalene de Rusaio, locum de Puteolis, locum de Russeia, locum *de Megum*, locum de Tiliato ; in episcopatu Nannetensi, locum de Septem-Fagis, locum de Trapa, locum de Oiseleria ; in episcopatu Andegavensi, locum de Sauceia ; in episcopatu Cenomannensi, æcclesiam

Sancti-Michaelis de Planicię, ęcclesiam Sancti-Johannis de Grandi-Rivo, ęcclesiam Sanctę-Marię-Magdalenę de Crucis-Valle, ęcclesiam Sanctę-Marię de Passu-Bovis, locum de Vado-Bruneti, ęcclesiam Sanctę-Marię-Magdalenę de Montetallario, ęcclesiam Sanctę-Marię de Belloloco, ecclesiam Sanctę-Marię *de Cohardum*, æcclesiam Sanctę-Marię de Vallibus, æcclesiam Sancti-Sulpicii-*de-Pail*, æcclesiam Sancti-Mauricii juxta *Cortpoltrain*, æcclesiam Sancti-Georgii *de Blimarz*, æcclesiam Sancti-Silvestri de Montelusello, æcclesiam Sancti-Johannis-Baptiste de Jarręia, æcclesiam Sancti-Audoeni de Turnemio; abbatiam Sanctę-Marię de Jugo-Dei, cum suis et prenominatorum locorum decimis, redditibus et possessionibus. Et ut divinum officium apud vos honestius celebrare valeatis et loca vestra securiora possideatis, concedimus ut in possessionibus vestris oratoria et cimiteria habeatis, absque detrimento tamen circumadjacentium parrochiarum. Sane laborum quos propriis manibus aut sumptibus colitis, sive de nutrimentis vestrorum animalium, nullus a vobis decimas nec a servientibus vestris parrochialia exigere presumat. Sepulturam quoque vestrorum locorum liberam vobis esse concedimus, ut eorum qui se in eis sepeliri deliberaverint devotioni et extremę voluntati, nisi sint excommunicati vel interdicti sint, nullus obsistat, salva justicia tamen matricis ęcclesię. Decernimus ergo ut nulli omnino hominum liceat prefatum monasterium temere perturbare aut ejus possessiones auferre vel ablatas retinere, minuere aut aliquibus perturbationibus seu vexationibus fatigare, sed omnia integra conserventur eorum pro quorum gubernatione et sustentatione concessa sunt usibus omnimodis profutura, salva sedis apostolice auctoritatę et diocesanorum episcoporum canonica justicia. Si qua igitur in futurum ęcclesiastica secularisve persona hanc nostrę constitutionis paginam sciens contra eam venire temere temptaverit, secundo terciove commonita, si non satisfactione congrua emendaverit, potestatis honorisque sui dignitate careat, reamque se divino judicio de perpetrata iniquitate cognoscat et a sacratissimo corpore et sanguine Dei et domini nostri Jesu-Christi aliena fiat atque in extremo examine districtę ultioni subjaceat; cunctis autem eidem loco justa servantibus sit pax domini nostri Jesu-Christi quatinus et hic fructum bone actionis percipiant et apud districtum judicem premium eternę pacis inveniant. Amen.

» Ego Eugenius, catholicę ecclesię episcopus.

» † Ego Albericus, Ostiensis episcopus, subscripsi.

» † Ego Octavianus, diaconus cardinalis Sancti-Nicholai-in-carcere Tulliano, subscripsi.

» † Ego Julius, presbiter cardinalis tituli Sancti-Marcelli, subscripsi.

» † Ego Ismarus, Tusculanus episcopus, subscripsi.

» † Ego Guido, presbiter cardinalis tituli Sanctorum-Laurentii-et-Damasi, subscripsi.

» † Ego Jordanus, presbiter cardinalis tituli Sanctę-Susannę, subscripsi.

» † Ego Gregorius, diaconus cardinalis Sancti-Angeli, subscripsi.

» † Ego Johannes, diaconus cardinalis Sanctę-Marię-Nove, subscripsi.

» † Ego Guido, diaconus cardinalis Sanctę-Marię-in-Porticu, subscripsi.

» † Ego Jacinctus, diaconus cardinalis Sanctę-Marię-in-Cosmidin, subscripsi.

» Data Parisius, per manum Hugonis presbiteri cardinalis, agentis vicem domini Guidonis diaconi cardinalis et cancellarii, tercio kalendas junii, indictione x[a], incarnationis vero dominice anno M° C° XL° VII°, pontificatus vero domni Eugenii pape tercii anno tercio. »

(*Orig. en parch.*)

CCXCII.

Confirmation par le pape Eugène III des biens de l'abbaye ([1]).

(1147, 30 mai.)

« Eugenius episcopus, servus servorum Dei, dilectis filiis Guillelmo, Tyronensi abbati, ejusque fratribus tam presentibus quam futuris regu-

([1]) Cette charte, que nous publions d'après le Cartulaire, nous semble la même que la précédente. Il nous paraît difficile d'admettre que, le même jour, le pape Eugène III ait donné deux bulles pour le même objet. Nous ne nous expliquons donc pas bien les variantes des deux textes : cependant, comme elles sont considérables et importantes pour la dénomination des lieux possédés par l'abbaye, nous avons cru devoir publier cette seconde bulle.

larem vitam professis, im perpetuum : Religiosis desideriis dignum est facilem prebere consensum ut fidelis devocio celerem sorciatur effectum. Eapropter, dilecti in Domino filii, vestris justis postulationibus clementer annuimus et Tyronense monasterium in quo divino mancipati estis obsequio sub sancti Petri et nostra protectione suscipimus et presentis scripti privilegio communimus, statuentes ut quascumque possessiones, quecumque bona idem monasterium juste et canonice possidet, aut in futurum, concessione pontificum, largitione regum vel principum, oblatione fidelium seu aliis justis modis, Deo propitio, poterit adipisci, firma vobis vestrisque successoribus et illibata permaneant. In quibus hec propriis duximus exprimenda vocabulis : in episcopatu Carnotensi, ecclesiam Sancte-Marie de Monte-Rion, ecclesiam Sancti-Georgii *de Blimard*, ecclesiam Sancti-Petri de Molendino-Novo, ecclesiam Sancti-Andree de Silvelonia, ecclesiam Sancte-Marie de Risu-Bovis, ecclesiam sanctorum martirum Johannis et Pauli de Buca-Ogrie, ecclesiam Sancti-Severini et ecclesiam Sancti-Georgii et ecclesiam Sancti-Leobini de Cloia, ecclesiam Sancte-Marie de Ironio, ecclesiam de Fonte-Radulphi, ecclesiam de Castro-Boferi, ecclesiam de Foetellis, ecclesiam de Gurgitibus, ecclesiam de Monte-Lusello, ecclesiam de Mereleis, ecclesiam Sancti-Maximi, ecclesiam Sancti-Egidii de Castaneriis, ecclesiam Sancti-Thome de Soiseio, ecclesiam Sancti-Leobini-de-Quinque-Fontibus, ecclesiam Sancti-Petri de Hargenvillario, ecclesiam de Brenella, ecclesiam de Arsetiis, ecclesiam de Cungris, ecclesiam de Maieroliis, ecclesiam de Coloniis, ecclesiam de Murgeriis, ecclesiam Sancti-Laurentii-de-Guastina, ecclesiam Sancti-Bartolomei et ecclesiam Sancti-Mauricii de Carentaio, ecclesiam de Ledo, ecclesiam de *Clemart*, ecclesiam de Burgungeria, ecclesiam de Lonvileria, ecclesiam Sancti-Petri *de Ver*, ecclesiam de Osemio, ecclesiam Sancti-Remigii de Nerone, ecclesiam Sancte-Marie-Magdalene justa *Briverval*, ecclesiam Sancti-Spani de Ablueiis, Levrevillam, *Vilandum*, Spesunvillam, Pertas, *Vilermafrei*, *Choldre*, Maisiam, decimam denariorum vicecomitis Castriduni de redditibus ipsius castri et Montis-Dublelli; in Senonensi archiepiscopatu, ecclesiam de Secroio, ecclesiam de Brolio; in Parisiensi episcopatu, ecclesiam de Garceiis, ecclesiam de Rainseio, ecclesiam de Bollonello, ecclesiam de Ulmeio, ecclesiam de Tigcrio, ecclesiam Sancti-

Abdoeni justa *Tornam;* in episcopatu Meldensi, ecclesiam Sancti-Sepulcri; in episcopatu Suessionensi, ecclesiam Sancte-Marie-de-Arablo; in episcopatu Aurelianensi, ecclesiam Sancti-Georgii de Cintreio, ecclesiam de Cultura et locum de Sanctis-Vallibus, *Geminge;* in episcopatu Ebroicensi, ecclesiam de Hildrevilla, ecclesiam de Cavingeio, ecclesiam de Boiseio, ecclesiam *de Guest*, ecclesiam de Buhaneria, ecclesiam Sancti-Germani-super-Arvam; in Sagiensi episcopatu, ecclesiam Sancti-Juliani, ecclesiam de Rungeria, ecclesiam *de Resno*, ecclesiam *Trahant*, ecclesiam Sancti-Petri *de Gast;* in Luxoviensi episcopatu, *Mesnil-Bertre;* in Rotomagensi archiepiscopatu, ecclesiam *de Brai*, ecclesiam Sancte-Marie de Torneio, ecclesiam Sancte-Marie-Magdelene-super-Secanam, ecclesiam Sancti-Silvestri de Clara, ecclesiam Sancti-Sulpicii de Gremunvilla, ecclesiam Sancti-Laurentii de Risu-Bovis, ecclesiam Sancte-Marie et ecclesiam Sancti-Petri de Baschevilla[1]; in episcopatu Pictavensi, ecclesiam Sancti-Leonardi de Ferreriis, ecclesiam de Trapa, ecclesiam *de Rusai*, ecclesiam de Puteolis, ecclesiam de Laguieria, ecclesiam de Tilia, ecclesiam de Troseia, ecclesiam de Magunto, ecclesiam de Daria[2], ecclesiam Sancte-Marie justa Forestam; in Nanetensi episcopatu, ecclesiam de Septem-Fagis et Pontem-Ruselli super Sevriam; in archiepiscopatu Turonensi, ecclesiam de Bosco-Johannis, ecclesiam de Luceziis, ecclesiam de Garreia; in episcopatu Andegavensi, ecclesiam Sancte-Marie de Asneriis, ecclesiam de Saccheia; in archiepiscopatu Bituricensi, ecclesiam de Lorelio; in Alvernia, in episcopatu Clarismuntis, ecclesiam de Rotondo-Dono; in Lugdunensi archiepiscopatu, ecclesiam Sancte-Marie de Jugo-Dei, cum suis appendiciis; in Sanctoniensi episcopatu, ecclesiam de Daria, ecclesiam de Brolio; in Cenomannensi episcopatu, ecclesiam de Vado-Alneti, ecclesiam Sancti-Laurentii-super-Bregiam[3], ecclesiam *de Granri*, ecclesiam Crucis-Vallis, ecclesiam de

---

[1] Dans la bulle précédente, il n'est mention que de l'église Notre-Dame de Bacqueville, qui était celle du prieuré. L'église de Saint-Pierre était l'église paroissiale, dont la présentation appartenait à l'abbé de Tiron.

[2] Ce lieu nous semble faire double emploi avec l'église du même nom citée plus loin comme appartenant au diocèse de Saintes.

[3] L'église de Saint-Laurent-sur-Braye nous paraît la même que celle du Gué-de-Launay; il n'y avait au Gué-de-Launay d'autre église que celle du prieuré de Saint-Laurent.

Monte-Rivelli, ecclesiam Sancti-Petri de Passu-Bovis, ecclesiam *de Gué-Brunet*, ecclesiam *de Cohardun*, ecclesiam *de Valiriveli*, ecclesiam Sancti-Michaelis de Planicie, ecclesiam de Liveto, ecclesiam Sancti-Petri de Audita, ecclesiam Sancti-Vedasti, ecclesiam Sancti-Sulpicii-*de-Pail*, ecclesiam Sancti-Juliani, ecclesiam Sancti-Mauricii, ecclesiam de Bello-Loco, ecclesiam de Monte-Talleio ; in Anglia, in episcopatu Guintoniensi, ecclesiam Sancte-Crucis de Insula, ecclesiam Sancti-Andree de Amle, ecclesiam Sancti-Laurentii apud Vuintonium, ecclesiam de Mapedroella ; in Herefordensi episcopatu, ecclesiam de Titeleia, ecclesiam de Vuintona ; in episcopatu Sancti-David, ecclesiam Sancte-Marie de Cameiis cum appendiciis suis ; in episcopatu Sancti-Andree de Scocia, ecclesiam de Rocaburgo cum appendiciis suis ; in episcopatu Salesbergensi, elemosinam Roberti filii Heldrebrandi prope Mellebergam. Sane laborum vestrorum quos propriis manibus aut sumptibus colitis, sive de nutrimentis vestrorum animalium, nullus a vobis decimas exigere presumat. Sepulturam quoque vestrorum locorum liberam esse concedimus ut eorum qui se in eis sepeliri deliberaverint devocioni et extreme voluntati, nisi forte excommunicati vel interdicti sint, nullus obsistat, salva tamen justicia matricis ecclesie. Decernimus ergo ut nulli omnino hominum liceat prefatum monasterium temere perturbare aut ejus possessiones auferre vel ablatas retinere, minuere aut aliquibus vexationibus fatigare ; sed omnia integra conserventur eorum pro quorum gubernatione et sustentatione concessa sunt usibus omnimodis profutura, salva sedis apostolice auctoritate et diocesanorum episcoporum canonica justicia. Si qua igitur in futurum ecclesiastica secularisve persona hanc nostre constitutionis paginam sciens contra eam temere venire temptaverit, secundo terciove commonita, si non satisfactione congrua emendaverit, potestatis honorisque sui dignitate careat reamque se divino judicio de perpetrata iniquitate cognoscat et a sacratissimo corpore et sanguine Dei et domini nostri Jesu-Christi aliena fiat atque in extremo examine districte ulcioni subjaceat ; cunctis autem eidem loco justa servantibus sit pax domini nostri Jesu-Christi quatinus et hic fructum bone actionis percipiant et aput districtum judicem premia eterne pacis inveniant, amen, amen, amen.

» Ego Eugenius catholice ecclesie episcopus, subscripsi.

» † Ego Albericus, Hostiensis episcopus, subscripsi.

» † Ego Ismarus, Tusculanus episcopus, subscripsi.

» † Ego Odo, diaconus cardinalis Sancti-Georgii-ad-Velum-Aureum, subscripsi.

» † Ego Gregorius, diaconus cardinalis Sancti-Angeli, subscripsi.

» † Ego Octavianus, diaconus cardinalis Sancti-Nicholai-in-carcere-Tulliano, subscripsi.

» † Ego Johannes, diaconus cardinalis Sancte-Marie-Nove, subscripsi.

» † Ego Guido, diaconus cardinalis Sancte-Marie-in-Porticu, subscripsi.

» † Ego Jacintus, diaconus cardinalis Sancte-Marie-in-Cosmydin, subscripsi.

» † Ego Guido, presbiter cardinalis tituli Sancti-Grisogoni, subscripsi.

» † Ego Guido, presbiter cardinalis tituli Sanctorum-Laurentii-et-Damasi, subscripsi.

» † Ego Julius, presbiter cardinalis tituli Sancti-Marcelli, subscripsi.

» † Ego Jordanus, presbiter cardinalis tituli Sancte-Susanne, subscripsi.

» Datum Parisius, per manum Ugonis, presbiteri cardinalis, agentis vicem domini Guidonis, diaconi cardinalis et cancellarii, tercio kalendas junii, indictione x, incarnationis vero dominice anno millesimo C° XL° VII, pontificatus vero domni Eugenii pape iii anno tercio. »

(*Cart. de Tiron*, f° 90 r°.)

CCXCIII.

Bail du moulin des Planches à Raoul, maréchal du comte Thibaut.

« De area molendini de Planchis. »

(1147 circa.)

« Noverit universalis fidelium ecclesia quod..... Guillermus, Tyronii abbas, totumque nostrum capitulum aream molendini de Planchis quam de elemosina venerabilis comitis Teobaudi liberam et quietam ab omni consuetudine tenebamus, prece et peticione ejusdem comitis, Radulfo marescalco([1]), servienti ipsius, cum omnibus consuetudinibus suis, sub tali pactione habere concessimus quod inde nobis, singulis annis, reddet dimidium modium frumenti in festo sancti Remigii ; quod frumentum Carnoti reddetur in domo nostra. Nec pretereundum quod memoratus Radulfus seu heres ipsius nichil in predicto molendino alteri genti religionis seu dare seu vendere poterit. Hujus rei ex utraque parte testes existunt : Clemens tunc temporis Carnoti prefectus, Radulfus de Castro-Teoderici, Guillelmus filius Vitalis, Petrus faber, Gauterius *Beinassis*, Goffredus Cornerius, Goffredus *Challo*([2]), Stephanus et Jordanus fratres ejus, Stephanus de Aurelianis. Ut autem concessio ista rata et stabilis in perpetuum haberetur, presens scriptum tam sigillo ecclesie nostre quam sigillo comitis Teobaudi muniri et corroborari fecimus. »

(*Chirogr. orig. en parch.*)

CCXCIV.

Don par Dreux de Guichery d'une dîme à Baillonvilliers.

« De Guicheriis. »

(1148 circa.)

« Drogo, cognomine *Pichart*, de Guicheriis, dedit Deo et monachis *de Tiron* totam decimam quam habebat apud *Baionviler*. Hanc etiam

([1]) Raoul de Plancy, maréchal du palais du comte Thibaut V, apparaît souvent comme témoin dans les actes de son suzerain, de 1158 à 1170. On voit par cette charte, dont on ne peut reculer la date plus loin que 1147, époque de la mort de l'abbé de Tiron, Guillaume, que Raoul exerça ses fonctions bien antérieurement à 1158.

([2]) Dans une charte du comte Thibaut IV en faveur de la léproserie du Grand-Beaulieu, on voit figurer, parmi les familiers du comte, Geoffroy Chaillou, bourgeois de Chartres, et Clément, prévôt de Chartres. Cette charte est ainsi datée : « *Anno ab incarnatione Domini M C XLVI, eo anno quo Ludovicus, filius Ludovici, cum multo comitatu baronum, crucem assumpsit Yerosolimam iturus ad domandam Paganorum contumaciam.* » Les mêmes témoins paraissent encore en 1168 à une donation faite à la même léproserie par Gauthier de Friaize.

dedit et concessit uxor ejus Osanna, de cujus hereditate movet. Inde sunt testes : Hubertus, sacerdos Sancti-Hilarii-super-Erram (¹); Guillelmus *Pesaz* (²); Durandus *de Betigni;* Osbertus de Novingento; Gislebertus, illius Drogonis sororius; Guillelmus de Curto-Bertranno; Martinus, Drogonis filius. Has itaque decimas, supradictis videntibus testibus, super altare Sancte-Trinitatis *de Tyron* posuit. »

(*Cart. de Tiron*, f° 7 r°.)

CCXCV.

Don de la terre des Vergers.

« De Sancto-Bartholomeo de Charansayo. »

(1148 circa.)

« Notum sit omnibus hominibus tam futuris quam presentibus quod Guillelmus, Isnardi filius, de Charenceio, dedit monachis Sancti-Salvatoris *de Tiron* terram de Virgereiis a rivo *Rastel* usque ad vallem Tilie, et Baldricus *Perdriel* et Gauterius, fratres, qui calumpniabantur, concesserunt, et Guillelmus de Curteliis de cujus feodo erat. Unde testes existunt : Johannes presbiter de Carentio, et Johannes mediterius de Beharderia. Quod Ingenoldus Rufus et uxor ejus Aia, et Hugo de Bosco et uxor ejus Milesendis, qui calumpniabantur, concesserunt. Hujus autem concessionis testes sunt : Guillelmus de Buxeio, Garinus Capra, Guillelmus porcherius et plures alii. »

(*Cart. de Tiron*, f° 74 v°.)

(¹) Cette charte est postérieure à celle de 1141, où se trouve mentionné Geoffroy, curé de Saint-Hilaire-sur-Yerre, auquel succéda Hubert qui figure comme témoin dans cette pièce.

(²) En 1116, *Robertus Pesatus* fut témoin d'un accord entre Gaston de Brou et les moines de Marmoutier pour les dîmes des vignes de Nottonville.

CCXCVI.

Don de la terre de Posay.

(1148 circa.)

« Ego *Laethoth* et frater meus Airaldus et uxor mea, et Jobertus de Chabannis et uxor ejus, et Ugo de Tariee, et Maentia et filii ejus donamus B[ernardo] et sociis ejus terram quandam *de Pozels*, et vineas et prata et viridaria et hospitamenta, habenda et tenenda in perpetuum absque ulla consuetudine, coram subscriptis testibus, de *Laetzbotz* et de fratre ejus : Galterio *Bozer*, Stephano *Chabuz*, *Emeloth*; de Ugone : ipsi ;. de Joberto : Bernardo, Bertrando ; de Maencia : Galterio *Bozer*, Stephano *Cabuth*. »

(*Cart. de Tiron*, f° 80 v°.)

CCXCVII.

Donation au prieuré de Montargis du lieu de Saint-Antonin.

(1149.)

« Notum sit omnibus sancte Dei ecclesie filiis presentibus et futuris quod ego Hugo *de Crevecor* [1] et Guillelmus filius meus, pro salute animarum nostrarum et antecessorum nostrorum, donamus Deo Salvatori *de Tyron* et monachis conversantibus apud Montem-Argis in elemosinam locum Sancti-Antonini, cum fossato et toto territorio quod circa ecclesiam ejusdem matris extenditur, et unam terre carrucatam extra

---

[1] En 1185, Mathieu de Crèvecœur était sénéchal de Richard de Vernon. En 1206, Raoul de Crèvecœur donne à l'abbaye des Vaux-de-Cernay des biens qu'il possédait à Vernon. Une branche de la famille de Crèvecœur s'établit dans le pays chartrain au XV° siècle. En 1460, Pierre de Crèvecœur, seigneur de Gilles, vendait à Thierry du Pont, verdier d'Anet et de Bréval, le fief de Saint-Hillier, assis dans les paroisses de Saussay et d'Ezy.

fossatum de nostro proprio dominio et quoquo modo locus ille poterit excrescere, in terris, in decimis, in cujuscumque rei redditibus, per nostros homines, dono aut precio, in nostro feodo, nos concedimus, et quicquid juris et servitii in hiis que eidem loco erogabuntur ad nos pertinet cum donantibus donamus. Damus etiam eis decimam totius panis nostrarum mansionum, scilicet de Clevilla et de *Crevecor* et de Vandoris et de Bosevalle, et molendinorum, et decimam pullorum et cascorum (¹) et porcorum nostrorum cum venerint de pessona. Et quia pauca hec sunt et non sufficientia victui monachorum ibidem commorantium donamus iterum eis, quantum ad nos pertinet, has ecclesias, ecclesiam videlicet Sancti-Paterni, ecclesiam de Liveia, ecclesiam de Strata, et quicquid amodo in decimis et aliis beneficiis de toto feodo nostro quod ad elemosinam pertineat evenerit, et etiam nosmetipsos, si Dei gratia ad conversionem venerimus, donamus et concedimus; si vero in seculari habitu nos mori contigerit, volumus ut apud eos sepulturam habeamus ; et quicquid tunc temporis nos habere contigerit in auro et argento et aliis mobilibus, et universaliter que auferre secum de mundo solet homo ad redimenda peccata sua, totum pariter sine divisione ipsis dimittimus et concedimus. Hec omnia volumus ut possideant in pace, quiete et absolute, remota omni exactione et seculari consuetudine, sicut melius et sincerius debet et potest dari elemosina. Ut igitur hec omnia firma permaneant et inconcussa, nostri sigilli munitione roboramus. Inde testes sunt : Herbertus cantor Bajocensis, Robertus subdecanus, Robertus de Aldena, Sello canonicus, Matheus de Bajocis, Robertus *de Bais* et duo fratres ejus Joannes et Guillelmus, Robertus *Bouchart*, Rogerius *de Hotot*, *Richaut* de *Foumuchon*. Hec autem facta sunt anno ab incarnatione Domini millesimo centesimo quadragesimo nono. »

(*Vidimus en parch. de* 1298.)

(¹) Le commerce du fromage était considérable au Moyen-Age, particulièrement en Normandie où était situé le prieuré de Montargis. Les fromages sont compris parmi les objets dont Goubert d'Aufai, en 1085, donna la dîme aux moines de Fécamp, à Ganzeville. En 1158, le pape Adrien IV confirmait à l'abbaye de Saint-Sever la dîme des fromages tant de vache que de brebis de l'honneur de Saint-Sever. A la fin du XIIe siècle, les ducs de Normandie tiraient des beurres et des fromages de leurs vacheries de Montfiquet, Barneville-sur-Seine, Canappeville-sur-Touque et Moulineaux.

CCXCVIII.

Don de terres au prieuré de Saint-Maixme.

« De Sancto-Maximo. »

(1150 circa.)

« Noscant universi quod Paganus de Bosco frustum terrę, dum viveret, dedit monachis Tironii apud Sanctum-Maximum. Post mortem vero ejus, Matildis, uxor ipsius, tantumdem terrę et ejusdem feodi predictis dedit monachis. Hoc donum concessit Hugo de Aleia (¹) quantum in se erat, videlicet predicte Matildis, cui post mortem Pagani nuxerat, et predicte Matildis filię cum suis maritis, id est Beatrix cum Burgonio, *Ermengart* cum Auberto, et Maria quę tunc temporis adhuc sine viro erat. Inde testes sunt : prefatus vir ejus, Hugo de Aleia, et Girardus capellanus de Aloia, et isti qui hoc concesserunt. »

(*Cart. de Tiron*, f° 36 v°.)

CCXCIX.

Echange de terres aux environs de Vibraye entre l'abbaye et Tescelin Guerrier.

« De quadam terra Vibraye cum terra Montis-Fusnardi mutata. »

(1150 circa.)

« Quoniam res que aguntur cito a memoria elabuntur nisi litteris commendentur, notificare curavimus mutuationem terre que facta est

---

(¹) En 1118, Jean d'Alluyes, père de Hugues, Lisiard de Sablé et Gosselin de Sainte-Maure commandaient des corps de troupes dans l'armée de Foulques V, comte d'Anjou, quand celui-ci livra au comte Thibaut un combat sous les murs d'Alençon.

inter monachos *de Tirum* et Tescelinum *Guerrer*. Monachi itaque commutaverunt Tescelino terram quam habebant apud Vibreiam pro illa terra quam habebat Tescelinus ad Montem-Fusnardum qui est ad Vadum-Petrosum. Hec mutuatio facta est ab utraque parte ita libera atque quieta ut monachi in terra de Vibreia nichil retinerent, et Tescelinus quicquid habebat ad Vadum-Petrosum, id est ad Montem-Fusnardum, omnino libere monachis concederet. Hujus mutuationis ex parte monachorum fidejussor est Rotrocus de Monteforti [1], ut ipse terram de Vibreia omni tempore quietam habere Tescelino faciat. Tescelinus vero omnem terram suam predicto Rotroco fidejussione commisit ut monachi omnibus diebus totam illam terram de Monte-Fusnardo quiete possiderent. Hec omnia concessit Hersendis uxor Tescelini, et Teobaudus et Guillelmus filii ejus, Giruis et Richeldis filie ejus, et Renualdus frater ejus, et Teobaudus nepos ipsius. Hec concessit et confirmavit Rotrocus de Monteforti. Hec viderunt et testes sunt : Fulcoius de Monteforti et Hugo frater ejus, Robertus capellanus, Philippus de Motereis, Hugo de Vallibus, Garnerius sacerdos, Raginaudus *Auve*, Ernulfus cementarius, Gauterius filius Hodierne. David filius Legardis, Hildebertus *Belot*, Harduinus Tres-Minas. Con-

---

[1] Les membres de la famille de Montfort-le-Rotrou doivent être comptés parmi les principaux bienfaiteurs de l'abbaye du Gué-de-Launay. En 1208, Rotrou de Montfort, avec l'assentiment de Rotrou, son fils et héritier, donna en perpétuelle aumône à l'abbaye tous les droits qu'il possédait sur les bois, vignes et terres du fief de Souday, et l'autorisation de prendre dans les bois de Vibraye tout le merrain nécessaire à l'arrangement des vignes des moines. Il affranchit les hommes desdits moines résidant dans le fief de Souday et les libéra de toutes tailles, biennages, corvées et de toutes exactions ; et en outre leur donna le droit de prendre dans la forêt de Vibraye le bois nécessaire pour construire leurs maisons. Il affranchit encore les hommes des moines et les moines eux-mêmes pour tout ce qu'ils possédaient en terres et en prés dans le fief de Guillaume le Déshérité, *Willelmi Desreati*. Enfin il permit auxdits moines de prendre dans sa forêt de Vibraye tout le bois dont ils auraient besoin pour construire des maisons au lieu nommé Grandry, *domus de Grant-Ruyht*, ainsi que le merrain pour arranger les vignes qu'ils y planteraient. — En 1239, le même Rotrou, ou plutôt son fils, seigneur de Montfort, *dominus de Monteforti*, donna à ladite abbaye, du consentement de sa femme Isabelle, cent sous de rente qu'il possédait à Montigny, *de Montigniaco*. Dans le cas où le seigneur de Montigny s'opposerait à cette donation, il serait délivré aux moines, à la mort du donateur, une somme de cent livres tournois à prendre sur tous les revenus de Monet.

cessum est hoc in capitulo Tironensi a domino Guillelmo abbate et a toto conventu (¹). »

(*Cart. de Tiron*, fº 64 vº.)

CCC.

Don du Moulin-Neuf au prieuré de Monrion.

« Montis-Rionis. »

(1150 circa.)

« Utile satis ac necessarium videtur rerum gestarum noticiam per scripture testimonium posteris mandari : unde cunctis notum sit fidelibus quod Hugo Bormaudus (²) et Ascelina uxor ejus (³) dederunt monachis Montis-Rionis quandam aream molendini, quod Molendinum-Novum vocatur, amore Dei. Sed tamen ipsi habuerunt inde xx solidos de caritate. In qua area postea monachi Tironis molendinum fecerunt. Hujus molendini donum fecerunt Bormaudus et Ascelina uxor ejus et mater ejus, super altare ecclesię Montis-Rionis, cum uno cultello. Haenricus, de cujus feodo erat molendinum, concessit illud monachis, amore Dei et amore comitis Theobaudi. Hujus rei sunt testes : Garinus *Quenenc*, Petrus, Bordinus, Raginaudus de Fonte, Garinus *de Luetane*, Albertus Pinardus et frater ejus Bonus-Homo, et Albertus *de Bussel* et frater ejus *Maher*, Arnaudus Pipinus et Hugo frater ejus, et Rainaudus *de Perei*(⁴). »

(*Cart. de Tiron*, fº 45 vº.)

(¹) Une copie de cette charte existe aux Archives de la Sarthe (H 84); mais les noms propres sont presque tous défigurés.

(²) En 1222, Thibaut Bormand avait une censive à Châteaudun, d'où dépendaient les étaux à vendre le pain sur le marché de Châteaudun.

(³) Asceline, femme de Hugues Bormand, est la même qu'Asceline, fille de Hersende de Pré-Nouvelon, qui figure à la charte CCIII.

(⁴) Cette charte se trouve reproduite dans le Cartulaire, fº 46 vº.

CCCI.

Don au prieuré de Saint-Remy de Néron d'un arpent de vigne près Nogent-le-Roi.

« De Neronio. »

(1150 circa.)

« Notum sit omnibus hominibus quod quidam homo nomine Constancius, quando assumpsit monachilem habitum in Tironensi cenobio, dedit monachis Tironensibus qui habitabant apud Sanctum-Remigium quoddam arpentum vineę quam habebat juxta Nogennum, de qua vinea Petrus de Theonisvilla solebat habere sex denarios de censu, sed idem Petrus hunc concessum dedit supradictis monachis. Post aliquot autem annos jamdicti monachi vendiderunt eandem vineam Durando, de Nogenno burgensi, tali pacto quod isdem Durandus ejusque successores per unumquemque annum eisdem monachis darent octo denarios de censu, atque hoc concessit supradictus Petrus de Teonisvilla. Hujus rei testes sunt : Radulfus presbiter *de Chasdum*, Germundus major, Garinus Canis, Adelelmus panitarius atque Bartholomeus frater Theoderici vicecomitis. »

(*Cart. de Tiron*, f° 39 r°.)

CCCII.

Confirmation de la fondation du prieuré de Montargis.

(1150 circa.)

« Ego Philippus, Dei gratia, Bajocensis episcopus, dono Deo et monachis *de Tyrum* ecclesiam Sancti-Antonini *de Montehargis* (¹) cum

(¹) On appelle le Montargis une sorte de cap qui domine tout le canton de Cambremer et la vallée de Corbon. C'est là que fut construit le prieuré de Saint-Antonin de

fossato et territorio quod est intra castrum illud, et cetera confirmo et sigilli mei munimine corroboro que Hugo *de Crevequer* et Willelmus filius ejus in elemosinam eis dederunt et in episcopatu meo sunt : predictis namque monachis dederunt ipsi, pro salute animarum suarum, unam carrucatam terre de suo proprio dominio extra jamdictum fossatum, et quocumque modo locus ille possit excrescere in terris et decimis et cujuscumque rei redditibus, per suos homines et amicos, dono aut precio, in feodo eorum concesserunt. Dederunt etiam eis decimam panis sui ubicumque manducent, qui fiet de annona granearum suarum, et decimam caseorum et porcorum suorum cum reversi fuerint de pessona. Et quia pauca sunt hec, dederunt adhuc, quantum ad ipsos pertinet, ecclesias has : ecclesiam scilicet Sancti-Paterni, ecclesiam Sancte-Marie de Liveia, ecclesiam Sancte-Marie de Strata, ecclesiam Sancti-Vigoris *de Crevequer*, ut tandem ipsi possideant illam et habeant, postquam Robertus clericus, cui eam dederunt, quoquomodo possidere non potuerit vel noluerit : si tamen possederit, quicquid in decimis et aliis ecclesie beneficiis de toto feodo suo quod ad elemosinam pertineat evenerit non minus concesserunt. Sed et ipse Willelmus si, Dei gratia, ad conversionem venerit, semetipsum eis concessit ; quod si in seculari habitu illi mori contigerit, ut apud eos sepeliatur deliberavit, et quicquid tunc temporis habebit in mobilibus et in omnibus que tollere de mundo solet secum mens pia ad sua redimenda peccata totum pariter sine divisione ipsis dedit et concessit, et hec omnia absolute et libere, remota omni exactione et vexatione et seculari consuetudine. Inde sunt testes : Herbertus cantor, Hunfredus Bos, Robertus subdecanus, Gislebertus et Serlo canonici, Matheus de Bajocis, Durandus presbiter de Estrata, Justinus presbiter *de Cambremer*, Radulfus presbiter de Bajocis, Robertus *de Bais* et duo fratres ejus, Johannes, Willelmus, Ricardus *de Foumuchum*, Ricardus vinearius episcopi, Willelmus vinearius, Ricardus *li Maintiens*. »

(Copie sur papier du XVII⁰ siècle.)

Montargis. On y voit des fossés et un *vallum* en terre : la chapelle du prieuré existe encore ; M. de Caumont (*Stat. mon. du Calvados*, t. IV) dit qu'elle fut d'abord dédiée à saint Sauveur, puis à sainte Anne ; nous croyons qu'il a confondu le prieuré avec l'abbaye-mère.

CCCIII.

Don de prés aux Prés-Morin.

« Unum arpennum prati de Longo-Prato. »

(1150 circa.)

« Cecilia de Longo-Ponte dedit monachis *de Tirun* unum arpennum prati in Longo-Prato, filiis suis concedentibus Hugone primogenito, et Radulfo, et Gervasio, et Guillelmo et aliis. Istis testibus : Garino de Campellis, Hugone fratre ejus, Guillelmo de Villa-Loveti, Odone *de Mesguillen*, Roberto sacerdote de Fresneio, Hugone *de Cremer.*

» Justa istum arpentum dedit Robertus de Campellis monachis *de Tirum* unum arpentum prati, concedente uxore sua Aales et fratribus suis Garino, Hugone, et Engelguis sorore sua. Hi sunt testes : Paganus de Martineio, Radulfus de Pertico, Torquentinus *del Valfriel*, Renoldus *Aeverht*, Herbertus filius ejus, Robertus sacerdos de Fresneo. Quod donum concessit postea Richardus frater suus. Istis testibus : Simone vicario, Symone de Longo-Ponte, Radulfo de Mesnilio. »

(*Cart. de Tiron*, fº 51 vº.)

CCCIV.

Don de la terre de Bessam au prieuré de Clères.

« De Clara. »

(1150 circa.)

« Notum sit omnibus hominibus tam presentibus quam futuris quod ego Gauterius de Insula (¹) dono et concedo Deo Salvatori et monachis

---

(¹) Le nom de l'Ile est assez commun; cependant nous croyons devoir rattacher à la même famille que Gautier de l'Ile, Gilbert de l'Ile qui, vers 1170, donna aux hospitaliers de Saint-Jean-de-Jérusalem le tensement de Guillaume d'Iville, *Willelmi de Wevilla*, maire de Louviers.

de Tiron qui habitant apud Sanctum-Silvestrum vel apud Claram (¹) terram meam *de Bessam*, liberam omnino atque quietam, absque omni consuetudine, sine ullo retinaculo, et accepi inde a Radulfo Cantello, monacho, qui tunc prior erat predicte Clare, de caritate xxx solidos rotomagensium nummorum et pelliciam novam qua indutus erat; et mater mea habuit inde unam guinpham duorum solidorum. Hujus rei testes sunt : Matheus de Clara, Rogerius *de Torce*, Petrus filius ejus, Radulfus de Bosco-Rohardi, Radulfus filius Temeri, Gauterius filius Adelelmi et filius ejus Ascelinus, Robertus *de Groche*. »

(*Cart. de Tiron*, f° 55 r°.)

CCCV.

Don d'une somme de vin sur les vignes de Fontaine-Berger.

(1150 circa.)

« Notum sit quod Odo, corvesarius, nomine de Ponte-Petrino, pro anima sua et Hugonis avunculi sui ceterorumque antecessorum suorum, dedit ecclesię Sanctę-Trinitatis *de Tiron*, singulis annis, summam vini, tali conditione quod monachi de Monte-Talleario eandem summam parciantur cum monachis suis Tironii. Hoc donum concessit Robertus, nepos Odonis, quem heredem suum post mortem fieri constituit, et hoc testantur Goffredus sacerdos cognomine Guito, Willelmus de Valeriis, Engelardus corvesarius, Gauterius Tenellus. Et notandum quod quicumque vineam habituri sunt que summam istam vini reddere debet, id est vinea Odonis supradicti, quę est apud Fontem-Bergerii, solvere debent. . . . . »
. . . .

(*Cart. de Tiron*, f° 69 v°.)

(¹) On trouve en effet, dans les divers titres de l'abbaye, le prieuré dont il est ici question désigné indifféremment sous le nom de Clèrcs ou sous celui de Saint-Sylvestre.

CCCVI.

Don de six deniers de cens au prieuré du Gué-de-l'Aunay.

« De Vado-Alneti. »

(1150 circa.)

« Notificari debet fidelibus quatinus Hugo de Glatinio, pro salute anime sue parentumque suorum, sex denarios qui singulis annis ei per censum reddebantur ecclesie dedit Sancti-Laurentii atque monachis qui habitabant Alneti : isti nempe denarii, in termino Pasche, a Garino de Ribario aut heredibus postea succedentibus, apud Alnetum, monachis predicte ecclesie servientibus, absque dilacione debentur reddi. Unde quippe sunt testes qui fuerunt ad hoc presentes : Gauterius *Bigot* de Vibrea, Ernulfus cementarius et Guillelmus ejus filius, Christianus monachorum famulus, cum aliis bene devotis (1). »

(*Cart. de Tiron*, f° 64 r°.)

---

(1) Les Archives de la Sarthe (H 84 à H 87) possèdent un certain nombre de chartes des XII° et XIII° siècles concernant l'abbaye du Gué-de-Launay. Nous croyons devoir analyser les suivantes :

1° Charte de 1168, par laquelle Guillaume Goët, au moment de partir pour la croisade, du consentement de sa femme Isabelle et de ses filles, Mathilde et Agnès, ratifie la donation faite à l'abbaye par Bodard de Saint-Michel, son fils Guillaume et ses deux filles, Ledgarde et Cécile, *Legardis et Sicilia*, de six bovées de terre et de la dîme de tout le fief que ledit Bodard tient de Pierre *Ahene*, avec les deux parts des prémices, et dans la paroisse de Saint-Michel, d'une demi-part de la dîme de la terre du clerc Hildier et de la terre de Gervais Passavant, ainsi que de celle du Val-Ménard, *de Valle-Menardi*, appartenant à Renaud *de Correnum*, laquelle donation fut consentie par le prêtre Thibaut, frère du donateur. Ledit Guillaume Goët confirme, en outre, à ladite abbaye, la paisible possession de deux bovées de terre dans le fief de Geoffroy de Montreuil, *de Mostereol*, de deux autres données aux moines par Guillaume de la Cour-Morin, *de Curia-Morini*, de la foire du Gué-de-Launay, d'une demi-part de sel de chaque marché de Montmirail et enfin du péage de la dixième semaine dont la moitié appartient au prieuré des Châtaigniers. Témoins : *Nicholaus de Brucria*, *Guillelmus*

CCCVII.

Don de terres à Ferrière et du fief de la Malaise.

« De feodo Bigot de Malesees. »

(1142 circa.)

« Notum sit omnibus quod ego Lambertus, cognomento *Bigoth*, dono Deo Salvatori et monachis *de Tyron* memetipsum in monachum.

Cointet, *Robertus de Basochia, Raginaldus de Foro, Petrus* Cointet, *Clarenbaudus, Gaufridus Mollis-Ventus, Buccardus, Henricus de Castriduno*.

2° Charte de 1200, par laquelle Renaud de Donzy, seigneur d'Alluyes, *de Aloia*, du consentement d'Hervé, son frère, comte de Nevers, et de ses deux sœurs Marguerite et Alix, donne en perpétuelle aumône à l'abbaye du Gué-de-Launay, sept livres angevines sur sa prévôté de Montmirail, payables par son prévôt à la fête de saint Jean-Baptiste. Il abandonne, de plus, tous les droits qu'il peut avoir sur les terres de l'abbaye dépendant du fief de Rotrou de Montfort et du sien propre, et concède aux religieux, *in valle de Braalent*, un terrain suffisant pour construire une chapelle et des maisons, terrain qu'il exempte de toute coutume et exaction. Enfin il déclare prendre en main la garde et défense des possessions de l'abbaye. Témoins : *Gaufridus de Bellomonte, Raginaldus Pagani, Gauterius de Gudiivilla, Odo de Tuscha, Hugo* de Marigny, *Matheus* Bodart.

3° Charte de 1221, par laquelle Gervais de Soudai, *de Soldaio*, du consentement de Denise, sa femme, de ses fils Rotrou, Nicolas, Hugues et Geoffroy, et de sa fille *Flanderia*, donne à l'abbaye les deux parts de la dîme des novales de toute sa terre. A la requête du donateur qui n'avait pas de sceau, Gautier, prêtre de Soudai, appose le sien à cet acte et déclare prendre en main la garde et la défense de cette donation.

4° Charte de 1225, par laquelle Guillaume de Soudai, du consentement de sa femme Philippe et de ses deux fils Etienne et Guillaume, donne à l'abbaye de Saint-Laurent du Gué-de-Launay deux septiers de froment et deux de seigle, à prendre, chaque année, le jour de Noël, sur son moulin de la Fosse, *de Fossa*, plus un septier du meilleur froment qu'on pourra trouver dans ledit moulin pour faire du pain à chanter, *ad faciendas eucaristias*. Il confirme enfin le don fait par son père Gautier de Soudai de deux sous de rente annuelle sur les cens de Glatigny, *de Glatigne*.

5° Charte de 1232, par laquelle Pierre, doyen de Saint-Calais, *de Sancto-Karileffo*, confirme le don fait à l'abbaye du Gué-de-Launay, par Pierre Seteir, maire de Savigny, *de Savigniaco*, d'une pièce de pré et six deniers mansais de cens que devait lui payer chaque année, le lendemain de Noël, Jean de la Forêt, *de Foresta*, pour raison d'une

Dono etiam Deo et abbati et ecclesie et predictis monachis *de Tyron* quicquid habebam de meo patrimonio in vicinio Tyronensis cenobii, id est citra Ferreriam, terram scilicet et prata et decimam meam et totum feodum meum de Maleseis. Hoc concessit Aales, soror mea, et Garinus et Frogerius filii ejus, et Eremburgis filia ejus. Hujus rei testes sunt : Stephanus cellararius; Philippus sacerdos et monacus; Hubertus *Labori;* Rainaudus Magnus; Brientius Brito; Picotus carretarius; Richerius Testa-Longa; Goffredus Frontem-de-Acerio; Robertus Tortus; Stephanus coquus; Petrus pistor; *Guiton* sutor, et Ernaudus et Engelbobus filii Ansgoti. Hoc concessit Gastho *de Ramalast* et Paganus, filius Richerii, et Gauterius filius ejus, et Rogerius de Roscha, et Garinus, Guillermus filii ejus. Testes sunt : Pipinus; Geroius; Malgerius; Herbertus de Alneto; Garnerius de Brenella; Ernaudus, filius Roberti. »

(*Cart. de Tiron*, f° 6 r°.)

CCCVIII.

Confirmation de quinze marcs d'argent pour les chaussures des moines de Tiron.

(1154-1164.)

« H[enricus], rex Anglie et dux Normannorum et Aquitanorum et comes Andegavorum, archiepiscopis, episcopis, abbatibus, comitibus,

terre nommée la Jouanière, *la Geoneire.* Témoins: *Bartholomeus Forestarius miles; Hugo et Matheus, monachi; Johannes* Borrel; *Thomas Naudo, Guillelmus* Lesclencheir. — En 1247, Geoffroy de Lavardin, *de Lavardino,* chevalier, seigneur de Savigny-sur-Braye, *de Savigniaco-super-Braiam*, confirma ce don.

6° Charte de 1244, par laquelle Geoffroy de Souday, chanoine de Tours et seigneur de la Chesnaye, *de Chesnaya*, du consentement de Denise sa mère et de son frère Hugues, chevalier, fait un accord avec l'abbaye du Gué-de-Launay, au sujet du moulin des Prés, *de Pratis*, de la pêche des anguilles dudit moulin, de l'écluse et de certaines vignes situées au fief de Souday, sur lesquels biens ledit Geoffroy prétendait prendre les moutures, verjus et raisins. — Cet accord fut confirmé la même année par Geoffroy de Loudun.

baronibus, justiciariis, vicecomitibus, ministris et omnibus fidelibus suis tocius Anglie et Normannie, salutem. Sciatis me concessisse et confirmasse Deo et monachis *de Tyron*, in perpetuam elemosinam, pro salute anime mee et antecessorum et successorum meorum, quindecim marchas argenti ad calciamenta eorum, accipiendas de thesauro meo ad scaccarium meum, in festo sancti Michaelis, annuatim in perpetuum, sicut rex H[enricus], avus meus, illas eis dedit et carta sua confirmavit (¹). Quare volo et firmiter precipio quod ipsi singulis annis illas habeant bene et in pace ad predictum terminum absque omni disturbatione. Testibus : Philippo, episcopo Baiocensi (²); Ernulfo, episcopo Luxoviensi (³); Toma cancellario; Roberto de Novoburgo (⁴); Jollano dapifero; Hugone *de Claers* (⁵). Apud Cenomannum. »

(*Cart. de Tiron*, f° 50 r°.)

CCCIX.

Don de cinq marcs d'argent par le roi d'Angleterre.

(1154-1165.)

« H[enricus], rex Anglorum et dux Normannorum et Aquitanorum et comes Andegavorum, Roberto comiti Leoycestrie et baronibus scac-

(¹) Voir charte XXVII.

(²) Philippe d'Harcourt, évêque de Bayeux de 1142 à février 1164.

(³) Arnoul, évêque de Lisieux de 1141 à 1181.

(⁴) Robert du Neufbourg était le troisième fils de Marguerite, fille de Geoffroi III, comte du Perche, et de Henri, comte de Warwick, fils de Roger de Beaumont. Il se révolta en 1118 contre le roi Henri I⁹ʳ et se déclara en faveur de Guillaume Cliton. Il ne mourut que le 30 août 1158, après avoir joui de toute la confiance de Henri II qui l'avait fait son sénéchal et justicier de la Normandie.

(⁵) Le fils de Hugues de Clare, Richard, surnommé Strongbow, comte de Pembroke, prit part aux guerres d'Irlande, en 1169, comme allié de Dermot, roi de Leinster. En 1170, à la mort de ce dernier dont il avait épousé la fille Eve, il lui succéda même sur le trône de Leinster. — La famille de Clare descendait de Roger de Clare, fils de Richard, cousin issu de germain de Guillaume le Conquérant. Ce fut Roger qui fut chargé d'accompagner la princesse Mathilde en Allemagne lors de son mariage avec l'empereur Henri V, le 7 janvier 1114. Il fut plus tard créé comte de Hertford.

carii, salutem : Sciatis me dedisse monachis *de Tyrum* v^(que) marcas super xv marcas quas eis dedit Henricus rex avus meus, habendas ad eumdem terminum ad quem xv marcas habere solebant, scilicet ad festum sancti Michaelis. Quare volo et precipio quod illas xx marcas semper habeant ad predictum terminum. Testibus : Matildi imperatrice, et Roberto (¹), episcopo Ebroicensi, et Ricardo *de Luci* (²). Apud Rothomagum. »

(*Cart. de Tiron*, f° 49 r°.)

CCCX.

Don au prieuré de Notre-Dame-de-l'Arable de soixante arpents de terre et de soixante arpents de bois.

« De Dormanz. »

(1156.)

« Ego Henricus, Trecensium comes palatinus, presentium existentie et futurorum posteritati notum fieri volo me, pro anime mee remedio patrisque mei et antecessorum meorum, Deo et ecclesie *de Tirun* et Hugoni, abbati Cisterciensi (³), fratri meo, LX terre arabilis arpennos et LX nemoris arpennos apud Erablem, dimidiamque partem pratorum meorum que apud Duromannis sunt, et vineam meam que est super aquam, et a rota molendini de Jaugonia inferius usque ad spacium leuce octavam partem aque liberam et quietam dedisse, et hec omnia in perpetuum possidenda concessisse. Hoc autem ne ab aliquo inquietaretur et

---

(¹) Il y a ici une erreur dans le Cartulaire; c'est *Rotroco* qu'il faut lire. Rotrou de Beaumont, frère de Robert le Bossu, comte de Leicester, et de Galeran de Meulan, fut évêque d'Evreux de 1139 à 1165.

(²) Richard de Lucy fut un des principaux conseillers de Henri II. C'est lui qui, dans le concile de Clarendon (janvier 1164), fut chargé de présenter, au nom du roi, les fameuses Constitutions de Clarendon.

(³) Cet Hugues, abbé de Citeaux, était fils naturel de Thibaut IV. Il se fit religieux dans l'abbaye de Tiron, devint prieur de Notre-Dame-de-l'Arable, reçut du roi Etienne deux abbayes en Angleterre et mourut abbé de Lagny en 1171.

ne temporum vetustate a memoria deleretur, scripto commendari et sigilli mei auctoritate confirmari precepi. Hujus autem rei testes sunt : Godefridus abbas Vallis-Secrete (¹), Raherius de Montiniaco, Guido de Castellione, Gauterius de Friesia, Matheus Lottoringensis (²), Stephanus Geius, Radulphus de Capella, Gervasius de Castellione, Petrus de Duromannis, Isembardus prepositus de Castro-Theodorici (³). Facta est hec carta anno Verbi incarnati M° C° L° VI°, Lodovico rege Francorum regnante, Manasse episcopo Meldensi existente (⁴), et per manum Guillelmi cancellarii (⁵) Meldis tradita (⁶). »

(*Cart. de Tiron*, f° 62 v°.)

CCCXI.

Don d'un millier de harengs.

(1158 circa.)

« Notum sit omnibus fidelibus sanctę ecclesie quod Petrus, filius Angeri, et Agnes, uxor ejus, ac pueri eorum concesserunt in elemosina ęcclesię Tironis atque monachis ejusdem ęcclesię, pro salute animarum eorum, 1 mille *harenc*, singulis annis, quamdiu ipsi et pueri eorum

(¹) La fondation de l'abbaye du Val-Secret date de 1140. En cette année, le comte de Chartres, Thibaut IV, donna à l'abbaye de Château-Thierry le lieu de Val-Secret pour y transférer les moines loin du tumulte de la ville.

(²) Mathieu de Lorraine figure parmi les conseillers de Henri le Libéral : il est témoin en 1153 d'un accord fait avec l'abbaye de Saint-Médard de Soissons ; en 1159, d'un don de trois marcs d'argent aux chevaliers du Temple, etc.

(³) Isembard n'est pas nommé parmi les prévôts de Château-Thierry cités par M. d'Arbois de Jubainville.

(⁴) Manassès II, évêque de Meaux de 1134 au 23 avril 1158.

(⁵) Guillaume, chancelier du comte Henri le Libéral avant son avènement au comté de Champagne (1152), conserva ses fonctions jusqu'en l'année 1176.

(⁶) Cette charte ne figure pas dans le *Catalogue des Actes de Henri-le-Libéral*, publié par notre savant confrère M. d'Arbois de Jubainville, ou plutôt elle est indiquée d'une manière erronée d'après une mention du *Gallia christiana*. Le prieuré de Dormans appartenait à l'abbaye de Tiron, et non à celle de Fontevrault.

vixerint, quod *allec* capietur de quodam stallo quod Petrus habet in macello, et de quo stallo ipse Petrus sessivit Clementem, monachum Tironi, testibus istis : Ivone de Brinnia, Walterio de Sancto-Sanxone ([1]), Roberto clerico. »

(*Cart. de Tiron*, f° 49 v°.)

CCCXII.

Don au prieuré des Fouteaux par Robert de Bullou de tout ce qu'il possédait sur un moulin à Bullou.

« De molendino quod dedit Robertus de Bullo monachis de Footellis. »

(1159.)

« Notum sit omnibus quod Robertus *de Bullo*, infirmitate detentus qua et mortuus est, postulavit monachos Tyronenses qui apud Footellos habitabant ut eum monachum facerent : qui ejus peticioni benigne assencientes desiderio illius satisfecerunt. Ipse vero, pro sua suorumque salute, dedit predictis monachis in elemosinam quicquid habebat dominii in uno molendinorum *de Bullo*, ita ut monachi libere et quiete deinceps possiderent quicquid ipse in molendino illo antea possederat, ita etiam ut molendinarius de monachis amodo teneret quicquid ibidem de Roberto tenuerat, eisdemque singulis annis redderet duos denarios de censu in festo sancti Remigii, sicut et Roberto fecerat. Inde etiam donum super altare Sancti-Nicholai de Footellis fecerunt sepedictus Robertus et Hildeardis uxor sua et filii ipsorum, Robertus scilicet, Hugo, Guillelmus et Goffredus clericus. Hujus rei testes existunt : Hugo de Pelenvilla, Nevelonus Sine-Barba ([2]), Ernulfus et Lovellus famuli monachorum, Ernaudus Giroardus, Belferius, Paganus *Turmel*, Robertus

---

([1]) En 1211, Gautier de Saint-Samson, le fils sans doute de celui-ci, avec les autres paroissiens de Troarn, consent à participer aux frais qu'occasionnera la réconciliation de l'église de Troarn.

([2]) Un ancêtre de ce personnage, Nivelon, fils de Guérin Sans-Barbe, fonda vers 1030 le prieuré de Villeberfol en Vendômois, qu'il donna à l'abbaye de Marmoutier.

Capel, Rainaudus major Rotomagi, Richardus furnerius, Rogerius molendinarius, Goffredus *Espiecharner*, Guillelmus *Bedion*, Giroudus molendinarius. Et sciendum quod quando donum illud factum fuit, presens non erat Rainbaudus filius predicti Roberti, sed postea, cognito dono patris sui, libenter et ipse concessit. Cujus concessioni interfuerunt : Odo de Campo-Seranno, Odo de Bosco, Guihenoeus, Ernulfus et Lovellus, Herbertus atque Goffredus famuli monachorum. »

(*Cart. de Tiron*, f° 33 r°. — *Cart. des Fouteaux*, f° 5 r°. — *Vidimus de* 1640, papier.)

CCCXIII.

Confirmation des églises de Courthioust et de Saint-Jouin-de-Blavou.

« De Cortgehout. »

(1159-1170.)

« Frogerius, Dei gratia, Sagiensis episcopus([1]), omnibus sancte matris ecclesie filiis, salutem et Domini benedictionem : Noverit universitas vestra Paganum *de Cortgehout* dedisse et me concessisse monasterio *de Tyron* et fratribus ibidem Deo servientibus quecumque idem Paganus in ecclesia Sancti-Launomari *de Cortgehout* possidebat et quecumque idem fratres in eadem parrochia de feodo ipsius canonice adquirere poterint, in perpetuam elemosinam. Quin etiam ea eidem monasterio concedo que Willelmus *de Blavou* et ejusdem avunculus Naimerus habebant in ecclesia Sancti-Jovini, et in presencia mea concesserant. Et ideo volo ut jamdicti fratres ea omnia in pace et honorifice teneant, salvo per omnia jure episcopali. Testibus : Henrico priore et archidiacono, magistro Rogerio de Districto, et Willelmo de Capella et multis aliis([2]). »

(*Cart. de Tiron*, f° 43 v°.)

([1]) Froger, évêque de Sées de décembre 1158 à 1184.

([2]) A la suite de cette charte, on trouve dans le Cartulaire la pièce suivante ajoutée au XVI° siècle : « *Universis Christi fidelibus ad quorumcumque noticiam presens scriptum pervenerit, Silvester, Dei gratia, Sagiensis episcopus* (Silvestre, évêque de Sées de 1202 à

CCCXIV.

Don de l'église de Plerguer au prieuré du Tronchet.

(1160 circa.)

« Religiosorum locorum utilitatibus et amplificationi quantum sancte ecclesie prelatos oporteat invigilare, quo in eis summo regi militantes quietius liberiusque proposito suo valeant insistere, nullum qui rationis capax existat credimus ignorare. Hac igitur consideratione, ego Goffredus, Dolensis decanus, precentorque, Guillelmus etiam *de Dinan* ([1]), Gervasiusque frater meus, atque Guillelmus *de Spiniac*, quin etiam ceteri omnes Dolensis capituli canonici inducti, concessimus Deo et ecclesie Sancte-Marie de Tronchera ([2]), per manum Stephani, Tyronensis abbatis, ecclesiam *de Ploagar* cum omnibus suis pertinentiis. Que nostra concessio ut rata in posterum permaneat, hanc per presens scriptum tam presentibus quam futuris notificari voluimus, et Dolensis capituli sigillo, Dolensi sede archiepiscopo vacante ([3]), munitam reddidimus. »

(*Cart. de Tiron*, f° 93 r°.)

1220), *eternam in Domino salutem: Nolite emulari in malignantibus. Ex inspecto felicis recordationis predecessoris nostri autentiquo cognovimus quendam clericum qui dicitur* Dexelefist *Sancti-Jovini ecclesiam, ad presentationem abbatis et conventus* de Thiron *ad quos jure pertinet, in partem illam ecclesie Sancti-Germani* de Coriho, *quam Matheus a Sancto-Germano possidebat, canonice fuisse assecutum. Universitati igitur vestre notificare dignum duximus nos donationes a tam discreto viro tam sufficienti persone factas ratas habere, et eidem* Dexelefist *presentium authoritate confirmare.* »

([1]) Le chanoine Guillaume de Dinan était le frère du célèbre capitaine Alain de Dinan, qui commandait pour Etienne d'Angleterre dans la ville de Lisieux lorsque cette place fut assiégée par Geoffroy Plantagenet en 1136. Plutôt que de se rendre, il mit le feu à la ville, et le comte d'Anjou ne trouva que des cendres et des ruines.

([2]) Le prieuré de Notre-Dame du Tronchet, fondé vers 1150, vit sa dotation considérablement augmentée vingt ans plus tard par Alain, fils de Jourdain, sénéchal de Rennes.

([3]) Le siège de Dol fut érigé en métropole par Noménoé vers 844. Malgré les protestations des archevêques de Tours, Dol conserva le titre de métropole jusqu'en 1209. La vacance dont il est ici question nous parait être celle qui se produisit à la mort de Hugues le Roux jusqu'à l'avènement de Roger du Homet.

CCCXV.

Don de l'église de Saint-Georges-de-Peglait par Renaud de Château-Renault.

« Sancti-Georgii-de-Peglait(¹). »

(1160 circa.)

« Omnibus sanctę ęcclesię fidelibus tam posteris quam presentibus notum sit Robertus de Rupibus filiam suam nomine Sibillam Raginaudo de Castro (²) uxorem dedit, atque ęcclesiam Sancti-Georgii *de Peglait* et terram quam ibi heremite circa ęcclesiam colere solebant in conjugio concessit; medietatem quoque totius proprii nemoris ei similiter tribuit. Ipse vero Rainaudus et uxor ejus Sibilla, de salute animarum suarum excogitantes, ęcclesiam supradictam et terram quam ibi habebant propriam Sancto-Salvatori Tironis et fratribus in religioso habitu ibidem manentibus, amore Dei, in perpetuum habendam dederunt, et hoc donum Rothbertus de Rupibus monachis habendum concessit. Postea monachi videntes se ibi vivere non posse, a Roberto et Raginaudo pecierunt ut sibi de terra sua et bosco largirentur unde ibi aliquatenus vivere possint. Illi autem, videlicet Robertus et Rainaudus, ad locum euntes, usque ad vallem *Liart* terram et nemus certa divisione largiti sunt. Insuper totam crassam terram de illa valle, necnum aliud magnum nemus ad omnia sibi necessaria, videlicet ad pasturam omnium bestiarum, et ad pastionem peccorum videlicet porcorum, et ad domos suas faciendas, et ad suum ardere monachis supradictis Robertus et

---

(¹) La même charte se trouve reproduite dans le Cartulaire presque dans les mêmes termes, f⁰ 44 v⁰.

(²) Renaud du Château, mentionné dans cette charte, a laissé son nom à la ville de Château-Renault dont il était propriétaire. En 1140, Raymond du Château, père de Renaud, avait donné aux ermites de la Chapelle-Sainte-Marie-Madeleine le droit d'affouage et d'usage dans la forêt de Blémars.

Rainaudus concesserunt, et similiter nemus illud villanis illis qui metarias suas tenerent concesserunt. Et in alia parte Rainaudus de Castro, per totam suam potestatem Blimartii (¹), omnibus monachorum bestiis pasturam omni tempore et possessionem ad merramentum et ad calefaciendum sine mala consuetudine nemus dedit. Hęc omnia dona supradicta monachis Tironis data sunt, filiis Rainaudi concedentibus, Rainaudo scilicet et Guicherio. Hujus rei sunt testes : Gauterius capellanus Odonis Sancti-Martini decani, Fulcuius de Vallibus, Guillelmus de Banasta, Hubertus, Alcherius de Ferraria, Bernardus Mandronis, Pichardus sutor, Stephanus de Cantiaco, Vaslinus clericus, Guillelmus monachus Sancti-Juliani Turonis (²). »

(*Cart. de Tiron*, f° 44 r°.)

CCCXVI.

Don au prieuré des Châtaigniers de la maison de la Charonnière.

(1160 circa.)

» Noverint universi quod Odo de Sancto-Bomario, monachus fieri volens, dedit masuram suam in elemosinam, que modo Carunnaria vocatur, que est juxta stagnum Castaneorum, cum pratis ad eamdem pertinentibus, monachis *de Tiron* apud Castancos habitantibus, libere et quiete, in perpetuum posidendam, concedentibus *Guémart* de Sancto-Bomario et uxore ejus, de quorum feodo erat, Petro etiam de Sancto-Bomario, fratre prefati Odonis, et uxore sua. »

(*Copie en papier* du XVIe siècle.)

(¹) La grande forêt de Blémars, qui aujourd'hui a presque complètement disparu, occupait au XIIe siècle le territoire compris entre la Loire et la Braule. Les bois encore subsistants de Corneau, de la Chaine, des Dames, de la Couarde sont certainement des démembrements de cette vaste forêt. Elle séparait la Touraine du Blésois, et c'est à cette circonstance qu'elle dut son nom (*Blesis marca*).

(²) Dans la seconde copie de cette charte, ce témoin est ainsi désigné : « Willelmus Burdegalensis, monachus Sancti-Juliani, qui hec composuit. »

CCCXVII.

Confirmation du don de l'église du Tronchet fait par Alain, sénéchal de Dol.

(1164-1172, 11 déc.)

« Alexander episcopus, servus servorum Dei, dilectis filiis Stephano abbati et fratribus Tyronensibus, salutem et apostolicam benedictionem : Summi apostolatus officium quod licet immeriti, disponente Domino, gerimus, nos ammonet attentius et inducit ut piis et religiosis desideriis assensum debeamus facilem adhibere et effectum congruum justa petentibus irrogare. Ex tenore siquidem cujusdam autentici scripti cognovimus quod nobilis vir Alanus, filius quondam Jordani, Dolensis senescalcus, vobis et ecclesie vestre locum de Troncheto cum omnibus pertinentiis suis, et quicquid in ecclesia de Troncheto habebat, coram capitulo Sancti-Sansonis..... in elemosinam contulit, et quecumque in ecclesia *de Ploagat*, et ea que in quatuor ecclesiis Anglie, videlicet *Tophor, Boresignas, Garsop* et Serretona habebat, cum omnibus decimis bonorum suorum quas ad manus proprias detinebat eidem ecclesie de Troncheto nichilominus pia largitione concessit. Quum itaque concessio ista ab eodem senescalco rationabiliter facta est et scripto autentico roborata, firmam et ratam habemus, eam vobis et per vos ecclesie vestre auctoritate apostolica confirmamus et presentis scripti patrocinio communimus, statuentes ut nulli omnino hominum liceat hanc paginam nostre confirmationis infringere vel ei aliquatenus contraire. Si quis autem hoc attemptare presumpserit, indignationem omnipotentis Dei et beatorum Petri et Pauli apostolorum ejus se noverit incursurum. Datum Beneventi, III idus decembris. »

(*Orig. en parch.*)

CCCXVIII.

Don de terres dans les environs de Mortagne.

« Quinque arpenta terre prope Moritaniam. »

(1164-1173.)

« Sciant tam futuri quam presentes quod Guillelmus de Autolio et Amelina uxor sua, pro salute animarum suarum et pro filio suo Guarino monachando, dederunt in elemosinam monachis Tyronensibus quinque arpenta terre juxta Mauritaniam et decimas suas quas habebant apud Verrerias et apud *Peiz*. Testibus: Roberto de Mesneria et Ernulfo fratre ipsius, Roberto fratre et hospite monachorum, Girardo Goheri presbitero, Hugone capellano leprosorum Mauritanie. Hoc donum concesserunt filii sui Robertus et Herbertus, apud Mauritaniam, in domo monachorum, presentibus ibidem Stephano, Tyronii abbate, Galfrido armario, Huberto *de Thesval*, Girardo *de Corgehot*, Bartholomeo de Sancto-Jovino, Herberto, Galfrido de Fœnis. »

— (*Cart. de Tiron*, f° 51 r°.)

CCCXIX.

Don par Thibaut, comte de Blois, de la maison d'Yron.

(1165, 26 juin.)

« Dicit Psalmista: « Quid retribuam Deo pro omnibus que retribuit » michi? » Hiis verbis Dei precibusque Adelicie uxoris mee motus, ego Theobaldus, Blesensis, Dunensis et Carnotensis comes Francieque senescallus, ipsa comitissa, filiis quoque et filiabus meis, Theobaldo et Ludovico, Margarita et Ysabella laudantibus et concedentibus, dedi Deo et monachis Sancti-Salvatoris Tyronensis domum meam de Yronio, cum clauso vinee, fonte, rivo, molendinis, stanno, pratis, terris et

nemoribus ad ipsam cameram meam pertinentibus, vallem quoque
Yronii, michi altam jurisdictionem retinens, exceptis ipsa domo et manentibus in ea, quos omni libertate et immunitate gaudere volo. Volo
autem quod si in dicta terra de Yronio et in terra de Bucca-Ugrie hereditas in manu justicie venerit, de illis ut de propriis libere disponere
possent. Confirmo etiam eis medietariam de Tironello quam nuper eis
pro usu granerii uxor mea dedit ; libertatem quoque piscandi in Conia
per ipsos vel eorum mandato, quantum in longitudine dicti doni durat.
Dedi insuper eis liberum usum ad edificare et ardere et omne aliud,
videlicet in foresta Blesensi, pro domo eorum Molendini-Novi et pro
suo molendino inibi existente, et in foresta de Marchesneyo pro eorum
medietariis de Sanctis-Vallibus et Tironelló. Volo insuper quod in qualibet dictarum forestarum pasturam habeant decem vaccarum cum
earum sequella usque ad biennalem inclusive, et bovem pro vacca ;
pasnagium quoque et glandagium consimiliter liberum pro totidem
porcis. Hiis largitionibus testes affuerunt : Vuarinus de Marcorio, Herveus de Bellovidere, Odo de Veteri-Vico, Paganus de Masciaco, Girardus Diaboli, Robertus de Castriduno. Actum est preterea, quia grangia
de Sanctis-Vallibus mihi, pro meo in Blesia bladario seu preposito, ad
procurationem tenetur, quod de cetero in ipsorum monachorum erit
optione vel procurationem vel decem solidos annuatim, per manus Huldrici cancellarii, pro procuratione exsolvere. Testes sunt : Robertus de
Mesio, Herveus de Curvavilla, Raginaldus Crispus et plures alii. Actum
Tironii, vi° kalendas julii, anno incarnati Verbi M° C° LX° V°. »

(Frag. d'un *Cartulaire du XVIe siècle*, dit *Cartulaire de Blois et de Dunois*.)

CCCXX.

*Confirmation à l'abbaye de Tiron de la juridiction sur les abbayes
qui en relèvent immédiatement.*

(1165-1173, 22 avril.)

« Alexander episcopus, servus servorum Dei, dilectis filiis S[tephano]
et fratribus monasterii de Tyronio, salutem et apostolicam benedictio-

nem : In hiis que a nobis previa ratione requiritis petitioni vestre benignum affectum impertiri debemus ut circa nos et ecclesiam ferventior fiat vestre devotionis integritas cum in hiis que juste postulatis a nobis fueritis efficaciter exauditi. Eapropter, dilecti in Domino filii, vestris justis postulationibus gratum impertientes assensum, abbatias que ad monasterium vestrum tanquam ad caput suum respiciunt, videlicet monasterium de Calcho, monasterium de Chameis, monasterium de Vado-Alneti, monasterium de Truncheto, monasterium de Lucheio, monasterium de Asneriis et monasterium de Jugo, sicut ea inviolabiliter possidetis, vobis et monasterio vestro auctoritate apostolica confirmamus, statuentes ut in ipsis monasteriis, secundum Dei timorem et regulam beati Benedicti et institutiones ordinis vestri, abbates, sine contradictione qualibet, instituere valeatis, sicut hactenus noscitur observatum. Preterea presenti scripto censemus ut famuli vestri qui vobis sub certa mercede deserviunt et de mensa vestra propria assidue vivunt ab omni parrochiali jure liberi sint et immunes. Ad hec auctoritate apostolica prohibemus ne cui episcopo, decano vel archidiacono liceat vobis vel domibus vestris novas et indebitas exactiones imponere aut illicita gravamina irrogare. Nulli ergo omnino hominum fas sit hanc paginam nostre confirmationis et concessionis infringere vel ei ausu temerario contraire. Si quis autem hoc attemptare presumpserit, indignationem omnipotentis Dei et beatorum Petri et Pauli apostolorum ejus se noverit incursurum. Datum Anagnie, x kalendas maii. »

(*Vidimus orig.* d'Alexandre IV, du 29 juillet 1255.)

CCCXXI.

Don de la terre de Frileuse.

« De Friolesio. »

(1166.)

« Quoniam ignorancie et oblivionis debilitas a primo prevaricante per omnes parentes transfunditur in filios, communi hac necessitate ducti nostrorumque predecessorum prudencia instructi, nostre et posterorum utilitati providentes, quod memorie non possumus scedulis commendamus. Presens igitur cartula presentibus notum faciat et futuris quod Matheus de Langeio dedit in elemosinam monachis *de Tyron* totam terram suam de Frieloso, retentis sibi dimidiis ejusdem terre redditibus. Et quia in eadem terra quedam sunt monachorum propria, quedam autem monachorum et Mathei communia, quid proprium quidve commune sit differendum est. Monachorum itaque propria sunt terra et terre justicia et omnes habitantes in ea, terre biennium et corveia, latro, sanguis et quicquid ad jus parrochiale in ea pertinet; famulus vero terre monachorum est proprius ad libitum monachorum, per successiones ponendus sive deponendus. Famulus autem quicumque fuerit Matheo de Langeio, quando voluerit, fide aut sacramento de redditibus terre fidelitatem faciet. Excussores etiam campartis et decime similiter Matheo fidelitatem facient. Si quis vero de hominibus terre Matheo vel alicui a se misso aliquid satisfaciet, Matheus et ab illo missus de forisfacto super predictam terram si requisierit per manus monachorum justiciam accipiet. Monachis quippe et Matheo in hac terra communia sunt terre campars et decima, obliate(¹), census et talliata si forte a monachis in ea facta fuerit. Partem vero Mathei campartis et decime apud Langeium homines terre deferent. Sciendum est iterum quod homines de Capella supradicte terre non erunt cultores nisi assensu Mathei. Si vero terra per manus monachorum in aliquo emendabitur, ejusdem emendationis pars erit Mathei dimidia. Matheus autem de Langeio ob terre donum quater xx^{ti} libras andegavensium a monachis accepit, uxorque ejus Petronilla que donum concessit x solidos proinde habuit. Hec autem omnia, ne aliquis posterorum violare presumeret, sicut in presenti pagina et in litteris cum cyrographo partitis sigillo Capituli Tyronensis sigillatis continentur, ego Hugo, vicecomes Castriduni, concedente Margarita uxore mea, sigilli mei munimine roboravi. Data hec cartula apud Montem-Doblellum, anno ab incarnatione Domini M° C° LX° VI°.

(¹) Les oublies étaient une redevance en nature d'avoine et de poules, qui tenait ordinairement lieu de champart pour les hostises et arpents de petite culture. Le nombre de poules était généralement égal au nombre des setiers d'avoine, soit une ou deux par arpent ou hostise.

» Ex parte Mathei hujus rei testes sunt : Robertus, presbiter de Langeio, Grippa de Vindocino, Philippus filius ejus, Hugo vicarius, Robertus de Meso, Fulcoius de Rideriis, Gislebertus de Milleio, Herveius *Bonel*, Fromundus de Langeio ; ex parte vero monachorum : Hugo vicecomes, Stephanus Tyronii abbas, Herbertus Castriduni abbas, Fulcherius avunculus ejus, Fulco Planorum presbiter, Gervasius de Musteriolo, Gosbertus *de Cosdon*, Petrus capellanus, Johannes janitor. »

(*Chirogr. orig. en parch.*)

CCCXXII.

Confirmation de la terre de Bennes.

« De Benis. »

(1168-1176.)

« Que cito oblivioni tradi possunt et a modernorum deleri memoria, scripto commendare consuevit antiquorum prudentia. Quare ego Gaufridus, Carnotensis prepositus, presentibus et futuris notifico me, in capitulo nostro ecclesie Beate-Marie, de tota illa terra, quam, apud Benas. Geroius, cantor ecclesie Carnotensis, in presentia Gaufridi, pie memorie quondam Carnotensis episcopi, avunculi mei, ecclesie *de Tirun* contulit, monachos prefate ecclesie revestisse et contra omnes me defensorem sub mea protectione cepisse. Plurimis enim evolutis annorum circulis, eam quidam rustici propriis aratris excoluerant ; unde, crescente malitia, quo gratiores esse deberent deteriores fiebant, et inde pro eadem terra injuste monachis calumnias inferebant, eamque ab eis auferre pro posse suo satagebant ; sed, eorum voluntate comperta, recto precurrente clericorum ac laicorum judicio, ab eis abstulimus aliena, monachis reddentes propria. Hujus rei testes sunt : Raherius, prepositus ; Ernaudus *de Folet* ; Richerius, subcentor ; Petrus de CuneoMuri ; Hubertus Hortolanus ; Petrus de Hosemio ([1]). »

(Copie sur pap., *fonds du Chap.*, C. LXXXIV bis, A. 1. — *Cart. de N.-D. de Chartres*, t. I, p. 178.)

[1] Vers la même époque, Guillaume, archevêque de Sens, confirma cette sauvegarde de Geoffroy en faveur de l'abbaye de Tiron.

CCCXXIII.

Bail à cens à l'Hôtel-Dieu de Châteaudun d'une ouche de terre à Villeray.

« De concessione Elemosine Castridunensi unius ossoæ terræ, apud Villeretum. »

(1169 circa.)

« Notum sit omnibus tam presentibus quam futuris quod ego Stephanus, Tyronii abbas, totusque conventus noster concessimus Elemosine Castriduni ad censum habere, pro tribus solidis videlicet solvendis singulis annis in perpetuum, unam oscam terre, que est ad Villeretum subtus puteum, in eadem libertate et eodem ritu quo eam tenebamus. Isti vero solidi Castriduni reddentur in domo nostra, in festo sancti Valeriani. »

(*Cart. de l'Hôtel-Dieu de Châteaudun*, A. 3, n° 52 ; A. 8, n° 73. — *Archives de la Maison-Dieu de Châteaudun*, par M. de Belfort, p. 13.)

CCCXXIV.

Don au prieuré des Fouteaux de la terre de la Queue-Gannelon.

« De Cauda-Ganelonis. »

(1169 circa.)

« Notum sit omnibus presentibus et futuris quod Raherius, Montiniaci dominus, dedit in excambium monachis Tyronensibus aput Planos habitantibus terram que vocatur Cauda-Ganelonis, eadem pace et libertate possidendam qua ipse Raherius eodem tempore possidebat, sicut mensurata fuit coram eodem Raherio et metata, presente Odone ejus filio, preter elemosinariorum ([1]) elemosinam. Monachi vero in pos-

([1]) L'Aumône ou Hôtel-Dieu de Châteaudun possédait en effet dès le XII° siècle des propriétés assez importantes dans le domaine du seigneur de Montigny-le-Gannelon.

sessione Foetellorum tantum terre Raherio reddiderunt quantum in prefata Cauda-Ganelonis ab ipso acceperant, que terra in presentia ipsius Raherii mensurata et metata fuit. Et quoniam excambium illud quod Raherius a monachis accepit de possessione Foetellorum erat, restauraverunt monachi Foetellorum medietariam de Pressenvilla, cum omnibus que ad eam pertinebant, et unam carrucatam terre et dimidiam aput Fontem-Radulfi. Et ut firmius staret, hec omnia concessit Odo filius ejus. Hujus rei testes sunt : Hubertus *Normant*, Galterius de Scalis, Odo *de Plaisseix*, Adam de Cloa, Robertus *de Buslou*, Robertus de Furno, Gervasius *de Laneri*, Raimbaldus de Busloeria (¹). Preter suprascripta concesserunt monachi loco Foetellorum moltam tocius terre Fontis-Radulfi. Et ut etiam que in hac cartula continentur firmius et sine controversia in eternum permaneant, ego Stephanus, tunc temporis abbas Tyronii, assensu tocius capituli ejusdem cenobii, sigilli nostri auctoritate munienda decrevi. »

(*Chirogr. orig. en parch.*)

CCCXXV.

Confirmation par l'archevêque de Rouen de la donation de l'église de Notre-Dame de Bacqueville.

« Rotrodus, de Basquevilla. »

(1171-1182.)

« R[otrodus], Dei gratia, Rothomagensis archiepiscopus (²), presentibus et futuris, salutem. Quoniam ea que fiunt majorem in possidendo

---

Elles formaient la dotation de deux chapelles appartenant à l'Hôtel-Dieu, celle de Sainte-Cécile en la paroisse de Fontaine-Raoul et celle de Saint-Blaise, paroisse de la Chapelle-Vicomtesse.

(¹) Le château de la Bullière *(de Bulseria, de Bulsoeria)*, était situé vis-à-vis le prieuré des Fouteaux. C'est ici la première mention que nous en rencontrions ; mais ses propriétaires se retrouvent assez fréquemment cités dans les chartes de l'abbaye de la Madeleine de Châteaudun, à partir de l'année 1200.

(²) Rotrou de Beaumont-le-Roger, archevêque de Rouen, de 1164 à 1183.

obtinent firmitatem cum metropolitani de cujus parrochia sunt fuerint auctoritate firma : unde nos donationem ecclesie Beate-Marie de Baschevilla quam fecit Willermus *Martel* dilectis filiis nostris monachis *de Tyron* ibidem commorantibus, cum omnibus pertinenciis suis, ratam habentes, et donationem duarum portionum dimidie cantarie Sancti-Petri de Baschevilla quam eisdem monachis fecit predictus W[illelmus] *Martel*, et medietatem ejusdem ecclesie Sancti-Petri, cum decimis et aliis elemosinis ad ipsam medietatem pertinentibus, et duas garbas decime de feodo Walterii prepositi, et capellam Sancti-Leonardi cum omnibus pertinentiis suis, oblationibus et elemosinis, ut in ea predicti monachi idoneum constituant capellanum. Et omnia que jamdictus W[illelmus] prefatis monachis, pro salute anime sue, contulit, ut ea in perpetuum pacifice et omnino absque vexatione et cum omni integritate possideant jamdicti monachi, presenti scripto et sigilli nostri munimine confirmamus. Testes sunt : R[icardus], Abrincensis episcopus (¹); R[obertus] de Novo-Burgo, archidiaconus ecclesie Rothomagensis; magister R[obertus] Normannus; Helyas *de Warinc* et alii multi. »

(*Cart. de Tiron*, f° 88 v°. — Écriture du XVI° siècle.)

CCCXXVI.

Confirmation par Alexandre III des biens de l'abbaye.

(1175-1176 (²).)

« Alexander episcopus, servus servorum Dei, dilectis filiis Stephano, Tyronensi abbati, ejusque fratribus tam presentibus quam futuris regu-

(¹) Richard III, évêque d'Avranches, de 1171 à 1182.

(²) Cette date nous est fournie par une note du XVII° siècle mise en marge du Cartulaire original, « pontificatus vero anno XVII°, anno vero Domini 1177. » Cette interprétation de la 17° année du pontificat d'Alexandre III est fausse; le moine qui fixe cette 17° année à 1177 est sans doute le même qui, fabriquant la charte CCCXXVIII ci-après, fait correspondre la 19° année du pontificat d'Alexandre III avec l'année 1179.

larem vitam professis, in perpetuum : Religiosis desideriis dignum est facilem prebere consensum ut fidelis devotio celerem sortiatur effectum. Eapropter, dilecti in Domino filii, vestris justis postulationibus clementer annuimus et Tyronensis ecclesie monasterium in quo divino mancipati estis obsequio sub beati Petri et nostra protectione suscipimus et presentis scripti privilegio communimus, statuentes ut quascumque possessiones, quecumque bona idem monasterium in presentiarum juste et canonice possidet, aut in futurum, concessione pontificum, largitione regum vel principum, oblatione fidelium seu aliis justis modis, Deo propicio, poterit adipisci, firma vobis vestrisque successoribus et illibata permaneant. In quibus hec propriis duximus exprimenda vocabulis : in episcopatu Carnotensi, ecclesiam Sancte-Marie *de Monterion*, ecclesiam Sancti-Georgii *de Blimard*, ecclesiam Sancti-Petri de Molendino-Novo, ecclesiam Sancti-Andree de Silvelonia, ecclesiam Sancte-Marie de Risu-Bovis, ecclesiam sanctorum martyrum Johannis et Pauli de Bucca-Ogrie, ecclesiam Sancti-Severini, ecclesiam Sancti-Georgii, ecclesiam Sancti-Leobini de Cloya, ecclesiam Sancte-Marie de Yronio, ecclesiam de Fonte-Radulfi, ecclesiam de Castro-Bofferi, ecclesiam de Foetellis, ecclesiam de Gurgitibus, ecclesiam de Monte-Lusello, ecclesiam de Melesreiis, ecclesiam Sancti-Martini, ecclesiam Sancti-Egidii de Castaneriis, ecclesiam Sancti-Thome de Soiseio, ecclesiam Sancti-Leobini-de-Quinque-Fontibus, ecclesiam Sancti-Petri de Argevillario, ecclesiam de Brenella, ecclesiam de Arsiciis, ecclesiam de Combris, ecclesiam de Mageloriis, ecclesiam de Coloniis, ecclesiam de Mulgeriis, ecclesiam Sancti-Laurentii-de-Gastina, ecclesiam Sancti-Bartholomei et ecclesiam Sancti-Mauricii de Charenthaio, ecclesiam de Ledo, ecclesiam *de Clemard*, ecclesiam de Burgunneria, ecclesiam *de Louviler*, ecclesiam Sancti-Petri *de Ver*, ecclesiam de Oisemo, ecclesiam Sancti-Remigii de Nerone, ecclesiam Sancte-Marie-Magdalene justa *Berehelval*, ecclesiam Sancti-Spani de Ablius, ecclesiam Sancti-Medardi *de Viabun*, ecclesiam Sancheville, Levrevillam, Ogervillam, *Vilandum*, Spesumvillam, Pertas, Vilermafredi, *Choldre*, Maisam, decimam denariorum vicecomitis Castriduni de redditibus ipsius castri et Montis-Dublelli; in Senonensi archiepiscopatu, ecclesiam de Secroio, ecclesiam de Brolio; in Parisiensi episcopatu, ecclesiam de

Jarzeiis, ecclesiam de Reinseio, ecclesiam de Bollonello, ecclesiam de Ulmeio, ecclesiam de Tigerio, ecclesiam Sancti-Audoeni juxta *Tornen*; in episcopatu Meldensi, ecclesiam Sancti-Sepulcri; in episcopatu Suessionensi, ecclesiam Sancte-Marie-de-Erablo; in episcopatu Aurelianensi, ecclesiam Sancti-Georgii de Cintreio, ecclesiam de Cultura et locum de Sanctis-Vallibus, Geminge; in episcopatu Ebroicensi, ecclesiam de Idrevilla, ecclesiam de Chavinneio, ecclesiam *de Boesse*, ecclesiam *de Guest*, ecclesiam de Huareeria, ecclesiam Sancti-Germani-super-Arvam; in Sagiensi episcopatu, ecclesiam Sancti-Juliani, ecclesiam de Rongeria, ecclesiam *de Reisnou*, ecclesiam *de Trehiant*, ecclesiam Sancti-Petri *de Gast*, ecclesiam Sancti-Jovini, ecclesiam Sancti-Launomari *de Corgehot*, ecclesiam *de Monchevrel*, ecclesiam de Nuilleio, ecclesiam de Martiniaco; in Luxoviensi episcopatu, *Mesnilbertre*; in Rotomagensi archiepiscopatu, ecclesiam *de Brai*, ecclesiam Sancte-Marie de Torneio, ecclesiam Sancte-Marie-Magdalene-super-Secanam, ecclesiam Sancti-Silvestri de Clara, ecclesiam Sancti-Sulpicii de Germonvilla, ecclesiam Sancti-Laurentii de Risu-Bovis, ecclesiam Sancte-Marie et ecclesiam Sancti-Petri de Bacchevilla, ecclesiam de Crasvilla, decimas ecclesie de Torneio; in episcopatu Baiocensi, ecclesiam Sancti-Antonini *de Monhargis* cum suis appendiciis et ecclesiam *de Crevecor*; in episcopatu Pictaviensi, ecclesiam Sancti-Leonardi de Ferreriis, ecclesiam de Trapa, ecclesiam *de Rusai*, ecclesiam de Puteolis, ecclesiam de Laugueria, ecclesiam de Tilia, ecclesiam de Trusseia, ecclesiam de Megunto, ecclesiam de Daria, ecclesiam Sancte-Marie juxta Forestam; in episcopatu Nannetensi, ecclesiam de Septem-Fagis et Pontem-Ruselli super Sevriam, ecclesiam Auselerie, ecclesiam Sancti-Nicholai *de Rumphu*; in archiepiscopatu Dolensi, ecclesiam Sancte-Marie de Troncheto cum suis pertinentiis; in Turonensi archiepiscopatu, ecclesiam de Bosco-Johannis, ecclesiam de Luceziis, ecclesiam de Jarreia; in episcopatu Andegavensi, ecclesiam Sancte-Marie de Asneriis, ecclesiam de Sauceia; in episcopatu Cenomannensi, ecclesiam Sancti-Laurentii de Vado-Alneti super Breiam, ecclesiam *de Granri*, ecclesiam de Crucis-Valle, ecclesiam Sancti-Petri de Turneio, ecclesiam de Monte-Rivelli, ecclesiam Sancti-Petri de Passu-Bovis, ecclesiam de Vado-Brunet, ecclesiam Sancti-Michaelis de Losdono, ecclesiam *de Cohardum*, ecclesiam de

Valle-Revelli, ecclesiam Sancti-Michaelis-de-Planitie, ecclesiam de
Liveto, ecclesiam de Archenaio, decimas de Charenceio, decimas de
Magno-Campo, decimas de Roisseio, ecclesiam Sancti-Petri de Audita,
ecclesiam Sancti-Vedasti, ecclesiam Sancti-Sulpicii *de Pail*, ecclesiam
Sancti-Juliani, ecclesiam Sancti-Mauricii, ecclesiam de Bello-Loco,
ecclesiam de Monte-Allerii ; in Santonensi episcopatu, ecclesiam de
Daria, ecclesiam de Brolio; in archiepiscopatu Bituricensi, ecclesiam
de Lorelio ; in Alvernia, in episcopatu Clarimontis, ecclesiam de Rotun-
duno; in Ludunensi archiepiscopatu, ecclesiam Sancte-Marie de Jugo-
Dei cum suis appendiciis ; in Anglia, in episcopatu Wintoniensi, ecclesiam Sancti-Crucis de Insula, ecclesiam Sancti-Andree *de Hammele*,
ecclesiam Sancti-Laurencii apud Wintoniam, ecclesiam de Mapedroella ;
in episcopatu Saresberiensi, ecclesiam *de Bradefort*, ecclesiam de Stra-
tona, elemosinam Roberti filii Eldebrandi prope Mellebergam ; in Herefordensi episcopatu, ecclesiam de Titeleya, ecclesiam de Quintona ; in
episcopatu Sancti-David, ecclesiam Sancte-Marie de Cathmeis cum suis
appendiciis ; in episcopatu Sancti-Andree de Scothia, ecclesiam de
Rochaburgo cum suis appendiciis. Sane novalium vestrorum que propriis manibus aut sumptibus colitis, sive de nutrimentis vestrorum
animalium nullus a vobis decimas exigere presumat. Sepulturam quoque
monasteriorum vestrorum liberam esse concedimus ut eorum qui se in
eis sepeliri deliberaverint devotioni et extreme voluntati, nisi forte
excommunicati vel interdicti sint, nullus obsistat, salva tamen justicia
matricis ecclesie. Si qua vero libera et absoluta persona, pro redemptione anime sue, vestro monasterio se conferre voluerit, suscipiendi
eam liberam habeatis facultatem. Apostolica etiam auctoritate interdi-
cimus ne quis fratres vestros, clericos sive laicos, post factam in vestro
monasterio professionem, absque licentia vestra suscipere audeat vel
retinere. Preterea cum aliquod supervenerit interdictum, liceat vobis,
clausis januis, non pulsatis tintinnabulis, exclusis excommunicatis et
interdictis, suppressa voce, divina officia celebrare. Paci quoque et
tranquillitati vestre paterna sollicitudine providentes, apostolica prohibemus auctoritate ne quis infra cimiteria vestra violentiam vel rapinam
seu furtum facere seu hominem capere audeat ; et si quis hoc temerario ausu presumpserit tanquam sacrilegus judicetur. Decernimus

ergo ut nulli omnino hominum liceat prefatum monasterium temere perturbare aut ejus possessiones auferre vel ablatas retinere, minuere aut aliquibus vexationibus fatigare; sed omnia integra conserventur eorum pro quorum gubernatione et sustentacione concessa sunt usibus omnimodis profutura, salva sedis apostolice auctoritate et diocesanorum episcoporum canonica justicia. Si qua igitur in futurum ecclesiastica secularisve persona hanc nostre constitutionis paginam sciens contra eam temere venire temptaverit, secundo terciove commonita, si non satisfactione congrua emendaverit, potestatis honorisque sui dignitate careat, reamque se divino judicio existere de perpetrata iniquitate cognoscat et a sacratissimo corpore ac sanguine Dei et domini redemptoris nostri Jesu Christi aliena fiat atque in extremo examine districte ultioni subjaceat; cunctis autem eidem loco sua jura servantibus sit pax domini nostri Jesu Christi, quatinus et hic fructum bone actionis percipiant et apud districtum judicem premia eterne pacis inveniant, amen, amen, amen. »

(*Cart. de Tiron*, f° 58 r°.)

CCCXXVII.

Echange de revenus entre le comte de Blois et l'abbaye.

(1178.)

« Ego Teobaldus, Blesensis comes, Francie senescallus, notum facio universis quod Gauterius, Tyronensis abbas, totusque Tyronensis ecclesie conventus, dilecti et fideles mei, michi tenendum in perpetuo concesserunt totum redditum quem ipsi habebant in molendino de Castris. Ego autem in concambio hujus redditus eidem ecclesie Tyronensi dedi unum modium annone de medietate mea quam habeo in molendinis Novis que mihi et prefate ecclesie sunt communia, similiter in perpetuo singulis annis possidendum. Quod ut ratum maneat et firmum litteris commendo et sigilli mei impressione confirmo. Testes inde habentur : Girardus *de Vilerbeton*, Amauricus camerarius, Robertus de Mesio, Roscelinus de Menberolis, Odo de Veteri-Vico. Actum Castriduni, anno incarnationis dominice MCLXXVIII. Datum per manum Hildrici cancellarii. »

<small>(Orig. en parch.)</small>

CCCXXVIII.

Confirmation des biens et des privilèges de l'abbaye.

<small>(1179, 23 août.)</small>

« Alexander episcopus, servus servorum Dei, dilectis filiis Guillelmo, abbati Tironensis monasterii, ejusque fratribus tam presentibus quam futuris regularem vitam professis, salutem in perpetuum. Effectum justa postulantium indulgere et vigor equitatis et ordo exigit, eapropter, dilecti in Christo filii, vestris justis postulationibus clementer adnuimus et prefatum monasterium, in quo divino estis mancipati obsequio, sub beati Petri et nostra protectione suscipimus et presentis scripti privilegio communimus. In primis siquidem statuentes ut ordo monasticus, qui secundum Dei timorem et beati Benedicti regulam in monasterio vestro statutus esse dinoscitur, perpetuis ibidem temporibus inviolabiliter observetur. Preterea quascumque possessiones, quecumque bona idem monasterium in presentiarum juste et canonice possidet aut in futurum, concessione pontificum, largitione regum vel principum, oblatione fidelium seu aliis justis modis, prestante Domino, poterit adipisci, firma vobis omnibusque successoribus et illibata permaneant. In quibus hec propriis duximus exprimenda vocabulis: monasterium de Cameis, monasterium de Asneriis, monasterium de Ferrariis et cetera monasteria ad vestrum monasterium spectantia cum omnibus appenditiis suis; prioratum de Ogria, prioratum de Planis, prioratum de Heudrevilla, prioratum de Gardiis, prioratum de Montigneio, prioratum de Bascervilla, prioratum de Castaneriis, prioratum de Murgeriis, prioratum de Arsiciis, prioratum de Oisemeio, prioratum de *Climar,* prioratum de Telleio, prioratum de Tronseya, prioratum de Taillacho, prioratum de Trapa, prioratum de Septem-Fagis, prioratum de Salceya, prioratum de Osileria, prioratum de *Reusac,* prioratum de Monasterio, prioratum de Jarria, prioratum de Molendino-Novo, prioratum de Sancto-Ispano, prioratum Sancti-Michaelis-de-Plana, prioratum de Montealerii, prioratum de Bello-Loco, prioratum de Connovalle, prioratum de

Abluiz, prioratum de *Reinsi,* prioratum de Foutellis, prioratum de Cravilla, prioratum de Brechervalle, prioratum de Risubovis, prioratum de *Clere,* prioratum Sancti-Andree in Anglia, prioratum de Mappeoderoelle, prioratum de Titelleia et omnes alios prioratus qui vobis juste collati sunt cum omnibus pertinentiis suis ; grangiam de Seurevilla, grangiam de Ogervilla, grangiam Villandonis, grangiam de Spesumvilla, grangiam de *Genicuen,* grangiam de *Omoy,* grangiam de *Condoy,* grangiam de *Semitsaus,* grangiam de Maisia, grangiam Sancti-Audoeni ; ecclesiam Sancti-Leobini, ecclesiam de Colongiis, ecclesiam de *Hargenviler,* ecclesiam de Combris, duas ecclesias in Cloya, ecclesiam de Planis, ecclesiam Sancti-Cosme de Baco, ecclesiam de *Avernai,* ecclesiam Sancti-Petri de Baco, ecclesiam Sancti-Jovini, ecclesiam de *Corge-hout,* ecclesiam de Monte-Capreoli, ecclesiam de *Nuilly,* ecclesiam Sancti-Martini de Haudrevilla, ecclesiam de *Chamerci,* ecclesiam de Cravilla, ecclesiam de Baschervilla, ecclesiam de Brenella, ecclesiam Sancti-Paterni, ecclesiam Sancte-Marie *de Climart,* ecclesiam Sancte-Marie de Strata, ecelesiam Sancti-Vigoris *de Crevequor,* in Anglia, ecclesiam de Clintoni, ecclesiam de Stratuna, ecclesiam *de Bradeford,* ecclesiam de Hervestro ; domum quam habetis Cenomanis cum vineis circa jacentibus ; domum quam habetis Carnoti cum terris, prato, vineis et molendinis et ceteris libertatibus quas habetis in eadem civitate, terram quam habetis Parisius in *Greve,* cum libertatibus quas bone memorie Ludovicus, quondam Francorum rex, vobis dedit, sicut in ejus scripto autentico continetur ; dominium Castriduni, cum libertatibus et vineis quas ibi habetis ; liberum transitum per omnes portus Anglie et Normannie, qui ad regem Anglie specialiter pertinere noscuntur. Sancimus autem ut nulli abbatum vel aliorum subjectorum vestrorum statuta capituli vestri liceat ausu temerario violare, sed quecumque, de consilio fratrum vestrorum, secundum regulam beati Benedicti, duxeritis statuenda illibata conservet, nisi voluerit rerum suarum periculum sustinere. Libertatem quoque a bone memorie Yvone, quondam Carnotensi episcopo, de assensu Capituli sui, monasterio vestro indultam, sicut in scripto autentico ejusdem episcopi et capituli continetur et hactenus est observatum, ratam habemus et firmam eamque perpetuis temporibus illibatam manere sancimus. Preterea, invito abbate, nulli archiepiscoporum vel episcoporum liceat in monasterio vestro missas publicas celebrare, neque occasione colloquiorum sive negociorum agendorum seu ecclesiasticorum ordinum celebrandorum. Quin imo, quicquid fratrum Deo in presente monasterio famulantium propriis manibus aut sumptibus colitis, sive firmariorum aut colonorum, sive de nutrimentis animalium vestrorum nullus a vobis decimas exigere vel extorquere presumat. Liceat quoque vobis clericos vel laicos a seculo fugientes liberos et absolutos ad conversionem vestram recipere et eos sine contradictione aliqua retinere. Prohibemus insuper ut nulli fratrum vestrorum, post factam in eodem loco professionem, nisi obtentu arctioris religionis, aliqua levitate, sine abbatis vel prioris sui licentia, fas sit de claustro discedere; discedentem vero absque eorumdem litterarum cautione nullus audeat retinere. Paci quoque vestre paterna volentes sollicitudine providere, arctius inhibemus ut intra secta domorum vel grangiarum vestrarum nullus violenciam vel rapinam seu furtum facere vel hominem capere aut interficere audeat, et si quis hoc temerario ausu presumpserit censuram ecclesiasticam incurrat. Cum autem generale interdictum terre fuerit, liceat vobis, januis clausis, exclusis excommunicatis et interdictis, suppressa voce, non pulsatis campanis, divina officia celebrare. Sepulturam quoque monasterii vestri liberam esse decernimus, ut eorum devocioni et extreme voluntati qui se illic sepeliri deliberaverint, nisi forte excommunicati vel interdicti sint, nullus obsistat, salva tamen justicia illarum ecclesiarum a quibus mortuorum corpora assumuntur. In parrochialibus vero ecclesiis vestris vacantibus liceat vobis sacerdotes eligere et episcopo presentare, quibus, si idonei inventi fuerint, episcopus curam animarum committat ut de plebis quidem cura episcopo, vobis autem de temporalibus debeant respondere. Statuimus etiam ut infra terminos parrochiarum vestrarum, sine assensu diocesani episcopi et vestro, nullus ecclesiam vel oratorium de novo edificare presumat, salvis tamen privilegiis Romanorum pontificum. Preterea nullus in ecclesiis vestris instituatur qui noluerit in propria persona ministrare. Obeunte vero te, nunc ejusdem loci abbate, vel tuorum quolibet successorum, nullus ibi qualibet surreptionis astucia seu violentia preponatur, nisi quem fratres communi consensu vel fratrum pars sanioris consilii secundum Dei timorem et beati Benedicti regulam prevideant eligendum. Pro intronizatione autem abbatis nullus episcopus vel archidiaconus vel eorum officialis quicumque, a vobis audeat extorquere. Decernimus ergo ut nulli omnino hominum liceat prefatum monasterium temere perturbare aut ejus possessiones auferre vel ablatas retinere, minuere aut aliquibus vexationibus fatigare, sed omnia integre conserventur eorum pro quorum gubernatione ac substentatione concessa sunt, usibus omnimodis profutura, salva sedis apostolice auctoritate et diocesani episcopi canonica justicia. Si qua igitur in futurum ecclesiastica secularisve persona. . . . .

. . . .
» Datum Tusculani, per manum Alberti sancte Romane ecclesie presbiteri cardinalis et cancellarii, decimo kalendas septembris, indictione decima ter-

tia, incarnationis dominice anno millesimo centesimo septuagesimo nono, pontificatus vero domini Alexandri pape tercii anno decimo nono (¹). »

(*Copie sur pap.* du XV° siècle.)

CCCXXIX.

Don par le comte de Blois au prieuré de Bouche-d'Aigre de tout ce qu'il possédait sur les moulins neufs entre Bouche-d'Aigre et Saint-Jean-Froidmentel.

(1183.)

» Ego Theobaldus, Blesensis comes et Francie senescallus, notum facio universis quod, pro remedio anime mee et animarum patris mei et matris mee Adelicie, comitissa uxore mea filiisque et filiabus nostris Theobaldo et Ludovico, Margarita et Isabelli laudantibus et concedentibus, ecclesie beatorum martirum Johannis et Pauli de Bucca-Eugrie et monachis in ea Deo servientibus (²) dedi et in perpetuum quitavi

(¹) Cette bulle, dont nous ne possédons plus l'original, est évidemment fausse : son style le fait immédiatement reconnaître ; mais elle est intéressante, parce qu'elle donne une énumération assez complète des prieurés de l'abbaye. La date elle-même renferme plusieurs erreurs, qui seules rendraient au moins douteuse l'authenticité de cette pièce. L'indiction 13 correspond à l'année 1180 et non à l'année 1179 ; la 19° année du pontificat d'Alexandre III commence le 20 septembre 1177 pour finir le 19 septembre 1178.

(²) Suivant une charte fausse qui se trouve dans le fonds de l'abbaye, le prieuré de Bouche-d'Aigre aurait été fondé en 1176 par la comtesse de Blois, Alix de France, et en 1177 Thibault V, dans un voyage qu'il fit à Tiron confirma le don de sa femme, donnant au nouveau prieuré sa maison voûtée et la ferme de Bouche-d'Aigre, sa maison d'Yron, des dîmes, un droit de pêche, celui d'usage et de chauffage dans la Forêt-Longue, avec l'amortissement gratuit (c'est surtout là le but de la charte fausse), de tout ce que les religieux avaient acquis dans ses comtés. Une autre charte fausse, datée du 11 septembre 1191, attribue au comte Louis, fils de Thibaut V, la confirmation des donations de son père. — La fondation du prieuré de Bouche-d'Aigre est bien antérieure à la date que lui assigne la charte fausse de 1176. En 1119, un accord fut fait entre les religieux de Marmoutier et Nivelon de Fréteval dans la salle des moines de Tiron, *qui ad os Ogre fluvioli commorantur.* Le prieuré de Bouche-d'Aigre est également mentionné dans la confirmation des biens de l'abbaye faite en 1147 par le pape Eugène III.

quicquid habebam in molendinis novis que sunt inter Buccam-Eugre et Fremantellum, que michi et ipsis monachis erant communia. Quod ut ratum maneat semper et firmum, litteris commendavi et sigilli mei impressione confirmavi. Testes inde fuerunt . . . .
. . . .
Anno incarnationis dominice M° C° octogesimo tercio. Datum per manum Hildrici, cancellarii mei. »

(*Copie aux Archives du château du Bouchet.*)

CCCXXX.

Abandon par Nivelon de Meslay de toutes prétentions sur les moulins neufs de l'abbaye.

(1183 circa.)

« Notum sit omnibus qui presentes litteras viderint quod ego Nivelo, dominus de Mellayo [1], quito in perpetuum et concedo libere et quiete monachis de Buca-Ogrie, assensu et voluntate Aalicie, uxoris mee, et filiorum meorum Ursionis, Hugonis et Goffredi, et filiarum mearum Margarite et Aalize, quicquid reclamabam in molendinis novis predictorum monachorum super Lidum; ita quod monachi prefati de cetero nullam calumniam vel impedimentum habeant in predictis molendinis a me vel ab heredibus meis : tali pacto quod dominum de Veteri-Vico in prefatis molendinis socium non habebunt. Quod ut firmum sit et stabile in perpetuum, sigilli mei et signi Ursionis, primogeniti mei, testimonio et munimine volui confirmari. »

(*Copie aux Archives du château du Bouchet.*)

[1] Comme on le sait, les seigneurs de Meslay étaient issus de la famille des anciens vidames de Chartres, d'où le nom de Meslay-le-Vidame donné à leur seigneurie. La branche de Fréteval, à laquelle appartenait Nivelon, ne posséda jamais le vidamé, qui échut à une autre branche de la famille par le mariage de Geoffroy de Meslay avec Hélissende, fille de Guillaume de Tachainville et de la vidamesse Hélissende de Ferrières.

CCCXXXI.

Confirmation par Richard Cœur-de-Lion de vingt marcs d'argent sur l'échiquier de Londres.

(1188, 10 sept.)

« R[icardus], Dei gratia, rex Anglie, dux Normannie et Aquitanie et comes Andegavensis, justiciariis, vicariis et baronibus scaccarii, salutem : Sciatis nos concessisse et presenti carta nostra confirmasse abbati et monachis *de Tyron* in perpetuam elemosinam xx marcas argenti, percipiendas in festo sancti Michaelis de scaccario nostro apud Londonum, quas tempore patris nostri habere consueverant, sicut ipsius carta testatur. Volumus ergo et firmiter precipimus ut monachi predicti illas xx marcas sine difficultate et molestia libere et plene percipiant, quia quod datur pro salute animarum nullum debet habere impedimentum. Testibus : Hugone Quinentrensi episcopo, comite Guillelmo de Magnevilla (¹), Guillelmo marescallo, apud Norhantonum. Datum per manum Guillelmi de Longo-Campo, cancellarii nostri, anno primo regni nostri, x^{ma} die septembris. »

(*Cart. de Tiron*, f° 47 v°. — Ecriture de la fin du XIII° siècle.)

CCCXXXII.

Don au prieuré de Bacqueville de la chapelle de Saint-Léonard.

« De Basquevilla. »

(1188.)

« Noverint universi presentes et futuri quod ego W[illelmus] *Martel* dedi et concessi Deo et Sancte-Marie de Basquevilla et monachis Tyro-

(¹) Le personnage qui figure ici comme témoin est Guillaume de Mandeville, comte d'Essex et d'Aumale depuis 1180, par son mariage avec Hadvise. Guillaume de Mandeville fut l'ami dévoué de Henri II et l'assista dans toutes les circonstances graves de son

nensibus ibidem Deo servientibus in perpetuam elemosinam, pro mea
meorumque salute, illam moltam terre quam vavassores mei jamdu-
dum dederant eidem ecclesie post obitum Willelmi *Martel* avi mei
usque ad diem quo crucem suscepi : de feodo videlicet Willelmi de
Warinvilla ad *Huberlande* duas acras et dimidiam; de feodo Roberti
carpentarii II acras et dimidiam; de feodo Radulphi de Wimbelevilla
dimidiam acram; de feodo Gilleberti de Basquevilla tres virgultas;
de feodo Richardi Ruffi II acras et dimidiam; de feodo Willelmi
Geroard unam acram; de feodo Ernulphi *de Abbemont* unam acram; de
feodo Uberti *de Montandon* unam acram. Insuper etiam concessi prefatis
monachis capellam Sancti-Leonardi de Basquevilla, cum omnibus pertinentiis suis, quiete et libere possidendam, ita quod dicti monachi in
prefata capella capellanum poterunt eligere et constituere donec eis
assignavero sexaginta solidos stellingorum in loco competenti ad
gratum ipsorum monachorum. Ut autem hec donatio et concessio
nostra firma et stabilis futuris temporibus perseveret, presentem car-
tulam fecimus annotari et sigilli mei munimine in testimonium roborari. Hujus donationis et concessionis testes existunt : Goffredus *Martel*,
Alanus *Martel*, fratres mei; Ernulphus qui tunc temporis prior erat de
Basquevilla; Willelmus decanus; Hubertus presbiter; Gillebertus de
Perrevilla; Robertus prepositus; Rogerius *de Belingefoil* et multi alii.
Datum anno gracie M° C° octogesimo octavo. »

(*Cart. de Tiron*, f° 87 v°. — Ecriture du XVI° siècle.)

CCCXXXIII.

Confirmation de la dîme du Loir.

(1189, juill.)

« Ne noticiam lateat posterorum quod caritas operatur modernorum : ideo
cunctis christicolis notum facimus nos Raginaldus, Carnotensis episcopus,

règne. Il alla en Terre-Sainte en 1177 et prit une seconde fois la croix en 1188. Richard
Cœur-de-Lion le nomma justicier d'Angleterre en 1189, mais il mourut peu de temps
après en novembre 1189.

quod Ivo de Curvavilla (¹), divino flatus spiritu, pro remedio anime sue et antecessorum suorum, dedit monachis Tironensibus suam decimam quam in terris et toto territorio ac domo eorum de Ledo tam nutrimentorum quam laborum habebat. Hoc autem confirmavit et ratum habuit in perpetuum Odo de Scalis, curatus parrochialis Sancti-Eustachii de Tieslino. Nos igitur Raginaldus predictus, Carnotensis episcopus, predictas largitiones ratas et gratas habentes eas auctoritate nostra confirmamus; unde in harum robur et testimonium presentes litteras karactere nostro communitas ipsis religiosis duximus concedendas. Acta sunt hec Carnoti, tercio nonas julias, anno gratie millesimo (*sic*) octuagesimo nono (²). »

(*Orig. en parch.*)

CCCXXXIV.

Don de la pêche de Saint-Calais.

« Hec est carta de piscaturia Ugrie. »

(1190.)

« Ego Paganus de Monte-Dublelli (³) omnibus notum facio quod, amore Dei et pro remedio anime mee et parentum meorum salute, dedi et concessi in perpetuum monachis de Buca-Ugrie anguillas et minutam in piscatoria mea quam habeo apud Sanctum-Karilepphum, scilicet de maceria Jupeelli usque in Ligerum, in qua piscatoria pre-

(¹) En 1185, Yves de Vieuxpont, seigneur de Courville, confirme aux moines de Chuisnes le droit qu'ils avaient de prendre dans la forêt de Chuisnes le bois qui leur était nécessaire. Yves se maria deux fois avec Albérède et Pétronille, mais il ne paraît pas avoir eu d'enfant : c'est son frère Robert de Vieuxpont qui lui succéda.

(²) D'après l'écriture de cette charte, il est impossible de ne pas la croire fausse : le préambule nous en paraît d'ailleurs insolite pour l'époque où elle est censée avoir été écrite. Les moines de Tiron eurent de long démêlés avec le curé du Thieulin pour les dîmes de la paroisse, et c'est sans doute à l'occasion de ces disputes qu'ils fabriquèrent cette pièce.

(³) Payen do Mondoubleau était le troisième fils de Hugues IV, vicomte de Châteaudun. Il possédait la seigneurie de Mondoubleau du chef de sa grand-mère Helvise.

dicti monachi, de dono patris mei, totum album piscem habere tenentur. Monachi autem concesserunt Pagano sibi appropriare quemdam presbiterum pro hujusmodi dono, qui, singulis diebus, pro Pagani suorumque amicorum salute, ad altare beate et gloriose semperque virginis Marie divinum ministerium celebraret. Et ut hoc ratum haberetur et firmum, feci H[ugoni] vicecomiti, fratri meo, concedere et sigilli sui impressione et mei pariter communiri. Actum anno gratie M° C° nonagesimo. »

(*Orig. en parch.* — *Vidimus de* 1698 *aux Archives du château du Bouchet.*)

CCCXXXV.

Bail de la métairie du Bouvereau.

« Carta de Boverol. »

(1190 circa.)

« Notum sit omnibus qui presentes litteras viderint me Lambertum, Tyronii abbatem, tocius capituli nostri assensu, tradidisse Haimerico *Popin* et Hildeburgi uxori sue medietariam nostram *de Boverol*, omni vita sua tenendam, quamdiu erga nos se legitime habuerint et eam honeste procurabunt, tali condicione quod cum unum eorum obire contigerit superstes medietariam tenebit; carrucatum vero sicut ab aliis hominibus nostris ab eis non exigemus; ipsi autem ecclesie nostre seipsos in vita et in morte in fratres dederunt, et cum dies obitus eis advenerit, omnis subera eorum nostra erit, excepto quod quisque ipsorum xxx^{ta} solidos de parte sua ad voluntatem suam faciendam retinere poterit. Hujus rei testes sunt : Stephanus Tyronii prior et omnis conventus; Stephanus et Goffredus sutores, Gosbertus et alii plures. »

(*Chirogr. orig en parch.*)

CCCXXXVI.

Présentation à l'évêque du Mans de l'abbé du Gué-de-Launay.

(1190-1214.)

« Reverendo patri et domino H[amelino], Dei gratia, Cenomanensi episcopo (¹), pusillus grex de Vado-Alneti, salutem et paternam cum debita obedientia reverentiam : paterno solatio et concilio destituti, abbatem et conventum Tyronensem humiliter postulavimus, sicut facere tenemur, quatinus de pastore et gubernatore ydoneo paupercule domui sue de Vado-Alneti paterna sollicitudine providerent. Ipsi autem, petitioni nostre gratum prebentes assensum, boni testimonii et honeste conversationis fratrem Garinum nomine (²), et ad regimen prefate domus satis ydoneum dispensatorem, in capitulo suo de more eligentes, nobis tradiderunt : quem, communi assensu capituli nostri et pari voluntate recipientes, paternitati vestre presentamus, sanctitatem vestram attentius exorantes, quatinus hanc electionem approbetis et benedictionis vestre gratia confirmetis. Valete. »

(*Liber Albus capituli Cenomannensis*, n° 99.)

CCCXXXVII.

Confirmation de vingt sous de rente sur le tonlieu de Chartres pour l'entretien d'une lampe devant la sainte hostie.

(1192.)

« Ego Ludovicus, comes Blesensis et Clarimontis, omnibus notum facio quod domina mater mea Adelicia, Blesensis comitissa, amore Dei

(¹) Hamelin, évêque du Mans, de 1190 à 1214.

(²) M. Hauréau, dans le XIV° volume du *Gallia christiana*, cite Guérin comme le premier abbé connu du Gué-de-Launay, mais l'acte le plus ancien qu'il rapporte est de 1236; nous voyons que Guérin fut élu bien antérieurement à cette date.

et pro remedio anime boni viri sui, patris mei, et sue et parentum suorum, laudantibus et concedentibus fratribus meis Theobaldo, Philippo, et sororibus meis Margarita, Isabella, Adelicia, dedit et in perpetuum concessit ecclesie sanctorum Johannis et Pauli de *Bouchedeugre*, ad luminare ante corpus Domini, viginti solidos carnotenses, in tonleio de Carnoto, Annuntiatione beate Marie annuatim capiendos. Ego autem, ad petitionem domine matris mee, laudante et concedente Katerina, uxore mea, et filio meo Theobaldo, donum illud benigne concessi. Et ut ratum habeatur et firmum, litteris commendavi et sigilli mei impressione confirmavi. Testes fuerunt . . . .
. . . .
Actum Blesis anno incarnati Verbi M° C° nonagesimo secundo. »

(*Copie aux Archives du château du Bouchet.*)

CCCXXXVIII.

Confirmation des biens du prieuré de Bacqueville.

« De Basquevilla. »

(1192/3, 25 mars.)

« Universis Christi fidelibus presentibus et posteris ad quos presentis scripti noticia pervenerit, salutem in Domino : Noveritis omnes quod ego W[illelmus] *Martel*, miles, avida devotione quam ad monachos Sancti-Salvatoris Tyronensis habeo, ipsorum augmentum pre cunctis desiderans, confirmo eis, largior et concedo, in puram et perpetuam elemosinam, pro mea et parentum meorum salute, beneficia, decimas et omnia dona que fecit eis W[illelmus] *Martel*, avus meus, assensu et voluntate matris et uxoris ac filiorum et fratrum suorum, in eorum ecclesia Beate-Marie de Baschevilla sepultorum, videlicet ipsam ecclesiam Beate-Marie cum omnibus pertinentiis suis, et dimidiam ecclesiam Sancti-Petri cum decimis et elemosinis eidem pertinentibus ; de proprio dominio meo xx^{ti} sex acras terre, quarum una est in prato, boscum etiam essarti et viridarium usque ad magnum fossetum, aquam et vivarium et locum edificii usque ad viam molendini mei, et ut in eodem molendino annonam suam libere et quiete molent post bladum ingranatum, et decimam nummorum meorum in Normannia et Anglia, tam reddituum quam censuum, et tam fori seu mercati mei quam victus qui non fuerit emptus de denariis decimatis et apud Baschevillam expendetur, et duo modia vini apud Rothomagum ad missas celebrandas, ac etiam ut ipsorum animalia quecumque cum animalibus meis in pascuis dominicis libere pergant. Insuper dedi eis capellam Sancti-Leonardi, ita ut dicti monachi imponant in ea capellanum ad voluntatem eorum donec eis assignavero sexaginta solidos stellingorum ad gratum ipsorum. Preterea sicut ipse avus meus voluit, ita et ego volo et eis confirmo, largior et concedo quod decimas, terras et omnes possessiones quas in toto dominio meo, tam dono, emptione, elemosina quam alias ipsi religiosi Tyronenses tenent et possident, ita libere et quiete teneant et possideant sicut dominium meum teneo et possideo, nichil penitus michi vel successoribus meis jurisdictionis vel superioritatis in hiis omnibus retinens preter orationes religiosorum supradictorum. Ut autem per succedentia tempora hec omnia et singula premissa ipsis religiosis et eorum successoribus firma et illibata permaneant in futurum, presentes litteras sigilli mei auctoritate communitas in horum omnium robur et testimonium duxi eis concedendas. Testes etiam sunt : Ernulphus, prior ejusdem loci ; Alanus *Martel*, frater meus ; Guillermus de Sancto-Audoeno ; Reginaldus de Petravilla, milites ; Robertus *Piefert;* Robertus prepositus ; Gislebertus decanus, et plures alii. Datum in predicta ecclesia Beate-Marie de Baschevilla, anno gratie M° C° nonagesimo secundo, viii° kalendas aprilis. »

(*Cart. de Tiron*, f° 88 r°. — Écriture du XVI° siècle.)

CCCXXXIX.

Lettres de sauvegarde du roi Philippe-Auguste.

« De garda monasterii. »

(1194, avril.)

« Philippus, Dei gratia, Francorum rex, omnibus justiciariis regni nostri, salutem et dilectionem : Cum monasterium Sancti-Salvatoris de Tyronio, personas et bona in speciali garda predecessorum nostrorum fuisse et esse dignoscitur, nos vero predecessorum nostrorum sequi vestigia cupientes, predictum monasterium, personas et bona, cum omnibus suis pertinentiis, in speciali nostra custodia accepimus et retinemus. Unde vobis omnibus et singulis mandamus et auctoritate regia precipimus quatinus predictum monasterium, personas et bona et membra eorumdem, tanquam nostra propria, custodiatis et deffendatis, et si forte aliqui contra mandatum nostrum regium attemptare presumpserint, indignationem nostre regie magestatis noverint se incursuros, et hec omnibus tenore presentium significamus. Actum Parisius, anno Verbi incarnati M° C° nonagesimo quarto, mense aprilis (¹). »

(*Cart. de Tiron*, f° 15 v°.)

CCCXL.

Confirmation d'un accord pour le moulin de Crèvecœur entre l'abbaye et Guillaume le Maréchal.

« De molendino de Crevecor. »

(1195.)

« Ego Adelicia, Blesensis comitissa (²), omnibus tam futuris quam presentibus notum facio quod contentio que diu habita est inter monachos Tyronii et Wuillelmum Marescalli super molendino *de Crevecor*, tandem post multas hinc inde altercationes, utraque parte eorum in

---

(¹) Cette charte a été ajoutée postérieurement : l'écriture est bien celle du commencement du XIII° siècle, mais l'encre n'est plus la même et semble rappeler les faussaires du XV° siècle. Cependant le texte même est plus correct que celui des chartes fausses.

(²) Alix, femme de Thibaut V le Bon, comte de Blois, était fille du premier mariage de Louis VII avec Eléonore de Guyenne. Après la mort de son mari, au mois de mars 1191, elle se retira, avec ses quatre enfants, à l'abbaye de Tiron pour y chercher quelque consolation à sa tristesse. Ce fut, en récompense des soins qu'elle trouva dans l'abbaye, qu'elle donna aux moines la charte que nous publions en ce moment.

presentia mea constituta, decisa est et sopita in hunc modum : Willelmus vel heres ejus vel quicumque molendinum illud possidebit predictis monachis sexaginta solidos censuales monete carnotensis singulis annis reddet, in Nativitate Domini triginta solidos et in Nativitate beati Johannis-Baptiste triginta solidos. Si vero Willelmus vel heres ejus vel qui molendinum tenuerit predictum censum sexaginta solidorum in prescriptis sollempnitatibus reddere noluerit vel non poterit, sepedicti monachi tamdiu molendinum illud in manu sua tenebunt donec de proventibus ejusdem molendini ad testimonium servientis qui in molendino illo pro tempore erit censum suum cum ejusdem census emendatione habuerint. Ego vero, ad utriusque partis preces et instanciam, pactionem istam et pacem firmiter tenendam manucepi. Quod ut ratum maneat et firmum litteris commendavi et sigilli mei impressione roboravi. Testes sunt : Raginaldus de Orrevilla, Odo de Alona, Gaufridus Gradulfi, Raginaldus de Sohis, Polanus..... vinaus de Blesis. Actum Sohis, anno incarnati Verbi M° C° nonagesimo V^{to}. Datum per manum Britonis, capellani mei. »

(*Orig. en parch.*)

CCCXLI.

Confirmation des dons de Thibaut IV, comte de Blois, au prieuré de Saint-André de la Forêt-Longue.

(1202, mai.)

« Ego Ludovicus, Blesis et Claromontis comes, notum facio tam futuris quam presentibus quod Theobaldus, avus meus, comes illustris, dedit et concessit, pro amore Dei et anime sue remedio, monachis Tyronensibus, in perpetuam elemosinam, terram quandam apud Silveloniam..... *Ruissi,* sicut idem avus meus et homines sui eam metiti sunt, et nemus ad omnia necessaria monachorum qui ibidem habitabunt..... epto vendere et donare; pasturam quoque animalium et pasnagium porcorum suorum sine additamento aliorum, et quicquid

homines sui de feodo suo dederint vel daturi sint ipsis habere et in
pace possidere concessit. Instituit etiam idem Theobaldus singulis annis
dare canonicis Sancti-Karileffi unum modium melioris frumenti sui de
terragio Marchesmii, ad illam minam qua terragium suum ibi recipie-
bat, in commutationem decime sue quam habebant in terra monachorum Sancti-Andree de Sevelonia. Institutum est a predicto comite ut
ipsi monachi singulis annis darent eisdem canonicis unum modium
avene in commutationem ejusdem decime, et ita haberent canonici
duos modios annone pro sua decima, unum frumenti a comite et alterum avene a monachis. Dedit preterea sepedictus comes monachis
Sancti-Andree de Silvelonia ibi in elemosina sua degentibus, cum indi-
gentiam feni paterentur, ad sua animalia nutrienda, et concessit ut in
tota redundatione stagni sui prata sibi facere pos..... Ego igitur,
pietate motus et precibus predictorum monachorum condescendens,
hanc elemosinam volui et concessi. Quod..... et stabile permaneat,
litteris commendavi et sigillo meo confirmavi. Actum apud Castridunum, anno gracie millesimo ducentesimo secundo. Datum per manum
Theobaldi, cancellarii mei, mense maio. »

(*Orig. en parch.*)

CCCXLII.

*Confirmation du don d'une charretée de bois dans la forêt
de Brimont.*

(1202.)

« Notum sit omnibus tam presentibus quam futuris quod ego Gauffridus de Bellomonte concedo monachis Tyronensibus unam quadriga-
tam lignorum quam pater meus Robertus[1] eis, in puram et liberam et
perpetuam elemosinam, dederat singulis diebus hujus seculi de bosco

[1] Robert de Beaumont fut un des principaux bienfaiteurs de l'abbaye de Tiron.
Voir chartes LXII et LXIII.

Brimundi mortuo accipiendam, quo deficiente de vivo erit accipienda. Concedo etiam eis quicquid Droco *de Cortollein* et heredes ejus eis in elemosinam contulerunt in feodo meo de Maioroliis et omnia que in omnibus feodis meis, sive dono sive emptione, acquisierunt vel acquisituri sunt, et terram de Logiis cum hominibus in ea manentibus, quam Guillelmus Valetus, Carnotensis miles, pro anima fratris sui Evrardi, eis dedit apud *Marcolein;* terram etiam *de Soisnances,* cum nemore et virgulto et pratis et omnibus pertinentiis suis, quam Gauterius de Moteia(¹), assensu et voluntate patris sui Roberti et matris sue Meneldis, in perpetuam dedit elemosinam. Quod donum concesserunt filii ipsius Gauterius, Rainaudus et Philippus, et fratres ejus Hugo Malus-Leo et Matheus, Garinus, Haimericus, Odo, Philippus et Ugo, et sorores Ada, Hodierna et Juliana, et viri earum Matheus videlicet de Arreis, Gauffridus forestarius et Girardus de Logiis. Hanc donationem concesserunt Guillelmus de Soiseio et Hugo de Alodia qui ipsum feodum de me tenebant. Hujus autem donationis testes fuerunt : Guillelmus *de Bu*, Gatho forestarius, Gauffridus et Aubertus filii ejus, Hugo *de Mounet*, Clemens et Renoldus, famuli monachorum, et alii plures. Dimisi etiam jamdictis monachis *de Tyron* baneriam de Combris et consuetudines quas in terris eorum reclamabam, concedens ut omnia que de feodo meo tenent, ab omni consuetudine seculari et exactione quieta in perpetuum maneant et illibata. Hec omnia superius memorata concessit Margarita uxor mea et filii mei Robertus et Gauffridus et filia mea Dionisia. Hanc autem donationem et concessionem feci ego G[auffridus] de Bellomonte, pro salute anime mee et pro animabus patris mei et matris mee. Et ut in perpetuum hoc firmum et stabile perseveret, hanc paginam mee confirmationis scribi feci et sigilli mei munimine roborari, testibus hiis : Galerano de Alneto, Philippo de Monte-Dulceto, Guidone de Gaiis et aliis pluribus. Datum anno gratie millesimo ducentesimo secundo. »

(*Orig. en parch.*)

(¹) Nous avons déjà vu Gautier de la Motte figurer comme témoin dans la charte LXII que nous avons rapportée à l'année 1125 environ. D'après la pièce publiée par nous en ce moment, nous pensons que la charte LXII doit plutôt être datée de 1145 environ.

CCCXLIII.

Don au prieuré de Saint-Barthélemy-du-Vieux-Charancey de la moitié de la terre des Nithumières.

« De Sancto-Bartholomeo de Charansayo. »

(1203.)

« Nos Gervasius de Castello-Novo ([1]) et Marguerita uxor mea et filii mei Hugo et Herveus omnibus presentibus et futuris notum fieri volumus quod Goherius de Morvilla, Guillelmus de Chavigneo, Guillelmus de Nemore et Guillelmus de Pommereio in nostra presencia venerunt, qui Guillelmus de Pommereio, pro remedio anime sue antecessorumque suorum animarum, Deo et monachis Sancti-Salvatoris de Tyronio apud Sanctum-Bartholomeum de Veteri-Charenceio habitantibus, in puram et perpetuam elemosinam, dedit medietatem terre sue parrochie Sancti-Mauricii que vocatur Notumereia et totam decimam illius territorii, sine reclamatione aliqua sibi nec heredibus suis de cetero facienda. Qui predicti Goherius, Guillelmus et Guillelmus hoc donum concesserunt, et quicquid in predictis terris et decimis habebant seu habere poterant, ratione feudi vel ratione quacumque, dictis religiosis coram nobis donaverunt, et quilibet eorum de jure suo in manibus nostris desesivit, et nos, ad requisitionem dictorum Goherii, Guillelmi et Guillelmi, dictos monachos sesivimus de predictis, et predictam donationem dictis religiosis confirmavimus et concessimus ita pure et absolute quod nichil nobis nec heredibus nostris reclamabimus nec reclamare poterimus, sed predictam elemosinam tam in pace quam in guerra garantizare tenebimur contra omnes pro xii^{cim} libris andegavensibus quas ipsi religiosi

---

([1]) Gervais II fut seigneur de Châteauneuf-en-Thimerais de 1199 à 1215. Il était sur le point de partir pour la croisade lorsqu'il donna la charte qui nous occupe. Il prit part à la conquête de Constantinople et passa ensuite en Terre-Sainte, où il demeura jusqu'en 1212. Il avait épousé Marguerite, fille de Hervé IV, seigneur de Donzy : il en eut cinq fils, Hugues, Hervé, Gervais, Guillaume et Philippe.

de bonis suis nobis caritative dederunt. Et ut stabile et ratum in futurum permaneat, sigillum nostrum in presenti scripto apponi fecimus, presentibus testibus hiis : domino Guillelmo de Foulleto, magistro Rogerio *de Aviron*, Guerino *de Morviler*, Guillelmo *Garel*, Girardo *de Matonviller*, Heberto de Burseriis, Fouberto *Leteri* et pluribus aliis. Actum apud *Senonches*, anno Verbi incarnati M° CC° secundo. »

(*Cart. de Tiron*, f° 74 r°. — Écriture du milieu du XIII° siècle.)

CCCXLIV.

« *Transaction entre l'abbaye de Tiron et celle de la Magdelaine de Châteaudun, par laquelle, pour terminer le différend mû depuis longtemps, les moines de Tiron renoncent à la chapelle des Chauvellières* (¹), *et les abbé et chanoines de la Magdelaine leur donnent tous les droits qu'ils pouvoient avoir sur les dîmes de Charmois et du Tronchet, dont moitié, ainsi que moitié d'un muid de froment à prendre sur la grange de Gormont, appartenoit à la maison de la Chapelle-Vicomtesse.* »

(Juin 1204.)

(*Sommier de l'abbaye de la Madeleine de Châteaudun*, p. 1553.)

CCCXLV.

Reconnaissance des droits de l'évêque du Mans en l'abbaye de la Pelice.

(1205.)

« Universis Christi fidelibus, tam presentibus quam futuris, ad quos presentes littere pervenerint, frater Herveus, Tyronensis monasterii

(¹) Le prieuré de Sainte-Apollonie des Chauvelières, en la paroisse de la Chapelle-Vicomtesse, avait été fondé en 1190 par Geoffroy de Drulon en faveur de l'abbaye de la Madeleine de Châteaudun.

abbas humilis, et conventus, salutem in eo qui salvat sperantes in se : Noverit universitas vestra nos bona fide concessisse venerabili patri et domino Hamelino, Dei gratia, Cenomannensi episcopo, et tam decano quam capitulo Cenomannensi, quod in abbatia de Pellicia, quam nobis, Dei amore, sua benignitate et liberalitate subdiderunt (¹), habeant omne jus et omnem reverentiam cum obedientia, quam dicta abbatia de Pellicia episcopo et ecclesie Cenomannensi consueverat hactenus exhibere. Concessimus etiam ut ex quo contigerit abbatiam de Pellicia abbate privari, nuntietur episcopo mors abbatis, et tunc ad diem competentem, electioni ab episcopo prefixam, episcopus Cenomannensis vel alius ab eo destinatus, et abbas Tyronensis, ad sepedictam abbatiam de Pellicia venient bona fide, et ibi, secundum Deum et regulam sancti Benedicti, abbas canonice et regulariter eligetur. Quod ut inviolabiliter conservetur, litteris annotari et sigillo capituli nostri fecimus communiri. Datum anno gratie Mº CCº Vº. »

(*Liber Albus Capituli Cenomannensis*, nº 97.)

CCCXLVI.

Don de sept septiers de blé et sept septiers d'avoine à Blanville.

« In parrochia Sancti-Lipercii juxta Curvamvillam. »

(1205 circa.)

« R[aginaldus], Dei gratia, Carnotensis episcopus, universis presentibus pariter et futuris, in Domino salutem : Noveritis quod Hubertus

---

(¹) L'abbaye de la Police fut fondée par Bernard III, seigneur de la Ferté, en l'année 1189, suivant l'opinion de la plupart des auteurs. Mais cette date doit certainement être reculée, car avant l'année 1187, on voit Raoul, abbé de la Pelice, faire un accord avec Hildéarde, abbesse de Saint-Julien-du-Pré. Ce fut en l'année 1205 que l'abbaye de la Pelice fut donnée aux religieux de Tiron par Hamelin, évêque du Mans, et Bernard IV, seigneur de la Ferté. Nous n'avons plus l'acte de donation fait à l'abbaye de Tiron ;

Mordant (¹), miles, dedit ecclesie Tyronensi, in puram, liberam et perpetuam elemosinam et ob restaurationem dampnorum que eidem persepe intulerat, vn^{tem} sextarios bladi competentis et vii sextarios avene ad mensuram currentem, percipiendos apud Baeunvillam, annuatim, in festo sancti Remigii, de blado terre de Baeunvilla, quicumque eam excolat vel teneat, Gaufrido de Arunvilla milite de cujus feodo terra eadem est, Ysavia uxore prefati H[uberti] *Mordant*, Johanne filio ejus, Matilde et Agnete filiabus ejus, suam ad hoc conniventiam prebentibus et assensum, ita etiam quod si in prefato die et loco eadem elemosina non redderetur, heres loci ipsius de depertitis abbati et monachis satisfacere teneretur. Nos autem elemosinam prefatam modis omnibus approbamus, ad peticionem utriusque partis; eam in manu nostra resignatam, per presentes litteras sigilli nostri auctoritate roboratas, abbatie confirmavimus Tyronensi. »

(*Orig. en parch.*)

CCCXLVII.

Vente à l'abbaye de trois deniers de cens sur le pré de Valfresol en la paroisse de la Ménière.

(1206, juill.)

« Notum sit omnibus presentibus et futuris quod ego Guillermus *de Meguillen* vendidi et concessi abbati et conventui de Tyronio tres dena-

---

mais nous savons qu'il fut passé au Mans par Bernard, en 1205, en présence de Hugues de la Ferté, trésorier de l'église d'Angers; puis que cette donation fut confirmée par l'évêque Hamelin du consentement du Chapitre du Mans, ensuite par l'archevêque de Tours et enfin par le pape Célestin III.

(¹) La famille Mordant, joua un rôle assez important à Chartres au XIIe siècle. On rencontre fréquemment Hubert Mordant, sans doute le père de celui qui donna la charte qui nous occupe, dans les titres de 1130 à 1150. En 1217, Geoffroy Mordant, chevalier, et Hodeburge, sa femme, donnent à l'abbaye de Saint-Jean-en-Vallée toute la dîme qu'ils possédaient à Grognault et à la Varenne.

rios censuales quos mihi faciebant annui redditus de prato sito in parrochia de Menereia, quod dicitur *de Valfresol*, tenendos et habendos dictos tres denarios dicto abbati et conventui et eorum successoribus libere, pacifice et quiete, sine reclamatione aliqua de me et heredibus meis super hoc de cetero facienda. Et sciendum est quod ego predictus Guillermus et mei heredes tenemur dicto abbati et conventui predictos tres denarios deffendere, garantizare bona fide contra omnes. Et ad hec premissa servanda me astrinxi, juramento prestito corporali, et volui heredes meos ad hec obligari. Pro hac autem venditione et concessione predictus abbas et conventus dederunt michi tres solidos turonenses, de quibus me teneo pro pagato. Et quod hoc sit firmum et stabile in futurum, presentes litteras eisdem tradidi, sigillo meo sigillatas, et ad majorem confirmationem archidiaconus Corbonensis sigillum curie sue cum sigillo..... apponi dignum duxit. Volui etiam quod ipse archidiaconus Corbonensis vel ille qui pro tempore erit archidiaconus Corbonensis..... heredes meos compellere per censuram ecclesiasticam ad predicta observanda. Datum anno Domini M° CC° VI°, mense julii. »

(*Orig. en parch.*)

CCCXLVIII.

Confirmation des dons faits au prieuré du Loir.

(1206.)

« Quod religiosis locis, pietatis intuitu, confert devotio fidelium dignum est mandare fideli memorie posterorum ne eorum largitio aliquod per succedentia tempora patiatur detrimentum : Noverint igitur omnes tam moderne etatis quam future posteritatis quod dominus Gaufridus de Leugis concessit Deo et monachis Tyronensibus in domo Lede manentibus, pro salute anime sue et antecessorum suorum, quicquid bone memorie G[aufridus], quondam Carnotensis episcopus, et Goslenus, tunc temporis archidiaconus, eis in elemosinam contulerant, in nemoribus, et in planis, in pasturis etiam animalium suorum et omnium hominum ad domum predictam pertinentium. Concessit etiam eis stagnum et molendinum modiumque annone in molendino de Longo-Saltu, singulis annis, accipiendum, terram et omnia ad jamdictam domum pertinentia quiete et libere possidenda, que ante ipsum multo tempore, nullo obsistente vel contradicente, possederant. Quoniam igitur hec omnia superius prelibata de proprio dominio vel feodo jamdicti Gaufridi sunt, et majori super hiis sollicitudine invigilare et ea instantius custodire tenetur, promisit quod si, per alicujus subreptionem, aliquam inde contigerit emergere calumpniam, pro posse suo eam sopire atque contra omnes homines defendere non dissimulabit. Hec omnia fideliter et devote concessit uxor ejus Margarita et duo filii ejus et Agnes filia ejus. Et ne a posteris presens scriptum aliquo modo valeat infirmari, sepedictus Gaufridus illud sigilli sui munimine roboravit. Actum anno gratie millesimo ducentesimo sexto. »

(*Orig. en parch.*)

CCCXLIX.

Abandon à l'abbaye de a dîme perçue par Eudes des Essarts sur la grange de Choudri.

(1207.)

« Goffredus, vicecomes Castriduni, universis tam presentibus quam futuris presentem paginam inspecturis, in omnium Salvatore salutem eternam : Noverit universitas vestra quod Odo de Hersatis, miles, pro salute sua suorumque parentum, de assensu uxoris sue et filiorum suorum Egidii et Goffredi et filiarum suarum *Hysabet*, Beatricis, Ameline, Herenburgis, Auburgis, Theophanie, dedit et concessit, absque contradictione et reclamatione aliqua, quiete et libere, in perpetuam elemosinam, monachis Sancti-Salvatoris *de Tyron* unum modium frumenti et dimidium avene et duos solidos de censu quos, sub nomine decime, singulis annis, a prefatis monachis in grangia ipsorum que *Choudre* dicitur accipiebat ; ita quod pro dono isto, quod liberum est et quietum, nichil penitus de feodali servitio quod dictus O[do] de jure mihi debet in aliquo minuetur. Ego vero G[aufridus], vicecomes Castriduni, ad petitionem jamdicti O[donis], hoc donum, quia de feodo meo erat, approbavi, et ut perpetue robur firmitatis obtineret presentem paginam sigilli mei munimine confirmavi. Datum anno gratie M° CC° septimo. »

(*Orig. en parch.*)

CCCL.

Accord entre le maire de Gardais et l'abbaye pour les droits de mairie au bourg de Tiron.

(1208, 3 mai.)

« Universis fidelibus tam presentibus quam futuris presentem paginam inspecturis, Garinus Capreolus, senescallus Perticensis (¹), salutem in auctore salutis : Noverit universitas vestra quod cum Guillelmus, major Gardeiarum, et Petrus filius ejus, non sano usi consilio, diu vexassent abbatem et monachos Tyronenses super majoria quam se habere dicebant in burgo Tyronensi, tandem de omnibus contentionibus pacem fecerunt cum monachis in hunc modum : prefati G[uillelmus] major et P[etrus] filius ejus bona fide quitaverunt in perpetuum monachis Tyronensibus quicquid juris in majoria reclamabant, et illud jus, si quid esset, per textum Evangelii super altare dominicum ecclesie Tyronensi sollempniter reliquerunt et penitus abjurarunt. Uxor vero ejusdem majoris Adelina et ipsorum filie, Eremburgis, Petronilla, Richeldis, Amelina quitationem istam de majoria eadem plenarie fecerunt et similiter adjurarunt, et tam G[uillelmus] major et P[etrus] filius ejus quam et uxor dicti majoris et filie memorate, necnon et alii ipsorum heredes sub prestite religione fidei firmarunt, constantissime promittentes quod super majoria vel re alia que ad majoriam pertineat, per se vel per alios, nullam deinceps facient reclamatio-

---

(¹) Vers la même époque, en 1218, Richard Chevreuil, chapelain de Nogent, donna à l'abbaye de Lire le fief qu'il tenait de son père dans la paroisse d'Ormes, au hameau de la Gouberge.

nem nec ullam de cetero erga monachos movebunt contencionem. Monachi vero, de bonorum virorum consilio, ipsum majorem et uxorem ejus, pro bono pacis, in fratres receperunt, et majori deinceps de necessariis providebitur, et quando monachari voluerit ipsum in suo consortio liberaliter admittent; uxori vero ejus, cum seculo renuntiare voluerit, in una cellarum suarum sine velaminis susceptione necessaria providebunt, et uni filiarum suarum xxx^{ta} libras monete perticensis, cum desponsata fuerit, dabunt. Ut igitur hec compositio sollempniter facta rata et stabilis futuris temporibus perseveret, ego Garinus, Perticensis senescallus, de assensu utriusque partis, eandem compositionem manucepi et sigilli mei munimine in testimonium roboravi. Hujus compositionis fidejussores existunt : Gatho de Vicheriis, Philippus de Monte-Dulci, Ivo de Monte-Dulci, Raginaudus *Malnorri*, Robertus vicarius, Herbertus Salvagius, Odo *Neron*, Goffredus forestarius, Rogerius *Buignon*, Goffredus Ruffus. Qui omnes, si prenominati Guillelmus major et P[etrus] filius ejus vel suorum aliquis ab ista compositione vellent aliquando resilire, eam facerent firmiter observari. Actum est hoc anno gratie M° CC° VIII°, apud Nogentum, mense maio, ipsa die Inventionis Sancte-Crucis. »

(*Orig. en parch.*)

CCCLI.

Abandon du tiers de la dîme de Sancheville.

(1208.)

« R[aginaldus], Dei gratia, Carnotensis episcopus, omnibus presentes litteras inspecturis, in Domino salutem : Ad omnium noticiam volumus pervenire quod cum Willelmus *de Loyviller* laicus et Galterus frater ejus perciperent portionem in decima de Xanchevilla, videlicet terciam partem quarte partis tocius decime ejusdem loci, advertentes quod eam in salutis sue dispendium detinebant, eandem decime portionem Tyronensi monasterio, titulo perpetue elemosine, et omne jus quod in eadem decima habebant in nostra presentia libere contulerunt.

De duabus vero partibus prefate portionis ipsius decime ad prenominatum Willelmum, pro eo quod primogenitus erat, pertinentibus, in manu nostra resignatis, et de tercia postmodum ad Galterum pertinente, in manu nostra similiter resignata, abbatem investivimus Tyronensem, ad ipsorum peticionem, donationem illam ratam habentes et sigilli nostri munimine confirmantes. Actum Carnoti, anno gratie M° CC° VIII°. »

(Orig. en parch.)

CCCLII.

Acte pour la juridiction ecclésiastique de Gardais et du bourg de Tiron.

« Quod juridicio ecclesiastica in burgo Tyronii et apud Gardees est prebendariorum et non archidiaconi. »

(1212, août.)

« Henricus, Carnotensis archidiaconus, omnibus Christi fidelibus presentes litteras inspecturis, in Domino salutem : Noverint universi presentes pariter et futuri juridicionem ecclesiasticam quam tam in villa de Gardeis quam in burgo monachorum Tyronensium habemus ad nos temporaliter, quamdiu in partibus illis prebendam nostram habebimus, non de jure archidiaconatus Carnotensis, set de jure Capituli Carnotensis, pertinere ([1]). Quod ut memoriter habeatur, memorato Capitulo Carnotensi presentes dedimus litteras sigilli nostri munimine confirmatas. Datum anno gratie M° CC° XII°, mense augusto. »

(Fragment d'un *Cartulaire du XV° siècle du Chapitre de Notre-Dame de Chartres*, f° 22 r°.)

([1]) Cette reconnaissance, faite par l'archidiacre de Chartres, était d'une grande importance pour l'abbaye de Tiron, qui, consentant à peine à admettre la suprématie du Chapitre de Chartres, ne voulait en aucune manière être soumise à celle de l'archidiacre.

CCCLIII.

Sentence pour les dîmes de la ferme du Loir.

(1212/3, 7 mars.)

« Cunctis in Christo renatis officialis Carnotensis, in Christo salvatore salutem. Noveritis quod cum lis coram nobis mota esset inter magistrum Odoardum de Sancto-Albino, rectorem parrochialis ecclesie Sancti-Eustachii de Tiexlino, actorem ex una parte, et religiosos viros abbatem et conventum monasterii Tironensis et eorum firmarium sue domus de Ledo(¹), reos ex altera, super eo quod rector predictus exigebat a dicto firmario decimam omnium laborum et granorum que colligebat in terris sue firme predicte de Ledo et etiam decimam lanarum et quorumcumque animalium que in domo de Ledo nutriebat, et deci-

---

(¹) Le prieuré du Loir tirait son nom de la rivière du Loir qui autrefois prenait sa source à une fontaine située à mi-côte, au-dessous de la ferme dite aujourd'hui Abbaye du Loir. Cette fontaine, peu abondante, se perd au milieu de l'étang du Loir qui n'est plus lui-même qu'un marécage : jadis il était considérable, et les moines de Tiron attachaient un grand prix à sa possession, qu'ils faisaient remonter à une donation à eux faite en 1120 par Geoffroy, évêque de Chartres, et son frère Gosselin de Lèves. En 1475, ils soutinrent un long procès contre Charles d'Estouteville qui leur contestait la jouissance exclusive de l'étang.

Les sources du Loir sont maintenant dans la commune de Saint-Eman, à une fontaine située sur la place publique du village. On connaît la légende qui se rattache au déplacement de cette source. La fontaine, qui se trouvait en la ferme du Loir, au-dessus de l'étang des moines, appelé étang des Abeilles ou des Abbés, entretenait en même temps l'étang de Gâtine et formait un ruisseau faisant tourner un moulin placé au-dessous de ce dernier et appartenant au commencement du XVIIe siècle au duc de Sully. Il arriva, un hiver, que la chaussée de l'étang des Abbés se rompit, et le poisson de cet étang passa dans celui de la Gâtine. Les moines de Tiron demandèrent qu'on leur rendît le poisson qu'ils avaient perdu. Sully ne se refusa pas à satisfaire à cette réclamation, mais il pria les religieux de lui indiquer à quels signes il pourrait reconnaître leurs poissons. Les moines, joués par le seigneur, résolurent de se venger : ils parvinrent à faire tarir la source de l'étang des Abbés, si bien que le duc fut forcé d'abandonner son usine ; l'étang de Gâtine se dessécha peu à peu ; celui de Cernay, situé au-dessous disparut également, et la rivière du Loir, qui naissait de ces étangs, commence actuellement 16 à 20 kil. plus loin qu'autrefois.

mam fructuum quos in virgultis ipsius domus et territorii de Ledo colligebat, asserens hec que infra sue parrochie metas consistunt ad se spectare, et dicens quod licet religiosi ipsi Tironenses, in quantum terras laborare facerent suis sumptibus, ad hoc minime teneantur, nec etiam de animalibus suis et fructibus, si tamen ad firmam terra datur firmarius ipse tenebitur, ac pro hoc peteret duodecim minas bladi et totidem avene, et quinque agnos, unum vitulum, tres porcellos, sex ovium tonsuras et tres minotos fructuum, pomorum videlicet et pirorum. In contrarium ipse Tironenses abbas et conventus, pro ipso medietario et domo sua predicta de Ledo, ipse medietarius et firmarius dicerent ipsam domum, et ejus totum territorium et terras, et eorum firmarium ipsius domus predicte a decimationibus predictis ipso rectori solvendis liberos et immunes esse, immo ad se spectare, ad hocque se dicerent bonis largitionibus fulcitos esse. Tandem super hiis, libello oblato, positionibus et articulis hinc inde pluribus exhibitis, lite legitime contestata, juramentis solitis prestitis, testibus, litteris et aliis pluribus adjumentis ab utrisque partibus productis, attestationibus publicatis, dictis et allegatis atque propositis, que partes utreque dicere, allegare et proponere voluerunt, concluso in causa omnique ordine judiciario rite peracto, comparentibus coram nobis hac die in judicio partibus predictis, videlicet dicto magistro Odoardo, rectore predicto, pro se, et dictis reis, per magistrum Johannem *le Drouais*, procuratorem ab ipsis legitime constitutum, et nostram diffinitivam cum omni instantia requirentibus, quia nobis de jure dictorum religiosorum Tironensium legitime constitit atque constat, tam per litteras et testes quam per alia legitima documenta, ideo pronunciamus et declaramus per hanc nostram definitivam sententiam locum ipsum de Ledo, cum ejusdem terris, virgultis et ceteris pertinentiis, et toto territorio, et ejusdem loci ac territorii firmarium, a dictis decimationibus sive decimis laborum, granorum, lanarum, animalium et fructuum quibuscumque premissis, ipsi rectori Sancti-Eustachii de Tiexlino predicto solvendis, liberos et immunes esse, decimasque ipsas ad religiosos Tironenses spectare, et ideo ab impetitione ipsius actoris ipsos reos absolvimus in perpetuum, super hiis ipsi actori silentium imponentes. Unde, in horum testimonium, sigillum curie nostre officialatus hiis apponendum duximus. Acta sunt hec in ipsa curia nostra Carnotensi, nobis in ipsa pro tribunali sedentibus, die septima marcii, anno gracie millesimo ducentesimo duodecimo. »

(*Orig. en parch. — Copie sur papier* du XVe siècle.)

CCCLIV.

Don par Guillaume de Saint-Ouen au prieuré de Bacqueville.

(1213 circa.)

« Sciant omnes presentes et futuri quod ego Guillelmus de Sancto-Audoeno, miles, dedi et concessi Deo et Beate-Marie *de Bascheville* et monachis *de Tiron* ibidem Deo servientibus, in puram et perpetuam elemosinam, totam culturam que erat de meo dominio dicto Compagnia *des Busiques*, libere, quiete et pacifice possidendam, et sex denarios currentis monete quos Reginaldus de Petravilla solebat mihi annuatim reddere ad festum Omnium-Sanctorum, de quinque acris terre que sunt de feodo *de Harminville*, similiter libere, quiete et pacifice eisdem possidendos. Et hanc meam donationem predictis monachis ego et heredes mei garantizare tenemur. Et ut hoc firmum et stabile cunctis teneatur temporibus, presentem cartam sigilli mei munimine confirmavi. Testibus : Helia *Piefere* (¹), Gauffrido *Casuel*, sacerdotibus ; Guillelmo de Osovilla, Radulpho de Petravilla, militibus ; Guillelmo *Marcel*, Eustachio de Petravilla, clericis ; *Neel* de Osovilla, Ricardo de Buivilla, et aliis. »

(*Copie de* 1638 aux Arch. dép. de la Seine-Inférieure.)

(¹) Elie était le fils de Robert Piedfert que nous avons vu figurer comme témoin en 1193 (charte CCCXXXVIII). Le père et le fils sont encore témoins d'une charte octroyée en 1201 au prieuré de Bacqueville, charte que nous reproduisons ici, d'après une copie existant également aux Archives de la Seine-Inférieure : « *Cum ex dono concessorio meorum patrum, abbas et conventus de Tyronio et monachi apud Baschevillam commorantes haberent, perciperent et tenerent decimam de feodo meo de Bachovilla cum omnibus que ei pertinent, Noveritis me cum dictis religiosis contraxisse ut pro dicta decima*

CCCLV.

Accord entre l'abbaye et le Chapitre de Notre-Dame de Paris pour un terrain hors des murs de la ville.

« Compositio inter capitulum Parisiense et abbatem Tyronensem super
« quadam terra. »

(1214.)

« Universis presentes litteras inspecturis, Gaufridus, Tyronensis monasterii dictus abbas, et totus conventus, salutem in Domino. Notum facimus quod ecclesia Beate-Marie Parisiensis tenet quandam terram in valle Parisius, scilicet extra muros, que adhuc est in vineis, et infra muros, in qua jam vinee non sunt, et pro singulis arpennis tocius illius terre, reddit nobis, singulis annis, in festo sancti Remigii, duodecim denarios parisienses de censu capitali. Cum igitur dicta ecclesia Parisiensis terram illam que est infra muros, videlicet tres arpennos et dimidium et dimidium quarterium, pro quibus reddebat nobis annuatim, in prenominato festo, tres solidos septem denarios et obolum de censu capitali, vellet tradere ad domos edificandas, ne in posterum inter jamdictam ecclesiam et nos posset questio aliqua suboriri, pro bono pacis, talis inter nos pactio intervenit quod, salvo nobis censu supradicto de dicta terra, totus superexcrescens census erit ecclesie Pari-

centum solidos turonenses, videlicet duobus terminis, ad festum beati Clementis quinquaginta solidos et ad festum beati Mathie apostoli alios quinquaginta, quos ego et heredes mei, quolibet anno, monachis apud Baschevillam Deo servientibus im perpetuum reddere tenebimur; ita siquidem quod si ego aut heredes mei in solutione dicte pecunie dictis terminis, in toto vel in parte defecerimus, dicti monachi ad dictam decimam, prout solebant, redire poterunt absolute, isto contractu minime impediente. Et ut hoc firmum et inconcussum in perpetuum permaneat, presentem cartam sigilli mei impressione confirmavi. His testibus : Gaufrido presbitero, Rainaldo de Petravilla, Roberto de Tierravilla, Roberto Casuel, Gaufrido Malla, Roberto Pieferre et Elia filio ejus, Renaldo Herre, Alveredo Drapier, et aliis pluribus. Data apud Baschevillam, anno ab incarnatione Domini M° CC° I°. »

siensis; proventus vero de venditionibus, sive de forisfactis, sive de furno, sive justiciis, sive de quocumque alio quod provenerit, per medium inter prenominatam ecclesiam et nos penitus dividentur. Et ad hec fideliter et communiter exequenda et justiciam faciendam, memorata ecclesia majorem suum, et nos majorem nostrum habebimus, qui jurabunt quod omnia supradicta, tam pro sepedicta ecclesia quam pro nobis, fideliter exequentur. Hoc tamen addito quod si quis hospes vel hospites, statuto termino, superexcrescentem censum eidem ecclesie, aut ei vel eis qui per eandem ecclesiam jamdictam terram tenuerint, non redderent, licebit eidem ecclesie, vel eis qui nomine ipsius sepedictam terram tenuerint, quolibet irrequisito, plenariam super hoc justiciam exercere, salvo nichilominus nobis censu capitali quem debet nobis eadem ecclesia pro terra illa que extra muros est, videlicet quatuor solidis et quatuor denariis et obolo. Quod ut stabile sit et perpetua vigeat firmitate, presentes litteras annotari et sigilli nostri appositione fecimus confirmari. Actum anno gratie M CC XIIII°. »

(*Cart. de Notre-Dame de Paris*, t. I, p. 368.)

CCCLVI.

Transaction entre Jean de Montigny et le prieuré de Bouche-d'Aigre pour les eaux du Loir et les bois de la Queue-Gannelon.

(1220, juin.)

« Universis sancte matris ecclesie filiis, ego Johannes, dominus de Montiniaco, notum fieri volo quod cum contentio esset inter me ex una parte, abbatem et conventum *de Tiron*, priorem et conventum de Bucca-Eugrie et monachos Tironenses apud Capellam-*Viconteisse* commorantes ex altera, super quamdam aquam apud Buccam-Eugrie videlicet aquam Ledi, et super quodam nemore apud Capellam-*Vicontesse* quod dicitur Gauda-Canelonis, in quibus jus reclamabam, de quibus etiam cartas a me et ab antecessoribus meis dicti monachi habebant, a multis cognita rei veritate, illud quod in supradictis reclamabam de jure reclamare non poteram, habito bonorum virorum et amicorum consilio, res sopita est in hunc modum : Ego Johannes, divino spiritu inspirante, pro salute anime mee atque antecessorum meorum, assensu et voluntate Matildis, uxoris mee, domini Gaufridi fratris mei, filiorum meorum Hugonis et Johannis, et filiarum mearum Margarite, Adelicie, Heloise, dono Deo et ecclesie Sancti-Salvatoris de Tironio et ecclesie beatorum martirum Johannis et Pauli de Bucca-Eugrie, et hac presenti carta mea confirmo ea que supra dicebamus, sicut metata sunt a metis positis subter vadum de Chalolis usque ad metas subter nova eorum molendina coram me a priore et conventu de Bucca-Eugrie et multis aliis positas, quomodocumque dicta aqua se extendat vel effluat, ita libere et quiete in posterum possidenda sicut ego ipse eam libere et quiete possidebam, ad usus et consuetudines rivarie dicti Ledi..... Item etiam terram predictorum nemorum adjacentem, de quibus videlicet terra et nemore inter me et ipsos contentio erat, in quibus nil juris habebam, concedo et quitto..... ad faciendum in eis et de eis quicquid voluerint. Actum apud Montiniacum, in aula mea, anno gratie M° CC° vigesimo, die dominica proxima ante festum Johannis-Baptiste. »

(*Copie aux Archives du château du Bouchet.*)

CCCLVII.

« *Lettre de* c *sols de rente sur la prévosté de Chartres.* »

(1221, juin.)

« Ego Isabellis, comitissa Carnotensis et domina Ambazie, notum facio universis tam presentibus quam futuris presentes litteras inspecturis quod ego, pro salute anime mee et nobilis viri Sulpicii Ambazie, mariti mei quondam bone memorie, et pro anniversariis nostris faciendis et etiam pro salute omnium antecessorum meorum, dedi et concessi ecclesie Sancti-Salvatoris *de Tyron* et monachis ibidem Deo servientibus centum solidos carnotenses, quos eis assignavi in prepositura mea Carnotensi, in puram, liberam, quietam et perpetuam elemosinam, per manum prepositi qui pro tempore erit, ad Natale Domini annuatim percipiendas. Et ut hec donatio mea et elemosinacio per successum temporis nequeat in irritum revocari, presentes litteras eisdem dedi sigilli mei munimine roboratas. Actum anno gratie millesimo ducentesimo vicesimo primo, mense junio. »

(*Orig. en parch.* — *Vidimus en parch. de* 1380.)

CCCLVIII.

Erection de l'abbaye d'Arcisses.

(1225, 8 sept.)

« In nomine sancte et individue Trinitatis, nos Guillelmus, Dei gratia, Cathalaunensis episcopus et comes Pertici, inspirante domino nostro Jesu-Christo et gloriosa Virgine matre ejus, saluti anime mee et antecessorum nostrorum providere cupientes, in loco qui dicitur *Arcisses*, quem dilecti in Christo abbas et conventus Tironensis cum omnibus pertinentiis suis, nobis liberaliter contulerunt, quamdam abbatiam in honore genitricis Dei virginis Marie sub abbatia Sancti-Salvatoris de Tironio, ejusdem ordinis, pia intentione statuimus, de redditibus nostris, possessionibus et bonis aliis, in presenti seculo nobis a Deo collatis, fundare et edificare intendimus et dotare, ea que inferius exprimentur, dicte abbatie et monachis ibidem Deo servientibus, tam in terris quam nemoribus, molendinis, bladis, vineis, stagnis, pratis, redditibus et rebus aliis, in puram elemosinam, libere et quiete, pacifice et absolute concedentes, conferentes im perpetuum et in hunc modum assignantes, videlicet omnia molendina nostra de Rivereyo tam ad bladum quam ad tanium, ita quod nos, nec heredes nostri, nec illi qui castellaniam de Rivereyo tenerent, in tota castellania de Rivereyo alia poterunt de cetero construere molendina, nec in eisdem aliquid reclamare; sed dicti monachi ejusdem abbatie modis omnibus dicta molendina sine contradictione aliqua meliorare et augmentare poterunt, prout utilitati sue potius viderint expedire. Dedimus et concessimus apud Rivereyum quinque arpenta vinearum nostrarum, et quoddam arpentum apud Nogentum, quod comparavimus de Thoma *Bouvet*. Dedimus et concessimus omnia prata nostra, que habebamus apud Condeiam, et quandam partem pratorum nostrorum, quam habebamus apud Tilliam, videlicet omnia prata que nuncupantur *de la Resac*. Dedimus etiam et concessimus apud Marchesvillam tres carrucatas terre contigue, ita quod illi qui excolent illas terras in nostris nemoribus de Marchesvilla usuarium suum habebunt libere et quiete, videlicet nemus vivum ad herbagium et nemus mortuum ad calefaciendum, et pessonem porcorum suorum, et pasturam aliorum animalium suorum, ibidem in domibus suis nutritorum. Dedimus et concessimus totam emptionem quam fecimus ab Odone de Ulmo et heredibus suis apud Nongentum, videlicet hebergamentum, virgulta, terras, redditus, molendina et omnes res ad camdem emptionem pertinentes, cum omni libertate et immunitate qua prius tenebamus. Dedimus et concessimus stagnum de Bernellis cum omni libertate qua ipsum tenebamus, ita quod ibidem facere poterunt et construere quicquid prius ibidem facere et construere poteramus. Dedimus et concessimus medietatem nemoris nostri de Maurisylva, nobis in eodem continentem quod quidquid monachi quondam in eodem nemore habebant in nostra parte de cetero non haberent. Dedimus et concessimus in foresta nostra *de Perchet* decem quercus ad valorem decem librarum ad usum vinearum suarum annuatim et domorum, et si forte grossum nemus aliquo tempore deficere contigerit, de alio nemore quod ibidem erit et de meliori percipere poterunt annuatim usque ad valorem decem librarum annuatim, et si capere noluerint ille qui tenebit dictam forestam, quisquis sit, loco supradicti nemoris, supradictis x libras communis monete perticensis reddere tenebitur annuatim. Volumus etiam quod supradicta abbatia et illius monachi omnia supradicta, sicut divisa sunt in diversis locis, libere, quiete, pacifice et absolute im perpetuum teneant et possideant, cum eadem libertate et immunitate, qua nos et antecessores nostri quondam tenuimus et possedimus. Quod ut ratum et stabile im perpetuum maneat, presentem paginam sigilli nostri munimine roboravimus. Actum apud Thironium, anno gratie millesimo ducentensimo vigesimo quinto, mense septembri, die Nativitatis beate Marie Virginis. »

(*Orig. en parch. — Gallia Christiana*, t. VIII.)

CCCLIX.

Confirmation des biens du prieuré de Montaillé.

« De Monte-Allerii. »

(1225.)

« Omnibus presentes litteras inspecturis Hamelinus, dominus Milicie, miles, salutem in Domino : Ne rem gestam enervet oblivio, poni debet in lingua testium scriptorumque memorie commendari : Eapropter universitati vestre notum facio quod ego, divini amoris intuitu et pro anime mee et successorum et antecessorum, parentum et amicorum meorum salute, dono, concedo et confirmo, in puram et perpetuam elemosinam, ab omni exactione et ab omni justicia et ab omni seculari consuetudine liberam et immunem, domui de Monte-Allerii et monachis Sancte-Trinitatis *de Tiron* ibidem Deo servientibus, omnes res, homines, possessiones et elemosinas quas bone memorie Albericus avus meus et Theophania ejus uxor et alii antecessores mei dicte domui pia liberalitate contulerunt, videlicet terram de Monte-Allerii et homines in eadem terra manentes, et duas plateas apud Domnum-Frontonem liberas et immunes, et justam decimam duorum molendinorum qui sunt apud Novam-Villam-super-Sartam, de qua dicti monachi duas partes antea percipiebant. Terciam vero partem monnagii quam emi a molendinariis qui in dictis molendinis habebant feodum dono in puram et perpetuam elemosinam monachis supradictis, et decimam anguillarum et tocius piscature dictorum molendinorum, et decimam molendinorum de Milecia si forte reedificata fuerint, et tocius piscature eorumdem molendinorum sicut antiquitus eam pacifice percipere consueverunt. Tenentur eciam jurare molendinarii predictorum molendinorum quod predictam decimam dictis monachis fideliter conservabunt. Concedo insuper dictis monachis decimam furni de Milecia et decimam furni de Domno-Fronte, et sex denarios cenomannenses censuales quos in masura Richardi de Fossa percipere solebant, et tres minatas terre apud Sanctum-Audoenum. Confirmo insuper eisdem monachis omnes elemosinas quas Hugo de Cella et omnes antecessores ejus dicte domui contulerunt vel de cetero conferent, et quicquid alii vavassores mei sepedicte domui caritative conferre voluerint in elemosinam, Domino inspirante. Quod ut ratum et stabile perseveret in posterum, presenti scripto sigilli nostri robur apposui et munimen. Actum anno gratie M^{mo} CC^o vicesimo quinto. »

(*Cart. de Tiron*, f° 59 v°. — Écriture du XVIe siècle.)

CCCLX.

Confirmation de cinq sous sur la censive de Brimont.

(1225.)

« Omnibus presentes litteras inspecturis, ego Willelmus de Villereio ([1]), miles, salutem in Domino: Noverit universitas vestra quod ego concedo, laudo et approbo elemosinam quinque solidorum quam fecit, pro salute anime sue, dominus Willelmus de Bruereia abbati et conventui *de Tyron*, in censiva *de Bertimont* ([2]), que de feodo meo esse dignoscitur, quam tenet Renoldus *Polein*. Quod ut ratum sit, presentes litteras feci annotari, et sigilli mei appositione in testimonium et munimen annotavi. Datum anno gratie M^o CC^o XX° V^o. »

(*Orig. en parch.*)

([1]) La famille de Villeray était dès longtemps puissante dans le Perche. Vers 1105, Hervé de Villeray, surnommé Malfait donna, du consentement de sa femme Marie, fille de Guillaume de Bruyère, au prieuré de Saint-Denis de Nogent, la moitié de l'église de Verrières. Aimery de Villeray était gouverneur de Bellême au nom de Guillaume Talvas, lorsque cette place fut prise par le comte Rotrou en 1113.

([2]) En 1384, Etienne Guillier, abbé de Tiron, reconnaît avoir reçu du seigneur de Brimont 10 sous tournois de rente que celui-ci devait à l'abbaye à cause de son manoir de Brimont.

CCCLXI.

Accord entre l'évêque du Mans et l'abbé de Tiron pour l'élection de l'abbé de la Pelice.

(1231, 2 juill.)

« Universis presentes litteras inspecturis, Theobaldus, humilis abbas Tironensis monasterii, salutem in Domino : Noveritis quod, cum in abbatia de Pellicia, Cenomannensis dyocesis, viduata pastore, die ad eligendum prefixa convenissemus, nos et venerabilis pater Mauricius, Cenomannensis episcopus, et super quibusdam litteris, ex parte dicti episcopi ostensis, continentibus quamdam ordinationem seu concessionem, olim factam inter bone memorie Hamelinum, predecessorem episcopi memorati, et decanum et capitulum Cenomannense, ex una parte, et nos et conventum nostrum, ex altera, sigillatis sigillo predicti conventus, orta fuisset dissentio, ad quem vel ad quos, videlicet ad nos, vel dictum episcopum, vel conventum de Pellicia, vel omnes insimul, pertineret electio abbatis in monasterio de Pellicia supradicto : tandem, de bono pacis, nos et dicti episcopus et conventus monasterii de Pellicia convenimus in hunc modum, quod, hac vice, tam nos quam episcopus supradictus intererimus electioni, et conventus de Pellicia nominabit unum de monachis suis qui tertius nobiscum intererit electioni, ita quod nos tres providemus hac vice dicte abbatie de Pellicia de pastore. In futurum autem ita concessum est et concordatum inter nos, quod nos nominavimus unum, videlicet magistrum Henricum, archidiaconum Blesensem ; dictus vero episcopus nominavit alium, scilicet fratrem Henricum *Brisoul*, ordinis fratrum Predicatorum, conventus vero de Pellicia nominavit tertium, scilicet magistrum Hamericum, archidiaconum ecclesie Parisiensis : qui tres debent convenire Parisius, et interpretabuntur litteras supradictas, ita quod secundum eorum interpretationem fient electiones abbatum in posterum, in monasterio de Pellicia memorato. Si autem aliquis predictorum trium nominatorum nollet vel non posset faciende interpretationi personaliter interesse, pars illa que ipsum nominavit loco ejus alium nominabit, ut secundum formam predictam ad interpretationem predictarum litterarum nichilominus procedat. Porro si, antequam per predictos nominatos tres facta fuerit dictarum interpretatio litterarum, interim electio abbatis est in dicto monasterio de Pellicia facienda, fiet dicta electio juxta formam hac vice servatam, ita quod episcopus Cenomannensis vel alius destinatus ab eo electioni intererit faciende ; similiter et nos vel alius destinatus a nobis vel a conventu nostro, si monasterium nostrum tunc pastore vacaret ; similiter autem, si Cenomannensis ecclesia tunc vacaret pastore, decanus et capitulum ejusdem ecclesie, locum sui, aliquem destinabunt, qui jamdicte electioni intererit celebrande ; conventus vero de Pellicia nominabit tertium. Et illi tres dicto monasterio de Pellicia de pastore idoneo providebunt, salvo per omnia jure episcopi Cenomannensis circa examinationem et confirmationem electi. Promisimus autem et concessimus nos curaturos et facturos, quod conventus noster compositionem istam ratam et firmam habebit, et eam sigilli sui munimine roborabit. Quod ut ratum et stabile perseveret, presentes litteras sigillo nostro duximus roborandas. Datum anno Domini M° CC° tricesimo primo, die mercurii infra octabas beatorum apostolorum Petri et Pauli. »

(*Liber Albus capituli Cenomannensis*, n° 98.)

CCCLXII.

Accord entre l'abbaye et Pierre de Trôo pour l'usage des bois de Puits-Sac.

(1233, août.)

« Universis ad quos littere presentes pervenerint, Petrus de Troio, miles, salutem in Domino : Scire volumus universos quod cum verteretur contentio inter nos et homines nostros ex una parte et venerabiles viros abbatem et conventum de Tyronio ex altera, super usuagio nemorum de Puteo-Sacci, in quibus petebamus mortuum nemus, brueriam, fugeriam (¹) et herbagium usualiter, tandem, post multas altercationes, dicta contencio sopita fuit in hunc modum, quod nos et homines nostri, inquisita veritate et audita a legalibus viris patrie et antiquioribus, habito virorum prudencium consilio, dictum usuagium dictis abbati et conventui, excepta tamen communione herbagii post quartum folium de cetero in perpetuum quitavimus. Et tam nos quam omnes homines nostri, pro bono pacis, de assensu et voluntate Gile uxoris nostre et Hugonis primogeniti nostri et aliorum puerorum nostrorum, videlicet Petri, Mathei et Gaufridi, pro remedio animarum nostrarum, salva tamen dicta communione herbagii post quartum folium, quicquid juris habebamus vel habere poteramus in dictis nemoribus dictis abbati et conventui in perpetuam elemosinam contulimus, nichil juris nobis vel heredibus nostris preter dictam communionem herbagii in dictis nemoribus vel in aliis nemoribus de Yronio (²) dictorum abbatis et conventus penitus retinentes. In cujus rei testimonium, presentes litteras annotari fecimus, et eisdem abbati et conventui sigilli nostri munimine roboratas dedimus. Actum anno Domini millesimo ducentesimo tricesimo tercio, mense augusti. »

(*Orig. en parch.*)

CCCLXIII.

Abandon par le sénéchal du Perche d'un palefroi qu'il prétendait lui être dû à chaque nouvelle élection d'abbé.

(1234, juin.)

« Garinus Capreoli, miles, senescallus Pertici, universis presentes litteras inspecturis, salutem in Domino : Scire volumus universis quod

---

(¹) On exploitait au XIIIe siècle la bruyère et la fougère, tellement que nous voyons mentionner dans plusieurs chartes la dîme de ces plantes. En 1247, Guillaume, évêque d'Avranches, déclare que le vicaire de Brécei aurait la dîme du foin et des bruyères, et que celle du chanvre appartiendrait à l'abbé de Savigné.

(²) *Sic*, sans doute pour *Tyronio*.

cum nos a Gervasio, Dei gratia, tunc temporis abbate, et conventu de Tyronio quemdam palefridum peteremus, dicentes quod quotienscumque de novo in ecclesia de Tyronio eligitur abbas et instituitur, nobis et heredibus nostris successive quidam palefridus (1) ab abbate et conventu ejusdem loci debetur, et hac ratione illum ab eisdem peteremus, asserentes etiam quod predecessores nostri huc usque similiter habuerunt, habito prudentum virorum consilio, facta inquisitione a discretis et antiquioribus hominibus terre nostre et etiam tocius patrie super jure nostro dicti palefridi, quod nullum invenimus, audita veritate et intellecta, Deum habentes pre oculis, dictos abbatem et conventum a peticione dicti palefridi absolvimus, et de assensu et voluntate Beatricis uxoris nostre et Gaufridi primogeniti et Huberti filiorum et aliorum heredum nostrorum, a dicto palefrido abbatiam de Tyronio in perpetuum quitavimus. Et si quid juris nos et heredes nostri in dicto palefrido vel in petitione dicti palefridi et aliorum palefridorum processu temporis habeamus abbati et conventui de Tyronio de cetero in perpetuam elemosinam concedimus et donamus. Et sciendum est quod nos ab eorum hominibus charretium vel biennium vel corveiam feodaliter exigere non valemus, cum nullum jus in istis penitus habeamus, et ita nos vel successores nostri in supradictis nichil poterimus reclamare. Hanc autem donationem et concessionem firmiter tenendam et fideliter observandam dicti Gaufridus et Hubertus, fide corporis prestita, concesserunt. In cujus rei testimonium et memoriam, presentes litteras fecimus annotari et eisdem abbati et conventui dedimus, sigilli nostri munimine roboratas. Datum anno Domini millesimo ducentesimo tricesimo quarto, mense junio. »

(*Orig. en parch.*)

(1) La plupart des abbayes, au XIIe siècle, possédaient de véritables haras. Elles avaient en effet besoin d'un nombre assez considérable de bons chevaux : elles étaient à la tête d'exploitations agricoles fort importantes ; à cause des fiefs qu'elles tenaient, elles devaient fournir des hommes d'armes quand le roi semonçait ses chevaliers. Enfin c'était un usage assez général de récompenser la générosité des bienfaiteurs en leur offrant une monture.

CCCLXIV.

Don par Hugues de Tercé d'une pièce de bois taillis.

(1235, avril.)

« Universis presentes litteras inspecturis, Guillermus, de Terceio dominus, miles, salutem in Domino : Noverit universitas vestra me concessisse et approbasse elemosinam quod Hugo de Terceio, miles, dedit ecclesie Tyronensi, assensu uxoris sue et filiorum suorum, videlicet de quadam petia talliarum sita infra nemus canonicorum Carnotensium ex una parte et infra tallias Wuillelmi de Terceio, militis, avunculi mei, et nemus *aus Aguilloneis* ex altera, que pecia est inter noas furcas, contigua terre monachorum Tyronensium, hoc addito quod nichil juris aut feodi in dicta et prefata elemosina amodo ego aut heredes mei poterimus reclamare preter orationes ecclesie supradicte. Et quoniam hec elemosina movet de feodo meo, ego, ad peticionem dicti Hugonis militis et domine Marthe uxoris sue et Gaufridi primogeniti sui et aliorum filiorum suorum, Guillelmi, Roberti et Johannis, cartam presentem sigilli mei munimine roboravi in hujus rei testimonium et munimen. Auctum anno gratie M° CC° XXX° quinto, mense aprili. »

(*Orig. en parch.*)

CCCLXV.

Don de rentes au prieuré de Montargis.

(1236.)

« Universis matris ecclesie filiis presens scriptum inspecturis, Radulfus *de Wigetot,* frater Hugonis militis, domini de *Wigetot,* salutem : Noverit universitas vestra me, divine pietatis intuitu et pro salute anime mee et antecessorum meorum, dedisse et in perpetuum concessisse ecclesie Sancti-Antonini martiris de Monte-Hargis (¹) et monachis ibidem Deo servientibus II⁰ˢ panes et II⁰ˢ capones (²) annui redditus ad Natale Domini, et duos solidos usualis monete ad Carnicapium, et duos panes et xx^{ti} ova ad Pascha, percipiendos et habendos annuatim sibi et successoribus suis, in Matheo filio Ricardi *Durant*, salvis tamen mihi et heredibus meis hommagio, serviciis et auxiliis hommagio pertinentibus, que dictus Matheus et heredes sui mihi et meis heredibus facient. Sciendum est autem quod licebit dictis monachis et successoribus eorumdem facere justiciam suam in feodo quod dictus Matheus et heredes sui tenent de me nisi predictus redditus ad prefatos terminos persolvatur. Quod ut ratum et stabile permaneat, et ut ego Radulfus et heredes mei dicte ecclesie et dictis monachis dictum redditum garantizare vel si necesse fuerit valore ad valorem escambiare teneamur, presenti scripto et sigilli mei testimonio confirmavi. Sciendum etiam preterea quod dicti monachi,

---

(¹) Au XVIIᵉ siècle, Olivier le Crès, prieur de Montargis, rédigea la note suivante, qui donne des renseignements précieux sur ce bénéfice de l'abbaye de Tiron : « *In ducatus Normanie medio, tractus est qui Algia dicitur, cujus inter alia feracissima Corboni pascua celebrantur, ubi olim fretum fuisse creditur ab incolarum vulgo, tum propter vernaculorum quibusdam vicinis impositorum locis nominum significationem, tum quia de fossa ad duos aut tres pedes terra que alluvionibus ad eam quam nunc videmus altitudinem excrevisse et coaluisse putatur, arena marina, variis scilicet cochlearum testis et fragmentis composita reperitur; quin etiam instrumenta navium, ut antennæ et majores anchoræ, ibi a fodientibus non semel detecta sunt. Alluit tres campos fluvius, minimis tantum navigiis capax, nomine Diva, qui ad parvum portum Cognominem se exonerat in Oceanum. Numerantur hinc Lexovios tres, Pont-Episcopum quæ tractus caput est et præfecturæ sedes quinque, Cadomum septem circiter passuum millia. Ex hac amplissima et fœcundissima valle exurgit paulatim versus orientem non mediocris collis, cujus cacumen vocatur Montargis, cujus prospectu non est forsan alter, tota in Neustria, qui sit undique liberior longiusque protendatur. Ibi sedes et prioratus sub titulo Sancti-Antonini de Monteargis; cujus situs est in territorio parœciæ, ut vocant districtus, et exemptionis Cameraci, quod diocœsis Bajocensis legibus astrictum est, licet reliqua pars dicti tractus Algiæ diœcesi Lexoviensi subjecta sit. Vetus est loci fama conventum ibi fuisse olim monachorum, nec parum huic opinioni conveniunt vestigia quædam, multisque prærogativis, dignitatibus et redditibus domum hanc tunc gaudere, quæ postea, temporum injuria, præfectorum sive titularium absentia, procuratorum negligentia, colonorum avaritia, vicinorum usurpationi permisit.* »

(²) Les menues rentes en chapons, assez communes au Moyen-Age, se payaient toujours à Noël, comme les rentes en œufs à Pâques.

cognito et audito obitu meo et etiam uxoris mee, obitum prefatum debent renuntiare Tyronensi ecclesie, et abbas et conventus ibi Deo servientes missam et obsequium pro defunctis, pro salute anime mee et uxoris mee, prout de confratribus suis celebrabunt. Actum anno Domini M° CC° XXX° VI. »

(*Orig. en parch.*)

CCCLXVI.

Abandon par les religieux du Gué-de-l'Aunay de toute prétention sur la dîme de Thouignet.

(1236.)

« Universis presentes litteras inspecturis, frater G[arinus], humilis abbas de Vado-Alneti, totusque conventus ejusdem loci, eternam in Domino salutem : Noveritis quod nos, ad peticionem capituli beatissimi Juliani Cenomanensis, donavimus eidem capitulo presentes litteras, sigillorum nostrorum munimine roboratas, quod nos in illa decima sua *de Thouignet*, quam tradidit fratri Patricio, monacho nostro, tunc temporis priori de Sancto-Anthonio ([1]), habendam et possidendam, quamdiu vixerit vel quamdiu prioratum dicti loci teneret, pro centum solidis turonensibus annuatim infra octabas Nativitatis Domini persolvendis, nichil ante mortem vel post mortem ipsius Patricii reclamabimus, sed, post mortem ipsius, vel si quoquo modo dictum prioratum relinquerit vel deficerit, volumus et concedimus quod dicta decima, ex parte nostra immunis, libera ad capitulum sepius nominatum revertatur. Actum anno Domini M° CC° tricesimo sexto. »

(*Liber Albus capituli Cenomannensis*, n° 590.)

([1]) Le prieuré de Saint-Antoine, relevant de l'abbaye du Gué-de-Launay, avait été fondé, dès le milieu du XIIe siècle, sur les confins de la forêt de Montmirail.

CCCLXVII.

Accord pour les cens dus à l'abbaye sur les maisons des rues de Tiron et du Roi-de-Sicile, à Paris.

(1236/7, mars.)

« Universis presentes litteras inspecturis, officialis curie Parisiensis, salutem in Domino : Notum facimus quod, in nostra presencia constitutus,..... de Sansiaco, presbiter, capellanus perpetuus in ecclesia Parisiensi, asseruit quod ipse, de quatuor libris et quindecim solidis parisinis quas obtinet ultra..... in censivis..... vico de Tyronio (¹)..... videlicet super domibus que quondam fuerunt Simonis *Soluche* et Thome dicti *Pinervel*..... ac religiosis viris abbati et conventui monasterii Tironensis et eorum ecclesie viginti et octo solidos parisinos annui redditus supra quibusdam domibus suis in predicto vico de Tironio et juxta finem ipsius vici in vico qui vulgariter appellatur vicus Regis-Sicilie (²), videlicet supra domo que quondam fuit defuncti Girardi Furnerii tresdecim solidos parisinos; item super domo Mauricii *Fiecque* et domo que quondam fuit dicti Girardi dicti *de la Roèle* undecim solidos et quatuor denarios parisinos, et supra quamdam domum que est juxta finem predicti vici de Tironio, in predicto vico dicti Regis-Sicilie, tres solidos et octo denarios parisinos, percipiendos et habendos singulis annis in posterum a predictis religiosis eorumque successoribus supra

---

(¹) Les historiens de la ville de Paris reconnaissent que cette rue était bordée de maisons dès 1250 ; mais ils croient qu'elle ne reçut son nom qu'en 1270 : nous voyons qu'il faut faire remonter beaucoup plus haut sa dénomination. La rue de Tiron acquit une triste célébrité pendant les guerres des Armagnacs et des Bourguignons. Le 12 juin 1418, plus de soixante Armagnacs y furent massacrés par les Cabochiens.

(²) On attribue la dénomination de cette rue au palais qu'y possédait Charles d'Anjou, frère de saint Louis, couronné roi de Naples et de Sicile en 1266, et on a toujours dit qu'elle ne reçut ce nom qu'après la mort de saint Louis. On voit par notre charte que c'est là une erreur, puisque la *rue du Roi-de-Sicile* existait plus de trente ans avant le couronnement de Charles d'Anjou. Le palais du frère de saint Louis est aujourd'hui la prison de la Force.

domibus predictis, terminis Parisiis consuetis. Et promisit dictus presbiter, fide in manu prestita corporali, quod contra collationem hujusmodi per se vel per alium non veniet in futurum; quinimo dictos viginti quinque solidos parisinos annui redditus ipsis religiosis eorumque successoribus..... et consuetudines parisienses, quotienscumque locus fuerit..... In cujus rei testimonium, ad petitionem dicti presbiteri, sigillum curie Parisiensis presentibus litteris duximus apponendum. Datum anno Domini millesimo ducentesimo trigesimo sexto, die mercurii ante dominicam qua cantatur Lætare. »

(*Copie sur papier de* 1728.)

CCCLXVIII.

Bref du pape Grégoire IX confirmant à l'abbé de Tiron le droit de coërcition sur ses moines, toute appellation cessant.

« De his qui frivole appellationis obstaculum interponunt ut regularem effugiant disciplinam. »

(1238, 11 mai.)

« Gregorius episcopus, servus servorum Dei, dilecto filio abbati monasterii Tyronensis, Carnotensis diocesis, salutem et apostolicam benedictionem : Exhibita nobis tua petitio continebat quod quidam monasterii tui monachi, ut tuam correctionem evitent et regularem effugiant disciplinam, frivole appellationis obstaculum sepius interponunt. Cum igitur appellationis remedium non ad malignantium diffugium, sed oppressorum suffragium sit inventum, discretioni tue presentium auctoritate concedimus ut, non obstante frivole appellationis obstaculo, in corrigendis tuorum subditorum excessibus libere officium debitum exequaris. Datum Laterani, v idus maii, pontificatus nostri anno duodecimo. »

(*Orig. en parch.*)

CCCLXIX.

Accord entre les abbayes de Tiron et de Saint-Victor de Paris pour trois deniers de cens dus par les religieux de Saint-Victor.

(1239, 23 mai.)

« Omnibus presentes litteras inspecturis, frater R[adulfus], dominus abbas Sancti-Victoris Parisiensis, et ejusdem loci conventus, salutem et orationes : Noverit universitas vestra quod cum contentio verteretur inter nos ex una parte et abbatem et conventum Tyronensis monasterii ex altera, super tribus denariis censualibus, quos debebamus eisdem de platea ante portam ecclesie nostre, ut dicebamus, sed, ut ipsi dicebant, de terra ubi quondam fuit nostrum torcular infra muros Parisienses juxta portam que ducit ad ecclesiam nostram (¹); et preterea quod dicti abbas et conventus volebant ut nos poneremus extra manum nostram terram quam dominus de Roya ab heredibus Simonis *Lapostojel* emerat et ecclesie nostre in elemosinam contulerat, ut dicebamus, in qua terra dicti abbas et conventus habebant, ut dicebant, sex denarios capitalis census : tandem inter nos et ipsos facta est amicabilis compositio, ita quod dicti abbas et conventus quittaverunt nobis in perpetuum predictos novem denarios, cum omni jure et dominio quod ibi habebant vel habere poterant, nihil sibi in posterum retinentes, excepto quod retinuerant sibi altam justitiam quam ibidem de dono domini Regis asserunt se habere. Nos vero pro quittatione predicti census dedimus et concessimus dictis abbati et conventui novem denarios censuales in tribus quarteriis terre site juxta ripam Secane, prope ecclesiam novam Sancti-Nicholai (²), quam videlicet terram Rogerius *Navet* a nobis tenebat pro

---

(¹) Cette porte est celle dite de *Saint-Victor*, qui avait été construite vers l'année 1200 pour faire partie des murs de clôture de Philippe-Auguste. Rebâtie en 1570, elle fut abattue en 1684.

(²) La date de la fondation de l'église de Saint-Nicolas-du-Chardonnet a toujours été fort débattue. L'abbé Lebeuf, d'après un titre du Cartulaire de l'église de Notre-Dame de Paris, dit que cette église n'était pas encore bâtie en 1243, puisque le titre porte qu'on

dictis novem denariis, quos dictis abbati et conventui quittavimus, cum omni jure et dominio quod ibidem habebamus vel habere poteramus, nichil nobis in posterum retinentes. Nos autem et predicti abbas et conventus ad invicem super censu et fundo utriusque escambii rectam in perpetuum garentisiam tenebimur portare. Quod ut ratum permaneat in posterum, presentes litteras eisdem dedimus, sigillorum nostrorum munimine roboratas. Actum anno Domini millesimo ducentesimo tricesimo nono, in crastino octave Pentecostes. »

(*Copie sur papier* de 1728.)

CCCLXX.

Don par Guillaume de Tercé de dix sous de rente sur la métairie de Coutretot.

(1239/40, 9 févr.)

« Universis presentes litteras inspecturis, Guillelmus de Terceyo, dictus *Percheron*, miles, salutem in Domino : Noverint universi quod ego, in subsidium Terre-Sancte cupiens proficisci, dedi et concessi abbati et conventui de Tironio, pro redemptione anime mee et antecessorum meorum, decem solidos annui redditus, quos decem solidos assignavi in medietaria mea *de Cortestout*, singulis annis, post decessum meum, in festo beati Remigii, dictis abbati et conventui vel eorum mandato, per manum [ejus] qui dictam medietariam tenebit, percipiendos im perpetuum et habendos; ita quod heredes mei vel ille ad quem dicta medietaria devenerit, si elemosinam vel assignationem dictorum decem solidorum non concesserint, decem libras turonenses dictis abbati et conventui reddere tenebuntur ; solutis autem dictis decem libris dictis abbati et conventui vel eorum mandato illi qui dictam medietariam tenuerint a dictis decem solidis reddendis liberi erunt et immunes. Meum autem anniversarium et mee uxoris, post decessum nostrum,

devait en aligner les fondements le long de la rivière de Bièvre. On voit par notre charte que la fondation de Saint-Nicolas remonte au moins à 1239.

dicti monachi Tironenses facere tenebuntur. Quod ut ratum et firmum permaneat, presentes litteras sigilli mei munimine confirmavi. Actum anno gratie M° CC° XXX° nono, in octabis Purificationis sancte Marie Virginis. »

(*Copie sur papier* du XV° siècle.)

CCCLXXI.

Abandon au prieuré de Montargis d'une rente due par Simon Chantecler.

(1241.)

« Notum sit omnibus presentibus et futuris quod ego Radulphus *de Wiguetot*(1) dedi et quitavi, pro salute anime mee et antecessorum meorum, monachis apud Montem-Hargis habitantibus totum redditum et totum servitium quod mihi faciebat et reddebat Symon *Chantecler* pro quadam acra prati quam de me tenebat, sitam apud *Wiguetot* inter pratum Willelmi *de Morteingne* et pratum Ricardi *le Cancelier*; quam acram prati dictus Symon dictis monachis vendidit et penitus reliquit. Quod pratum dicti monachi tenebunt in puram et perpetuam elemosinam et possidebunt bene et in pace, libere et quiete, sine omni genere redditus et servicii et exactionis secularis mihi et heredibus meis pertinentis; et in hunc modum ego Radulphus et fratres mei dictis monachis dictum pratum contra omnes gentes tenemur garantizare ad usus et consuetudines Normanie. Quod ut sit firmum et stabile, presentem cartam sigilli mei munimine roboravi. Actum anno Domini millesimo CC° XL^mo primo. »

(*Orig. en parch.* — *Vidimus en parch.* de 1308.)

---

(1) La famille de Victot resta en possession de la seigneurie à laquelle elle devait son nom jusqu'au milieu du XIV° siècle. Victot passa alors dans la famille de Labbey de la Roque par le mariage d'Isabelle de Victot avec Colin Labbey, écuyer du connétable Duguesclin.

CCCLXXII.

Vente au prieuré de Montargis d'une acre de terre en la paroisse de Victot.

(1241.)

« Sciant omnes presentes et futuri quod ego Simon *Chantecler de Wiguetot* dedi, vendidi et penitus dereliqui monachis apud Montemhargis habitantibus, pro septem libris turonensibus quas prefati monachi mihi dederunt pre manibus, unam acram parti quam habebam sitam in parrochia *de Wiguetot*, inter pratum Willelmi *de Moretaigne* et pratum Ricardi *le Cancheler*, tenendam et possidendam predictis monachis in puram et quietam elemosinam et perpetuam, bene et in pace, libere et quiete, sine omni reclamatione mei et heredum meorum de cetero; ita tamen quod ego prefatus Simon et heredes mei prefatum pratum prefatis monachis contra omnes gentes tenemur garantizare ad usus et consuetudines Normannie. Et ut hoc firmitatem obtineat inconcussam, presentem cartam sigilli mei munimine roboravi. Actum anno Domini M° CC° XL° primo. »

(*Orig. en parch.*)

CCCLXXIII.

Abandon au prieuré de Montargis par Raoul de Victot de tout ce qu'il pouvait posséder sur le tensement de Mathieu Galopin.

(1243.)

« Universis matris ecclesie filiis presens scriptum inspecturis, Radulfus *de Viguetot*, frater Hugonis *de Viguetot* militis, salutem : Noverit universitas vestra me, divine pietatis intuitu et pro salute anime mee et antecessorum meorum, dedisse et in perpetuum concessisse ecclesie Sancti-Antonini de Monte-Hargis et monachis ibi Deo servientibus omnino quicquid habebam et reclamare poteram in tenemento quod de me tenebat Matheus *Galopin*, scilicet IIII panes et II capones et II gallinas ad Natale Domini et III solidos usualis monete ad Carnicapium, et IIII panes et XL ova ad Pascha et III quarteria avene in mense septembri. Omnia ista dicti monachi et successores sui habebunt et possidebunt, in puram et perpetuam elemosinam, libere et quiete et pacifice, exceptis tantummodo auxiliis consuetudinariis Normannie quando evenient. Et sciendum est quod licebit dictis monachis et successoribus eorumdem justiciam suam exercere in dicto tenemento quocienscumque opus fuerit. Quod ut ratum et stabile permaneat, et ut ego Radulphus et heredes mei dicte ecclesie et dictis monachis dictum tenementum contra omnes gentes teneamur garantizare et si necesse fuerit valore ad valorem protinus excambiare, presenti scripto et sigilli mei testimonio confirmavi. Sciendum est preterea quod dicti monachi, cognito et audito obitu meo, obitum prefatum debent renunciare Tyronensi ecclesie, et abbas et conventus ibidem Deo servientes missam et obsequium pro salute anime mee, prout de confratribus suis, celebrabunt. Actum anno Domini M° CC° XL° tercio. »

(*Orig. en parch.*)

CCCLXXIV.

Bref du pape Innocent IV portant que l'abbé de Tiron ne peut être contraint à admettre qui que ce soit aux bénéfices dépendant de son abbaye.

« Quod non possimus compelli ad receptionem seu provisionem in pensionibus. »

(1247, 22 févr.)

« Innocentius episcopus, servus servorum Dei, dilectis filiis abbati et conventui monasterii Tyronensis, ordinis Sancti-Benedicti, Carnotensis diocesis, salutem et apostolicam benedictionem. Apostolice sedis benignitas sincere obsequentium vota fidelium favore benivolo prosequi consuevit, et devotorum personas quas in sua devotione promptas invenerit et ferventes, quibusdam titulis decentius decorare. Ut igitur ex speciali devotione quam ad nos et Romanam ecclesiam habere noscimini sentiatis vobis favorem apostolicum accrevisse, ut ad receptionem seu provisionem alicujus in pensionibus vel beneficiis ecclesiasticis compelli non possitis de cetero per litteras apostolicas que de indulgentia hujusmodi specialem non fecerint mentionem, auctoritate vobis presentium indulgemus. Nulli ergo omnino hominum liceat hanc paginam nostre concessionis infringere vel ei ausu temerario contraire. Si quis autem hoc attentare presumpserit, indignationem omnipotentis Dei et beatorum Petri et Pauli apostolorum ejus se noverit incursurum. Datum Lugduni, VIII kalendas martii, pontificatus nostri anno quarto. »

(*Orig. en parch.*)

CCCLXXV.

Don au prieuré de Bacqueville de cinquante sous de rente par Alain Martel.

(1250, 2 mai.)

« Universa negotia mandata litteris et voci testium ab..... inviolabiliter firmare : Noverint ergo presentes et futuri quod ego, Alanus *Martel*, donavi et concessi ecclesie Sancte-Marie de Bacquevilla et monachis de Thironio ibidem Deo servientibus, pro salute anime mee et antecessorum meorum, quinquaginta solidos monete currentis de redditu apud *Abeton*, ad festum sancte Crucis percipiendos, videlicet triginta solidos ad usum prefate ecclesie Sancte-Marie de Basquevilla, et viginti solidos ad serviendum cereum qui quotidie usque..... ardebit ante altare Sancte-Marie supra pedem altaris, et ardebit usque ad *Ite missa est*. Insuper, ne qua nasceretur calumnia prefate ecclesie de Bacquevilla de me vel heredibus meis in posterum, ego prefatus Alanus *Martel* concessi hanc donationem meam habendam et tenendam predicte ecclesie Sancte-Marie, priori et monachis ibi Deo servientibus pacifice et quiete et honorifice de omnibus generaliter michi et heredibus meis pertinentibus usque in perpetuum. Et ut hec mea donatio fuisset magis firma et instanter permaneat et semper incolumiter perseveret, hanc presentem cartam sigilli mei munimine confirmavi. Hiis testibus : Guillelmo *Martel*, Gauffrido W....., Radulpho de Petravilla, Joanne de Veteris, Radulpho *Martel* et multis aliis (¹). Anno ab incarnatione Domini millesimo ducentesimo quinquagesimo, secundo maii. »

(*Copie de* 1638 aux Arch. dép. de la Seine-Inférieure.)

CCCLXXVI.

Vente au prieuré de Montargis d'une rente due par Robert Corbuneis au Gué-Martin.

(1250, juill.)

« Notum sit omnibus presentibus et futuris quod ego Robertus, filius Aelesie de Vado, et ego Radulfus, fratres, vendidimus et omnino dimisimus monachis apud Montem-Hargis morantibus totum redditum quem nobis faciebat Robertus, filius quondam Symonis *Corbuneis de Wiguetot*, de feodo quod de nobis tenebat quod est de feodo domini *de Wiguetot*, cujus una pars sita est in herbergagio justa Vadum-Martini, et altera sita est in pratum et terram cultibilem, justa pratum Johannis *Maudoit*, in *Pipetham* videlicet, sex denarios turonenses annui redditus ad feriam prati, et unum panem et unam gallinam ad Natale, cum homnagio et aliis omnibus esquaetis que nobis et heredibus nostris, ratione dicti feodi, nobis possent evenire, habendos et jure hereditario possidendos dictis monachis et successoribus suis in perpetuum bene et in pace, libere et quiete, salvo jure capitalium dominorum. Et sciendum est quod ego dictus Robertus et ego dictus Radulfus fratres et heredes nostri dictis monachis et successoribus suis dictum redditum

(¹) La copie est très mauvaise, et plusieurs noms de témoins sont illisibles ou altérés. Comme nous l'avons fait remarquer, toutes les chartes relatives au prieuré de Bacqueville ont été ajoutées dans le Cartulaire original au XVᵉ siècle, nous ne croyons pas cependant devoir les arguer de fausseté, d'autant que l'original de l'une d'elles, celle de Hugues d'Amiens, archevêque de Rouen, datée de 1133 (nº CLXXXIII), existe aux Archives de la Seine-Inférieure.

cum esquaetis contra omnes gentes tenemur garantizare, et si necesse fuerit ad valorem excambiare in nostra hereditate, et propter hoc dicti monachi dederunt nobis pre manibus sex solidos turonenses. Et ut ratum et stabile permaneat, presentem cartam sigillorum nostrorum munimine roboravimus. Actum anno Domini M° CC° quinquagesimo, mense julii. »

(*Orig. en parch.*)

CCCLXXVII.

Etat des revenus de l'abbaye de Tiron.

« Hii sunt redditus Tyronensis monasterii qui cartis sigillatis continentur. »

(1250 circa.)

« Defensiones plurimas habemus a regibus tam Francie quam Anglie pro hominibus nostris et pro nobis (¹).

» Habemus a Johanne Vachario decimam in parrochia de Juminiaco, quod confirmat Ludovicus, rex Francorum.

» Habemus decimam molendini *de Roolers* a Guillelmo, comite Pontivorum.

» Habemus per excambium tres modios annone ad mensuram Meloduni annuatim, unum frumenti, alium siliginis, tercium ordei vel avene, a Raginaldo de Sancto-Mederico, in decima vel grangia, apud Ursamvillam, annuatim capiendos et habendos, in festo sancti Remigii, quos confirmat Ludovicus, rex Francorum.

» Habemus apud Braiotum unam domum liberam et quietam, cum hospite ab omnibus exactionibus, quas confirmat comes Nivernensis et R. frater ejus.

» Habemus apud Carnotum, in prepositura ejusdem ville, centum solidos carnotensis monete, de elemosina *Hissabel*, comitisse Carnoti et Ambazie, in Nathale Domini.

» Habemus censum tam de terra *de Bray* quam de pratis ejusdem,

(¹) Voir n° LIV.

et centum solidos ad vestituram monachorum in prefectura Nogenty, quinquaginta solidos in Pentecosten et quinquaginta in Decollatione sancti Johannis : hoc confirmat et donat Rotrocus, comes Perticy (¹).

» Item habemus in eadem prefectura x^{cem} et vii libras et dimidiam, in festo Omnium-Sanctorum octo libras et xv solidos, et in Pascha Domini totidem, sub pena sex denariorum de qualibet die. Hoc habemus in excambium molendinorum de Tilia, tempore Jacobi Castri-Gonterii, domini Nogenti, qui hoc confirmat.

» Item habemus unam summam salis unaquaque ebdomada apud Mauritaniam, a Rotroco, comite Perticensi, qui hoc confirmat (²).

» Item habemus apud Mauritaniam vii^{tem} libras redditus in teloneo Mauritanie, in Nativitate sancti Johannis-Bautiste iiii libras, et in festo sancti Remigii lx solidos. Hoc confirmat G[uillelmus], comes, qui hoc dedit, et Stephanus frater ejus, et M[athildis] comitissa.

» Habemus unum modium annone et ii sextarios in molendino quod dicitur Magnum justa *Rivere*, annuatim, in Natale Domini, ab Ivone juniore *de Remalart*. Hoc confirmat G[uillelmus], comes Pertici.

» Habemus decimam apud Ogervillam a Raginaldo de Pruneyo. Hoc confirmat comes Blesensis, senescallus Francie.

» Habemus duos modios ibernagii in grangia *de la Chalopiniesre*, ad mensuram de Braioto, de elemosina Guillelmi Pagani. Hoc confirmat R[aginaldus], Carnotensis episcopus.

» Habemus totam decimam de Trembleio a Philipo, milite de Nemore-Hunodi, et medietatem de molendino *de Foumuchum*. Hoc confirmat Carnotensis episcopus.

» Habemus xx^{ti} solidos redditus in prepositura de Longo-Vilari a Guillelmo de Platea, milite, in festo sancti Dionisii. Hoc confirmat G[uillelmus], episcopus Cathalaunensis et comes Pertici.

» Habemus iiii^{or} sextarios frumenti, iiii^{or} ibernagii, iiii^{or} avene in horreo G. *de Mauchenai*, pro decima panis sui, et x^{cem} iiii^{or} solidos census in crastino sancti Bartholomei, et xv solidos annuatim in festo Omnium-Sanctorum, et v^{que} sextarios bladi in molendino *de Chanciaus*, diversis

---

(¹) Voir n° XXII.

(²) Voir n° CVI.

terminis recipiendos, decimam de campo qui est ultra chiminum, 1 minam bladi in molendino de Briancha in Natale Domini, decimam denariorum omnium de sthannis *de Chanciaus*. Hoc confirmat S[erlo], Sagiensis episcopus.

» Habemus quamdam decimam que vocatur *Doit-Morel*, in parochia de Apeneio. Hoc confirmat G[ervasius], Sagiensis episcopus.

» Habemus duos modios et dimidium bladi annuatim redditus a dominis de Bosco-Rufini, in molendinis suis de Chamarcio, in festo sancti Remigii. Hoc confirmat dominus Fractevallis.

» Habemus VII^{tem} summas salis a R[adulpho], filio Durandi. Hoc confirmat ipse (¹).

» Habemus terciam partem decime in molendinis de Petra et de..... edio, in Adventu..... una pars, et altera pars in Nativitate sancti Johannis. Hoc confirmat Ursio, camerarius Francie.

» Habemus II sextarios frumenti, alterum melioris bladi post frumentum et alium avene, a Stephano de Radereio in medietaria sua quam colebat Herveus de Pratis. Hoc confirmat idem Stephanus.

» Habemus VIII solidos redditus a Galterio de Fovea, in medietaria sua de Barra, in crastino Omnium-Sanctorum. Hoc confirmat G[alterius] *de Friesse*.

» Habemus XX^{ti} solidos redditus a Radulfo de Mauritania ibidem nobis reddendos in festo sancti Johannis. Hoc confirmat Matheus *de Montgobiart*.

» Habemus X^{cem} solidos redditus a Gathone, domino de Valle-Cuprati, in medietaria sua *du Tialtre*, sita apud *Conlunches*, in festo sancti Remigii recipiendos. Hoc confirmat idem Gatho.

» Habemus II solidos censuales in virgulto Huberti de Onumneto, in crastino Pasche, a G. domino de Pitaumaria, qui hoc confirmat.

» Habemus X solidos redditus a Fulcherio *Carrel*, in medietaria sua *de la Cresce*, in die anniversarii sui recipiendos a possessore predicte medietarie apud Tironium infra meridiem, sub pena cotidie XII^{cim} denariorum. Hoc confirmat idem Fulcherius.

» Habemus XL^s solidos redditus in censu *de Terise* a Dionisio et Ro-

---

(¹) Voir n° LXIX.

berto, camerario comitis R[otrodi] Perticensis. Hoc confirmat Stephanus de Pertico.

» Habemus I sextarium bladi redditus a Goherio de Bello-Videre in terra sua ibidem justa Ledum, in festo sancti Remigii. Hoc confirmat idem Goherius.

» Habemus x solidos redditus a G[uillelmo] de Terceio, in medictaria *de Correstout*, in festo sancti Remigii. Hoc dat et confirmat idem G[uillelmus] Piacherius (¹).

» Habemus patronatum ecclesie *de Ver* cum decimis.

» Habemus IIII^{or} sextarios frumenti in medietaria de Brenella a Gaufrido de Vireleio pro Haimerico fratre suo, in festo sancti Remigii. Hoc confirmat idem Gaufridus.

» Habemus XIIII^{orcim} solidos redditus in masura Hervei *Lemesgre* apud Pinum, in crastino beati Bartholomei cum emenda debet reddi. Hoc confirmat G[aufridus] de Illeto.

» Habemus IIII^{or} sextaria bladi redditus in decima *de Buglelu* et quicquid Theobaldus Viator in eadem decima possidebat. Hoc confirmat Gaufridus, dominus de Illeto.

» Habemus decimam de Grandi-Valle a Garino *Hogot* et Albereia ejus uxore. Hoc confirmat Gaufridus, dominus de Illeto.

» Habemus quartam partem in molendino *de Froise* a Gaufrido de Exalto. Hoc confirmat R[obertus], dominus de Bello-Monte.

» Habemus x solidos redditus in costuma *de Frestium*, in Natale Domini, pro Viviano de Folieto. Hoc confirmat Guillelmus de Folieto.

» Habemus decimam cujusdam terre a magistro R. *Marescot*, et III solidos redditus a presbitero *de Nuille*. Hoc confirmant abbas et prior de Burgo-Medio.

» Habemus patronatum ecclesie *de Linerai* ad proprios usus quoquine, et x^{cem} solidos redditus, in festo Omnium-Sanctorum, super terra quam habet Raginaldus *de Bretevile* in parrochia de Lunereio, cum omni justicia et dominio. Hoc confirmat et dat Radulfus *de Caucais*.

» Habemus LX^{ta} solidos redditus in prepositura et villa de Bellomonte pro terra de Grandi-Valle, et XII^{cim} solidos in eadem prepositura pro

(¹) Voir n° CCCLXXI.

anniversario Heloys, domine de Roseria, xxx^{ta} vi^{sex} percipiendos in festo sancti Remigii et xxx^{ta} vi^{sex} residuos in Purificatione beate Marie. Hoc dat et confirmat Robertus de Bellomonte, sub pena v^{que} solidorum a preposito reddendorum pro qualibet ebdomada.

» Habemus x^{cem} solidos redditus a Willelmo *de Mongiervile* in pratis sitis justa ecclesiam Sancti-Emani, in festo sancti Remigii. Hoc confirmat Ha[enricus], Carnotensis archidiaconus.

» Habemus iii sextarios bladi redditus ad mensuram de Curvavilla, in festo sancti Remigii, in grangia *de Donvile*, ab Ivone *de Donvile*. Hoc confirmavit officialis archidiaconi Carnotensis.

» Habemus viii^{to} solidos census ab *Adam*, filio Guillelmi *de Hunvile*. Hoc confirmat abbas Sancti-Petri Carnotensis.

» Habemus i modium de meliori ibernagio et i modium de meliori avena que creverit in terra que est sita inter Bouletum-*d'Achières* et *Teuvis*, reddendos annuatim in festo sancti Remigii a colentibus dictam terram. Hoc confirmat abbas Sancti-Martini et ejusdem loci et Sancti-Gervasii priores judices delegatos.

» Habemus xx^{ti} solidos census apud Barzeium et Pacetum, in festo sancti Remigii, ab Andrea de Baldimento. Hoc confirmat The[obaldus] comes (¹).

» Habemus lx^{ta} solidos redditus in prepositura *de Rivere*, in Natale Domini xxx^{ta} solidos et in festo sancti Johannis-Baptiste xxx^{ta}, a G[uillelmo], episcopo Cathalaunensi et comite Pertici, qui hoc confirmat, et xx^{ti} solidos ex alia parte in eadem prepositura in Purificatione beate Marie ad luminare ecclesie, et iii sextarios frumenti ad hostias, in molendino *de Rivere*, sub pena quotidie sex denariorum.

» Habemus xx^{ti} solidos redditus, in festo sancti Remigii, ab Andrea, filio Arnulfi *Mouteille*. Hoc confirmat idem Andreas et pater ejus et G. *Mandroise*.

» Habemus x^{cem} solidos redditus in medietaria *de Touchebrout*. Hoc confirmat Colinus, major *de Harponvileir*.

» Habemus duo milia allecium a Roberto, de Novo-Burgo domino, prima ebdomada Quadragesime, apud Pontem-Audomari. Hoc donat

---

(¹) Voir n° LVI.

Robertus, dominus de Novo-Burgo, et hoc confirmat Henricus filius ejus.

» Habemus alia duo miliaria allecium, in eadem ebdomada, annuatim, a Galeranno, comite Mellendi, apud Pontem-Audomari. Hoc confirmat ipse Galerannus et Robertus, comes Mellenti, filius ejus (¹).

» Habemus I mille alleccium a Petro filio Augeri et Agnete ejus uxore et pueris suis, super quodam stallo sito in Macello. Hoc confirmat ipse.

» Habemus II solidos redditus in masura que est apud *Bongerrue* a Guillelmo de Fonte. Hoc confirmat ipse, prima ebdomada Quadragesime.

» Habemus II^{os} solidos alios redditus, in prima ebdomada Quadragesime, a Ricardo *le Vilain*, super domo sua lapidea in vico *Saumvere*. Hoc confirmat ipse.

» Habemus a rege Scotie tres marcas argenti annuatim de cano navium *de Pert*; quod confirmat pater ejus et avus.

» Habemus ecclesiam Sancti-Johannis de Bosco-Rogeri cum feria; quod confirmat Ha[enricus], rex Anglorum, qui hoc dedit.

» Habemus unam navem quietam de cano a Ha[enrico], filio regis Scotie, et liberam ubicumque applicaverit (²).

» Habemus dimidium modium frumenti pro area molendini *de Planches*, in festo sancti Remigii, in domo nostra Carnoti: quod confirmat Theobaldus, comes Blesensis.

» Habemus sex servientes apud Carnotum et sex pistores; quod confirmat Theobaldus, Blesensis comes (³).

» Habemus sexaginta solidos carnotensis monete in molendino de Crevecor, triginta videlicet solidos in Nativitate Domini, et triginta solidos in Nativitate beati Johannis-Baptiste; quod confirmat Ludovicus, Blesensis comes (⁴).

» Habemus insuper campipartes omnium leguminum tocius parro-

(¹) Voir n° LXXIII.
(²) Voir n° LX.
(³) Voir n° XLV.
(⁴) Voir n° CCCXL.

chie de Boovilla-Comitis, et in duabus medietariis comitis, in eadem parrochia de Boovilla, possumus seminare tria sextaria pisorum. Hoc confirmat Theobaldus, comes Blesensis.

» Item habemus IIII libras redditus in eadem prefectura a Gaufrido de Bello-Monte, in festo sancti Remigii recipiendas. Hoc confirmat Stephanus de Pertico et M[athildis], Pertici comitissa.

» Item a Guillelmo *Leteri* habemus decimam *de la Belle-Filete* et I jugerum terre et XII^{cim} solidos in molendino Sancti-Hilarii, in festo sancti Remigii. Hoc confirmat Gaufridus, comes Pertici.

» Item habemus in foro Nogenti X^{cem} libras redditus proxima die sabbati post festum Omnium-Sanctorum. Hoc donat et confirmat G[aufridus], comes Pertici, et ejus uxor.

» Item habemus sex modios bladi, III frumenti et III siliginis, in molendinis de Potereia, ad Natale Domini, et VIII libras in molendinis folatoriis ejusdem ville, ad dictum terminum, annuatim. Hoc confirmat Stephanus de Pertico, qui dedit, et Guillelmus, Cathalannensis episcopus, quondam comes.

» Item habemus decimam *de Mairoles* cum tractu et dominio. Hoc confirmat G[aufridus], comes Pertici([1]).

» Habemus IIII denarios census *des Escobleaus*, in festivitate sancti Johannis. Hoc confirmat Guillelmus, episcopus Cathalaunensis, comes Pertici.

» Habemus XX^{ti} solidos in prepositura *de Nonviler*, in octabis sancte Pasche, a Guillelmo *de Mogervile*. Hoc confirmat Guillelmus, Cathalaunensis episcopus et comes Pertici.

» Habemus quamdam decimam sitam in parrochia *d'Autou*. Hoc confirmat Capitulum Carnotense.

» Habemus a Huberto *Mordant* milite VII^{tem} sextarios bladi et VII^{tem} avene apud *Bainville*, in festo sancti Remigii. Hoc confirmat R[aginaldus], Carnotensis episcopus.

» Habemus XL^{ta} solidos a presbitero Sancti-Georgii de Cloia pro decima illius ecclesie. Hoc confirmat episcopus Carnotensis et archidiaconus Dunensis.

[1] Voir n° LI.

» Habemus decimam in parrochia *de Hargenvileir*. Hoc confirmat episcopus Carnotensis (¹).

» Habemus dimidium modium ibernagii in granchia de Bosco-Perier, percipiendum in festo sancti Remigii. Hoc confirmat Guillelmus de Ardenna, miles, et Odelina de Bosco-Perier, que dedit.

» Habemus duas partes omnium decimarum in parochia de Martiniaco et ejusdem ecclesie patronatum et medietatem oblationum in IIII^{or} sollempnitatibus et medietatem primiciarum. Hoc confirmat L[isiardus], Sagiensis episcopus.

» Habemus patronatum ecclesie de Monte-Caprioli cum decimis et ecclesiam *de Corgehout* cum decimis similiter. Hoc confirmat Sagiensis episcopus.

» Habemus quartam partem tocius ville *de Suncheville*. Hoc confirmat Petrus de Endrevilla.

» Habemus xx^{ti} solidos redditus de Lucia, domina de Longo-Ponte, in masura Arnulfi *du Plessait*, in festo sancti Remigii. Hoc confirmat ipsa Lucia et donat.

» Habemus patronatum ecclesie *de Nuillei* cum omnibus pertinenciis ejus. Hoc confirmat episcopus Sagiensis.

» Habemus patronatum Sancti-Jovini cum decimis. Hoc confirmat episcopus Sagiensis (²).

» Habemus decimam de Codreio a Roberto Viatore, milite, et I sextarium frumenti in medietaria *de Grois*, in parochia Sancti-Medardi, in festo sancti Remigii. Hoc confirmat idem Robertus.

» Habemus xx^{ti} solidos redditus a Johanne, domino Montiniaci, in festagiis de Montiniaco, in festo sancti Dionisii. Hoc confirmat idem Johannes.

» Habemus dimidium modium bladi redditus in terragiis *de Chacent* a Petro dicto Heremita, in grangia apud Tuscam, in festo sancti Remigii. Hoc confirmat idem Petrus.

» Habemus II^{os} modios annone redditus in molendinis *de Broart* a Dionisio de Platea et Guillelmo patre ejus, reddendos I modium in Natali

---

(¹) Voir n° LXXXI.
(²) Voir n° CCCXIII.

Domini, et dimidium in festo sancti Dionisii. Hoc confirmat G[aufridus] comes.

» Habemus v^{que} solidos redditus a Guillelmo de Brueria, milite, in censiva sua de Brinimonte, reddendos a censuario, apud *Tiron*, in crastino sancti Dionisii. Hoc confirmat idem Guillelmus.

» Habemus II solidos census a domino *de Laconinnardère*, in festo sancti Dionisii. Hoc confirmat R[obertus], de Bellomonte dominus, et G[uillelmus] *de Jemages*.

» Habemus VI solidos redditus a G[uillelmo] *du Méseray*, pro anniversario, in festo sancti Remigii. Hoc confirmat idem G[uillelmus].

» Habemus totam decimam grossam et minutam de *Hodengel*. Hoc confirmat Egidius *de Guohovile* et G. de Valeio.

» Habemus x solidos redditus a Guillelmo, filio Heriberti, in furno suo et domo de Glotis, in principio Quadragesime. Hoc confirmat Hernaudus de Bosco.

» Habemus I sextarium annone a Radulfo de Valle, in terra suâ, infra octabas sancti Remigii recipiendum. Hoc confirmat Johannes *de Friesse*.

» Habemus II sextarios frumenti, tempore messis, a G[uillelmo], domino de Monte-Dulci, in medietaria que vocatur Gileberti. Hoc confirmat idem Guillelmus.

» Habemus xx^{ti} solidos redditus a G[aufrido], domino de Illeto, apud Fractum-Vilare, in duabus masuris, in qualibet decem solidos, in crastino sancti Remigii recipiendos; nisi reddiderint, cum emenda censuali reddere tenebuntur. Hoc confirmat G[aufridus], dominus de Illeto.

» Habemus totam decimam quam Hubertus de Soseio habebat ibi et quicquid juris idem habere poterat. Hoc confirmat idem Hubertus.

» Habemus II^{os} sextarios boni frumenti redditus a Gaufrido Caprioli, in festo sancti Remigii, in meditaria de Sogevilla. Hoc confirmat Garinus Capriolus.

» Habemus x solidos redditus in medietaria *Touchebraout*, in crastino sancti Dionisii, a Gaufrido Patri, qui hoc confirmat.

» Habemus x solidos redditus in examinibus de Mauritania, in fest: Omnium-Sanctorum, a G. de Pruleio, qui hoc confirmat.

» Habemus II solidos redditus et VI denarios a G. *Boteri* in quodam redditu qui dicitur Tres-Folcatores, in festo sancti Remigii. Hoc confirmat G. *Boteri*.

» Habemus I modium boni ibernagii redditus in grangia *de Chacent* tam in decimis quam in terragiis, recipiendum, in festo sancti Remigii, a Huberto Heremita, qui hoc confirmat.

» Habemus xx^{ti} III^{tres} solidos redditus in molendino *Beceaus* de moneragio apud Nogentum, XI^{cim} solidos et dimidium in crastino Natalis Domini, et totidem in crastino Pasche, a Johanne *de Montetirel*, qui hoc confirmat.

» Habemus I sextarium siliginis ad mensuram Beslismi a Huberto Caprioli, in terra sua de Breteschia. Hoc confirmat idem Hubertus.

» Habemus xx^{ti} solidos redditus in prefectura de Frestineio infra octabas sancti Andree, sub pena v^{que} solidorum a Roberto, domino de Bellomonte, qui hoc confirmat.

» Item habemus ab eodem Roberto xx solidos redditus in festagiis de Bellomonte, in crastino Omnium-Sanctorum. Hoc confirmat idem Robertus.

» Habemus dimidium bladi in molendino novo de Borsaderia, annuatim, a Gaufrido de Bellomonte, qui hoc dat et confirmat.

» Habemus v^{que} solidos redditus in octabis Pentecostes, pro terra de Huaneria, a Caduco Galonis, qui hoc confirmat.

» Habemus VIII^{to} libras redditus in prepositura de Vireleio, IIII° libras infra Natale Domini et IIII^{or} infra octabas Natalis sancti Johannis. Hoc confirmat Haimericus, dominus de Vireleio.

» Habemus patronatum ecclesie *de Ver* cum decimis. Hoc confirmat Guillelmus, Cenomannensis episcopus.

» Habemus III sextarios annone redditus in molendina de Blevia, ad Natale Domini, a Hugone de Melleio, qui hoc confirmat.

» Habemus xx^{ti} solidos redditus et XII denarios censuales pro loco Sancti-Laurentii-in-Gastina, in festo sancti Andree, in prepositura *de Freteine*, per manum prepositi, sub pena II^{orum} solidorum pro qualibet ebdomada. Hoc confirmat G[uillelmus], dominus de Folieto.

Habemus xx^{ti} sextarios bladi et x^{cem} avene redditus apud *Illers*, ad mensuram illius ville, in festo sancti Dionisii, et I modium bladi in decima leprosorum de *Illeirs*, annuatim. Hoc confirmat Ha[enricus], Carnotensis episcopus.

» Habemus quicquid habent sanctimoniales de Claretis in grangia de *Corribiart*, et II^{os} sextarios bladi in medietaria *de la Mote*, et alterum in molendino de Logis. Hoc habemus a monialibus de Claretis in excambium decime horreorum Comitis; propter hoc confirmant sanctimoniales.

Habemus ecclesiam Sancti-Leobini-de-Quinque-Fontibus et II^{as} partes decime. Hoc confirmat Ha[enricus], tunc Carnotensis canonicus, modo factus est episcopus(¹).

Habemus v^{que} sextarios bladi redditus in molendino *de la Ronce*, a Philipo de Roncia. Hoc confirmat A[lbericus], Carnotensis episcopus.

Habemus VIII^{to} solidos apud *Monchevrel* census, in festo Omnium-Sanctorum, de terra et prato *de Comble*. Hoc confirmat R. de Bosco-Gauchier.

» Habemus decimam molendini....... Hoc confirmat abbas de Ponte-Levio et....... loci et de Telaio priores judices.

» Habemus x^{cem} libras redditus in prepositura Mauritanie, c solidos ad luminare ecclesie, in festo sancti Remigii, et alios c solidos extrema die sabbati....... cii, pro anniversario G[aufridi], comitis Perticensis, celebrando. Hoc confirmant G[uillelmus], Cathalaunensis episcopus et comes Pertici, et M[athildis] comitissa, et Stephanus de Pertico.

» Habemus XVIII denarios *des oblages* et VI denarios de festagiis et III nummos *de messives* in hominibus *de la Rebulièse*....... tariam demensurata post palam foragia....... stramina de terragio, et III corveias,....... anno, a quolibet homine, districta ma....... et simplicem justiciam. Hoc confirmat Robertus,...... de Bellomonte.

» Habemus II alia milia allecium, in eadem......., annuatim, in prefectura Aquile, a Richerio, domino de Aquila. Hoc confirmat ipse.

» Habemus alia II miliaria allecium a Petro....... ente, annuatim, in eadem ebdomada, apud Pontem-Audomari, vel XXX^{ta} solidos super domo....... Hoc confirmat ipse et sigilli munimine facit confirmari.

» Habemus IIII^{or} solidos et VI denarios redditus super domum Du-

---

(¹) Voir n° CLXIII.

randi *Grouscor* a Radulfo Parvo et a Mabila, quondam uxore *Thibout Raguenel*. Hoc confirmant ipsi.

» Habemus ii solidos redditus a Gaufrido Marie in grangia que est sita in vico Sancti-Germani. Hoc confirmat ipse.

» Habemus ii solidos alios redditus quos reddit Willelmus *Aviron*, in die Cineris, pro Guillelmo de Fontenilla, qui hoc dat et confirmat (¹).

» Habemus xii denarios redditus a Roberto dicto Comite super domibus suis sitis apud Pontem-Audomarum, in die Cinerum. Hoc confirmat ipse.

» Habemus apud Pontem-Audomari quatuor libras redditus et x solidos et vi denarios circiter, a pluribus, sicut continetur in rescripto.

» Habemus confratrias apud Pontem-Audomari et in villa Novi-Burgi (²). »

(*Rouleau en parchemin* de 1250 environ.)

CCCLXXVIII.

Accord entre l'abbaye de Tiron et le Chapitre de Notre-Dame de Chartres pour la justice de la terre donnée à ladite abbaye par le Chapitre.

« Quod justicia secularis de Tironio pertinet ad abbatem in carrugata terre eis concessa per Capitulum et in villa sita infra dictam carrugatam, exceptis hominibus et hospitibus Capituli et quibusdam aliis rebus ibi contentis. »

(1252, déc.)

« Universis presentes litteras inspecturis, frater G[ervasius], Tyronensis monasterii humilis abbas, totusque ejusdem loci conventus, salutem

(¹) Voir n° CXXXVIII.

(²) Le rouleau dont nous publions la copie, quoique original, est assez mal écrit, et l'encre a disparu en plusieurs endroits. Un grand nombre de noms propres ont été défigurés par le rédacteur; nous avons cru devoir les conserver tels quels. Nous ferons observer d'ailleurs que beaucoup des actes de donation mentionnés dans cet Etat des possessions de l'abbaye de Tiron sont aujourd'hui complètement perdus.

in Domino : Noverint universi quod cum contentio verteretur inter nos ex una parte et venerabiles viros decanum et capitulum Carnotense ex altera, super una carrucata terre nobis in fundatione monasterii nostri ab eisdem decano et capitulo collata et super justicia seculari alta et bassa in tota carrucata terre et in villa de Tironio sita infra dictam carrucatam, tandem, de bonorum virorum consilio, inter nos et ipsos super premissis pro bono pacis taliter extitit ordinatum quod dicta carrucata terre, prout ostensa fuit et metata a nobis et venerabilibus viris magistro Galtero de Frescoto et domino Reginaldo de Bellomonte, canonicis Carnotensibus, nunciis dictorum decani et capituli ad hoc specialiter designatis, nobis libera, cum omni justicia alta et bassa et tota villa de Tironio, remanebit, excepta justicia hominum et hospitum Capituli Carnotensis, que ad dictum Capitulum libere pertinebit ; ita tamen quod si eosdem homines seu hospites infra dictas metas delinquere contingeret, si tale delictum eisdem imponatur propter quod eos arrestari oporteret, si hujusmodi impositio vera esset, arrestabimus et nobis licebit hujusmodi homines Capituli arrestare, et bona fide arrestationem majori de Gardeiis, quam citius commode fieri poterit significabimus vel ad domum familie sue denunciabimus, si dictus major commode presens vel de prope non valeat inveniri ; et eum vel eos detentos in competenti prisione, prout delictum et cautela competens conservandi exigerit, reddere tenebimur majori vel ejus certo nuntio vel mandato Capituli Carnotensis seu prebendariis dicti loci, ut per Capitulum Carnotense vel ejus mandatum de ipso vel ipsis competens jus et justicia fiant. Si vero infra septa monasterii deliquerint vel extra, infra metas dicte carrucate, in personas religiosas nostri monasterii, nos coram Capitulo Carnotensi vel ejus mandato delictum per testes ydoneos comprobabimus sine duello, et Capitulum vel ejus mandatum competens jus inde facient et satisfactionem congruam exhibebunt. Si vero persone laicali infra septa monasterii in nostro servicio commoranti injuria illata fuerit, per testes ydoneos vel alias, secundum consuetudinem patrie, coram Capitulo vel ejus mandato, suam injuriam comprobabit, et competens fiet emenda. Si vero extra murorum ambitum delinquerint, delictum coram Capitulo vel ejus mandato per testes ydoneos, secundum usus et consuetudines terre Capituli Carnotensis, comprobabitur, et, prout jus dictabit, fiet emenda, nisi personis religiosis Tyronii esset illata, ut tunc per testes posset probari. Si vero homo seu hospes Capituli Carnotensis coram nobis de aliquo nobis subdito vel de alio de quo ad nos justicia pertinet, in seculari judicio conqueratur, causam audiemus et ad nos justicia pertinebit, secundum usum et consuetudinem patrie. De aliis autem hominibus in quibus dicti decanus et Capitulum et nos habemus justiciam, nobis et eis communem, videlicet de hominibus de Bouschagio, de Rutea vel alibi, ita ordinatum est quod iidem homines per utrosque justiciantur sicut hactenus justiciari consueverunt. De rebus etiam immobilibus quas homines seu hospites Capituli tenent a nobis, ad nos, quantum ad fundum terre que a nobis tenetur seu de cetero tenebitur, libere et quiete justicia pertinebit. Ordinatum fuit etiam et concessum quod homines sive hospites Capituli Carnotensis de eis que ement vel vendent in villa nostra de Tyronio nullas coustumas sive tonleum reddent. Preterea si homo vel hospes Capituli Carnotensis in hala nostra declinaverit, causa rerum suarum vendendarum, hoc libere poterit facere, dum tamen non multum noceat illis qui nostra stalla conduxerunt vel conducent. In cujus rei testimonium et munimen, nos predicti abbas et conventus de Tyronio predictis decano et capitulo Carnotensi presentes litteras dedimus sigillis nostris sigillatas. Datum anno Domini millesimo ducentesimo quinquagesimo secundo, mense decembri. »

(Fragment d'un Cartulaire du XVᵉ siècle du Chapitre de Notre-Dame de Chartres, f° 21 r°.)

CCCLXXIX.

Don par Hugues de Grandouet au prieuré de Montargis d'une pièce de terre à Froidmont.

(1252/3, 6 janv.)

« Sciant omnes presentes et futuri quod ego Hugo *de Grandoit* (¹) dedi

(¹) M. de Caumont *Stat. mon. du Calvados*, t. IV) dit que l'on ne connait parmi les seigneurs de Grandouet que Hugues de Grandouet, chevalier, qui vivait en 1196, et

et concessi, pro salute anime mee et antecessorum meorum, Deo et Sancto-Antonino de Monte-Hargis et monachis ibidem morantibus totam pechiam terre quam habebam in *Foidremont*, sicut porrigitur in longum et in latum, quam videlicet terram emi a Roberto *Arquis*, habendam et in perpetuam elemosinam possidendam dictis monachis et suis successoribus bene et in pace, per unum par cerothecarum trium denariorum capitali domino pertinens. Et ut hanc donationem ego dictus Hugo et heredes mei teneamur garandizare dictis monachis et suis successoribus, presentem cartam sigilli mei testimonio roboravi. Actum anno Domini M° CC° quinquagesimo II°, die Epiphanie Domini. Testibus : P. presbitero *de Cambremer*; Rogerio presbitero; Johanne *de Grandoit*; Petro Anglico; Jordano dicto Magistro; Herberto *Wimunt*; *Billart*; Gaufrido *Selle* et pluribus aliis. »

(*Orig. en parch.*)

CCCLXXX.

Reconnaissance d'un droit de procure de dix livres dû à l'évêque de Paris.

« Littera de decem libris parisiensibus pro procuratione domini Parisiensis episcopi in domibus sive prioratibus de Tironio. »

(1254/5, 5 javn.)

« Universis presentes litteras inspecturis, frater Gervasius, humilis abbas de Tyronio, totusque ejusdem loci conventus, Carnotensis dyocesis, eternam in Domino salutem. Notum facimus quod nos, habito bonorum consilio et considerata utilitate nostra et monasterii nostri ac quatuor domorum sive prioratuum sitorum in dyocesi Parisiensi, videlicet de Jardiis, de Riensiaco, de Boillongnello ([1]) et Sancti-Audoeni juxta

---

qu'il faut ensuite passer au XVIIe siècle pour retrouver les noms des seigneurs de Grandouet. La charte que nous publions fournit, comme on le voit, le nom d'un seigneur jusqu'ici inconnu.

([1]) Parmi les nombreux prieurés de l'abbaye de Tiron, celui *de Boillongnello* est un de ceux dont nous n'avons trouvé dans le *Cartulaire* aucun titre primordial. Nous le

Turnomium, volumus et concedimus quod venerabilis pater episcopus Parisiensis et successores sui Parisienses episcopi, ratione procurationum quas in eisdem locis petebat dictus dominus episcopus, singulis annis habeat et percipiat decem libras parisienses, videlicet in prioratu de Jardiis L solidos parisienses, in prioratu de Riensiaco L solidos parisienses, in prioratu de Boillongnello L solidos parisienses, et in prioratu Sancti-Audoeni L solidos parisienses, quando episcopus, quicumque pro tempore fuerit, ipsos prioratus visitaverit, facta prius visitatione ipsorum prioratuum, sive in ipsis prioratibus jacuerit sive non; et si in aliqua dictarum solutionum dicti priores defecerint, nisi dicta pecunia infra octo dies, a die visitationis facte computandos, in domo episcopi Parisius soluta fuerit ipsi episcopo vel ejus mandato, ex tunc pro singulis diebus quibus a solutione dicte pecunie quicumque dictorum priorum cessaverit, quociens defecerit, duos solidos parisienses, nomine pene, episcopo Parisiensi, qui pro tempore fuerit, tenebitur solvere cum dicto debito principali; et ipsos quatuor prioratus, omnes et singulos, bona eorum universa, mobilia et immobilia, presentia et futura, eidem domino episcopo et ejus successoribus Parisiensibus episcopis, pignoris et ypothece titulo, specialiter et generaliter, pro hiis omnibus et singulis, et de consensu priorum eorumdem locorum, in solidum obligamus. Si autem predicta loca vel aliquem ipsorum visitaverit episcopus Parisiensis, qui pro tempore fuerit, quod facere potest semel in anno, et ibidem voluerit pernoctare, se ipsum et familiam suam, salva sibi pecunie quantitate predicta, procurabit ipsius propriis sumptibus et

---

regrettons d'autant plus que nous nous sommes trouvé assez embarrassé pour déterminer la dénomination moderne du lieu où était situé le prieuré de Tiron. Les éditeurs du *Cartulaire de Notre-Dame de Paris* ont traduit *Boillongnellum* par Boulogne-sur-Seine, près Paris : c'est évidemment une erreur. Le village de Boulogne s'appela les Menus jusqu'au commencement du XIVe siècle. En 1319, le roi Philippe le Long permit à des habitants de Paris et autres qui revenaient du pèlerinage de Notre-Dame de Boulogne-sur-Mer de construire une église au village de Menus-lèz-Saint-Cloud, *in villa de Menus prope Sanctum-Clodoaldum*, église qui reçut le nom de Notre-Dame de Boulogne-sur-Seine. Peu à peu le village perdit lui-même son nom et prit celui de l'église, qui avait été érigée en paroisse dès 1343. — Il est donc impossible d'identifier *Boillongnellum* avec Boulogne-sur-Seine : le nom ancien nous paraît plutôt se rapporter à Bouligneau, situé dans l'ancienne paroisse de Saint-Fargeau, non loin de Corbeil.

expensis, ipsis quatuor domibus de Jardiis(¹), de Riensiaco, de Boillongnello et Sancti-Audoeni, sic solutionem predicte pecunie facientibus, ab exactione procurationis a Parisiensi episcopo, qui pro tempore fuerit, aliter quam superius dictum est in posterum facienda seu etiam requirenda, quittis et liberis permanentibus in futurum; salvis tamen eidem domino episcopo et ejus successoribus Parisiensibus episcopis aliis juribus, que lege dyocesiana eis competunt et competere possunt in eisdem. In cujus rei testimonium, presentes litteras sigillorum nostrorum munimine duximus roborandas. Datum anno Domini M° CC° quinquagesimo quarto, mense januario. »

(*Cart. de Notre-Dame de Paris*, t. III, p. 181.)

CCCLXXXI.

Echange de terres entre l'abbaye des Vaux-de-Cernay et le prieuré de Saint-Epaigne d'Ablis.

« Carta de commutatione terrarum facta inter nos et priorem de Tyronnel. »

(1258.)

« Universis presentes litteras inspecturis, abbas Tyronensis totusque ejusdem loci conventus, salutem in Domino : Notum facimus quod nos, de communi omnium nostrorum assensu, pensata utilitate monasterii nostri, in modum permutationis seu excambii, dedimus et concessimus

---

(¹) Le prieuré des Jardies, désigné aussi parfois sous les noms de *Horti, les Jardins*, a complètement disparu. Sur son emplacement existe aujourd'hui une maison de campagne, qui a conservé le nom du prieuré. Cette maison a été habitée par Honoré de Balzac, le célèbre romancier, puis par Léon Gambetta, qui y est mort le 31 décembre 1882. Voici la description qu'en fait de Balzac : « Ma maison est située sur le revers de » la colline de Saint-Cloud, adossée au parc du roi, à mi-côte, au midi. Au couchant, » j'embrasse tout Ville-d'Avray; au midi, je vois la route qui passe au bas des » collines où commencent les bois de Versailles, et, au levant, je plane au-dessus de » Sèvres, et mes yeux s'étendent sur un immense horizon au bas duquel gît Paris. » C'est d'une étrange magnificence et d'un contraste ravissant. »

viris religiosis abbati et conventui Vallium-Sarnaii unam peciam terre arabilis, continentem circiter quatuor sextarios seminis, ad mensuram de Abluiis, que pertinebat ad prioratum nostrum de Sancto-Hyspano de Abluiis, sitam in sentorio quod ducit de granchia *de Provellu* apud Bretonvillam, inter terras dictorum abbatis et conventus Vallium-Sarnaii, tenendam ab eisdem abbate et conventu Vallium-Sarnaii, perpetuo habendam et possidendam, pro quadam alia pecia terre dictorum abbatis et conventus Vallium-Sarnaii, circiter quatuor sextarios seminis continente, ad mensuram prefatam, sita in loco seu territorio quod dicitur Fossa-Germondi, a nobis, nomine nostro et monasterii nostri de Tyronio, tenenda et perpetuo possidenda, promittentes bona fide quod contra permutationem predictam non veniemus in futurum. In cujus rei testimonium, predictis religiosis dedimus presentes litteras sigillorum nostrorum impressionibus signatas. Actum anno Domini M° CC° L° octavo. »

(*Orig. en parch.* aux Archives de Seine-et-Oise. — *Cart. des Vaux-de-Cernay*, t. I, p. 546.)

CCCLXXXII.

Bref d'Alexandre IV à l'abbé de la Couture pour qu'il ait à prendre sous sa protection les biens de l'abbaye de Tiron.

(1258, 29 nov.)

« Alexander episcopus, servus servorum Dei, dilecto filio abbati Sancti-Petri-de-Cultura, Cenomannensis diocesis, salutem et apostolicam benedictionem : Sub religionis habitu vacantibus studio pie vite ita debemus esse propitii ut in divinis beneplacitis exequendis malignorum non possint obstaculis impediri. Cum itaque dilecti filii abbas et conventus monasterii de Tyronio, ordinis Sancti-Benedicti, Carnotensis diocesis, a nonnullis, sicut accepimus, super possessionibus et aliis bonis suis graves patiantur injurias et jacturas, nos eorum providere quieti et malignorum maliciis obviare volentes, discretioni tue per apostolica scripta mandamus quatinus eosdem abbatem et conventum pro divina et nostra reverentia favoris presidio prosequens oportuni, non permittas ipsorum contra indulta privilegiorum apostolice sedis ab aliquo indebite molestari, molestatores hujusmodi per censuram ecclesiasticam, appellacione postposita, compescendo, presentibus post quinquennium minime valituris. Datum Anagnie, III kalendas decembris, pontificatus nostri anno quarto. »

(*Orig. en parch.*)

CCCLXXXIII.

Accord entre l'abbaye et Henri le Flament pour une maison au fief du Chardonnet.

(1259/60, 23 janvier.)

« In nomine Patris et Filii et Spiritus-Sancti, amen. Cum questio verteretur coram cantorem ecclesie Sancti-Johannis de Nogento-Rotrodi judicem, inter religiosos viros abbatem et conventum de Tironio ex una parte et Henricum dominum *le Flament* (¹), civem Parisiensem, ex alia, super eo videlicet quod dicti religiosi dicebant et proponebant quod idem Henricus edificaverat quamdam domum et quosdam muros in Cardoneto Parisino (²) juxta Secanam ex una parte et juxta ecclesiam Sancti-Nicolai-de-Cardoneto Parisiensi ex altera, in fundo et censiva dictorum religiosorum, per novi operis denuntiationem dicto Henrico ex parte dictorum religiosorum factam in prejudicium monasterii Tironensis et contra voluntatem dictorum religiosorum, et ob hoc peterent dicti religiosi, nomine suo et dicti monasterii, dominum Henricum sibi condemnari, prout jus exigit, ad demoliendum quicquid edificatum

---

(¹) La famille le Flament joua un rôle important dans le quartier du Temple aux XIIIe et XIV[o] siècles. En 1316, Gazon, fils et héritier d'Herbert le Flament, fonda une chapellenie à l'autel de Saint-Pierre dans l'église de Saint-Gervais de Paris, pour le repos de l'âme de ses ancêtres.

(²) Le Chardonnet était un fief qui tirait son nom du grand nombre de chardons qui s'y trouvaient, preuve qu'il y avait encore peu de constructions en cet endroit. C'est par erreur qu'on dit souvent *le Chardonneret*.

erat in dicto loco post dictam novi operis nunciationem, et dictum fundum sive censivam contra dominum Henricum adjudicari. Lite legitima supra premissis contestata, jurato hinc inde de calumnia, partibus coram nobis in jure constitutis, videlicet dicto Henrico personaliter et dictis religiosis per magistrum Petrum Pictavensem, clericum, procuratorem suum generalem, confessus fuit idem Henricus, per sacramentum suum coram nobis de calumnia prestitum, dictam domum et dictos muros de quibus agebatur sitos esse, ut credebat, in fundo et censiva dictorum religiosorum et monasterii Tironensis, et credebat ita esse quod hoc audiverat a bonis viris et fide dignis a quibus supra hoc inquisiverat veritatem, promittens quod ad bonam voluntatem et fidem abbatis et religiosorum de Tironio demoliretur sive destrueretur quicquid in dictis muris et domo edificaverat post nuntiationem novi operis sibi factam ex parte religiosorum predictorum. Nos vero, audita domini Henrici confessione et recognitione predicta, de bonorum virorum consilio, eumdem Henricum ad adimplenda et facienda predicta, ut dictum est, condemnamus contra prefatum Henricum, dictum fundum sive censivam predictam dictis religiosis et monasterio predicto per diffinitivam sententiam adjudicantes. Datum anno Domini millesimo ducentesimo quinquagesimo nono, in crastino beati Vincentii. »

(*Copie sur papier* de 1728.)

CCCLXXXIV.

Accord entre l'abbaye et les hommes du Chapitre et de l'Aumône de Chartres pour l'usage dans les bois du prieuré du Loir.

(1259/60, mars.)

« Universis presentes litteras inspecturis, P[etrus] decanus et universitas capituli Carnotensis, salutem in Domino : Noveritis quod cum contentio verteretur coram nobis inter religiosos viros abbatem et conventum de Tyronio, ratione prioratus de Ledo, et priorem ejusdem loci, ex una parte, et homines Capituli Carnotensis et Elemosine Carnotensis apud Trocham et Corveas manentes, ex altera, super eo videlicet quod dicti homines tam Capituli quam dicte Elemosine dicebant se habere usagium ad pasturam animalium suorum in quibusdam nemoribus ad dictum prioratum de Ledo spectantibus, quorum nemorum quedam pars dicitur *les Ulleiz* sita juxta Ledum et alia pars sita est inter dictam *les Ulleiz* et nemus quod dicitur *Brimont,* per inspectionem ostensorum et de assensu dictarum parcium bornatorum. Dicebant eciam se dictum usagium habere in dictis nemoribus ante securim et post, et quod tam ipsi quam eorum predecessores fuerant in possessione prefati usagii in dictis nemoribus ab antiquo. Dictis abbate et conventu et priore de Ledo contra dicentibus dictos homines in prefatis nemoribus nullum habere usagium, cum fundus dictorum nemorum et dicta nemora ad dictos religiosos, ratione dicti prioratus, jure hereditario pertinerent, nec in eisdem nemoribus prefatum Carnotense Capitulum et dicta Elemosina feodum vel dominium haberent vel aliquociens habuissent. Tandem prehabita deliberacione inter dictos religiosos ex una parte et dictos homines tam Capituli quam Elemosine supradicte apud dictam Trocham et Corveas manentes, extitit compromissum, videlicet in venerabiles viros R[adulphum] subcentorem, M[auricium] Dunensem archidiaconum et P[etrum] Blesensem archidiaconum in ecclesia Carnotensi, pena quadraginta librarum hinc inde apposita, solvende parti dictum seu ordinationem dictorum arbitrorum observanti a parte non observante vel resiliente ab arbitrio supradicto. Dicti arbitri, veritate prius super premissis diligenter inquisita, de bonorum virorum consilio, dictum seu arbitrium suum, partibus presentibus, protulerunt in hunc modum, videlicet quod dicta nemora super quibus dicta contencio vertebatur in duas partes equales dividantur, nec scindantur usque ad duodecim annuos continuos et complectos a dictorum nemorum scisione; ita tamen successive scindantur dicta nemora quod in ipsis vel saltim in altera dictarum parcium semper communis pastura ad animalia dictorum hominum habeatur. Dixerunt insuper dicti arbitri quod, duobus annis elapsis post quamlibet scisionem dictorum nemorum, boves et vacce dictorum hominum pasturam habeant in nemoribus supradictis, et post quadriennium a qualibet scisione dictorum nemorum, oves, equi et jumenta dictorum hominum, cum dictis bobus et vaccis pasturam habeant in eisdem;

post quinquennium vero, capre (¹) dictorum hominum cum dictis bobus et vaccis, jumentis et equis et omnibus aliis et singulis animalibus pasturam habeant liberam in nemoribus sepedictis. Addiderunt etiam in arbitrio suo quod prior, qui pro tempore fuerit in dicto prioratu de Ledo, duo arpenta dictorum nemorum, prout mete sunt posite, habeat ad usagium dicte domus de Ledo libera et absoluta ab omni alio usagio et pastura, et si contigerit dictos homines emendam incurrere, levetur ab altera parte secundum usum et consuetudinem patrie approbatam. In cujus rei testimonium, utrique parcium, ad petitionem ipsorum, litteras super hoc confectas roboratas dedimus nostri munimine sigilli. Datum anno Domini millesimo ducentesimo quinquagesimo nono, mense martii. »

(*Orig. en parch.*)

CCCLXXXV.

Accord entre l'abbaye et l'évêque de Paris pour trois quartiers de terre au Chardonnet.

(1260, mai.)

« Reginaldus, miseratione divina, Parisiensis ecclesie minister indignus, universis presentes litteras inspecturis, salutem in Domino : Notum facimus quod cum inter nos ex una parte et religiosos viros abbatem et conventum Tyronensem, Carnotensis dioceseos, super tribus quarteriis terre sitis juxta ripam Secane in Cardineto, Parisiis, et novem denariis parisiensibus censualibus qui pro terra predicta debentur, ad abbatem et conventum Sancti-Victoris Parisiensis quondam pertinentibus, controversia verteretur, nobis asserentibus venerabilem patrem Guillelmum, quondam Parisiensem episcopum, dicta tria quarteria defuncto Rogerio dicto *Navet*, quondam cive Parisiensi, in causa emptionis vel permutationis habuisse et acquivisse, et tam prefatum Guil-

---

(¹) Les chèvres étaient généralement écartées du pâturage dans les bois; c'est ici un des rares exemples où nous les voyons tolérées.

lelmum predecessorem nostrum quam successores suos predictam terram tenuisse postmodum et pacifice possedisse, nosque ipsius Guillelmi successores dictam terram Henrico dicto Flamensi ad construendum et edificandum tradidisse, sub annua et perpetua pensione quatuor librarum novem solidorum et trium denariorum parisiensium, necnon eumdem Henricum, de assensu et voluntate nostra, magnam domum lapideam (¹) ibidem construxisse, dictis abbate et conventu e contrario dicentibus dictos novem denarios censuales sitos super tria predicta quarteria terre a memoratis abbate et conventu Sancti-Victoris, ex causa permutationis, sibi legitime acquisiisse, prout in litteris inde confectis dicebant contineri, et quod a nobis factum fuerat super premissis redundare in dampnum et gravamen monasterii eorumdem. Tandem, mediantibus bonis viris, inter nos et predictos religiosos super premissis concordatum est et compositum in hunc modum, quod nos et successores nostri qui pro tempore fuerint episcopi Parisienses dictam pensionem quatuor librarum novem solidorum et trium denariorum parisiensium super dictis domo et terra habebimus perpetuo et percipiemus annuatim, et iidem abbas et conventus novem denarios capitalis census, cum omni jure et utilitate ad censum capitalem secundum parisiensem consuetudinem pertinente, super dictis domo et terra perpetuo percipient et habebunt, cum, sicut intelleximus, inquisita super

---

(¹) Cette maison de Henri le Flament prit dans la suite le nom d'hôtel de Montpensier, puis celui d'hôtel de Nesmond. Elle était située sur le quai de la Tournelle, à l'encoignure de la rue des Bernardins, près de la communauté des filles de Sainte-Geneviève dites Miramiones. — Après la mort de François-Théodore de Nesmond, second président au Parlement, et d'Anne de Lamoignon, son épouse, cet hôtel était devenu la propriété de François de Nesmond, évêque de Bayeux. Celui-ci le vendit, en janvier 1713, à Marguerite de Beauharnais, dame de Coubron, veuve de Guillaume de Nesmond, aussi président au Parlement de Paris. L'hôtel de Nesmond, à la mort de Marguerite de Beauharnais, passa à sa fille Marie-Louise-Catherine de Nesmond, mariée à Louis-François de Harcourt, comte de Cézanne. Après sa mort, ses légataires universelles Claude-Lydie de Harcourt, veuve de Gabriel-René de Mailloc, comte de Créquy-sur-Somme, et Angélique-Louise-de-la-Croix de Harcourt de Beuvron vendirent cet hôtel, le 3 janvier 1730, à Catherine Blondy, femme de Gottlieb-Ferdinand de Schomberg, seigneur de Limbach. Le fils de Catherine Blondy, Jean-Ferdinand-César de Schomberg, l'aliéna à son tour, le 28 janvier 1759, en faveur de François-Nicolas Dumouriez-Dupérier, trésorier de France au Bureau des finances de la généralité de Montauban.

hoc diligentius veritate, predictus census capitalis pertineat ad monasterium memoratum; promittentes pro nobis et successoribus nostris quod super dictis domo et terra aliquid non reclamabimus in futurum nisi pensionem predictam quatuor librarum novem solidorum et trium denariorum parisiensium, quam nobis et successoribus nostris episcopis in supradictis domo et terra perpetuo retinemus. In cujus rei testimonium, sigillum nostrum presentibus litteris duximus apponendum. Datum anno Domini millesimo ducentesimo sexagesimo, mense maio (¹). »

(*Copie sur papier* de 1728.)

CCCLXXXVI.

Acte de confraternité entre l'abbaye de Tiron et celle de Saint-Florent de Saumur.

« Societas nostra Sancti-Salmurii. »

(1263, mai.)

« Nos frater Rogerus, miseratione divina, humilis abbas Sancti-Florentii Salmuriensis, ac ejusdem loci conventus, notum facimus universis nos concessisse venerabili patri dompno Stephano, abbati Tyronensi, ut, audito ejus obitu, non expectato nuntio, ubicumque obierit, servicium sollempne cum missa et tricenario et annuale, sicut pro abbate Salmuriensi facere consuevimus, pro ipso plenarie faciemus, et hoc idem pro successoribus ejus im perpetuum, et pro brevibus Tyronensium fratrum, cum ad nos delata fuerint, servicium quod pro nostris facimus pro ipsis faciemus. Preterea volumus et concedimus quod abbas Tyronensis ac fratres ejusdem ordinis, cum ad ecclesiam Salmuriensem accesserint, in omnibus tanquam quilibet abbas et monachus Salmuriensis ecclesie sint in benedictionibus accipiendis in monasterio, in

---

(¹) On trouve dans le *Cartulaire de Notre-Dame de Paris*, t. IV, p. 187, une charte d'Etienne, abbé de Tiron, du 10 mai 1260, par laquelle il confirme un accord conclu avec l'évêque de Paris.

capitulo, in refectorio, in dormitorio et in claustro. Huic pie communioni adjungimus ut abbas Tyronensis, in vita et in morte, et fratres ejus universi in ecclesia Salmuriensi et membris ejus tamquam quilibet abbas Salmuriensis et monachi habeantur, et de brevibus secundum ordinem pretaxatum. Hoc etiam addentes quod cum abbas vel monachi Tyronenses ad abbatias nostras et prioratus accesserint ab abbatibus vel prioribus nostri ordinis tanquam monachi Salmuriensis ecclesie suscipiantur liberaliter et devote. Ut autem hujus mutue familiaritatis concessio firmius deinceps teneatur, presentes litteras fecimus annotari et sigillorum nostrorum munimine in testimonium roborari. Datum anno Domini M° CC° LX° III°, mense maii. »

(*Orig. en parch.*)

CCCLXXXVII.

Don par Bernard de la Ferté de seize livres de rente et trois sous de cens.

(1263/4, mars.)

« Universis presentes litteras inspecturis, Bernardus, dominus Feritatis, et Johanna ejus uxor, salutem in Domino : Noveritis quod nos, in signum vere dilectionis quam circa viros religiosos abbatem et conventum de Tyronio semper habuimus et habemus, dedimus et concessimus eisdem et monasterio suo, in puram et perpetuam elemosinam, sexdecim libras currentis monete in Pertico annui redditus et tres solidos censuales apud *la Broillardère* et apud *les Boolez,* in parrochia de Colungiis existentes, cum omni justicia, jure, jurisdictione, dominio et districtu et cum omni jure possessionis et proprietatis quam habebamus et habere poteramus in predictis, nichil juris in predictis nobis vel nostris heredibus retinentes, que omnia ex parte mei Johanne movebant et proveniebant. Et sciendum quod res predictas tenemus eisdem garantizare et defendere contra omnes, et si pro defectu garantizationis vel defensionis dampna deperdita sustinerent vel expensas in placito vel extra placitum facerent, ad sacramentum procuratoris eorumdem, cum sacramento cujusdam monachi de Tyronio, premissa tenemur eisdem plenarie restaurare sine alia probatione. Et ad hec omnia et singula, prout scripta sunt, tenenda firmiter et fideliter observanda nos et heredes nostros et omnia bona nostra presentia et futura ubicumque existentia obligavimus dictis religiosis et precipimus obligari, renunciantes pro nobis et heredibus nostris in hoc facto omni exceptioni et deceptioni, omni usui et consuetudini et omni auxilio tam facti quam juris canonici vel civilis, omni statuto facto vel faciendo, privilegio cruce signatis concesso vel concedendo, et generaliter omnibus suffragiis et beneficiis nobis vel heredibus nostris competentibus vel competituris, per que nos vel heredes nostri possemus venire contra premissa vel aliquod de premissis, vel que contra litteras istas aut ipsarum formam, substanciam vel tenorem possent obici vel probari, seu per quod vel per que effectus ipsarum differri posset vel etiam impediri. Hec autem omnia et singula, spontanea voluntate, tactis sacrosanctis evangeliis, juravimus nos fideliter observaturos et quod contra permissa vel aliquod de premissis non veniemus per nos vel per alium in futurum. In cujus rei testimonium et munimen, prefatis religiosis et eorum monasterio presentes dedimus et concessimus litteras sigillatas sigillis nostris. Datum anno Domini M° ducentesimo sexagesimo tercio, mense marcio. Et sciendum quod ad garandizacionem et defensionem eisdem faciendam contra heredes de Pertico non tenemur. Datum et actum, anno et mense predictis. »

(*Orig. en parch.*)

CCCLXXXVIII.

Bail de la métairie de Chardonnelles.

« Hec est cartula de Chardonnelles. »

(1264, juill.)

« Universis presentes litteras inspecturis frater Stephanus, miseratione divina, humilis abbas de Tyronio, totusque ejusdem loci conventus, salutem in Domino: Noveritis nos tradidisse et concessisse, de communi assensu tocius capituli nostri, terram nostram de *Chardonnelles*, sitam in parrochia de Perayo-Nevelonis, per arpenta hominibus qui sequuntur tenenda pacifice et jure hereditario possidenda, prout inferius annotabis. Tradidimus igitur Nicholao *le Maçon* VII arpenta terre nostre predicte pro VII solidis annui census et VI denariis quos acceptavimus, pro una galina similiter annui redditus, predictis denariis percipiendis in perpetuum et habendum; Guillelmo *le Breton* XIII arpenta pro XIII solidis annui census et VI denariis annui redditus pari modo; Terrico de Lonayo XII arpenta pro XII solidos annui census et VI denariis annui redditus pari modo; Philipo dicto *Renart* XII arpenta pro XII solidis annui census et VI denariis annui redditus pari modo; Theobaldo dicto *Aveline* XI arpenta pro XI solidis annui census et VI denariis annui redditus pari modo; Johanni *Dumbe* XI arpenta pro XI solidis annui census et VI denariis annui redditus pari modo; Jodonio *Formagee* XII arpenta pro XII solidis annui census et VI denariis annui redditus pari modo; Guillelmo *Formagee* XII arpenta pro XII solidis annui census et VI denariis annui redditus pari modo; Johanni *Florant* VI arpenta pro VI solidis annui census et VI denariis annui redditus pari modo. Et sciendum quod census et redditus predicti debent reddi nobis vel mandato nostro, singulis annnis, apud Chodreium, in crastinum Omnium-Sanctorum; et quilibet predictorum hominum tenetur domum facere competentem in arpentis suis infra tres annos a data presentium litterarum, et si forte contingeret aliquem predictorum hominum infra tres annos predictos non facere domum predictam in arpentis suis predictis, vel per paupertatem arpenta sua et masuram suam dimittere, alii homines qui remanserint tenentur arpenta dimissa seu masuram dimissam in manu sua tenere et excolere, et nobis omnes census et redditus qui nobis debebantur pro predictis apud Chodreium persolvere termino supradicto, nisi de predictis placeret nobis aliter ordinare. In cujus rei testimonium et munimen, prefatis hominibus et heredibus eorumdem presentes litteras dedimus sigillis nostris sigillatas. Datum anno Domini M° CC° LX° quarto, mense julio. »

(*Cart. de Tiron*, f° 85 v°.)

CCCLXXXIX.

Exemption du droit de visite par le pape Clément IV.

(1265, 30 juin.)

« Clemens episcopus, servus servorum Dei, dilectis filiis abbati et conventui monasterii de Tironio, ordinis Sancti-Benedicti, Carnotensis diocesis, salutem et apostolicam benedictionem : Quieti vestre consulere ac gravaminibus obviare volentes, auctoritate vobis presentium indulgemus ut in grangiis, domibus et aliis locis vestris que nec debent nec consueverunt hactenus visitari, procurationes que ratione visitationis debentur non compellamini alicui exhibere. Nulli ergo omnino hominum liceat hanc paginam nostre concessionis infringere vel ei ausu temerario contraire. Si quis autem hoc attemptare presumpserit, indignationem omnipotentis Dei et beatorum Petri et Pauli apostolorum ejus se noverit incursurum. Datum Perusii, II kalendas julii, pontificatus nostri anno primo. »

(*Orig. en parch.*)

CCCXC.

Vente par le seigneur de la Ferté-Bernard de dix livres de rente sur la prévôté de Nogent-le-Rotrou.

(1265/6, janv.)

« Universis presentes litteras inspecturis, ego Bernardus, dominus Feritatis, et ego Johanna, ejus uxor, salutem in Domino : Notum facimus universis quod nos decem libras currentis monete annui redditus quas habebat Guillelmus de Roseria, miles, in prepositura de Nogento-Rotrodi, ex puro dono a nobis quondam eidem Guillelmo facto, quas decem libras idem Guillelmus nobis dedit postmodum, quitavit spontaneus penitus et dimisit, vendidimus et nomine vendicionis in perpetuum tradidimus et concessimus religiosis viris abbati et conventui de Tironio et eorumdem monasterio easdem, annis singulis, ad Nativitatem Domini persolvendas: vendidimus insuper eisdem religiosis medietarias nostras de *Courtaurein*, sitas in parrochia Sancti-Victoris, cum omnibus pertinenciis suis. Item vendidimus eisdem religiosis omne illud quod habebamus vel habere poteramus apud Fretigniacum, racione hereditatis, dominii et successionis, sive jure quolibet, videlicet in hominibus, redditibus, censibus, proventibus et rebus aliis in parrochia de Fretigniaco existentibus, exceptis tamen hominibus feodatis, qui nobis tenentur ad fidem, cum omnibus rebus illis que nobis vel heredibus nostris provenire possent, ratione successionis a feodatis et eisdem. Addidimus eciam in presenti vendicione illam partem sive illas partes quam vel quas Guillelmus de Foilleto, miles, et domina Alidis de Foilleto habebant vel habere poterant apud Fretigniacum, tam in medietariis *de Courtaurein* quam in hominibus, censibus, redditibus, proventibus et omnibus aliis eisdem Guillelmo et Alidi spectantibus jure hereditario seu quocumque, cum docte etiam que ad uxorem Guiardi de Grandi-Nemore dicitur pertinere. Quam partem vel quas partes et quam doctem tenemur exnunc deliberare dictos religiosos a predictis Guillelmo milite et Alidi et uxore Guiardi de Grandi-Nemore, et facere ipsos Guillelmum et Alidim et uxorem dicti Guiardi quitari quicquid habent et habere poterant in predictis omnibus, et eosdem de omnibus, ut dictum est, desesiri in manibus dictorum religiosorum, et garantire et deffendere predicta omnia eisdem monachis contra dictos Guillelmum, Alidim et uxorem dicti Guiardi et contra omnes alios bona fide, ita quod in dictis omnibus penitus de cetero reclamabunt per se vel per alios seu facient reclamari. Preterea vendidimus eisdem religiosis totum manerium deffuncti Thome dicti *Hute*, cum suis pertinentiis, videlicet cum terris arabilibus et stagno prope manerium sito et cum platea stagni ibidem existenti et cum duodecim arpentis nemorum juxta stagnum sitis et contiguis et cum omnibus pertinenciis dicti manerii et pasturis. Que omnia, ut supra dicta sunt et divisa, vendidimus eisdem religiosis pro quinque centum et quadraginta libris turonensibus nobis ab eisdem religiosis pre manibus fideliter et integre persolutis. Hec autem omnia et singula, prout superius sunt expressa, dictis religiosis vendidimus et nomine venditionis tradidimus et concessimus tenenda et habenda in perpetuum et ab eisdem pacifice possidenda, cum omni jure, juridictione, dominio et districtu, et cum omni jure possessionis et proprietatis quod habemus et habere poteramus jure aliquo in predictis, nichil juris nobis vel heredibus nostris in predictis omnibus retinentes : imo totum jus, possessionem, proprietatem, dominium et districtum in dictos religiosos amodo in perpetuum retinentes; promittentes insuper, fide media in manibus dictorum religiosorum prestita corporali, quod contra venditionem, traditionem et concessionem predictas non veniemus per nos vel per alios in futurum. Que etiam omnia et singula eisdem religiosis ad expensas nostras garantire tenemur et deffendere quociescumque eisdem opus fuerit contra omnes, exceptis tantum rege Francie et heredibus de Pertico. Si vero propter deffectum garantisationis vel deffensionis eisdem a nobis non facte, dampna vel deperdita sustinerent vel expensas in placito vel extra placitum facerent, ad sacramentum procuratoris eorumdem et sacramentum unius monachi de Tyronio, sine probatione aliqua, tenemur propter hoc eisdem religiosis pleniter restaurare. Et ad hec omnia, prout superius sunt scripta et divisa, tenenda et fideliter observanda nos et heredes nostros et omnia bona nostra mobilia et immobilia, presentia et futura ubicumque existentia obligamus dictis religiosis et volumus obligari, renunciantes in hoc facto expresse exceptioni doni mali, non numerate pecunie, non tradite, non solute et omni alii exceptioni, auxilio juris canonici et civilis, et specialiter privilegio cruce signatis concesso et concedendo, et generaliter omnibus nobis et heredibus nostris competentibus et competituris, per que nos et heredes nostri possemus venire contra premissa vel contra aliquod de premissis. Et hec omnia et singula tenenda et inviolabiliter observanda, tactis sacrosanctis evangeliis, juravimus, et etiam Herveus primogenitus filius noster nos in perpetuum fideliter observaturos, et ad premissa tenenda nos et heredes nostros obligamus generaliter et specialiter et volumus obligari. In cujus rei testimonium et munimen, presentes litteras eisdem religiosis dedimus sigillorum nostrorum munimine roboratas. Data anno Domini M° CC° LX° quinto, mense januario. »

(*Orig. en parch.*)

CCCXCI.

Vente au prieuré de la Pépinière de terres et prés en la paroisse de la Bazoche-Gouet.

(1267, juill.)

« Universis presentes litteras inspecturis, Guillelmus, dominus de Sancto-Leobino, armiger, salutem in Domino : Noveritis quod, in nostra presentia constituti, Colinus de Prato-Hemerici et Amelina ejus uxor recognoverunt se Ameline, nobili domine de Rupe-Donate, et sorori fraternitatis abbacie de Thironio tam in spiritualibus quam in temporalibus, nomine prioratus de Pepineria, Tyronensis ordinis, vendidisse et concessisse totam terram et omne pratum quam et quod habebant, situm in nostro feodo, inter terram prioratus de Castaneis ex una parte et terram prioratus de Pepineria ex altera, pro triginta et sex libris turonensibus, 'de quibus se tenuerunt coram nobis integre pro pagatis . . . .
. . . .
. . . .
Nos vero venditioni predicte acquiescentes et fieri concedentes, dictam terram et pratum amortizari volumus et concedimus et penitus quitamus de omni juridictione aut justicia seu redibenciis, quas in predictis, jure aliquo, nos et heredes nostri possumus reclamare, eidem prioratui quictantes penitus quicquid juris seu juridictionis habere possumus in predictis, nichil nobis et nostris heredibus retinentes. In cujus rei testimonium et munimen, ad peticionem dictorum Colini et Ameline sepedicte domine, nomine dicti prioratus, presentes dedimus litteras sigilli nostri munimine sigillatas. Actum anno Domini M° CC° LX° septimo, mense julii. »

(*Vidimus en parch.* de 1482.)

CCCXCII.

Échange de rentes en blé et avoine entre Jean de Tercé et l'abbaye de Tiron.

(1269, 4 juin.)

« Universi noscant quod in mei, Johannis *la Guogue*, clerici, domini comitis Britannie in Pertico baillivi, presentia, in judicio constitutus Guido de Terceyo recognovit se excambiasse cum monachis Tironensibus, videlicet pro sexaginta solidis quos super Terceyo habebant, decem sextaria bladi et advene mediatim, ita quod, loco dictorum sexaginta solidorum quos supra Terceyo et suis pertinentiis percipiebant, de cetero decem sextaria bladi et avene super eodem recipient, in terminis sancti Remigii : ad quem decem sextariorum redditum sic, ut premittitur, solvendum obligavit omnia bona sua mobilia et immobilia, presentia et futura, et heredes suos et precipue locum ipsum de Terceyo cum ejusdem pertinenciis universis. In quorum testimonium presentes litteras sigillo castellanie Nogenti sigillatas ipsis religiosis duximus concedendas. Datum apud Nogentum, die quarta junii, anno gratie millesimo CC° LX° nono. »

(*Copie sur pap.* du XV⁰ siècle.)

CCCXCIII.

Accord entre le chancelier de l'église de Chartres et l'abbaye pour les dîmes dépendant du prieuré d'Oisème.

(1271, 6 juill.)

« Omnibus Christi fidelibus officialis Carnotensis, judex ordinarius in civitate et diœcesi Carnotensi, satutem in salutis authore : Notum vobis facimus quod cum lis seu controversia orta esset coram nobis inter venerabilem virum Odonem de Lacu-Nigro, Carnotensis ecclesie cancellarium, actorem ex una parte, et religiosos viros abbatem et conventum monasterii Tironensis et eorum priorem de Oisismo, necnon Joannem *Provert*, Anselmum Grilleonis et Andream de Portis, colonos et firmarios suos de Oisismo, ex altera, super eo quod ipsi coloni et firmarii in anno M° CC° L° III°, et L° IIII°, et L° V°, levaverant fructus vinearum et aliarum terrarum et possessionis ipsius prioratus de Oisismo, absque solutione vel satisfactione decimarum, eidem, in cujus decimatione, ut dicebat, terre ipse, vinee et possessiones consistunt, facta; eidem etiam non solverant decimas lanarum, agnorum, porcorum et aliorum animalium ceterasque decimas et primitias persolvi consuetas; quod licet ipsi religiosi cum propriis manibus vel sumptibus excolunt et de propriis animalibus, ab ipsis decimis et primitiis cancellario Carnotensi solvendis omnino immunes existant, cum tamen per firmarios vinee ipse, terre vel possessiones laborabantur vel animalia tenebantur, immunes inde ipsi firmarii vel coloni non existebant; propter quod, appreciatis rebus quas pro decima et primitiis requirebat, pretium exigebat xxx^{ta} librarum monete currentis. Religiosis ipsis contra affirmantibus ipsos firmarios et colonos a premissis decimis et primitiis liberos et immunes esse, nec ipsas cancellario Carnotensi solvere teneri, imo si solvende sunt, eas ipsis religiosis solvere debere. Tandem, judiciario ordine rite coram nobis peracto, hac die, in nostra presentia et judicio constitutus, ipse magister Odo cancellarius predictus legitime, ut retulit, de jure ipsorum religiosorum et ipsius monasterii Tironensis ac prioratus predicti, tam per litteras et testes quam aliter informatus, recognovit et confessus fuit vineas et terras ac possessiones quasvis ipsius monasterii Tironensis et prioratus predicti, et cetera animalia quevis a decimatione sua predicta et primitiis, non tantum cum propriis manibus vel sumptibus ipsorum religiosorum, verum etiam cum per colonos vel firmarios excoluntur vel tenentur, immunes et quittas, immunia et quitta esse, ipsaque omnia ad ipsos religiosos spectare; et ideo, ad confessionem ipsius et ad jurium ipsorum religiosorum plenam probationem, nos ipsum magistrum Odonem, ecclesie Carnotensis cancellarium predictum, ipsis religiosis Tironensibus et colonis ac firmariis predictis sententialiter condempnamus ab impetitione ipsius super permissis, ipsos religiosos et eorum de Oisismo priorem, colonos et firmarios predictos penitus absolventes. In quorum testimonium, sigillum curie officialatus Carnotensis presentibus litteris duximus apponendum. Acta sunt hec in nostra ipsa curia Carnotensi, nobis in ipsa judicialiter pro tribunali sedentibus, die vi^a mensis julii, anno gratie M° CC° septuagesimo primo. »

(*Copie sur papier* du XVIIe siècle.)

CCCXCIV.

Exemption du droit de chasse par Jean de Châtillon, comte de Blois ([1]).

(1272.)

« Jehan de Chasteillon, cuens de Blois et de Dunois et sire d'Avesnes, à nos baillifs, prévosts et aultres nos gens en nos contés de Blois et de Dunois dessusdits, salut en Notre-Seigneur : Les religious de l'abbaye de Tiron en Perche se sont à nous dolus et complaints que, combien que, par les octrois et dons de nos antécessours, ils soient francs et quites en nosdits contés de tous paages, travers, moutures et de toutes aultres coutumes et exactions layes, néanmoins soient parforcés leurs varlets de leur moulin de Moulinneuf assis sur la rivière de la Cisse et de leurs moulins d'Yron, de Bouchedagre et aultres assis en nosdits contés, quand ils vont quérir, à leurs chevaux, jumens, asnes ou aultres bestes, les bleds aux hommes de nostre ville de Blois ou aultres de nosdites terres, ou qu'ils ramènent leur farine, par prise ou arrestement de leursdites bestes et des bleds ou farines qu'ils portent, à payer une certaine coutume ou exaction laye appelée *chasse*, laquelle nous levons en nosdits contés sur ceux qui en icelles vont quérir bleds à meuldre ou ramènent les farines. Et pour ce que lesdits religious nous ont pleinement informés que, par les dons et octrois de nos antécessours, de ladite chasse et mouture et de toute aultre coutume et exaction layes, ils en sont, comme dit est, francs et

---

([1]) Nous n'avons pas l'original ou le prétendu original de cette pièce ; mais, d'après son conteste, nous croyons pouvoir affirmer qu'elle est fausse. Nous la publions néanmoins parce que sa rédaction nous a paru curieuse, et aussi parce que, se trouvant dans des Archives particulières, elle est destinée à rester plus longtemps inconnue.

quites, pour ce nous mandons et destroitement enjoignons que ladite chasse ne aultre coutume ou exaction laye quelconque que nous ayons ou levions sur aultres gens ou leurs bestes, ne soient levés sur lesdits religious ne leurs bestes, ne sur les bleds ou farines par eux ou leurs gens portées ou rapportées à nosdits hommes, qui en leurs moulins vouldront meuldre, ne auxdits religious ne à leurs gens, ne aussi à nosdits hommes, soit faite nulle molestation ne empêchement quelconque qu'ils ne puissent aller quérir les bleds de nos hommes ou aultres quelconques manants en quelque part de nosdites terres et contés et leur ramener leur farine, tant comme ils tiendront leursdits moulins de Moulinneuf, d'Yron, de Bouchedagre ou aultres, en leurs mains, ou les feront gouverner par eux, leurs convers, donnés ou aultres familiers ou servants. Ains souffrez qu'ils aillent, à autant de chevaux, jumens, asnes ou aultres bestes comme ils vouldront, où bon leur semblera, quérir les bleds de nosdits hommes à meuldre en leursdits moulins et leur retourner en farine, et que nosdits hommes ou aultres quelconques y puissent meuldre sans en payer chasse, molture et aultre quelconque coutume, exaction ou aultre redevance comme dessus est dit. Et si vous en avés pris ou arresté, nous voulons que tantôt vous le leur rendés ou mettés à délivrance. En témoin de ce, nous avons donné ces présentes lettres auxdits religious, scellées de nostre scel. Ce fut fait et donné l'an de grâce mil deux cents soixante-douze, le trois jour d'avril (¹). »

(*Copie aux Archives du château du Bouchet.*)

CCCXCV.

Exemption du droit de visite par le pape Grégoire X.

(1273, 15 mars.)

« Gregorius episcopus, servus servorum Dei, dilectis filiis abbati et conventui Tyronensi, salutem et apostolicam benedictionem : Quieti

---

(¹) A la suite de cette pièce se trouve la note suivante, qui mentionne un acte également faux : « Ledit Jean de Chastillon nous confirme, dans une charte latine datée de Blois, le 3 avril de la même année 1272, le droit d'usage dans sa forêt de Blois, liberté d'y prendre du bois tant pour bâtir que pour brûler, pour réparer le Moulinneuf et pour la maison de Tironneau, et droit de pâture pour vaches et porcs, francs et exempts de tous droits pour nous et nos dépendances. »

vestre consulere ac gravaminibus obviare volentes, auctoritate vobis presentium. indulgemus ut in grangiis et domibus vestris que visitatione non indigent nec consueverunt hactenus visitari, procurationes que ratione visitationis debentur non compellamini alicui exhibere. Nulli ergo omnino hominum liceat hanc paginam nostre concessionis infringere vel ei ausu temerario contraire. Si quis autem hoc attemptare presumpserit, indignationem omnipotentis Dei et beatorum Petri et Pauli apostolorum ejus se noverit incursurum. Datum Laterani, idus martii, pontificatus nostri anno primo. »

(*Orig. en parch.*)

CCCXCVI.

Accord entre l'abbaye de Tiron et l'Hôtel-Dieu de Châteaudun pour les revenus de la dixième semaine.

« De compositione inter nos et abbatem de Tyrono de nundinis Magdalene. »

(1276, oct.)

« Universis presentes litteras inspecturis, officialis Dunensis, salutem in Domino : Noveritis quod cum inter religiosos viros abbatem et conventum de Tyrono ex una parte et magistrum et fratrem Domus-Dei de Castriduno ex altera, contentio verteretur coram abbate Sancti-Pharonis Meldensis, judice a domino papa dato, super eo videlicet quod dicti abbas et conventus dicebant et proponebant coram predicto abbate contra magistrum et fratres predictos, quod cum predicti abbas et conventus diu fuissent et essent in possessione juris percipiendi et habendi, quolibet anno, in villa de Castriduno, coustumas seu redibentias que veniebant seu que percipi consueverant in decima ebdomada cujuslibet anni in dicta villa de Castriduno, ratione ministerii mercati dicte ville sive nundinarum, et fuissent in dicta possessione a tempore cujus memoria non existebat, et ipsi essent adhuc in dicta possessione, predicti magister et fratres dictam possessionem impediebant et perturbabant dictis religiosis quominus ipsi religiosi possent libere et pacifice uti, et inquietabant eosdem religiosos super dictis coustumis vel redibentiis que veniebant seu que percipi consueverant in decima ebdomada predicta, maxime in qua nundine festi beate Marie-Magdalene fiebant in dicta villa de Castriduno(¹), capiendo dictas coustumas et redibentias dictarum nundinarum dicti festi contra jus et voluntatem dictorum religiosorum, quanquam iidem magister et fratres nullum jus haberent dictas coustumas et redibentias percipiendi quando in dicta decima ebdomada dicte nundine devenirent in eodem festo. Quare petebant predicti religiosi a dictis magistro et fratribus ut ipsi a predictis impedimento et perturbatione cessarent penitus et desisterent, et quod ipsi permitterent dictos religiosos de dicta possessione uti de cetero pacifice et quiete, et quod ipsi caverent de non veniendo contra, quando dicte nundine dicti festi essent de cetero in dicta decima ebdomada, dictis magistro et fratribus in contrarium asserentibus et dicentibus omnia predicta ad se spectare, videlicet coustumas et redibentias dictarum nundinarum in qualibet ebdomada devenirent, et se fuisse et esse in possessione juris vel quasi de predictis eodem modo et eadem forma quibus petunt et dicunt dicti religiosi abbas et conventus, dicentibus etiam dictas coustumas et redibentias dictarum nundinarum ad se melius pertinere quam religiosis abbati et conventui predictis. Item dicebant predicti religiosi quod, occasione dictorum impedimenti et perturbationis, dampna et deperdita sustinuerant usque ad valorem centum librarum turonensium quas petebant sibi restitui. Tandem procuratores dictarum partium, videlicet frater Johannes, celerarius de Tyrono, procurator dictorum abbatis et conventus, et magister Lambertus Callidus, procurator dictorum magistri et fratrum, habentes quilibet ipsorum a parte sua speciale mandatum compromittendi super premissis, habito bonorum virorum consilio super permissis controversiis seu contentionibus, compromiserunt in venerabiles viros Stephanum dictum *Malebranche*, et Johannem *Bourroiche*, clericum, tanquam in arbitros

---

(¹) En 1201, le comte de Blois, Thibaut V, avait accordé à la Maison-Dieu de Châteaudun une foire franche au jour de la fête de la Madeleine. Cette foire se tenait dans l'enceinte du domaine de l'abbaye de la Madeleine, et bientôt elle prit une telle extension que les marchands forains envahirent la place devant l'abbaye et jusqu'au cimetière de la Madeleine.

seu arbitratores seu amicabiles compositores, per fidem hinc inde ab ipsis procuratoribus, nomine suo et nomine partium suarum, in animas suas et animas predictorum abbatis et conventus et predictorum magistri et fratrum, in manu nostra prestitam corporalem et sub pena centum marcharum argenti hinc inde apposita, promittentes dicti procuratores, quilibet nomine partis sue et per fidem suam predictam et sub pena predicta, se ac dictas partes tenere fideliter et firmiter observare quicquid predicti arbitri super dictis controversiis alte et basse duxerint ordinandum seu etiam faciendum pace vel judicio, salvis rationibus dictarum partium tradendis dictis arbitris infra festum Omnium-Sanctorum proximo venturum. Actum fuit etiam in compromisso quod predicti arbitri possint procedere in predicto compromisso diebus feriatis et non feriatis et juris ordine nullatenus observato. Actum fuit etiam in dicto compromisso quod nisi predicti arbitri possent in unam eamdem sententiam concordare, discordia eorum traderetur Tyherio, preposito de Castriduno, tertio arbitro seu arbitratore a procuratoribus dictarum partium electo ; cujus sententia, arbitrium sive dictum cum sententia, dicto sive arbitrio alterius predictorum duorum arbitrorum cum quo concordaverit, valebit et firmitatem perpetuam obtinebit. Durabit autem potestas duorum arbitrorum et tertii tantummodo usque ad Nativitatem Domini proximo venturam, nisi de consensu partium fuerit prorogata. Datum anno Domini M° CC° LXX° sexto, die dominica in festo beati Luce evangeliste. »

(*Orig. en parch.* aux Archives de l'Hôtel-Dieu de Châteaudun, A. 28. — *Archives de la Maison-Dieu de Châteaudun*, p. 233.)

CCCXCVII.

Vente des droits de fief à la Heulière et à la Bretonnière.

« Littere monacorum de Thiron a Roberto de Chastelier. »

(1276/7, févr.)

« Universis presentes litteras inspecturis Robertus *de Chastelier*, miles, salutem in Domino : Noverint universi quod ego vendidi et concessi religiosis viris et honestis abbati et conventui de Thironio omne feodum quod habebam vel habere poteram apud *la Hurelière* (¹) et apud *la Bretonnière*, pro centum solidis turonensibus, de quibus me teneo plenarie pro pagato : que feoda cum suis pertinenciis vendita teneor et promitto garantizare et deffendere dictis religiosis in perpetuum contra omnes, ad usus et consuetudines patrie ; et ad hec omnia tenenda et firmiter observanda obligo me et heredes meos. In cujus rei testimonium, dedi prefatis religiosis istas presentes litteras sigilli mei munimine sigillatas. Datum anno Domini M° CC° LXX° sexto, mense februario. »

(*Orig. en parch.*)

CCCXCVIII.

Bail par l'abbaye de Tiron d'un pré à Frétigny.

« De Bono-Prato de Fretigniaco. »

(1277, octobre.)

« Universis presentes litteras inspecturis, officialis archidiaconi Carnotensis in Perthico, salutem in Domino : Noverint universi quod, in nostra presencia constituti, Pasquerius de Virguto et Erenburgis ejus uxor confessi fuerint coram nobis se cepisse a viris religiosis abbate et conventu de Tyronio pratum suum quod vocatur Bonum-Pratum, situm in parrochia de Fretigniaco, inter pratum leprosarie de Ferreria ex una parte et juxta pratum defuncti Philipi de Virgulto ex altera, et abotat a parte inferiori vado *de la Devaiserie* et a parte superiori prato de Glatigniaco et prepositura suam quam habent in quarterio de Bri-

---

(¹) Vers 1580, les religieux de Tiron eurent un procès avec le roi et la reine de Navarre, à cause des hauts-bois dépendants de la métairie de la Heulière, paroisse de Happonvilliers, « lesdiz bois à prendre en tirant vers Corvées depuis ung grand fou-
» teau ayant trois branches marquez de deux darcz en pourtraicture et fleurs de lyz,
» et dudict gros fouteau tirant en droict fil jusques à ung chesne ayant deux branches,
» dont le gros d'icelluy chesne est placqué et marqué des deux coustez, et d'icelluy
» chesne continuant au droict fil jusques au ruisseau et torrent qui descend de la forest
» de Champront en l'estang dudict lieu de la Hullière. »

mont, tenendum, habendum et jure hereditario pacifice possidendum dictis Pasquerio et ejus uxori eorumque heredibus, pro decem solidis monete cursualis annui et perpetui redditus, reddendis ab eisdem Pasquerio et ejus uxore eorumque heredibus dictis religiosis vel eorum mandato, integre persolvendis ad Nativitatem Domini annuatim, videlicet octo solidis pro dicto prato et duobus solidis pro dicta prepositura. Pro quo redditu dictis abbati et conventui integre persolvendo a dictis Pasquerio, ejus uxore eorumque heredibus ad terminum antedictum, annis singulis, dicti Pasquerius et Erenburgis coram nobis obligaverunt dictis abbati et conventui se et heredos suos et omnia bona sua mobilia et immobilia, presentia et futura, et nos ipsum Pasquerium et ejus uxorem ad predicta tenenda sententialiter condempnamus. In cujus rei memoriam, nos, ad petitionem dictorum Pasquerii et ejus uxoris, dictis abbati et conventui presentes dedimus litteras sigillo nostro, una cum sigillis dictorum Pasquerii et ejus uxoris, sigillatas. Datum anno Domini M° CC° LXX° septimo, mense octobri. »

(*Orig. en parch.*)

CCCXCIX.

Abandon par le doyen de l'église du Mans de tout droit sur le prieuré de Montaillé.

(1280, 13 avril.)

« Johannes, decanus Cenomannensis, cunctis christicolis salutem : Cum nobis tam per litteras quam alia legittima documenta legittime constiterit nos, ratione spiritualis dignitatis nostri decanatus, super prioratu de Monte-Allerii et ipsius priore ac monachis in eodem manentibus, quamvis sint in diocesi Cenomannensi et infra metas jurisdictionis nostre, superioritatem, jurisdictionem, visitationem seu preeminentiam nullatenus habere, sed hec ad solum abbatem Tironensem omnino spectare. Nos enim, ut premissum est, de nostro jure ad plenum docti, recognoscimus et fatemur hec ad nos quovismodo temporibus futuris tam nobis quam successoribus nostris nullatenus spectare. In quorum testimonium, sigillum nostrum presentibus litteris duximus apponendum. Datum Cenomanni, in domo habitationis nostre, die decima tercia mensis apprilis, anno gratie millesimo CC^{mo} octuagesimo ([1]). »

(*Cart. de Tiron*, f° 55 r°. — Écriture du XVI° siècle.)

CCCC.

Exemption pour le prieuré du Moulin-Neuf de la dîme pour la Terre-Sainte.

« Littera de immunitate domorum Molendini-Novi, Yronii et Tyronelli,
» super decimam pape. »

(1280, 8 nov.)

« G[uillelmus], permissione divina, Rothomagensis archiepiscopus([2]), vices gerens reverendi patris S[imonis], Dei gratia, tituli Sancte-Cecilie presbiteri, apostolice sedis legati in omnibus que contingunt negotium Terre-Sancte, venerabilibus et discretis viris collatoribus decime in civitate et dyocesi Carnotensi constitutis, salutem et sinceram in Domino caritatem. Ex parte religiosorum virorum abbatis et conventus monasterii Tyronensis nobis extitit conquerendo monstratio quod, licet ipsi de omnibus bonis, proventibus et redditibus dicti monasterii simul, secundum antiquam estimationem legitime factam, ut asseritur, decimam solvere consueverint, nunc ipsos tamen ad solvendam decimam singularem de domo eorumdem quadam que Molendinum-Novum dicitur compellere nitimini, non obstante ipsorum summaria solutione predicta. Quapropter discretioni vestre, qua fungimur auctoritate, mandamus quatinus si predicti religiosi secundum antiquam estimationem predictam de omnibus et singulis bonis suis, proventibus et redditibus simul et summarie persolverint hactenus decimam, ad solvendam vobis decimam de domo sua predicta minime

---

([1]) Nous avons de fortes raisons de suspecter l'authenticité de cette charte.

([2]) Guillaume de Flavacourt, archevêque de Rouen de mars 1278 au 5 avril 1306.

compellatis, nisi forsan antiqua estimatio sepedicta legitime seu summarie, ut predicitur, de omnibus bonis suis facta non fuerit vel eorum redditus succreverint adeo quod major inde decima debeatur. Datum apud Deivillam, die veneris ante festum beati Martini hyemalis, anno Domini M° CC° octogesimo.

» Vobis autem super premissis vices et auctoritatem nostram committimus inquirendi. Datum ut supra. »

(*Vidimus orig. en parch. de* 1281.)

CCCCI.

Bulle du pape Martin IV prescrivant à tous tenanciers de l'abbaye de Tiron d'avoir à payer les cens et rentes dont ils sont tenus envers l'abbaye.

(1284, 17 avril.)

« Martinus episcopus, servus servorum Dei, dilecto filio scolastico ecclesie Cenomannensis, salutem et apostolicam benedictionem : Significarunt nobis dilecti filii abbas et conventus monasterii de Tironio, ordinis Sancti-Benedicti, quod nonnulli clerici tam religiosi quam seculares, barones, nobiles, milites et alii laici Cenomannensis, Carnotensis et Sagiensis civitatum et diocesium, qui domos, vineas, grangias, prata, nemora, molendina, jura, juridictiones et nonnulla alia bona immobilia sub annuo censu seu redditu a monasterio ipso tenent, censum sive redditum hujusmodi dictis abbati et conventui, ut tenentur, exhibere non curant, quanquam iidem clerici, barones, nobiles, milites et laici terras, domos, vineas, possessiones et alia loca predicta pacifice possideant et quiete ac fructus cum integritate percipiant eorumdem, propter quod dictis abbati et conventui ac ipsi monasterio non modicum imminet detrimentum. Cum autem pro parte dictorum abbatis et conventus super hiis ad nos habitus sit recursus, discretioni vestre per apostolica scripta mandamus quatinus, si est ita, dictos clericos, barones, nobiles, milites et laicos, quod censum seu redditum memoratum prelibatis abbati et conventui exhibeant integre ut tenentur, monitione premissa, per censuram ecclesiasticam, appellatione remota, justicia mediante, compellas, proviso ne in terras dictorum nobilium et baronum excommunicationis vel interdicti sententiam proferas nisi super hec a nobis mandatum receperis speciale. Testes autem qui fuerunt nominati si se gratia, odio vel timore subtraxerint, censura simili, appellatione cessante, compellas veritate testimonium perhibere. Datum apud Urbem-Veterem, xv kalendas maii, pontificatus nostri anno quarto. »

(*Orig. en parch.*)

CCCCII.

Don au prieuré de Montargis de six livres de rente sur le marché de Crèvecœur.

(1287, mai.)

« A tous ceuls qui ces présentes verront et oiront, Johen de Brucourt, chevalier, seigneur de Crevecour et de Vendeuvre, salut en Nostre-Seigneur : Sachent tous présens et à venir que je Johen ay donné et du tout en tout démis, baillié et délessié à Diu et à Saint-Sauvour de Tyron et au priour de Monthargis, en pure et perpétuel, franche aumosne et à tout jamais délessié, c'est à sçavoir six livres tourneis, un gros pour douze deniers en monnoie à la value, lesquex six livres lesdiz religious prendront par chacun an sus mon marchié de Crevecueur à deus termes, c'est à sçavoir septante souls à la Résurrection Nostre-Seigneur et septante sous à la feste saint Michiel. En surque tout je leur ay ballié et délessié toutes les terres qui sont de mon propre domaine, et sont apelées les Bruières de Monthargis, si comme ils se portent en lonc et en lé, en haut et en bas ; ovecques co je leur ay baillié et délessié toute la moute et disme que j'ay à avoir en la paroisse de Leaupartie. Toutes ces choses dessusdites, j'ay baillié aux devant diz moignes en pur et perpétuel échange, c'est à sçavoir pour la disme de mes maners de Crevecuer et de Vendeuvre, de Cléviller et de Busseval, ésquiex les devant diz moignes prenoient la disme de tout le pain qui estoit dépensé és devant diz maners, et des pors quand ils venoient de pesson, et des poulains de mes haras, et des poucins et des fromages, et pour la disme de mes moullins de Lyvée et de Torquelane, et pour la dreture du patronnage de quatre églises, c'est à sçavoir l'église de Nostre-Dame de Estrées, l'église de Lyvée, l'église de Saint-Peer, l'église de Saint-Vigour. Lesquelles églises et lesquelles dismes dessusdites lesdiz moignes me délièsent de tout en tout, à moy et à mes hers, pour l'échange dessusdit, et je devant dit Johen voil et octroy et promest sus bonne foy, pour moy et pour mes hers, que les devant diz moignes tiengnent les devant diz six livres, lesdictes terres et ladicte moute, sans nul empeschement de moy ne de mes hers. Et se les six livres n'estoient poiez au terme dessusdiz, pour chacun jour de deffaut de paiement, les devant diz moignes prendront et lèveront douze deniers tourneis chacun jour pour amende. Et derechef je devant dit Johan veil et octroy et promest sus bonne foy, pour moy et pour mes hers, que les devant diz moignes ou leur commandement fassent lour justice sur le marchié de Crevecuer, tant pour l'amende comme pour le principal. Et en confermement de toutes ces choses dessusdictes garantir et deffendre vers tous et contre tous, je oblige moy et mes hers perdurablement, et ay garny et scellé ces lettres du confermement de mon seel. Ce fut fait et scellé l'an de grâce mil deus cens quatre-vins et sept, ou moys de may. »

(*Copie sur pap. du XVIIe siècle.*)

CCCCIII.

Confirmation par le pape Nicolas IV des privilèges de l'abbaye.

(1290, 4 avril.)

« Nicolaus episcopus, servus servorum Dei, dilectis filiis abbati et conventui monasterii de Tyronio, ordinis Sancti-Benedicti, Carnotensis diocesis, salutem et apostolicam benedictionem : Cum a nobis petitur quod justum est et honestum, tam vigor equitatis quam ordo exigit rationis ut id, per sollicitudinem officii nostri, ad debitum perducatur effectum. Eapropter, dilecti in Domino filii, vestris justis supplicationibus inclinati, omnes libertates et immunitates a predecessoribus nostris

Romanis pontificibus per privilegia seu alias indulgentias vobis et monasterio vestro concessas, necnon libertates et exemptiones secularium exactionum a regibus et principibus ac aliis Christi fidelibus racionabiliter vobis et monasterio predicto indultas, sicut eas juste et pacifice obtinetis, vobis et per vos eidem monasterio auctoritate apostolica confirmamus et presentis scripti patrocinio communimus. Nulli ergo hominum liceat hanc paginam nostre concessionis infringere vel ei ausu temerario contraire. Si quis autem hoc attemptare presumpserit, indignationem omnipotentis Dei et beatorum Petri et Pauli apostolorum ejus se noverit incursurum. Datum Rome, apud Sanctum-Petrum, II nonas aprilis, pontificatus nostri anno tercio. »

(*Orig. en parch.*)

CCCCIV.

Sauve-garde par le pape Nicolas IV pour les biens de l'abbaye.

(1290, 9 avril.)

« Nicolaus episcopus, servus servorum Dei, dilectis filiis abbati et conventui monasterii de Tironio, ordinis Sancti-Benedicti, Carnotensis diocesis, salutem et apostolicam benedictionem : Ex parte vestra fuit propositum coram nobis quod nonnulli clerici et laici, asserentes se in vos aliquid questionis habere, aliquando monachos, interdum conversos et nonnunquam animalia et alia bona monasterii vestri, pretextu cujusdam prave consuetudinis, temeritate propria invadere ac tamdiu detinere presumunt donec sit eis de hujusmodi questionibus juxta ipsorum beneplacitum satisfactum, quanquam jurisdictionem qua hoc possint in vos non habeant ordinariam seu etiam delegatam. Cum itaque judicialis ordo sit ideo in medio constitutus ut nemo sibi presumere audeat ultionem, et ob hoc id tamquam nullo jure subnixum non sit aliquatenus tolerandum, nos volentes quieti vestre consulere ac predictorum maliciis obviare, auctoritate presentium districtius inhibemus ne quis, occasione predicte consuetudinis, vobis memoratas inferre molestias ac bona monasterii antedicti absque juris ordine vadiare, invadere seu quomodolibet detinere presumat. Nulli ergo omnino hominum liceat hanc paginam nostre inhibitionis infringere vel ei ausu temerario contraire. Si quis autem hoc attemptare presumpserit, indignationem omnipotentis Dei et beatorum Petri et Pauli apostolorum ejus se noverit incursurum. Actum Rome, apud Sanctum-Petrum, vidus aprilis, pontificatus nostri anno tercio. »

(*Orig. en parch.*)

CCCCV.

« *Comment ceux de Fresnoy ont le pasturage és bois du Chastelier, un may, l'espine et fougère, et non aultre usaige.* »

(1289/90, 20 mars.)

« A tous ceux qui verront cestes présentes lettres, le baillif de Châteaudun, salut en Nostre-Seigneur : Saichent tuit que comme content feust entre l'abbé et le couvent de Tiron et le prieur et le couvent de Bouche-d'Eugre, par réson de la prieuré de Bouche-d'Eugre, d'une part, et le commun pueble de la gent de Fresnoy d'autre part, sur ce que ledit commun disoit et proposoit contre les religieus dessus dits que ledit commun estoit, et avoit esté de si longtems comme il povoit souvenir à mémoire d'omme, en sésine de prendre et d'avoir ou bois desdits religieus, lequel est appelé le bois des Chastelliers, une charretée de bois, chacun an, en la veille de la Nativité saint Jehan-Baptiste, liée à hars et amenée d'ommes et de fames à ladite ville de Fresnoy ; derechef en sésine, de si longtemps comme il peut souvenir à mémoire d'omme, de prendre et d'avoir audit bois l'usaige au mort bois à ardoir, le pasturaige à leurs bestes, la fogère, l'espine à fère leurs hars, le plard à leurs vignes plaier, le genest et toute autre manière de bois, excepté le chesne ; lesdits religieus niant les choses dessus dites et affirmant ledit bois à eulx appartenir par réson de la prieuré dessus dite : à la parfin, après moult de plez et moult de riotes eues sur les choses dessus dites, Pierre Pelé et Ernold Morchoaine, procureurs généraux chascun pour le tout dou commun dessus dit, et frère Jehan Leborgne, procureur général desdits religieus, ayant les procureurs dessus dits plain povoir et espécial commendement de eulx mettre en mise et de fère compromis sur le contenz dessus dit et d'aler en compromis et de fère toutes choses que bon procurateur peut et doit fère en toutes causes, se mistrent en mise et firent compromis sur le contenz dessusdit en noble homme Monsieur Simon de Memberolles, chevallier, et en sieur Estienne Malebranche, bourgois de Chasteaudun, haut et bas, en la court de Châteaudun, ensi toutes voies que, se les deus arbitres dessus dits ne se povent accorder en une sentence ou en un dit, ils devoient bailler à mon baillif dessus dit leur descort, et nous en devions fère et pourrions ce que nous verrions que seroit à fère ; et promistrent les parties dessus dites à tenir et garder, sur l'obligement de tous leurs biens, ce qui seroit fet et ordonné par les arbitres dessus dits se il y avoit acort, et se ils n'estoient à acort, ce que nous baillif dessus dit en ferions ou ordenerions. Lesquels arbitres, appelez par devant eulx les procureurs dessus dits, allèrent avant audit compromis et le plet entamé des parties dessus dites et tesmoing et preuves d'une partie et d'autre sur le contenz dessus dit, lesdits arbitres, oïes les résons d'une partie et d'autre, ne porent acorder à une sentence et nous baillèrent leur descort, et nous renvoièrent les parties à ouïr nostre ordonnance et nostre dit sur les choses dessus dites. Et nous présenz en plaine assise, le mecredi après la mi-quaresme, Pierre Pelé et frère Jehan Leborgne, procureurs dessus dits, requérans que nous disions nostre dit et nostre ordonnance sur les choses dessus dites, veues et entendues les résons d'une partie et d'autre, instrumens, lettres et dépositions des tesmoinz et toutes autres choses qui nous povoient esmouvoir, deismes nostre dit et prononçasmes en la manière qui s'ensuit, c'est assavoir que ledit commun aura à tousjours mès oudit bois des Chastelliers le pasturaige à leurs bestes, exceptées chièvres, de la tierce feuille, et un may, l'espine, le genest, la fogière tant seulement, et absolvismes lesdits religieus, ou nom de la prieuré dessus dite, de toutes les autres choses que ledit peuple commun demandera à avoir au bois dessus dit. En tesmoing de ce, nous avons donné ausdits religieus cestes lettres scellées du scel de la court de Châteaudun. Ce fut fet le mecredi dessus dit, l'an de grâce mil deus cenz quatre-vingtz et neuf. »

(*Orig. aux Archives du château du Bouchet.*)

CCCCVI.

Confirmation des droits de l'abbaye dans les bois de la seigneurie de Longny.

(1296, 3 avril.)

« A touz ceulx qui verront ces présentes lettres, je Gazot, seigneur de Loigny, fais à toutz à savoir que les religieux de Tyron ont en mes boaiz du Sausay, du Grant-Pleisseiz, de Loigny, de Bertoncelles, de Coulonges, de Rémalart, de Condey, pour usaige à maisonner, chaufer et tout autre, et pesson et pasture pour leurs pourceaux et autres bestes, par la donnoison de Goffroy, mon ancessour, sire pour lors de Loigny. Lequel don je conferme et octroye auxditz religieux et leur vueil estre fermement à tousjours gardé. Donné soubz nostre scel le tiers jour d'avril l'an mil CC quatre vingtz et seze. »

(*Orig. en parch.*)

CCCCVII.

Reconnaissance du droit de visite de l'abbé de Tiron en l'abbaye d'Arcisses.

(1298/9, 21 janv.)

« Universis presentes litteras inspecturis, frater Egidius, abbas humilis de Arsiciis, totusque ejusdem loci conventus, salutem in Domino sempiternam : Noverit universitas vestra quod cum venerabilis pater noster Symon, Dei gratia, Tyronensis monasterii abbas, ad abbatiam nostram, tanquam ad filiam propriam monasterii Tyronensis, causa visitationis, accessisset, die lune post Cathedram sancti Petri, anno Domini M° CC° nonagesimo octavo, ipsum tanquam patrem ac dominum cum suis ad visitandum et corrigendum cum gaudio suscepimus, eidem patri reverentiam, ut tenemur, et obedientiam, prout moris est, exibentes, confitentes abbatem Tyronensem habere super nos omnem juridicionem tanquam in subditos suos et in monachos Tyronenses, volentes et concedentes quod tam ipse quam successores sui futuri abbates Tyronenses in abbatia nostra de Arsiciis predicta, tam in temporalibus quam in spiritualibus, tam in abbate quam in conventu, libere inquirant, visitent et corrigant ea que secundum Deum et ordinem in nostra abbatia corrigenda invenerint, seu etiam reformando quocienscumque necesse fuerit et viderint expedire, promittentes tamquam filii obediencie nos firmiter observaturos ea que in nostro monasterio predicto duxerint statuenda, officii sui debitum incipiendo. In cujus rei testimonium et certitudinem, sigilla nostra presentibus litteris duximus apponenda. Datum et..... in capitulo et hora capituli, anno et die predictis. »

(*Orig. en parch.*)

CCCCVIII.

Reconnaissance des droits de l'abbaye dans les seigneuries d'Alluyes, de Montmirail et de Nogent-le-Rotrou.

(1310, 17 août.)

« Robert de Flandres, chevalier, seigneur de Cassel, au baillif, procureur, receveur et à noz autres gens és terres noz d'Alluye, Montmirail et Nogent-le-Rotrou, salut et dilection : Les religieux abbé et couvent de l'abbaye de Tiron ou Perche se sont à nous doulus que, comme ilz aient et doyent avoir en et sus noz terres prouchainement dictes plusieurs redevances de grains et de deniers, c'est à savoir sur nostre prévosté de Nogent-le-Rotrou quarante-une livres et demie, sur nostre prévosté de Riveré quatre livres, et sur nostre prévosté et recepte de Montigny et de Nonviller trois livres ; item sur noz moulins de la Poterie six muys, trois de froument et trois de seigle, sur noz moulins de Braou troiz muys de froument, sur noz sales de Montigny un muy de blé, sur nostre moulin de la Chaucée de Montigny un muy de blé, et sur nostre recepte de Chacent un muy d'aveyne et dix solz, néantmoyns puys trois ans en ça on leur a fait faulte de payer lesdictes redevances, en leur grant grief, qui ne pourroyent faire le divin service se ilz n'estoient de leurs revenues soubstentés. Et pour ce nous, qui voulons le bien de ceste église et qui avons esté premièrement informés, tant par lettres comme autrement, de leurs redevances dessus dites, vous mandons et destroictement enjoignons que, dedans Noël prouchain venant, vous livrés et payés ou facés livrer et payer auxdictz religieux leurs arrérages dessus dictz, et dès ores en avant par chacun an à tousjours leurs payés et facés payer leurs dictes redevances és termes acoustumés, car aynsy le voulons estre fait. Et voulons que, en raportant ces présentes ou vidimus d'ycelles et quictances desdictz religieux, les arréraiges que vous aurés payés vous soyent aloués en voz comptes. Donné soubz le sael de nostre bailliage d'Alluye, le diz et septiesme jour d'aoust mil trois cens et dis. »

Signé : J. Guidonis.

A cette charte est jointe la cédule suivante :

« Jehanne de Bretaigne, dame de Cassel, à nostre receveur és parties du Perche, salut : Nous voulons et vous mandons que vous payés ou facés payer as religieux de Tiron ou Perche les rentes ou redevances contenues és lettres de feu nostre très cher et bien-amé seigneur, asquelles ces présentes sont annexées, et ce que vous arés payé, nous voulons qu'il vous soit aloué par les genz de nos Comptes. Donné à Paris, le disiesme jour de décembre, l'an mil trois cens quarante et sept. »

(*Orig. en parch.*)

CCCCIX.

Certificat de la visite faite par l'abbé de Tiron au Saint-Siège.

(1350, 27 mars.)

« Universis presentes litteras inspecturis, Stephanus, miseratione divina, sancte Arelatensis ecclesie archiepiscopus, domini nostri pape camerarius, salutem in Domino : Universitati vestre tenore presentium innotescat quod cum venerabilis in Christo pater dominus frater Henricus, abbas monasterii Sancte-Trinitatis de Tironio, Carnotensis diocesis, ordinis Sancti-Benedicti, teneatur, singulis annis, curia citra montes existente, sedem apostolicam visitare, sedem ipsam, pro uno anno proximo nunc transacto, per venerabilem et discretum virum dominum Stephanum Bedelli, decanum de Nogento-Rotrodi, procuratorem suum ad hoc specialiter constitutum, cum devotione debita, visitavit ; nichil tamen dictus procurator, visitationis hujus' nomine, camere dicti domini nostri pape obtulit vel servivit. In cujus rei testimonium, presentes litteras fieri fecimus et sigilli camerariatus nostri appensione muniri. Datum Avenione, die xvii^a mensis martii, anno Domini millesimo trecentesimo quinquagesimo, indictione ii^a, pontificatus sanctissimi patris et domini nostri domini Clementis, divina providentia, pape vi anno octavo. »

(*Orig. en parch.*)

CCCCX.

Reconnaissance par l'abbaye du Tronchet de la suprématie de l'abbaye de Tiron.

(1378, 7 juin.)

« Cunctis notum facimus nos Robertus, humilis abbas monasterii Beate-Marie de Troncheto, ordinis Sancti-Benedicti, Dolensis diocesis, totusque ejusdem loci conventus quod monasterium nostrum de Troncheto predictum quondam cella fuit monachorum Tironensium, et post per abbatem Tironensem creata fuit et facta abbatia, retentis abbati Tironensi que infra sequuntur. Habet enim abbas Tironensis in et super nostrum monasterium et nos omnes abbatem, priores et alios religiosos, conjunctim et divisim, tam in monasterio quam extra manentes, omnimodam potestatem visitandi, corrigendi, puniendi, reformandi et statuendi, in perpetuum vel ad tempus, tam in divinis officiis, cerimoniis, modo vivendi et ceteris spiritualibus et temporalibus quibuscumque, secundum quod sibi visum fuerit expediens, potestque in nostro predicto monasterio novos monachos creare et alios obedienciarios mittere, quos in nostro monasterio predicto vel in prioratibus ubi miserit recipere tenemur, et inde etiam potest recipere et sub Tironio sive sub Troncheto obedienciarios mittere. Abbatis quoque nostri predicti monasterii de Troncheto electio et omnimoda disposicio ad monasterium Tironense spectat; qui etiam si criminosus, dilapidator vel alias indignus seu minus ydoneus in regimine spiritualium vel temporalium inventus fuerit, ipsius remotio et alia quevis ordinacio ad abbatem Tironensem spectat; sic etiam et de prioribus, officiariis ceterisque administratoribus nostri predicti monasterii de Troncheto facere potest. Nec potest abbas de Troncheto in monasterio ipso administrare nec recipi debet, quousque solita in monasterio Tironensi juramenta in ipso Tironensi capitulo prestiterit, nisi ad hoc abbatis Tironensis licencia interveniat; quod si prius monasterium ipsum de Troncheto intraverit vel in eo administraverit, per abbatem Tironensem ab administratione suspendi potest, et alius quousque satisfecerit administrator poni. Abbas quoque nostri predicti monasterii de Troncheto omni anno ad capitulum generale Tironense ire tenetur, et si legitime excusatus est mittere tenetur secundum statuta monasterii Tironensis, et nisi nuncium miserit, excommunicatus est quousque satisfecerit et penas duplicum expensarum exsolverit quas fecisset eundo, stando et redeundo. Abbati quoque Tironensi, quando noviter venerit, in recognicionem superioritatis sue, tenemur tam abbas quam nos omnes et singuli priores et alii in monasterio et extra manentes ad obedienciam manualem. Quando autem monasterium nostrum predictum visitat, expensas quas fecerit in veniendo et redeundo, vel si maluerimus quindecim libras turonenses, eidem persolvemus; quod si aliquem mittat, ejus expensas vel medietatem dicti precii, si maluerimus, persolvemus. Cum vero, causa visitacionis vel alias quovismodo, ad ipsum monasterium nostrum de Troncheto declinaverit, quamdiu in ipso manserit, ipse cum suis, tanquam proprius abbas de Troncheto, expensis et aliis quibuscumque omnimode tractabitur et recipietur. Et universaliter super nostrum predictum monasterium de Troncheto et prioratus eidem subjectos, nosque omnes et singulos, abbatem, conventum, priores, officiarios ceterosque religiosos, tam conjunctim quam divisim in monasterio et extra manentes, tam in spiritualibus quam in temporalibus, habet abbas Tironensis easdem superioritatem, jurisdictionem et aliam quamvis disposicionem immediatas quas habet et habere potest in proprios monasterium et monachos Tironenses : hec enim sibi retinuit quando noviter (¹) nostrum monasterium abbatiam creavit. In quorum testimonium et recognitionem sigilla nostra presentibus litteris duximus apponenda. Actum in capitulo nostri predicti monasterii, nobis in ipso propter hoc capitulantibus, de unanimi omnium nostrum voluntate et assensu, die septima mensis junii, anno Domini millesimo trecentesimo septuagesimo octavo. »

(*Livre blanc de l'abbaye de Tiron*, f° 226 r°.)

CCCCXI.

Reconnaissance du droit de foire de l'abbaye dans le bourg de Frétigny.

(1395, 29 nov.)

« A noble homme et puissant seigneur Monseigneur le bailly de Chartres, commissaire du Roy nostre sire en ceste partie ou à vostre lieutenant à Chartres, Jehan Leroux, sergent du Roy nostre sire et le vôtre, honneur, service et révérence ovecque toute obéissance à son très-cher seigneur. Plèse vous savoir que, de la partie de religieux homme et honneste frère Julian Groays, procureur de religieux hommes et honnestes l'abbé et couvent de Tiron, m'ont esté présentées unes lettres du Roy nostredit seigneur, ausquelles ceste moye relation est attachée soubz mon seel : par vertu desquelles lettres je, le XXIX° jour

---

(¹) L'histoire de l'abbaye du Tronchet est assez obscure, et l'on n'est pas d'accord sur la date même de sa création. Les rares historiens qui ont dit quelques mots de cette abbaye font généralement remonter son érection à la seconde moitié du XII° siècle : d'après le texte de cette charte, il semble qu'on doit la fixer seulement à la seconde moitié du XIV° siècle.

de novembre l'an mil CCC quatre-vins et quinze, me transporté au lieu de Frétigny, partie en la chastellenie de Riveré soubz monseigneur de Bar, et partie soubz lesdictz religieux, tenans nuement du Roy nostre sire, et pour ce que je trouvé lesdictz religieux en saisine et pocession d'avoir une faire audit lieu de Frétigny à la saint André(¹), durant ladicte faire dès midy de la veille jusques à midy de lendemain de ladicte feste, et les trouvé en saisine et pocession de bailler toutes mesures à vin et autres, et d'avoir et exercer toute haute justice, basse et moyenne, ledit temps durant, tant sur les gens habitans soubz monseigneur de Bar dessusdit et autres seigneurs comme sur les leurs, en la ville et parroiche de Frétigny, et les trouvé en saisine et pocession d'avoir baillé mesures à vin à un appellé Jehannot Moreau qui tenoit taverne en la terre de mondit seigneur de Bar. Je, à la requeste dudit procureur desditz religieux, dis à Jehan le banier et autres que je yceulz religieux maintenoye et gardoye és saisines et pocessions dessus dictes, en quoy je les avoye trouvés estre, et disoit leurdit procureur avoir esté anciennement et de touz temps; contre lequel esplet ledit Jehan le bannier se opposa à toutes fins et à tout deffendre; et après ce je pris et mis la choze contencieuse en la main du Roy nostre sire comme souveraine. Et pour ce que vous estiés le plus prouchain juge royal du lieu et de la chose dont est contencion, je assigné jour audit bannier le lundy après Quasimodo prouchain venant par devant vous ou vostre lieutenant à Chartres pour dire les causes de son opposicion, procéder et respondre auxdiz religieux et aler avant au cas d'entr'eulx, ainsy comme il appartendra de reson, et selon ce que contenu est ésdictes lettres royaux. Et ce, mon très cher seigneur, je vous certifie estre vray par ceste présente moye relacion scellée de mon propre seel, duquel je use en mondit office. Donné l'an et moiz et vint et ix⁰ jour dessusdiz. »

(*Orig. en parch.*)

(¹) La foire de la Saint-André à Frétigny a dès longtemps disparu : le bourg a perdu beaucoup de son importance et n'a même plus de marché aujourd'hui.

CCCCXII.

Accord pour la présentation à la chapelle de Saint-Léonard de Bacqueville.

« De Basquevilla. »

(1401, 21 juin.)

« A tous ceulx qui ces lettres verront ou orront, Guillaume Martel, chevallier, seigneur de Basqueville, conseiller chambellan du Roy nostre sire, salut : Comme il soit ainsi que, à la chapelle Saint-Liénart estant en mon chastel de Basqueville, vacant par la franche et simple résignation de honnorable et discrète personne maistre Giles d'Estouteville, conseiller du Roy nostredit seigneur et maistre des requestes de son hostel, naguères chapellain derrenier d'icelle chapelle, j'aye présenté maistre Robert d'Ynarville à très révérend père en Dieu Monseigneur l'archevesque de Rouen ; et depuis ce dam Michiel Auchier, prieur de la prieurté d'icelluy lieu de Basqueville, se soit devers moy trait, disant à luy appartenir la présentation d'icelle chapelle à cause et par raison de sadicte prieurté, par le don et fondation de mes prédécesseurs seigneurs de Basqueville, que Dieu absoille, requérant que de madicte présentation je me vousisse départir. A laquelle requeste je n'ay pas voulu obtempérer, pour ce que je tien de certain icelle présentation à moy appartenir à cause et par raison de madicte seigneurie et terre de Basqueville, et non pas audict prieur. Savoir fais que pour ce que ledict prieur m'a accordé que en ladicte présentation ainsi faicte par moy, il ne mectra point de débat quant à ceste foys seullement, je veul et luy accorde que icelle présentation ne luy porte aucun préjudice en aucune manière ne à ses successeurs pour le temps advenir, maiz luy demourront toutes ses droictures et raisons sauves telles comme au devant de ladicte présentation ; car ce n'est point mon entente par icelle présentation ne par aultres choses quelxconques amenuysier les droiz d'icelle prieurté, mès les voil accroistre et augmenter au plaisir Dieu, à tout mon pouair. En tesmoin de ce, j'ay scellées ces lettres de mon propre seel, qui furent faictes l'an de grâce mil CCCC et ung, le xxi° jour de juing. »

(*Cart. de Tiron*, f° 89 r°. — Écriture du XVIe siècle.)

CCCCXIII.

Notice de l'incendie de l'abbaye par le comte de Salisbury.

(1428, 13 juin.)

« Thomas de Monteacuto, comes Salesberiensis, alias *de Salebry*, multis peditum et equitum Anglorum copiis stipatus, cum iret ad obsidendam Aurelianensem urbem seu ad obsidentes confortandos, in monasterio de Thironio tunc in edificiis sumptuose hospitatus est, et, cum discedere voluit, ignem in ecclesia, domibus et edificiis illius apponi fecit, et totum monasterium igne combustum fuit. Et statim apud Aureliam ipse comes, ex lapide e tormento misso percussus, interiit anno M° IIII° XXVIII. Sic Deus suos persecutores punire consuevit ([1]). »

(*Livre blanc de l'abbaye de Tiron*, f° 265 v°.)

([1]) Dans une sorte de *Journal*, rédigé en 1468 par un moine d'Arcisses, on trouve les détails suivants sur l'incendie de l'abbaye de Tiron : « Le 12e jour de juing de l'an 1450 (c'est évidemment 1428 qu'il faut lire), le conte Salisbury, général anglois, pillard et cruel, qui se dit conte du Perche, avec deux autres seigneurs anglois, vindrent, sur les quatre heures du soir, à Tyron, par fourme de promenade et de passetemps, et pour se païer de curiosité, ils demandoient à visiter l'abbaie. Paroissant satisfaits, ilz se retiroient le soir avecque politesse. Le soir, on apprinst que ils pilloient et brusloient le vieux manoir des Grandes-Bordes, paroisse d'Autou. Le prieur Houssard pensa que cette visite n'estoit qu'ung prétexte, envoya prestement quérir tous les seigneurs ès environs, les priant vouloir venir, veu sa détresse, faire bonne et seure garde en l'abbaïe pendant la nuict. La garde des chastelains fut vaine, les Anglois ne vindrent de la nuict.

» Le lendemain matin 13, Raimbert, docteur ès droits, parent de Houssard, s'adventura à la descouverte du costé des Bordes, recogneut que les troupes angloises s'apprestoient à se mettre en marche, que, estant bien supérieurs aux gardiens de l'abbaïe, vint les advertir de sortir, qu'ils estoient en grand danger.

» La rencontre se fist au Pilory, sur le vieil chemin de Tyron à Nogent. Les Anglois

CCCCXIV.

Reconnaissance du revenu appartenant au prieuré de la Madeleine de Réno sur la prévôté de Mortagne.

(1467, 5 sept.)

« Je Jehan, duc d'Alençon, per de France, conte du Perche et viconte de Beaumont, à nostre recepveur du Perche, salut : Repceu avons l'umble supplication de noz bien amez en Dieu les religieux abbé et couvent de Thiron, contenant que, par le don et augmentation de Messieurs noz prédécesseurs, iceulx supplians eussent droit d'avoir et prendre, chacune sepmaine, sur nostre recepte et prévousté de Mortaigne, ungne grand somme et ung boisselet de sel, par chacun an xvii livres en deniers à plusieurs termes, dont depuis nostre très cher seigneur et aïeul le conte Pierre d'Alençon, que Dieu pardoint, considérant la diminution du revenu dudict lieu de Mortaigne pour l'occasion des guerres qui avoient heu cours, et en ensuivant certaines compositions faictes à certain temps par Messieurs ses prédécesseurs avecques lesdiz religieux, eust ordonné que iceulx religieux et le prieur de la Magdalène de Regno, membre de ladicte abbaye, auquel appartenoit ledict boisselet de sel, auroient et prendroient, pour et au lieu dudict

---

taillardèrent avecques d'exécrables meschancetez les seigneurs qui avoient prins la deffense des moynes. Plusieurs, après estre taillladés, avoient esté pendus. Dessoubz le corps de Belainville, les Anglois avoient escript sur l'arbre :

« A la mémoire éternelle
» Du bougre messire de Belainville. »

» Après le combat, Sarisbury vint à l'abbaïe trouver l'abbé et luy dit : « Si d'icy à
» demi-heure tu ne m'as fourni quatre mil escus en argent monnoié et joyaux, je te
» fais passer de vie à trespas. » Par contraincte, l'Anglois fut satisfaict et non content ; en partant, il fit mettre le feu à l'abbaïe qui fut bruslée. Les moines et habitans tout en larmes veirent partir l'Anglois bien monté des cavales et chevaux dont il prist les meilleurs, et bien bagué et garni d'argent aux despens du pays. Des esclaireurs restoient pour empeschement de esteindre le feu. »

sel et d'iceulx xvii livres de rente, c'est assavoir l'abbé et couvent dudict lieu la somme de cinquante livres tournois, et ledict prieur soixante solz, le tout par chacun an au terme de Toussains, et tant comme il plaira à nostredict seigneur et aïeul, et sans ce que icelle composition et accord puisse porter aulcun préjudice à luy ne ausdiz religieux, ainsi que toutes ces choses estoient portées par lettres sur ce faictes : Au moyen desquelles, et pareillement de celles de ma très chère dame et mère, que Dieu absoille, iceulx supplians et mesmement ledict prieur de Regno heussent heu paiement sur nostre recepte et prévousté de Mortaigne desdiz cinquante livres et lx solz par an, jusques au commencement des guerres qui dernièrement ont heu cours, pendant lesquelles et que les Anglois ont occupé nostredict pays du Perche le paiement d'icelle rente a esté discontinué, et à celle occasion, depuis la réduction et recouvrance de nostredict pays qui fut en l'an mil IIII° XLIX, vous et aultres noz recepveurs qui ont esté avez contredit au paiement d'icelle rente, et encore faictes de présent, sans sur ce avoir provision de nous, dont iceulx religieux nous heussent supplié et requis. Et pour leur pourvoir et après ce que les tiltres et enseignemens d'iceulx supplians auroient esté veuz, nous heussions faict veoir en la Chambre de noz Comptes les comptes de ladicte recepte de Mortaigne pour sçavoir et cognoistre du paiement et possession de ladicte rente, ainsy de la diminution et revenu dudict lieu pour occasion desdictes dernières guerres ; et pour icelles choses sçavoir et examiner bien au long eussions différé la requeste d'iceulx supplians par le temps et espasse d'ung an et environ, Nous, derechef veuz en nostre Conseil les lettres de la création d'icelle rente, et pareillement les lettres de la composition faicte au temps de ladicte somme de liii livres tournois par chacun an, tant du temps de mondict seigneur et aïeul que de madicte dame et mère, et aussi le rapport de noz gens des Comptes, qui nous ont tesmoigné avoir trouvé, és comptes de ladicte recepte, le paiement et possession de ladicte somme de liii livres par an avoir esté faict ausdiz religieux et prieur jusques à la venue desdiz Anglois, qui fut en l'an mil IIII° XVII, et aussi regard à la diminution de nostre revenu dudict lieu de Mortaigne, pour l'occasion desdictes dernières guerres, voulons et ordonnons que jusques à six ans prochains venant, ou tant comme il nous plaira, et jusques ad ce que vous aiez mandement de nous sur ce contraire, et en attendant que plus amplement y peussions pourvoir, iceulx religieux aient et preignent sur nostredicte recepte de Mortaigne, c'est assavoir iceulx abbé et couvent la somme de xxv livres tournois et ledict prieur LX solz, le tout par chacun an, au terme de Toussains, à commencer le paiement à la Toussains prochain venant, se vostre recepte le peult porter, oultre l'estat à vous ordonné pour ceste année, et sinon à commencer de la Toussains prochain venant en ung an. Si vous mandons que lesdiz religieux et prieur vous paiez d'ores en avant des sommes dessusdictes : mandons aussi à noz amez et féaulx les gens de noz Comptes que par rapportant ces présentes coppies ou vidimus d'icelles et quictances, sur ce ilz vous allouent en voz comptes ce que vous aurez paié à la cause dessusdicte et rabbattent de vostre recepte sans aulcun contredict. Toutesfoys nous ne voulons que ceste composition ou accord puisse pour le temps advenir porter aulcun préjudice à nous ne ausdiz religieux et aulcune manière. Donné en nostre ville d'Alençon, le cinquiesme jour de septembre l'an mil IIII° LXVII. »

(*Vidimus* de René, duc d'Alençon, de 1486. — Fragment d'un Cartulaire du XVI° siècle, intitulé *Cartulaire de Blois et de Dunois*.)

CCCCXV.

Visites des abbayes et prieurés dépendant de l'abbaye de Tiron.

(1484-1559.)

« Visitatio monasterii Beate-Marie de Troncheto. »

(1484, 13 novembre.)

« Anno Domini millesimo quadringetesimo octuagesimo quarto, die vero XIII^a mensis novembris, venerabilis et religiosus vir frater Philibertus *Haizon*, presbiter prior prioratus de Castaneis, ordinis Sancti-Benedicti, Carnotensis diocesis, vicarius et nomine vicariato reverendi patris domini Leoneti, abbatis monasterii Sanctissime-Trinitatis de

Thironio, dicti ordinis et diocesis, prout de vicariatu suo prompte edocuit, personaliter accessit, circa horam terciam post meridiem ejusdem diei, apud monasterium Beate-Marie de Troncheto, dicti ordinis, Dolensis diocesis, et, nomine predicto, intravit ecclesiam dicti monasterii de Troncheto, et, eo facto, visitavit et inspexit majus altare, exiens in choro dicte ecclesie, necnon capellanias ipsius ecclesie, et, ibidem assistentibus secum et comparentibus in ecclesia dicti monasterii et postmodum extra ecclesiam hujusmodi viris religiosis et honestis fratribus Matheo *le Garengier*, priore prioratus *de Roslendrieuc*, dicti ordinis et diocesis Dolensis, membri a dicto monasterio de Troncheto immediate deppendentis, et fratre Johanne *Guéron*, sacrista ejusdem monasterii de Troncheto, exposuit et verbis planis extricavit is dominus vicarius quod ipse, tanquam vicarius dicti domini abbatis de Thironio, missus erat expresse ad visitandum et reformandum hujusmodi monasterium de Troncheto tanquam membrum ab ipso monasterio de Thironio deppendens et ei tanquam matrici ecclesie subjectum in omni visitacione, punicione, correctione et reformacione a primeva fundacione et erectione dicti monasterii de Troncheto. Quibus dictis et prolatis, illico injunxit is dominus vicarius quandam vitrariam super altare capelle Sancti-Jacobi in dicto monasterio seu ecclesia de Troncheto erecte, que vitraria indigebat reparacione, condecenter reparari, eciam quandam voutam fractam, in medio quasi ejusdem ecclesie existentem, injunxit reparari sicuti decet et quam cicius fieri poterit, propter eminens periculum quod ob deffectum reparacionis hujusmodi evenire posset. Postmodum memoratus dominus vicarius inquisivit de ritu divini cultus eadem in ecclesia de Troncheto celebrati, cui domino vicario respondit dictus sacrista quod divinus cultus ita condecenter et honorifice fiebat ibidem quod dominus dux loci, qui est dux Britannie, erat super hoc contentus. »

« Visitatio prioratus de Castaneis. »

(1485, 8 nov.)

« Anno Domini M° CCCC^{mo} octuagesimo quinto, die vero viii^a mensis novembris, reverendus in Christo pater et dominus Leonetus, permissione divina, abbas Thironensis monasterii, ordinis Sancti-Benedicti, Carnotensis diocesis, visitans prioratum de Castaneis, ordinis Sancti-Benedicti et diocesis supradicti, membrum a predicto monasterio immediate deppendens, eumdem dominum abbatem visitantem recepit religiosus vir et honestus frater Philibertus *Haizon*, ejusdem loci prior, qui, reverenter et honorifice, signum crucis cum aqua-benedicta portans, eidem domino abbati in introitu ecclesie dicti loci obviavit, et eodem crucis signo per ipsum dictum abbatem osculato aquaque benedicta dispersa, desponsorio eciam cum versiculo et oratione de beato Egidio, sub cujus vocabulo hujusmodi prioratus fundatur, dictis submissa voce, deprecatione quoque fusa ad Dominum pro deffunctis more solito, statim injunxit is dominus visitans religioso viro fratri Matheo *Leroy*, presbitero, ibidem tunc residenti et personaliter assistenti, ut ipse crastina die de mane sit paratus ad celebrandam missam coram ipso domino abbate visitanti, et, hiis actis, postquam prospexit edificium ejusdem ecclesie commode et decorabiliter inchoatum, laudavit opus illud et ortatus est dictum fratrem Philibertum *Haizon*, priorem predictum, ut ipse perficere faciat edificium hujusmodi quam primum sustinere poterit. Affuerunt ibidem nobilis vir Guillelmus *du Moustier*, scutifer, Clarimontensis diocesis, et religiosus vir frater Petrus *de Montireau*, presbiter, prior Sancti-Michaelis-de-Cole, Cenomannensis diocesis. »

« Visitatio prioratus de Sancto-Anthonio. »

(1485, 9 nov.)

« Anno predicto, die vero nona mensis novembris, prefatus dominus abbas Thironensis monasterii visitavit prioratum Sancti-Anthonii, dicti ordinis, a monasterio Sancti-Laurentii de Vado-Alneti, ordinis Thironensis, Cenomannensis diocesis, membrum immediate, mediate vero a dicto Thironensi monasterio deppendens : quem dominum abbatem visitantem religiosus vir et honestus frater Matheus Regis, presbiter, prior ejusdem loci, indutus albis vestibus, cum cruce et aqua-benedicta honorifice admisit, signoque crucis sibi per dictum priorem presentato osculato reverenter, aquaque benedicta aspersa, responsorioque cum versiculo et oratione de beato Anthonio cum nota decantato, oratione vero postmodum fusa ad Dominum, more solito, pro deffunctis, ac collatione corporali facta per ipsum dominum visitantem, illico injunxit is dominus visitans dicto fratri Matheo Regis priori ut ipse faciat unum missale ad usum dicti loci quodque reparet victrinas capelle dicti loci, quam citius et commode fieri poterit. Affuerunt religiosi viri fratres Philibertus *Haizon*, prior de Castaneis, Michael *Ameline*, Petrus *de Montireau*, presbiteri, necnon nobilis vir Guillelmus *de Moustier*, scutifer. »

« Visitatio monasterii de Vado-Alneti. »

(1485, 9 nov.)

« Anno Domini M° CCCC° octuagesimo quinto, die nona mensis novembris, reverendus pater et dominus dominus Leonetus, permissione divina, abbas monasterii Thironensis, ordinis Sancti-Benedicti, Carnotensis diocesis, primus abbas et immediatus superior monasterii Sancti-Laurentii de Vado-Alneti, ordinis Thironensis, Cenomannensis diocesis, visitavit dictum monasterium de Vado-Alneti. Quem dominum abbatem Thironensem venerabilis in Christo pater dominus Anthonius, abbas dicti monasterii de Vado-Alneti, frater Guillelmus *Breteau*, sacrista dicti monasterii, et alii religiosi memorati monasterii de Vado-Alneti, alteri quidem vestibus albis et alteri cuculis induti, admiserunt et eidem, processionaliter gradientes, crucem et aquam-benedictam secum defferentes, obviaverunt. Responsorio quoque, versiculo et oratione de beato Laurencio decantatis, et oratione fusa ad Dominum pro deffunctis more solito, illico reverenter et cum honore visitavit sacrosanctam Christi eucaristiam, et, visitacione hujusmodi facta, injunxit dicto sacriste ut ipse mundet decenter pannum lineum in quo involvebatur dicta sacrosancta Christi eucaristia infra octo dies. Injunxit etiam abbati predicto de Vado-Alneti ut ipse commode, sicut rationabile est, repararet aut reparare procuraret altare portatile in duabus partibus decisum. Postmodum vero, dictis dominis patribus sacrista et aliis dicti monasterii de Vado-Alneti religiosis, necnon religioso viro fratre Petro *de Montireau*, presbitero, priore Sancti-Michaelis-de-Cole, dicte diocesis

Cenomannensis, insimul congregatis et capitulantibus in ecclesia dicti monasterii de Vado-Alneti, is dominus visitans ibidem protulit unam collacionem moralem atque perlegit unum capitulum de regula Sancti-Benedicti, et hoc peracto interrogavit is dominus visitans prefatum dominum abbatem de Vado-Alneti super servicio divino eodem in monasterio quotidie celebrato. Qui eidem retulit et affirmavit qualiter nocte, circa mediam horam, matutine, alie vero hore canonice, horis diei assuetis, eodem in monasterio rite cum nota dicebantur ; qualiter vero die una ibidem celebrabatur missa, diebus vero dominicis due ibidem celebrabantur misse, una in capella Beate-Marie-de-Maretis, altera vero in loco et altari quotidiano. Asseruit etiam is dominus abbas vigilias seu officium Mortuorum juxta ritum seu morem Thironensem ibidem dici. Iterum is dominus visitans interrogavit dictum dominum abbatem de Vado-Alneti super temporalia dicti monasterii, et asseruit is dominus abbas de Vado-Alneti eidem domino visitanti quod fuerant alique res temporales dicti monasterii per suos predecessores alienate juraque ipsius minime observata. Ad quas res temporales sic alienatas juraque minime observata prefatus dominus visitans injunxit mederi via justicie, et se obtulit ad hoc agendum juvare dictum abbatem. Et presertim interrogavit prefatum venerabilem priorem de Vado-Alneti super quadam compositione per eumdem facta cum domino temporali et proprietario loci et dominii *de Droué*, diocesis Carnotensis, ratione et occasione trium modiorum bladi, que monasterium hujusmodi de Vado-Alneti percipere consuevit singulis annis super dominium seu grangiam hujusmodi loci *de Droué*. Et asseruit is dominus abbas de Vado-Alneti quod, pro certis causis ad hoc monasterium suum et suos religiosos commoventibus, ipse et ejus conventus composuerant cum dicto domino seu proprietario *de Droué*, occasione dicti bladi, ad certam peccunie summam. Et injunxit is dominus visitans eidem domino abbati de Vado-Alneti ut ipse sibi ostenderet hujusmodi compositionem in scriptis, quod facere spopondit dictus venerabilis abbas. Is vero dominus abbas de Vado-Alneti, post prandium, exhibuit atque ostendit in scriptis hujusmodi compositionem, et, eadem lecta, is dominus visitans peciit copiam habere, et quia reperiit hujusmodi compositionem non esse justam nec factam fore in commodum, ymo in dampnum non modicum et gravamen dicti monasterii de Vado-Alneti, attento quod, occasione dictorum trium bladi modiorum, compositum fuerat et conventum per eumdem venerabilem abbatem et procuratorem conventus sui cum eodem domino seu proprietario loci *de Droué* ad summam centum solidorum vita ipsius domini *de Droué* comite, et post ejus obitum ad summam sex librarum turonensium annuatim et perpetuo, quod in damnum et prejudicium dicti monasterii de Vado-Alneti vertere sibi videbatur, idem, quod melioribus viis, modis et formis quibus deceret et opportune esset, injunxit, quam cicius commode fieri poterit, provideri. Injunxit etiam quod, qualibet ebdomada ad minus, per unum diem, eodem in monasterio legatur unum capitulum de regula Sancti-Benedicti. Item prefatus dominus visitans injunxit et prohibuit, sub penis emende et correctionis ad hoc requisite, quod nil de pertinenciis, juribus, redditibus, proventibus et emolumentis dicti monasterii de Vado-Alneti cuiquam persone seu quibusvis personis tradatur vel concedatur, nisi dumtaxat in capitulo generali et cum matura deliberatione fratrum et conreligiosorum sepedicti monasterii. Item ordinavit et instituit litteras, papiros receptarum, cartas, registra, jura, libertates, privilegia et bona memorati de Vado-Alneto monasterii concernentia, necnon thesaurum et reliquias ejusdem reponi in una archa clausa sub duabus foris et duabus clavibus disjunctis, quarum clavium ordinavit quod abbas loci habeat unam in custodia, alter vero religiosorum loci, quam notabilior et securior in juribus et bonis observandis, habeat alteram. Item ordinavit et injunxit eidem abbati de Vado-Alneti ut ipse perficiat seu perficere faciat edificium in ecclesia dicti monasterii inchoatum, tam de coopertura, muris, victrariis quam aliis necessariis, citius et utilius quam fieri poterit. Ulterius injunxit quasdam armarias fieri subtus voutam prope altare Sancti-Sebastiani existentem. »

« Visitatio monasterii Beate-Marie de Pellicia. »

(1485, 9 nov.)

« Anno Domini M° CCCC° octuagesimo quinto, die vero nona mensis novembris, reverendus pater et dominus dominus Leonetus, permis sione divina, humilis abbas Thironensis monasterii, ordinis Sancti-Benedicti, Carnotensis diocesis, visitavit dictum monasterium de Pellicia, venerabilem in Christo patrem dominum Johannem, abbatem dicti monasterii de Pellicia, religiososque et officiarios dicti monasterii de Pellicia. Quem reverendum patrem abbatem Thironensem is venerabilis abbas et ejus religiosi de Pellicia, induti cuculis, processionaliter euntes, crucem, aquam-benedictam et baculum pastoralem defferentes, ad visitationis officium admiserunt et eidem in introitu dicti monasterii obviaverunt, signoque crucis sibi presentato reverenter osculato, aquaque benedicta aspersa, baculoque pastorali sibi per dictum dominum abbatem de Pellicia quem tunc suis in manibus tenebat porrecto, processionaliter ad ecclesiam dicti monasterii perrexerunt, decantantes responsorium *Ad nutum Domini*, et eo decantato cum versiculo et oratione de beata Maria, orationeque fusa ad Dominum pro defunctis more solito, continuo visitavit reverenter sacrosanctam Christi eucaristiam, et eo facto visitavit librum missalem, et injunxit quod adjunctum in primo folio cujusdam veteris canonis in margine dicti libri supra Memento pro vivis scriptum tolli et amoveri. Hiis actis, ipsis singulis in unum congregatis in coro dicte ecclesie, secum assistentibus venerabili in Christo patre domino Anthonio, abbate monasterii Sancti-Laurencii de Vado-Alneti, dicti ordinis et diocesis Cenomannensis, et religioso viro fratre Petro *de Montireau*, presbitero, priore prioratus Sancti-Michaelis-de-Cole, dicte diocesis Cenomannensis, is reverendus pater perlegit unum capitulum aut duo de regula Sancti-Benedicti. Postmodum vero inhibuit et districte precepit is dominus visitans ne quis religiosorum dicti monasterii de Pellicia, dum venerit accentor de villa aut alio loco publico, audeat referre seu narrare aliqua nova nisi illa fuerint edificancia et salutaria. Item injunxit is dominus religiosis supradictis ut ipsi amodo gerant habitus religiosos et honestos, videlicet bombicinia longa seu jaquetas, caligas curtas et sotulares corrigiatos, sub penis excommunicationis. Item prefatus dominus visitans injunxit fratri Johanni *Larchier*, presbitero, dicti monasterii de Pellicia religioso, ut ipse personaliter compareat coram se apud Thironium, infra Natale Domini proximo venturum. Ad requestam dicti domini abbatis de Pellicia, prefatus dominus abbas Thironensis concessit et annuit religiosis hujusmodi monasterii de Pellicia ut ipsi induantur vestibus illis quas nunc gerunt donec consumantur dumtaxat. Item prefatus dominus visitans commisit, deputavit et ordinavit religiosum virum fratrem Johannem *Maheust*, priorem prioratus *de Coutres*, membri immediate a dicto monasterio de Pellicia deppendentis, in priorem claustralem dicti monasterii de Pellicia donec alium eidem officio providerit. Item injunxit preces dici in horis canonicis diebus solemnibus, uti moris est Thironensis. »

« Visitatio prioratus de Cohardonio. »

(1485, 12 nov.)

« Anno Domini M° CCCC° octuagesimo quinto, die vero xii² mensis novembris, reverendus pater et dominus dominus Leonetus, permissione divina, abbas monasterii Thironensis, ordinis Sancti-Benedicti, Carnotensis diocesis, visitavit prioratum de Cohardonio, dicti ordinis, Cenomannensis diocesis, membri a dicto monasterio immediate deppendentis, et, oratione fusa ad Dominum pro deffunctis more solito, ad interrogationem per eum factam asseruit Petrus *Lemercier*, firmarius dicti prioratus, ibidem assistens, quod, qualibet ebdomada, eodem in prioratu celebratur una missa. Et injunxit is dominus visitans priori loci tunc absenti, in personam dicti *Lemercier* firmarii sui presentis, ut ipse faciat fieri unum librum missalem ad usum dicti prioratus. Injunxit etiam ecclesiam dicti loci mundari de straminibus nunc in eadem existentibus. Injunxit etiam priorem loci comparere apud Thironium, ad habendam copiam fundacionis et aliarum litterarum mencionem dicti prioratus de Cohardonio facientium. Insuper injunxit jura dicti prioratus seu privilegia tam in temporalibus quam in spiritualibus fideliter observari. Injunxitque celarium dicti loci reparari de muro, sicut ostensionem fecit eidem *Lemercier* firmario predicto. Item injunxit angulos domus seu habitacionis prioris aut medietarii sepedicti loci reparari competenter de muro. Item injunxit gouterium inter ecclesiam et celarium dicti loci tolli et aliud novum loco ipsius reponi. Ulterius injunxit angulos pinionis dicte ecclesie a parte superiori reparari de muro et unum lapidem apponi subtus seu in introitu janue memorate ecclesie de Cohardonio, sicuti demonstravit eidem *Lemercier*, presentibus viris nobilibus Ludovico *de Montireau*, Carnotensis, et Guillermo *de Moustier*, Claromontensis diocesis, scutiferis. »

« Visitatio prioratus Sancti-Michaelis de Cole. »

(1485, 12 nov.)

« Anno et die supradictis, in presentia predictorum nobilium virorum, prefatus reverendus pater dominus Leonetus, abbas Thironensis monasterii, visitavit prioratum Sancti-Michaelis-de-Cole, Cenomannensis diocesis, membrum immediate a dicto Thironensi monasterio deppendens, et oratione fusa ad Dominum pro deffunctis more solito, illico injunxit priori loci ibidem assistenti carpentaturam im presenciarum super muros ecclesie dicti loci existentem componi facere in debitum et competentem statum, et super deffectibus dicte carpentature astringere carpentatores ad reparandam et in debitum statum reponendam hujusmodi carpentaturam. Injunxit etiam dictam carpentaturam, dum in debitum statum reposita erit, cooperi decenter de bardello. Item injunxit quod lathomi, cum quibus contractatum et conventum fuit pro reparatione murorum sepedicte ecclesie, perficiant opus per eos inchoatum, quemadmodum continetur in contractu super hoc passato. Item asseruit eidem domino visitanti frater Johannes *Lesleu*, presbiter, prior prioratus *de la Roncière*, Sagiensis diocesis, firmarius dicti loci de Sancto-Michaele, quod ipse qualibet ebdomada ad minus eodem in prioratu celebrat duas missas. Adveniente vero die xiii^a dicti mensis novembris, is dominus visitans, in presentia predictorum virorum nobilium et quamplurimorum aliorum, audivit ibidem missam, quam celebravit frater Petrus *de Montireau*, presbiter, prior dicti loci, et ea celebrata visitavit librum, calicem et ornamenta ecclesiastica illic existencia, et illico injunxit dicto fratri Johanni *Leilleu* ut ipse mundet, sicut decens est, calicem stanneum ibidem existentem, quodque faciat reparare casulam dicti loci quam primum fieri poterit. Insuper injunxit priori dicti loci ut ipse querat unum missale ad usum ecclesie dicti prioratus, quodque etiam querat unam mapam ad usum altaris dicti loci. Ulterius injunxit priori predicto ut ipse reparari procuret et faciat domum seu habitacionem medietarii dicti loci, ante et retro, et tam in pinione quam in aliis partibus in quibus opus est. »

« Visitatio prioratus de Audita. »

(1485, 13 nov.)

« Anno Domini M° CCCC° octuogesimo quinto, die vero xiii^a mensis novembris, prefatus reverendus pater dominus abbas Thironensis visitavit prioratum Sancti-Petri de Audita, Cenomannensis diocesis, et oravit ad Dominum pro deffunctis more solito. Postmodum vero, quia predictus prioratus nunc est in manibus suis per obitum ultimi prioris ejusdem loci, recepit a Ricardo *Letixier* summam vii solidorum vi denariorum turonensium et duas gallinas, quam summam et gallinas fatebatur dictus *Letixier* teneri reddere priori dicti prioratus occasione loci *du Gué-de-Saint-Vast.* »

« Visitatio Sancti-Lienardi de Ronceria. »

(1485, 14 nov.)

« Anno Domini M° CCCC° octuagesimo quinto, die vero xiiii^a mensis novembris, reverendus pater et dominus dominus Leonetus, permissione divina, abbas monasterii Sancte-Trinitatis Thironensis, ordinis Santi-Benedicti, Carnotensis diocesis, visitavit prioratum Sancti-Lienardi de Ronceria, dicti ordinis, Sagiensis diocesis, membrum immediate a dicto monasterio Thironensi deppendens, et, oratione fusa ad Dominum pro deffunctis more solito, statim injunxit Johanni *Martin*, medietario loci, ut ipse, in compensacione rerum et bonorum suorum que vel quas reperiit in inferiori parte ecclesie seu capelle dicti loci, querat et suis sumptibus emat unam casulam, unam stolam et unum manipulum ad usum et decorem capelle seu ecclesie dicti loci, infra

Pasca proximo venturum. Etiam injunxit priori dicti loci tunc absenti, in personam dicti *Martin* predicti, ut ipse querat unum missale ad usum dicte capelle, quodque faciat fieri duas victrinas et depingere in illis duas ymagines, unam de beato Lienardo sub cujus nomine fundatur ecclesia seu capella dicti loci, et alteram de beata Virgine vel de aliquo sancto quem eligere maluerit. Asseruit dictus *Martin* quod prior loci, videlicet frater Johannes *Leillu*, presbiter, celebrat missam in ecclesia bis in mense. Etiam precepit is dominus visitans quod prior loci faciat dealbare capellam seu ecclesiam dicti loci, et quod dictus *Martin* faciat unam januam et altiorare solivam dicte ecclesie. Injunxit etiam duos angulos dicte capelle reparari de muro in parte superiori et a parte exteriori, sicut opus exigit. »

« Visitatio monasterii de Jugo-Dei. »

(1510, 22 déc.)

« Anno Domini millesimo quingentesimo decimo, mensis vero decembris die vicesima secunda, reverendus in Christo pater et dominus Ludovicus *de Crevant*, Dei et sancte sedis apostolice gratia, humilis abbas insignis monasterii Sanctissime-Trinitatis de Thironio, ordinis Sancti-Benedicti, Carnotensis diocesis, pater abbas primariusque et immediatus superior monasterii Beate-Marie de Jugo-Dei, dicti ordinis, Lugdunensis diocesis, visitavit dictum monasterium Beate-Marie de Jugo-Dei. Quem quidem dominum abbatem venerabiles religiosi, videlicet Ludovicus *de Leage*, vicarius generalis in spiritualibus et temporalibus domini Philippi *de Thère*, abbatis dicti monasterii de Jugo-Dei nuper electi in monasterio Thironensi et per Lugdunensem archiepiscopum aut ejus vices-gerentem confirmati, tunc notorie absentis, et Johannes *Vayin*, prior claustralis, Guillelmus *des Estouz* alias *Prodigiel*, sacrista, Stephanus Fabri, camerarius, Claudius de Bosco, hostellarius, Robertus *de Rebort*, Anthonius Scriptoris, Claudius *de Colonges*, in dicto monasterio commorantes et claustrales monachi dicti de Jugo-Dei monasterii, albis et capis induti, benigne admiserunt, et processionaliter euntes, crucem, aquam-benedictam et baculum pastoralem cum

duobus cereis defferentes, obviaverunt ei exeunti ante magnam portam
ecclesie dicti monasterii, signoque crucis sibi presentato et reverenter
basiato, Te Deum decantaverunt, et postquam aqua-benedicta eos
aspersit, dictus Ludovicus de Agia baculum pastoralem eidem abbati
Thironensi tradidit, quem in suis manibus tenuit quousque dictum
canticum leticie finitum fuit, et *Ave regina celorum,* una cum oratione
famulorum, per dictum abbatem.Thironensem dicta et decantata fuit,
et postmodum visitavit sacro-sanctum corpus Christi, et demum dictos
religiosos evocavit, quibus de regula Sancti-Benedicti de scripturis
divinis, plura salubria monita faciendo, eleganter locutus est, et deinde
singulos particulatim increpando de mala vita eorum, de malo regimine et quod multa nephanda de eis sibi relata fuerant, de quibus se
cohercitioni sue humiliter submiserunt, omnia eis remittendo, eos exhor-
tando ut ita in futurum bene facerent si talium nephandorum vellent
mentem suam non recordari. Injunxit eis etiam sub penis excommunicationis ne amplius tam frequenter irent ad Villamfrancam nisi
eorum maxima et urgens necessitas instaret, etiam ad locum *de Chavannes,* et dum irent alicubi declararent priori causam sui negotii. Hiis
actis usque ad vii^{am} mensis januarii inde sequentem cum eis in dicto
monasterio remansit, semper eos in melius exhortans et eis aliquod
de sacra scriptura declarans. Vigilia vero Nativitatis Domini, vesperas,
in alba capa et mitra indutus una cum baculo pastorali, dixit et
benedictionem solemnem fecit, etiam matutinas et die Nativitatis
Domini magnam missam solemniter celebravit. Et in hiis diebus, a
die predicta xxii^{a} decembris usque ad septimam januarii, de negociis
monasterii se inquisivit, et infirmariam dicti monasterii tunc vacan-
tem, auctoritate sua primaria, dicto Roberto *de Rebort* contulit; aliquibus etiam religiosis breviaria, ad usum Thironensem et totius ordinis
Thironensis impressa noviter (¹), libere dedit. Et demum ipsum recognoverunt in eorum patrem primarium et immediatum superiorem
dicti monasterii de Jugo-Dei, obedientiam et reverentiam devotas sibi
et successoribus suis abbatibus Thironensibus debentes, recognoscentes
dictum monasterium de Jugo-Dei vere a monasterio Thironensi dep-

---

(¹) Le cadeau de Louis de Crevant n'était pas à dédaigner ; les livres imprimés n'étaient pas encore fort communs en 1510.

pendere et eidem immediate subici. Acta fuerunt hec in dicto monasterio, presentibus ibidem domino Johanne Cornuti, comite palatino, Johanne *Gossart*, rectore Sancti-Clementis de Credonio, Francisco *Gannes*, Bertrando *Marcel*, Johanne *Lebreton*, Johanne *Mulot*, cum pluribus aliis. »

« Visitatio monasterii de Ferrariis. »

(1517, 2 juin.)

« Anno Domini millesimo quingentesino decimo septimo, mensis vero junii die secunda, reverendus in Christo pater et dominus Ludovicus *de Crevant*, Dei et apostolice sedis gratia, humilis abbas incliti monasterii Sanctissime-Trinitatis de Thironio, ordinis Sancti-Benedicti, Carnotensis diocesis, tociusque ordinis Thironensis, necnon monasterii Sancti-Leonardi de Ferrariis, dicti ordinis Thironensis, Pictaviensis diocesis, pater primarius et immediatus superior, accessit ad dictum monasterium Sancti-Leonardi de Ferrariis, de mane dicte diei, associatus novem sive domesticis et commensalibus seu familiaribus et totidem equis, et obviam eidem domino Ludovico abbati, tanquam patri primario, processerunt venerabiles et religiosi viri Claudius *Rabot*, prior de *Villemardy*, prior claustralis dicti monasterii, et omnes religiosi conventus ejusdem de Ferrariis, revestiti capis et albis, vexillo crucis preposito cum duobus cereis et aqua-benedicta, et, campanis pulsantibus, illum honorifice consalutarunt, reverentiam et obedientiam manualem devote exhibuerunt, crucem ei osculari faciendo et aquam-benedictam eidem presentando qua eos aspersit, et postmodum, concione eleganti latinis verbis per alterum parvulorum monachorum habita, *Te Deum laudamus* decantantes, ipsum dominum Ludovicum conduxerunt ad ecclesiam, et, ipso cantico finito, indutus capa et stola, dictus Ludovicus abbas visitavit sacrarium et adoravit sacram eucaristiam, quam in suis manibus, genibus flexis, tenens, ter decantavit *O salutaris hostia*, cum versu sequenti *Uni trinoque Domino*, choro conventus respondente, et dicto versiculo *Cibavit eos*, dixit idem reverendus orationem *Deus qui nobis sub sacramento mirabili*, qua finita, benedictionem fecit solemnem dicendo *Sit nomen*, dictis religiosis flexis genibus existentibus. Demum decantata fuit et celebrata major missa cui assistit, et postea prandium fecit et se refecit. Quo facto, et gratiis Deo habitis, allocutus est religiosos in ecclesia super vita regulari et disciplina, pulchras remonstrationes eis faciendo, et, Deo dante, ad supplicationem eorum providerat monasterio de Ferrariis vacanti per obitum domini Anthonii *de Crevant*, eorum ultimi abbatis, et quod venerat eos visitare eo quod, monasterio eorum vacante et illius vacatione durante quousque novus abbas electus seu postulatus per se et ejus conventum Thironensem sit possessionem adeptus, monasterii de Ferrariis totalis dispositio in spiritualibus et temporalibus ad abbatem Thironensem spectabat et competebat. Et ideo commisit ad regendum in spiritualibus dictum *Rabot*, priorem prioratus de *Villemardy* a monasterio Vindocinensi deppendentis, durante vacatione solum, et in temporalibus Mathurinum *Joussemolle*, vita comite, dicti quondam Anthonii *de Crevant* receptorem. Qui quidem religiosi unanimiter hoc acceptaverunt. Actum in dicto monasterio et ecclesia illius, presentibus dominis N. *de Savilly*, milite Rodiarum, Tristando *de Savilly*, ejus nepote, fratribus Gaciano *Chambon*, priore de Asneriis-*Bellay*, Carolo *Renoncet*, Montisalerii, Cenomannensis diocesis, priore, et Ludovico *Thibault*. »

« Visitatio prioratus Sancti-Martini de Cravilla-*la-Rocquefort*. »

(1528, 26 avril.)

« Die vicesima sexta mensis aprilis, anno Domini millesimo quingentesimo vicesimo octavo, frater Guillelmus *des Guez*, vicarius generalis in spiritualibus et temporalibus reverendi in Christo patris et domini fratris Ludovici de Crevanto, humilis abbatis monasterii Sanctissime-Trinitatis de Thironio, ordinis Sancti-Benedicti, Carnotensis diocesis, inter cetera habens facultatem visitandi omnia et singula beneficia ecclesiastica a dicto monasterio immediate deppendentia in ducatu Normannie consistencia et sita, vice et loco dicti reverendi, prioratum Sancti-Martini de Cravilla-*la-Rocquefort*, dicti ordinis, Rothomagensis diocesis, qui conventualis non est et a monasterio de Thironio immediate deppendet, visitavit, stola ad collum ligatus et genibus flexis, coram altari Sancti-Martini in cancello ecclesie parrochialis de Cravilla, responsorium sancti Martini *Martinus Abrahe*, cum versiculo et oratione decantando et deinde *De profundis* cum oratione *Inclina* et *Fidelium* pro defunctis. Quibus decantatis, petiit ab Hugone *Morieul* et aliis astantibus quod servitium fiebat in dicto prioratu; qui dixerunt quod due misse qualibet septimana celebrabantur. Visitavit casulas, mappas altaris et cetera ornamenta, calicem cum patena, corporalia, et satis honesta pro divino servitio repperit. Petiit etiam quis erat redditus dicti prioratus; qui responderunt quod in prioratu erant quadraginta tres acre terre bone et quod prior percipiebat duas partes decimarum omnis generis, videlicet tam grossarum quam minutarum, et oblacionum dicte ecclesie. Actum in dicto prioratu Craville, presentibus Laurentio *Gallopin*, procuratore regio Nonencurie, Hugone *Rose*, cum pluribus aliis. »

« Visitatio prioratus de Basquevilla. »

(1528, 29 avril.)

« Die penultima mensis aprilis, anno Domini millesimo quingentesimo vicesimo octavo, litteris *de preparetis* prius apud prioratum de Bacquevilla, ordinis Sancti-Benedicti, Rothomagensis diocesis, missis, dictus dominus vicarius ad prioratum hujusmodi accessit, et primo intrans ecclesiam, super altare stolam cepit quam ad collum posuit, et genibus flexis coram majori altari ecclesie seu capelle dicti prioratus responsorium sancti Martini *Martinus Abrahe*, cum versiculo et oratione decantavit, una cum psalmo *De profundis* pro defunctis et orationibus *Inclina* et *Fidelium*. Quibus dictis, petiit ab Hugone *Morieul*, firmario dicti prioratus, quod servitium fiebat in hujusmodi prioratu; qui respondit quod qualibet septimana dicebantur tres misse, una die dominica cum aque-benedicte benedictione et illius aspersione, altera die mercurii, tertia alta voce die sabbati. Etiam sunt due casule, duo calices, unus stanneus et alter argenteus, quos vidit et tetigit. Petiit quis hujusmodi missas celebrabat, respondit quod erat dominus Natalis Odo, hic presens et in prioratu residens. Qua visitatione facta, pulsatis campanis, domos prioratus intravit quas satis bene pro tempore reparatas invenit. »

« Visitatio prioratus Sancti-Laurentii de Risu-Bovis. »

(1528, 30 avril.)

« Littere *de preparetis* prius ad priorem Sancti-Laurentii de Risu-Bovis, dicti ordinis, Rothomagensis diocesis, pro visitatione ibidem missis, die ultima mensis aprilis, anno Domini millesimo quingentesimo vicesimo octavo, dictus dominus vicarius ad prioratum hujusmodi accessit hora tertia post meridiem vel circa. Etiam capellam prioratus intrans, stolam quam super altare paratam invenit ad collum posuit, et genibus flexis coram altari responsorium de sancto Laurentio una cum versiculo dispersit et orationem decantavit, postmodum pro defunctis dicendo *De profundis, Inclina* et *Fidelium*, oravit, altare visitavit, pallas, ornamenta altaris, casulas et omnia satis decentia cultui divino fore dixit; muros capelle ad ruinam tendentes visitavit, et a latere medietarie dicti prioratus ordinavit latus muri, *ung pan de mur*, infra annum reedificari prout est necessarium. Interrogavit firmarium quot misse in eodem prioratu celebrabantur, qui respondit quod una dumtaxat qualibet ebdomada die dominica cum aque-benedicte aspersione et benedictione. »

« Visitatio prioratus Sancti-Blasii de Luy. »

(1528, 1ᵉʳ mai.)

« Die prima mensis maii, anno Domini millesimo quingentesimo vicesimo octavo, dictus vicarius accessit ad prioratum Sancti-Blasii de Luy, ordinis Sancti-Benedicti, Rothomagensis diocesis, qui conventualis non est et a monasterio de Thironio immediate deppendet, quem visitavit, ut moris est, responsorio sancti Blasii, versiculo, oratione ac *De profundis* pro defunctis decantatis, capella visitata de alto in bassum, ornamenta et alia ad divinum cultum pertinentia palpavit et inspexit. Postmodum inquisivit firmarium de servitio divino et quot misse celebrabantur; qui respondit quod qualibet septimana due misse dicebantur, una die dominica, altera in ebdomada, nullo die prefixo. Inquisivit quot acre terre erant in prioratu seu ad prioratum spectantes; qui respondit quod erant quadraginta vel circa. »

« Visitatio prioratus Sancti-Silvestri de Clara. »

(1528, 2 mai.)

« Die secunda mensis maii, anno predicto, predictus dominus vicarius accessit ad prioratum Sancti-Silvestri de Clara, ordinis Sancti-Benedicti, Rothomagensis diocesis, qui conventualis non est et a monasterio de Thironio immediate deppendet, et, more solita, prioratum intravit, super altare stolam invenit quam ad collum posuit, et responsorio *Ecce sacerdos magnus,* versiculo et oratione ac pro defunctis *De Profundis* dictis et decantatis, capellam de novo edificatam ac decenter reparatam invenit, munitam ornamentis necessariis, in qua quidem capella una tantum missa qualibet die dominica cum aque benedictione celebratur. »

« Visitatio prioratus de Trehoderia. »

(1559, 16 nov.)

« Anno Domini millesimo quingentesimo quinquagesimo nono, die vero decima sexta mensis novembris, venerabilis et religiosus vir frater Tussanus Brito, presbiter, in decretis baccalaureus, prior claustralis incliti monasterii Sanctissime-Trinitatis de Thironio, ordinis Sancti-Benedicti, Carnotensis diocesis, vicariusque generalis substitutus in spiritualibus et temporalibus reverendissimi domini Caroli a Bellayo nuncupati, abbatis commendatarii prefati monasterii de Thironio, inter cetera habens potestatem et facultatem ac mandatum speciale adeundi et visitandi omnia et singula beneficia ecclesiastica, prioratus, priores et domos eorum a dicto monasterio immediate deppendentes, in ducatu et provincia Normannie existentes et sitos, et loco dicti reverendissimi abbatis prioratum *de la Tréhoudière*, dicti ordinis, Rothomagensis diocesis, qui conventualis non est et a predicto monasterio Thironensi immediate deppendet, primo visitavit ecclesiam sive ediculam, accepta stola et genibus flexis coram altari dicte edicule, et oratione prius fusa ad Dominum, deinde invenit et visitavit in ipsa edicula unum calicem stanneum, unum corporale cum suo repositorio, unam casulam coloris mutantis, cum stola et manipulo. Quibus sic peractis, petiit a Michaele *le Halleur*, nunc in domo prioris commorantis, nomine Clementis *Duval*, firmarii sepedicti prioratus *de la Tréhoudière*, et aliis assistentibus quod servitium fiebat in dicto prioratu ; qui dixit quod singulis diebus dominicis una missa cum quinque diebus festivis beate Marie celebratur, et ultra dixit priorem teneri celebrare missam parrochialem in quatuor festivis sollemnibus in ecclesia parrochiali de Tourneyo, necnon in prefato prioratu in duobus festis sancti Benedicti una missa annuatim celebratur. Insuper petiit et quesivit a dicto *le Halleur* quisnam esset prior ejusdem prioratus ; qui respondit dominum *de Montflayne*, scutiferum, esse priorem. Cui quidem priori idem dominus prior claustralis et vicarius prefatus injunxit emere adhuc unum corporale et unam casulam cum uno libro missali pro divino servicio celebrando. Petiit etiam quis esset redditus dicti prioratus; qui respondit quod dictus *Duval*, firmarius, solvebat singulis annis pro redditu dicti prioratus dicto priori summam quatuor centum sexaginta librarum turonensium : super quam quidem summam prelibatus dominus vicarius arrestavit summam ducentarum librarum pro reparationibus necessariis domorum, grangie et aliorum edificiorum sepedicti prioratus de Trehoderia, alias *de la Tréhoudière*. Presentibus ibidem domino Alexandro *Desportes*, presbitero, Johanne *Desportes* seniore, molendinario, Georgio *Leroy*, agricola, et aliis in parrochia de Tourneio commorantibus. »

(*Livre blanc de l'abbaye de Tiron*, f°ˢ 13 et sqq.)

CCCCXVI.

Confirmation de l'exemption du guet, garde et réparation des châteaux de Châteauneuf et Champrond.

(1497, 20 fév.)

« Marguerite de Lorraine, duchesse d'Alençon, contesse du Perche et vicontesse de Beaumont, ayant le bail et garde de nostre très cher et très aymé filz Charles, duc d'Alençon, per de France, et aultres noz enffans myneurs d'ans, à noz bailly de Chasteauneuf et au maistre des eaulx-et-forestz dudict lieu, ou à leurs lieutenans et à chascun d'eulx, si comme à luy appartiendra, salut. Receue avons l'umble supplicacion de noz bien amez en Dieu les religieulx, abbé et couvent de Thiron, contenant que, à cause de la fondacion, doctacion et augmentacion de leur dicte abbaye, ilz ont plusieurs droitz, libertez et franchises, et que, oultre les aultres, ilz sont et doyvent estre, mesmes leurs hommes et subgectz et de leurs membres, quietes et exemps du guect, garde et réparacion des chasteaulx et aultres places fortes dudict Chasteauneuf et Champront, de coustume, travers, péaige et aultres exactions semblables, et que, avec ce, ilz ont acoustumé d'avoir en nostre forest de Champront leur usaige, tant au pasnaige, pasturaige et herbaige des bestes tant d'eulx que de leurs subgectz, hommes et supposts, que mesmement pour maisonner, réédiffier et ardoir, ainsi qu'ilz le dient porté par lettres et chartres. Et desquelx droictz, usaiges, libertez et franchises iceulx supplians, leursdiz hommes et supposts dient avoir joy paisiblement par cy-devant en temps paisible, et jusques à ce que puis naguères leur a esté mys empeschement en la joyssance et possession desdictz droictz, usaiges, libertez et franchises, en leur très grant grief, préjudice et dommaige, et plus pourroit estre si par nous ne leur estoit sur ce pourveu, de noz grâce et provision humblement requérant iceulx. Pour ce est-il que nous, ces choses considérées, désirans les droictz et franchises de ladicte abbaye estre favorablement traictez, vous mandons et à chascun de vous, comme dit est, que, présens et appelez nostre advocat et procureur, s'il vous appert par lettres, chartres et enseignemens ou aultrement deuement, que lesdiz supplians, leursdiz hommes, subgectz et suppostz, tant d'eulx que de leursdiz membres, ayent les droictz, franchises, telz que dessus est déclairé, et qu'ilz en ayent joy en temps passé par tel et si longtemps que suffire doye, vous oudict cas faictes et souffrez joyr lesdiz supplians, leursdiz hommes et suppostz d'iceulx et de leursdiz membres, des franchises et exempcions desdiz guect, coustume, travers, péaige et aultres exactions, et desdictz usaiges, libertez et franchises desditz boys, tant au pasnaige, herbaige et pasturaige de leursdictes bestes, que pour maisonner, édiffier, réparer et ardoir pour leur nécessité, ainsi que trouverez leur droit estre, et que eulx, leursdiz hommes et suppostz en ont joy et usé ou temps passé, et ce durant le temps de notredicte garde, et sans préjudice des droictz de nostredict filz pour le temps à venir. Car ainsi le voulons et nous plaist d'estre fait, et ausdiz supplians avons octroyé et octroyons de grâce espécial par ces présentes, nonobstant quelxconques lettres subreptices impétrées ou à impétrer ad ce contraires. Donné à Alençon, le xx° jour de febvrier l'an mil IIII° IIII^{xx} et dix sept. »

(Fragment d'un Cartulaire du XVI° siècle, dit *Cartulaire de Blois et de Dunois*.)

CCCCXVII.

Confirmation par Louis XII des privilèges de l'abbaye.

(1498/9, mars.)

« Ludovicus, Dei gratia, Francorum rex, notum facimus universis presentibus et futuris nos vidisse quamplures litteras (¹) continentes plu-

---

(¹) Nous n'avons trouvé, dans le Chartrier de l'abbaye, non plus que dans le Cartulaire, aucune charte royale *authentique*, autre que celles de Louis VI (ch. VII, LXXVI

rima privilegia, immunitates, franchisias et libertates per predecessores nostros quondam reges Francie concessa et concessas dilectis et fidelibus nostris abbati et conventui monasterii Tironensis, ordinis Sancti-Benedicti, Carnotensis dyocesis. Quas quidem litteras, hiis nostris presentibus sub contrasigillo nostro alliciatas, nobis, pro parte dictorum religiosorum abbatis et conventus monasterii predicti Tironensis, presentatas, nobis humiliter postulando et requirendo ut eas et ea eisdem supplicantibus et successoribus suis confirmare, laudare et approbare dignaremur. Hinc est quod nos, insequi volentes vestigia predecessorum nostrorum, supplicationi dictorum religiosorum abbatis et conventus Tironensis benigne annuentes, easdem litteras, privilegia, immunitates, franchisias et libertates in eisdem litteris contenta et declarata confirmavimus, laudavimus, ratifficavimus et approbamus eisdem supplicantibus, volentes et consentientes ut ipsi supplicantes et eorum posteri et successores utantur et gaudeant ipsis privilegiis, immunitatibus, franchisiis et libertatibus hactenus, quatenus ipsi et eorum predecessores rite et juste usi et gavisi sunt et utuntur de presenti. Eapropter tenore presentium damus in mandatis baillivo Carnotensi ceterisque justiciariis nostris aut eorum loca tenentibus, presentibus et futuris, et eorum cuilibet, prout ad eum pertinuerit, quatinus dictos supplicantes eorumque successores nostris presentibus confirmatione, ratifficatione et approbatione, privilegiisque et libertatibus ac immunitatibus in eisdem litteris contentis uti et gaudere pacifice et quiete paciantur, absque aliquo impedimento, quod si illatum eis foret ad statum pristinum et debitum redducant seu reduci faciant. Quod ut firmum et stabile perseveret, sigillum nostrum presentibus litteris duximus apponendum, salvo tamen in ceteris jure nostro et in omnibus quolibet alieno. Datum Blesis, mense marcii, anno Domini millesimo quadringentesimo nonagesimo octavo, regni vero nostri primo. »

Sur le revers : « Per Regem, ad relationem Consilii.

Signé : Gassault. »

(*Orig. en parch.*)

et CVII) et de Louis VII (ch. CCXIX) et peut-être celle de Philippe Auguste (ch. CCCXXXIX); on revanche nous avons publié une charte fausse de Louis VI (ch. XXX), et il en existe plusieurs autres.

CCCCXVIII.

Lettres de provision d'une place de religieux-lai.

(1516, 9 sept.)

« François, par la grâce de Dieu, roy de France, à noz chers et bien amez les religieux, abbé et couvent de l'abbaye de Thiron ou Perche, de l'ordre Saint-Benoist, estant de fundation royal, salut et dilection. Comme à cause de noz droiz royaulx dont nous et noz prédécesseurs ont acoustumé joyr et user, nous appartienne en chacune abbaie de notre royaulme estant de fundation royale mectre certains de noz serviteurs ou aultre personne pour y avoir ses vivres, logis, vestiaires et alimens, ainsi que l'ung des aultres religieux, et soit ainsy qu'en vostre abbaie n'y ayons encores mys aulcun, par quoy nous loyst et appartient y en mectre et pourveoir à nostre plaisir, Savoir faisons que, pour considération des bons services que a faiz à feu nostre très cher seigneur et beau-père le roy Loys dernier décédé, que Dieu absole, ou fait de ses guerres, tant delà les monts que ailleurs, que à nous depuys nostre nouvel et joieulx advènement à la coronne, nostre cher et bien amé Roger Guernier, ésquelles il a esté blessé, navré et mutilé, tellement que, entre aultres choses, il a eu la main dextre affollée en sorte qu'il ne poroit ne sçauroit gaingner sa vie, à iceluy avons donné et octroié, donnons et octroions de grâce espécial, par ces présentes, le lieu et place de religieux-lay en ladicte abbaie, pour en icelle avoir ses vivres, logis, vestemens, alimens, ainsi que l'ung desdiz aultres religieux d'icelle. Si vous prions et néantmoins mandons que ledict Roger Garnier vous recevez en ladicte abbaie et le traictez doulcement et amyablement, luy administrant ses vivres, logis, vestemens et alimens et aultres ses nécessitez comme à ung des aultres religieux, car tel est mon plaisir. Donné à Bléré, le neufviesme jour de septembre, l'an de grâce mil cinq cens et seize, et de nostre règne le deuxiesme [1]. »

---

[1] Roger Garnier fut en effet reçu comme religieux-lai dans le chapitre général du 13 octobre 1516.

Ainsi signé : « Par le Roy, l'évesque de Senlis, » *et scellé en queue simple de cire jaulne.*

(*Livre blanc de l'abbaye de Tiron*, f° 190 r°.)

CCCCXIX.

État des abbayes et prieurés dépendants de l'abbaye de Tiron.

« Sequuntur nomina abbatiarum et prioratuum Thironio subditorum, ordinatum prout in antiquis registris repperiuntur, et maxime quis abbatum debet precedere in sessione processus alios, seu unus alterum (¹). »

(1516.)

Abbas de Asneriis-*Bellay*, Andegavensis diocesis.
Abbas de Ferrariis, Pictavensis.

(¹) Le *Livre blanc* renferme les prestations de serment faits à l'abbé de Tiron, de 1479 à 1558, par les abbés et prieurs relevant du monastère. Nous avons déjà publié cette formule de serment (t. I, p. 246, note 2) : elle est la même pour tous les prieurés : nous noterons cependant que les prieurs de la Madeleine-sur-Seine, d'Ablis, de Bréval, de Saint-Sulpice-en-Pail et de Saint-Ouen prennent l'engagement de fournir une chappe de soie à l'abbaye, et qu'outre la fourniture de cette chappe, le prieur du Raincy se reconnaît dans l'obligation de conduire chaque année, à Paris, à l'hôtel de Tiron, deux chariots et une charretée de bon foin. Voici les noms des prieurs et abbés que nous avons relevés : *L'Ouïe*, Jean Septsouls, 25 nov. 1481 ; Briant Lecorps, 1488 ; — *René*, Jean Rabinart, 25 nov. 1481 ; Robert Legrand, 9 juin 1483 ; — *Le Raincy*, Louis de Coustures, 26 mai 1482 ; — *La Madeleine-sur-Seine*, Raoulet de Larbent, 28 mai 1482 ; Jacques de Larbent, 8 mars 1484 ; Alexandre de la Barge, 18 août 1491 ; François de Meysé, 28 mai 1494 ; Jean de la Jaille, 1528 ; — *Ablis*, Martin Archambault, 1ᵉʳ juin 1482 ; Philippe de Thère, 16 août 1485 ; Guillaume Chapuis ; Jean Lebas, 26 mai 1498 ; — *La Madeleine de Bréval*, Michel Boulaye, 2 juin 1482 ; Etienne Meuron, 1ᵉʳ sept. 1494 ; — *Saint-Sulpice-en-Pail*, Jean Rabinart, 5 juin 1483 ; Jean de Montesson, 4 juin 1515 ; François Guéroust, 3 nov. 1526 ; — *Saint-Blaise de Luy*, Jean Lebas ; Antoine Guérin, 24 déc. 1483 ; Guillaume de Briz, 17 août 1484 ; — *Saint-André-d'Écoman*, Guillaume de Briz ; Antoine Guérin, 17 août 1484 ; — *Mougon*, Guillaume Chapuis, 8 mars 1484 ; Denis Vaydie, 26 mars 1490 ; Jean du Verger, 27 nov. 1493 ; Guillaume de Gréaume, 1ᵉʳ juill. 1497 ; Bertrand d'Angerant, 1517 ; — *Sept-Faux*, Bernard Cléret, 31 mai 1484 ; Jean de Maillebois, 30 juill. 1502 ; — *Saint-Ouen*, Guillaume Charpentier, 1482 ; Alexandre de la Barge, 16 août 1485 ; Antoine Garnier,

Abbas de Bosco-Alberici, Turonensis.

Abbas de Vado-Alneti, Cenomannensis.

Abbas de Pelissia, Cenomannensis.

Abbas de Jugo-Dei, Lugdunensis.

Abbas de Troncheto, Dolensis.

Abbas de Arcissis, Carnotensis.

Abbas de Rochaburgo, Sancti-Andree diocesis.

Abbas Beate-Marie de Cathmeis, Sancti-David diocesis.

Abbas Sancte-Crucis-in-Insula, Wintoniensis diocesis.

Abbas Sancti-Menemii, Macloviensis.

21 avril 1489; Louis de Combètes, 1495; — *Sainte-Radegonde de Corbeil*, Jean Rocacher, 15 juin 1487; François de Meysé, 27 nov. 1488; Jean Lebas, 12 mai 1497; — *Crasville*, Germain Imbert; Jacques Agnès, 6 fév. 1488; Charles de Reñouart, 1529; — *Ribœuf-sur-Mer*, Jacques de Fonte, 24 mai 1489; Michel Criquet, 11 juin 1514; — *Saint-Georges de Cintry*, Renaud Musset, 17 juin 1489; — *Huest*, Jean de Bretignolles, 23 nov. 1489; — *Saint-Léonard de la Roussière*, Jean Lesleu, 1486; Jean Lebas, avril 1490; André de la Pehier, 12 mai 1497; Jean Lebreton, 11 juin 1514; Charles Delestre, 20 mai 1524; — *Le Saint-Sépulcre d'Allemagne*, Guillaume de Montboissier; Thomas d'Espigoles, 18 août 1491; — *La Madeleine de Réno*, André Peteil, 1486; Nicolas Leber, 15 février 1492; — *La Chapelle-Vicomtesse*, Louis de Moustier, 1483; Guillaume Chapuis, 20 nov. 1493; François de Courtois, 30 août 1494; Antoine Berruyer, 1558; — *La Madeleine d'Oisème*, Guillaume Chapuis; Renaud Musset, 29 nov. 1493; — *La Moinerie* ou *la Trappe*, Guillaume de Ravenel, 5 juin 1521; — *Bacqueville*, Louis de la Pause, 1482; Philippe de Thère, 1522; Guillaume de Thère, 4 fév. 1523; — *Saint-Barthélemy-de-Charencey*, René Macé, juin 1530; — *Saint-Nicolas des Fouteaux*, Michel de Vauhernu, 1482; Jean Rocacher; Pierre de Thiville, 20 nov. 1528; Laurent de Thiville, 4 juin 1542; — *Cohardon*, Briant Lecorps, 1483; — *La Jarrie*, Jean Legrand, 1483; — *Clères*, Gui Clotet, 1483; — *Montargis*, Martin Chapuizet, 1483; — *La Troussaie*, Philibert Bricault, 1485; — *Le Theil-aux-Moines*, Christophe de Bloin, 4 juin 1515; — *Heudreville*, Louis de la Pause, 1482; — *La Tréhoudière*, Philibert Chapuis, 1483; — *Monrion*, Pierre Guérin, 1483; — *Les Châtaigniers*, Philibert Hazon, 1484; — *Reuzé*, Antoine Christoble, 1485; Roger Guyon, 1517; — *Montaillé*, Charles Renoncet, 1517; Jean Morise, 26 mai 1521; — *Asnières-Bellay*, Jean Prévérand, 1484; Thomas, 29 mai 1485; Louis Prévost, 14 juin 1489; André Prévost, 18 mai 1516; — *Bois-Aubry*, Louis de la Pause, 30 mai 1485; — *La Pelice*, Jean, 1484; Richard Pohaire, 1er juin 1488; — *Le Joug-Dieu*, Claude Dubost, 1483; Philippe de Thère, 1510; Louis, 1514; Jean Florète, 1519; Antoine Geoffroy, 14 juin 1522; Oger de Chambray, 27 mai 1526; — *Ferrières*, Charles de Billy, 22 oct. 1518; Jean de Billy, 30 mai 1523; — *Le Gué-de-L'Aunay*, Antoine Chapuizet, 1479; Guillaume Gouffier, 1517; — *Arcisses*, Baptiste, 1482; Louis, 1514; Guillaume Gouffier, 1516; René de Laubier, août 1529.

Abbas Sancti-Dogmaelis, Menemensis diocesis Anglie seu Walie.
Abbas de Selecherehe, in Cumberlanda Scotie.
Prior *de Bouche-d'Aigre*, Carnotensis, decanus priorum.
Prior *de Heudreville*, Ebroicensis.
Prior *de Craville*, Rothomagensis,
Prior *de Bacqueville*, Rothomagensis.
Prior de Çastaneriis, Carnotensis.
Prior de Jarria, alias *de la Jarrye*, Turonensis.
Prior Sancti-Blasii *de Luy*, Rothomagensis.
Prior de Clara, Rothomagensis.
Prior de Risu-Bovis-supra-Mare, Rothomagensis.
Prior *de la Trauldière*, Rothomagensis.
Prior de Montealerii, Cenomannensis.
Prior *de Lodon*, Cenomannensis.
Prior Magdalene de Bello-Loco, Cenomannensis.
Prior de Cruce-Valle, Cenomannensis.
Prior Sancti-Supplicii-in-Palio, Cenomannensis.
Prior de Resneyo, Cenomannensis.
Prior de Audita, Cenomannensis.
Prior Sancti-Michaelis-*du-Tertre*, Cenomannensis.
Prior *de Cohardon*, Cenomannensis.
Prior de Saulaya, Andegavensis.
Prior *de Resnou*, Sagiensis.
Prior *de la Roussière*, Sagiensis.
Prior *de Hues*, Ebroicensis.
Prior de Septem-Fagis, Nannetensis.
Prior de Tironnello, Malleacensis.
Prior de Jardinis, Parisiensis.
Prior Sancti-Audoeni, Parisiensis.
Prior *de Rainsy*, Parisiensis.
Prior *d'Orsemont*, Rothomagensis.
Prior Sancte-Radegundis, Parisiensis.
Prior de Sepulchro, Meldensis.
Prior *de la Trappo*, Malleacensis.
Prior *de la Tronsaie*, Pictavensis.

Prior *de Rusay*, Turonensis.
Prior de Magna-Tilia seu de Tilio-Monachorum, Pictavensis.
Prior *de Mougon*, Pictavensis.
Prior de Oysmo, alias *d'Oisesme*, Carnotensis.
Prior Sancti-Michaelis de Capella-Vicecomitissa, Carnotensis.
Prior de Fostellis, Carnotensis.
Prior Sancti-Georgii *de Cintry*, Aurelianensis.
Prior *d'Ableys*, Carnotensis.
Prior Sancti-Bartholomei *de Saint-Morise*, Carnotensis.
Prior *de Montrion* prope Blesis, Carnotensis.
Prior Magdalene prope *Breval*, Carnotensis.
Prior Sancti-Laurentii de Cultura-*en-Gastinois*, Aurelianensis.
Prior *de Montargis*, Baiocensis.
Prior Beate-Marie-Magdalene-supra-Secanam, Rothomagensis.
Prior de Ruto.
Prior *de l'Arable*, Suessionensis.
Prior Sancti-Andree de Escalmento, Carnotensis.

« Parrochiales ecclesie Thironii. »

CARNOTENSIS DIOCESIS. — *Argenvillier.* — *Colonges.* — *Combres.* — *La Burgundière.* — *Saint-Lubin de Claie.* — *Fontaine-Raoul.* — *Saint-George de Claie.* — *Bouffery.* — *Marolles.* — *Soasay.* — *Le Murgis.* — *Saint-Pierre de Ver.* — *La Chapelle-Vicontesse.* — *Saint-Lubin-de-Cin-Fontz.* — *Chassainville.* — Mouconvillare.

CENOMANNENSIS DIOCESIS. — Sancti-Petri de Arcenayo. — *Terné.* — *Saint-Cosme de Ver.* — *Montrouveau.* — *Livet.*

EBROICENSIS DIOCESIS. — *Saint-Martin de Boissy soubz Douville.* — *Boys-Roger.* — *Saint-Germain-sur-Alvre.* — *Orgeville soubz Passy.* — *Saint-Laumer de Chavigny.* — Erilliacum.

SAGIENSIS DIOCESIS. — *Montchevreul.* — *Saint-Jouyn de Blavo.* — *Saint-Laumer de Courgeost.* — *Saint-Supplice.* — *Saint-Germain de Martigny.*

ROTHOMAGENSIS DIOCESIS. — Sancti-Martini de Crasvilla. — *Bacqueville.* — *Limeray.*

(*Livre blanc de l'abbaye de Tiron*, f° 266 r°.)

CCCCXX.

Permutation du prieuré de Croixval entre Pierre de Ronsard et Amadis Jamyn.

(1565/6, 22 mars.)

« In nomine Domini, amen. Hujus instrumenti tenore cunctis sit notum quod anno Domini M° V° LX° V°, indictione vim^a, mensis vero martii die xx^a ii^a, pontificatus sanctissimi in Christo patris et domini nostri domini Pii, divina providentia, pape v^ti anno i°, in mei, Michaelis *Joly*, clerici Trecensis diocesis, publici auctoritate apostolica notarii jurati, in vico Divi-Joannis-Belvacensis Parisiis commorantis, testiumque infra nominatorum ad hec vocatorum et rogatorum presentia, personaliter constitutus discretus vir magister Amadisius *Jamyn*[1], clericus Lingonensis diocesis, Parisiis commorans, sponte et ex ejus certa scientia fecit et constituit, facitque et constituit procuratorem suum magistrum Johannem *Remond*..... pro complemento et observatione certe honeste concordie seu bone fidei tractatus, inter dictum constituentem pro se ipso ex una parte et nobilem ac discretum virum magistrum Petrum *do Ronsart*, clericum Cenomannensis diocesis, pro se ex altera, sub sancte sedis apostolice beneplacito et non alias hodie facti et initi, et per me notarium predictum subsignatum recepti et stipulati. Cum scilicet eidem constituenti, medio cessionis magistri Guillelmi *Ragereau*, prioris commendatarii prioratus seu capelle regularis Beate-Marie-Magdalene de Cruce-Vallis, alias *de Croyval*, ordinis Sancti-Benedicti, Cenomannensis diocesis, membri a monasterio Sanctissime-Trinitatis de Tyronio,

---

[1] Amadis Jamyn, né à Chaource, en Champagne, vers 1538, mourut dans cette ville vers 1585 : ce fut un des poètes les plus célèbres du XVIe siècle. Ronsard l'avait en singulière affection et le traitait comme son propre fils : il lui procura une charge de secrétaire et lecteur du Roi. Jamyn a laissé un certain nombre de poésies, et entre autres une traduction de l'*Iliade* d'Homère, commencée par Hugues Salel, abbé de Saint-Cheron.

ejusdem ordinis, Carnotensis diocesis, dependentis, de eodem prioratu seu capella regulari facte, seu idem prioratus ipsi constituenti concessus fuerit, illum seu illam, cum suis fructibus, juribus et pertinentiis universis, in predicti sanctissimi domini nostri pape aut alterius ad id potestatem habentis manibus, sponte et libere dimisit, in favorem, utilitatem et commodum dicti domini Petri *de Ronsart*(¹), reservata tamen, constituta, creata et assignata eidem constituenti, ne nimium dispendium patiatur, pensione annua summe centum et viginti librarum turonensium monete in regno Francie cursum habentis, ab omni decima, impositione, dono gratuito et quovis alio onere imposito vel imponendo immuni et exempta, per dictum Petrum et successores suos hujusmodi prioratum in titulum vel commendam pro tempore obtinentes, super ejusdem prioratus fructibus et emolumentis universis, dicto constituenti, quoad vixerit, seu donec et quousque, medio dicti Petri aut alicujus ex successoribus suis dictum prioratum pro tempore in titulum vel commendam obtinentis, ipsi constituenti de uno beneficio simplici, valoris annui centum et quinquaginta librarum turonensium in Lingonensi, Trecensi, Cenomannensi, Turonensi, Andegavensi vel Carnotensi diocesibus sito, canonice provisum fuerit; quo casu et non alias, dicta pensio nulla, cassa et extincta erit et esse censebitur.....

. . . .

Acta fuerunt hec in domo dicti domini *de Ronsart*, sita supra fossata Sancti-Victoris (²), prope et extra muros Parisiorum, ubi pro insigni

---

(¹) Pierre de Ronsard appartenait par plus d'un lien à l'abbaye de Tiron. Son frère Charles était abbé du monastère depuis 1563, et sa sœur Louise avait épousé en 1537 François de Crevant, frère de Louis II et neveu de Louis Ier de Crevant, tous deux abbés de Tiron.

(²) La maison *de l'Ange*, habitée par Pierre de Ronsard, était située dans la censive de l'abbaye de Tiron. Elle fut, depuis, la demeure d'un autre poète célèbre, Guillaume Colletet, qui l'a célébrée dans le sonnet suivant :

> Je ne voy rien icy qui ne flatte mes yeux.
> Cette cour du Ballustre est gaye et magnifique :
> Ces superbes lions qui gardent ce portique
> Adoucissent pour moy leurs regards furieux.
>
> Ce feuillage animé d'un vent délicieux
> Joint au chant des oiseaux sa tremblante musique.

pendere solebat *Angelus*. Presentibus discretis viris magistris Johanne-Anthonio Bayfio([1]), et Johanne *Patrillet*, clericis Parisiensis et Lingonensis diocesorum, supra dicta fossata commorantibus, testibus ad premissa vocatis et rogatis. »

(Arch. de la Sarthe, *XIe reg. des Insinuations*, f° 479 v°. — *Revue historique du Maine*, T. X, p. 236).

CCCCXXI.

Notice du combat de la Croix-du-Perche.

(22 mars 1589.)

« L'an 1589, le Parlement aiant confirmé le décret de la Sorbonne sur la déchéance du roy Henri III, ce qui donna aux Ligueurs toute l'apparence de l'auctorité légale, les provinces se hâtèrent de suivre l'exemple de Paris. Bientost toute l'Isle-de-France fut rangée sous l'autorité de la Sainte-Ligue.

> Ce parterre de fleurs, par un secret magique,
> Semble avoir desrobé les estoiles des cieux.
>
> L'aimable promenoir de ces doubles allées,
> Qui de prophanes pas n'ont point esté foulées,
> Garde encore, ô Ronsard, les vestiges des tiens;
>
> Mais, ô noble désir d'une gloire infinie,
> Je trouve bien icy mes pas avec les siens,
> Et non pas dans mes vers sa force et son génie.

Il ne faut peut-être pas s'en rapporter trop aveuglément à la description poétique de Colletet. Suivant Tallemant des Réaux, *la cour du Balustre* avait quatre pieds en carré; *le feuillage animé d'un vent délicieux* était celui d'un unique mûrier dont Colletet vendait les mûres ; enfin *les doubles allées à l'aimable promenoir* avaient chacune quatro pieds.

([1]) Jean-Antoine de Baïf, né à Venise, en 1532, mourut à Paris le 19 septembre 1589. Il se lia d'amitié avec Ronsard, et ce fut sans doute cette liaison qui l'engagea à faire des vers. Baïf fut un des poètes qui contribuèrent le plus à mettre à la mode les vers mesurés à la manière des Grecs et des Latins. Il employait un alphabet bizarre composé de dix voyelles, dix-neuf consonnes, onze diphthongues et trois triphthongues. Il a laissé un assez grand nombre d'ouvrages.

» De Bloys, furent expédiez des courriers à tous les généraux qui estoient restez fidèles à la cause roiale d'attaquer avec vigueur les corps des Ligueurs qui chevauchoient tout partout les provinces de l'Orléanois, le Dunois, le Perche et la Beauce.

» Voici la missive que Rosny despescha au comte de Soissons à Nogent-le-Rotrou :

De Courtalain, 21 mars 1589.

« Monsieur et cher amy, je ne pensay jamais mieux voir donner une bataille que ce jour d'huy, mais tout s'est passé en légers escarmouches et à essayer de loger chascun à son advantage. Je vous advertis que plusieurs compaignies, tant de chevau-légers que gens de pied, sous le commandement de Réclainville (¹) et de Patry (²), se dirigent de Bonneval sur le Mans. Je vous conjure de vous armer et venir à leur encontre, en amenant tout ce que vous pourrez avoir de bonnes compaignies déterminées, surtout les deux compaignies d'harquebusiers à cheval de Fontenay (³) : je les congnois pour des braves. Envoiez esclaireurs seurs et rusés. Sur ce, que Dieu vous ayt en sa sainte garde.

Signé : Rosny.

» Le 22 mars, avant le jour, Roberget et de Puisaye (⁴), deux gentilshommes recognus pour fins et rusés esclaireurs des compaignies du capitaine Fontenay, arrivèrent incognitos à Tyron, desguisés en marchands d'étamines, pour sçavoir où estoient les compaignies des sieurs de Réclainville et de Patry. Ne voulant oncques donner l'éveil en le païs qui estoit en grande espouvante de nouvelles horreurs, furent frapper aux portes de l'abbaïe qui s'ouvrirent prestement devant eux. Là, aïant appris que la veille on avoit sceu que des troupes estoient venues prendre logis à la Croix-du-Perche, sitost aïant fait repaistre leurs chevaux, s'acheminoient vers ce bourg, et rencontrant des

---

(¹) Jean d'Allonville, seigneur de Réclainville, gouverneur de Chartres.

(²) François Patry, seigneur de Falandre, tué à l'assaut du château de Conches, en 1589.

(³) Pierre de Fontenay de la Reinière, gouverneur du Perche de 1589 au 18 mai 1610.

(⁴) Michel de Puisaye, seigneur de Puisaye.

esclaireurs avecque qui ils voulurent s'aboucher, ce que n'aïant pu, ils ne voulurent aller plus loing, craingnant estre prins comme espions ; ce que voïant, ils revindrent à Tyron et nous dirent qu'ils avoient trouvé des gens les plus discourtois qu'il estoit possible, lesquels ne voulurent point dire le nom des chefs qui leur commandoient, mais seulement qu'ils estoient à messire de Mayenne, et qu'ils avoient accoustumé de loger partout, pour ce qu'ils vivoient fort bien, et qu'aïant ce jour-là faict grande traicte, ils ne pouvoient aller chercher giste ailleurs, leurs chevaux estant las ; qu'ils estoient venus en iceluy bourg pour y ferrer leurs chevaux, racoustrer leurs brides, selles et pistolets, mais que ce estant faict ils deslogeroient.

» Les deux esclaireurs n'estoient oncques retirés que Patry manda et ordonna à tous manans, païsans portans armes, de le venir trouver et renforcer ses compaignies, fist faire bonne et seure garde autour du village, avecque deffense expresse de laisser sortir hommes capables de porter armes, mais laisser entrer hommes, femmes et enfants qui se présenteroient pour la deffense.

» Le comte de Soissons, parti de Nogent peu après ses deux esclaireurs, arriva au petit jour à Tyron, accompagné du capitaine Fontenay, avecque ses deux compaignies d'harquebusiers à cheval et une à pied, fisrent aussy halte en la cour de l'abbaïe, dans laquelle du pain et du vin leur furent servis. Comme j'avois prins la fuite de Frazé la veille, à l'approche des troupes de Réclainville, et suis venu coucher à Tyron, le matin nous allasmes bon nombre d'habitans faire compliment au comte de la bonne tenue et aguerrissement de ses troupes. Lors se trouva du nombre le sieur Martin, sergent de la seigneurie de la Soublière, vieux soldat déterminé de Fontenay, ainsy que plusieurs aultres, qui blasmoient bien fort la résolution du comte de Soissons d'attendre, avecque si peu de troupes et en lieu si foible, de si grandes forces ennemies, lesquelles pouvoient fondre en ung moment sur Tyron ; que du depuis ce bourg jusqu'à Tyron n'estoit que bois en coste traversés de chemins creux, bordés de haies des deux costez et, au dessoubs, la vallée et rivière de Tyron. Le comte dit à Martin qui paroissoit le plus opiniastre : « Mon amy, je n'ay point d'aultres soldats à » opposer, mais sy ne faut-il perdre courage. » Sur ce néantmoings,

le comte appela Fontenay et lui dit : « Je vous ordonne, mon ami,
» rassemblez vos hommes, allons au-dessus du costeau, et de Puisaye
» nous monstrera le chemin qui conduict les braves. »

» Lors chacun s'advança quatre à quatre à travers champs jusques
à deux cens toises du bourg de la Croix-du-Perche, d'où ils descouvroient l'armée de la Ligue, rangée en bataille pour tenir teste aux troupes du comte. Le brouillard, qui avoit esté fort grand tout le matin, s'abaissa tout-à-coup, et les harquebusiers du comte en profitèrent : ils firent quatre descharges, qui fist quatre belles rues dans les escadrons et bataillons ennemis ; cela les arresta tout-court, et enfin trois ou quatre fois de mesme, ce qui les fist désordonner en merveilleux effect.

» Cinquante-huict Liguez trouvèrent la mort ; vingt-huict blessés et quarante prisonniers firent songer les aultres à la retraite. Du costé des troupes du comte, n'y eust que quatre morts, huict blessés, dont Martin en estoit ung, et pourtant ne resta pas és mains de l'ennemi.

» Les troupes du comte, avant de inhumer les morts des Liguez, les dépouillèrent de leurs cazaques noires semées de larmes et de croizettes blanches de Lorraine, et s'en servirent à leur retour à Tyron, comme de trophées de parade. Les cavaliers en avoient garni la selle de leurs chevaux.

» Voulant que ce hault faict du comte de Soissons passe à la postérité, les religieux de Tyron, estant bien scéant avecque luy, firent peindre ce beau faict d'armes sur les murailles de l'église de la Croix-du-Perche, en personnages parfaicts de pourtraicture ([1]). L'escu de Fontenay fut posé à la voulte, ainsy qu'en celle de Tyron. Ce travail fut faict et parachevé par les religieux de Tyron en l'an 1591. »

(*Extrait des minutes de Rémond, notaire à Frazé.* — *Essais historiques sur le Perche*, par A. Gouverneur, p. 390.)

([1]) Il y a quelques années, en faisant des réparations à l'église de la Croix-du-Perche, on découvrit sous le badigeon des traces de ces peintures à fresque du XVIe siècle, dont on ne sut alors expliquer le sujet.

CCCCXXII.

Lettres de Henri IV pour la visite des abbayes et prieurés dépendant de Tiron.

(1595, 10 févr.)

« Henry, par la grâce de Dieu, roy de France et de Navarre, à tous nos baillys, séneschaulx, prévosts, juges ou leurs lieutenans et à tous nos aultres justiciers et officiers, chacun en son ressort et jurediction, si comme il appartiendra, salut. Nostre amé et féal conseiller et aumosnier ordinaire messire Philippe Desportes (¹), abbé de l'abbaye de la Saincte-Trinité de Thiron, ou dioçaize de Chartres, nous a faict dire et remonstrer que ladicte abbaye est d'ancienne fondation royale et chef d'ordre, de laquelle deppand plusieurs abbayes et prieurés, ésquelz, comme supérieur et père abbé dudict Thiron, il a droict de faire, par

---

(¹) Les moines de Tiron n'acceptèrent pas sans déplaisir la nomination de Philippe Desportes comme abbé commendataire. Voici comment l'un d'eux raconte la prise de possession de l'abbaye par le poëte : « L'an 1584, le 22ᵉ jour de juillet, messire Philippe des Portes, abbé de Tyron, de Josaphat, d'Aurillac et de Bonport, le bien-aymé et favori poëte du roy Henri III de France, arriva incontinent, en compagnie du duc de Joyeuse, en l'abbaïe royale de Tyron, pour en prendre la commande que le roy Henry III lui avoit donnée.

» Des Portes aïant monstré ses lettres de créance, fut ouï en chapitre par tous les religieux de céans, auxquels s'étoient unis ceux d'Arcisse ; lesquels, l'aïant ouï débiter ses lettres avec forces remonstrances, lui firent aussi une forte resprimande, lui disant qu'il avoit tenu propos trop hautains et poingnans contre le clergé de France ; que l'Eglize de France est depuis quarante ans tributaire à son Roy, aïant tousjours esté, depuis ce temps, chargée de décimes et aultres subventions extraordinaires, auparavant non ouïes et usitées ; que mesmement, en ces derniers troubles, le clergé avoit fait de grands sacrifices pour le Roy, néantmoings qu'il en avoit esté mal recogneu et plus mal traictié ; que le peuple ne faisoit plus compte d'offrandes, ne de païer dixmes, ne de donner ou léguer chose que ce soit. Ce à quoy des Portes ne dist mot.

» On entra à l'église où fut dict une courte prière ; et au sortir de l'église, l'abbé des Portes advertit les religieux que s'ils avoient des lettres ou autres choses à lui présenter, de les adresser au couvent des Hiéronimites du Bois-de-Vincennes. Ce après quoy, des Portes s'en retourna par Chartres, paroissant mal-content. »

luy ou ses vicaires commis et depputez, visitation et s'enquérir des abbus et malversations, et les corriger, faire continuer et entretenir ésdictes abbayes et prieurez le nombre des religieulx tel qu'il est requis et nécessaire pour y faire entretenir le divin service, les ornemens d'église et observance régulière et les édifices en bonne et suffisante réparation, donner ordre que les aumosnes hospitalles et aultres charges que l'on y doibt faire soient continuez selon les fondations, facultez et revenues desdictes abbayes et prieurez ; en oultre les prieurs desdiz prieurez luy doibvent et au couvent de ladicte abbaye certaine rente et pension cappitulaire par chacun an au jour du chappitre général de ladicte abbaye, auquel jour ilz doibvent comparense ou excuse légitime, en apportant ou envoyant lesdictes pensions cappitulaires pour ayder à supporter les grans frais et charges qui sont ordinairement en ladicte abbaye, au payement desquelles ledict suppliant ou sesdiz vicaires et commis contraignent les titulaires desdictes abbayes et prieurez, nonobstant qu'ilz soient commendatoires, faisans leursdictes visitations ; lesquelles visitations par les troubles discontinuées il feroit vollontiers renouveler, et à cest effect vous requéroit, par l'invocation du bras sécullier, de luy donner ayde, secours et confort, et contraindre lesdiz titulaires et commendatoires, leurs gens et fermiers ou payement desdiz droictz et redevances, ensemble aulx despens et frais de ces visitations, et satisfaire ad ce qu'ilz sont teneuz audict jour dudict chappitre général, ainsy qu'ilz faisoient auparavant lesdiz troubles ; mais il doubte que ad ce faire voullussiez ou aucuns de vous faire difficulté sans sur ce avoir nos lettres de provision, lesquelles il nous a très humblement supplié et requis luy impartir. Par quoy ces choses considérées, et que par le moyen de ladicte visitation ledict divin service sera continué, les édifices desdictes abbayes et prieurés entreteneuz en bonne et suffisante réparation, l'observance régulière gardée en iceulx abbayes et prieurez avec le nombre des religieulx tel qu'il est requis et nécessaire pour y faire ledict divin service suyvant l'intention des fondateurs, et les affaires de ladicte abbaye secouruz et aydez par le moyen desdictes pensions et debvoirs, Nous vous mandons et à chacun de vous sur ce requis en droict soy, sy comme à luy appartiendra, commandons et ordonnons que, proceddant par ledict abbé ou sesdiz vicaires commis et depputez religieulx dudict ordre à la visitation desdictes abbayes et prieurez deppendant de sadicte abbaye de Thiron, vous ayez à leur assister et donner votre ayde et secours du bras sécullier, tant à ladicte visitation que à l'exécution de ce que par eulx sera ordonné pour la continuation et entretenement du divin service, ornemens ecclésiastiques, réparations, observations régulières et aultres choses concernans les fondations d'iceulx bénéfices, ensemble du payement continuations des pensions tant du passé que de l'advenir et des fruits et despens desdictes visitations et aultres charges ésquelles ilz sont teneuz : au payement desquelz droicts et choses susdictes nous voullons et entendons les titulaires et commandatoires desdictes abbayes et prieurez estre contraints en vertu des jugemens et ordonnances dudict suppliant ou de sesdiz vicaires commis et depputez du chappitre général dudict ordre, ensemble leurs fermiers et recepveurs, sçavoir lesdits titulaires et commandatoires par saisie de leur temporel en nostre main, et establissement de commissaires, et leurs fermiers et recepveurs en déduction de leur deu et ferme par saisie et pronte vente de leurs biens, le tout par provision, nonobstant oppositions ou appellations quelconques, pour lesquelles et sans préjudice d'icelles ne voullons l'exécution desdits jugemens et ordonnances estre aulcunement retardée ny différée, attendu la qualité du fait desquelles oppositions ou appellations, parce que, pour la diversité des lieux et ressors où lesdictes abbayes et prieurez sont assis, il pouroit advenir diversité de procédeures et jugemens, et pour plusieurs aultres bonnes considérations nous mouvans, nous avons renvoyé, commis et attribué la cognoissance à nostre Court de Parlement de Paris, et ycelles interdittes et défendues, interdisons et défendons à tous nos Cours de Parlemens et aultres juges quelconques, car tel est nostre plaisir, nonobstant comme dessus et quelconques lettres, commandemens et défenses à ce contraires. Mandons en oultre au premier nostre huissier ou sergent sur ce requis que, sans demander aulcune lettre d'assistance, placet, visa, non pareatis, ilz fassent tous exploictz requis et nécessaires pour l'exécution de ces présentes. Donné à Paris, le dixiesme jour de febvrier, l'an de grâce mil cinq cens quatre vingtz quinze, et de nostre règne le sixiesme. »

(*Vidimus sur pap. de* 1599.)

CCCCXXIII.

Lettre missive de Henri IV au sujet de l'union du prieuré de Bacqueville au collège des Jésuites de Rouen.

(1607, 12 oct.)

« A nos chers et bien amez les vénérables prieur, religieux et chapitre de Notre-Dame de Thiron(¹), Chers et bien amez, recognoissans combien le collège des Pères Jésuistes estably en nostre ville de Rouen est utille à toute la province, tant pour instruire la jeunesse aux lettres et sciences que pour la former aux bonnes mœurs et à la piété, à ceste occasion, pour donner plus de moyen ausdiz Jésuistes de se pouvoir entretenir honnestement audit collège, nous avons eu pour agréable la résignation qui a esté faite par l'abbé d'Aurillac, prieur commandataire du prieuré Saint-Martin de Bacqueville, diocèse de Rouen, dépendant de l'abbaye de Thiron, dudict prieuré, pour estre uny, annexé et incorporé audict collège des Jésuistes de Rouen, vous en ayans à ceste occasion bien voulu faire ceste-cy pour vous faire entendre sur ce nostre intention et vous dire que nous désirons que vous ayez à permettre, en tant que vous est ladicte maison annexe, passer toutes procurations dont vous serez pour ce requis par lesditz Jésuistes, et consentir toutes lettres et expéditions nécessaires leur en estre délivrées, vous assurans, outre que vous ferez en cela chose qui tournera au bien publicq, que nous tiendrons la facilité que vous y apporterez à service bien agréable. Donné à Fontainebleau, ce xii° jour d'octobre 1607. »

Signé : « HENRY. »

(*Orig. en papier.* — Arch. de la Seine-Inférieure, D. 197.)

(¹) Ce vocable de Notre-Dame appliqué à l'abbaye de Tiron est certainement une erreur, qu'il est assez singulier de rencontrer dans une lettre royale.

CCCCXXIV.

Exemption du logement des gens d'armes pour l'abbaye de Tiron.

(1610, 2 avril.)

« De par le Roy,

» A tous lieutenans généraux, maréchaux de France, maréchaux et maistres de camp, collonnelz, cappitaines, chefz et conducteurs de noz gens de guerre, tant de cheval que de pied, de quelque langue et nation qu'ilz soient, maréchaux de noz logis, fouriers et autres commis ou à commettre à faire et establir les logis de nosditz gens de guerre, ausquelz ces présentes seront monstrées, salut : Nous vous deffendons très expressément, par ces présentes signées de nostre main, de loger ny souffrir estre logé au bourg de Thiron, fermes des Aulnayes et de Sainte-Anne, deppendans de l'abbaye dudit Tiron, appartenant à nostre très cher filz naturel le marquis de Verneuil, ny en iceux bourg et fermes prendre ou fourager aucuns bledz, vins, foings, pailles ou avoyne, bestail, vollaille ny aucunes autres choses, sur peyne d'encourir nostre indignation et de punition exemplaire, d'autant que nous avons pris et mis, prenons et mettons ladicte abbaie de Tiron, les maisons, mestairies, ensemble les fermiers deppendans de ladicte abbaie, leurs familles et biens, en nostre protection et sauvegarde spécial ; et afin que personne n'en prétende cause d'ignorance, nous voulons qu'és principalles portes et entrées noz armes et panonceaux soient apposez, et justice estre faicte des contrevenans par les prévostz de noz très chers cousins les connétable et maréchaux de France ou leurs lieutenans, ausquelz enjoignons ainsy le faire sur peine d'en respondre en leurs noms. Et pour ce que de ces présentes l'on aura besoing en chacun desditz lieux, nous voulons qu'au vidimus collationné par l'un de noz amez et féaux conseillers et secrétaires foy soict adjoustée comme au présent original, car tel est nostre plaisir. Donné à Paris, le II° jour de avril mil six cens et dix.

» Signé : Henry.

» Et plus bas : Par le Roy

» de Loménie.

(Orig. en papier.) » Scellé en placard. »

CCCCXXV.

Prise de possession de l'abbaye de Tiron au nom de Jean-Casimir, roi de Pologne.

(1669, juin.)

« Le vendredy, vingt-huitiesme jour de juin 1669, noble homme messire Daniel de Barez de Saint-Martin, abbé de Caze-Dieu, conseiller du Roy, commandeur de l'ordre de Saint-Michel, fondé de procuration de sérénissime Jean-Casimir, roy de Pologne et de Suède, passée à Varsovie, et en vertu des bulles de notre Saint Père le pape Clément IX°, données à Rome soubz l'anneau du pescheur le 9° jour de mars dernier, a pris possession de l'abbaye des Vaux-de-Cernay, pour et au nom dudit seigneur roy. Ledit sieur abbé arriva hier au soir, à six heures, à ladite abbaye, accompagné du sieur Pachot, intendant de Sa Majesté Polonoise en ses huict abbayes, que le Roy très chrestien nostre sire luy a données dans son royaume, en vertu de la démission que Mgr Henry de Bourbon, duc de Verneuil, pair de France, fils naturel de Henry le Grand, en avait faite, le 12 octobre 1668, à Sadite Majesté très chrestienne. Les huict abbayes sont : Saint-Germain-des-Prés-lés-Paris, Ourcamp, les Vallasses, Fescamp, Bonport près le Pont-de-l'Arche, Saint-Taurin d'Evreux, Tiron et les Vaux-de-Cernay, quatre desquelles abbayes sont de l'ordre de Saint-Benoist et quatre de Citeaux. Ils avoient commencé à prendre les possessions à Saint-Germain-des-Prez, et ensuite avoient pris leur route par Ourcamp, Vallasses, Fescamp, Bonport, Saint-Taurin et Tiron, d'où ils arrivent hier aux Vaux..... Deux choses sont remarquables en ceste occasion dans une même année : un Roy quitte ses Estats pour se faire d'Eglise, et un prince quitte pour cent mille escus de rente de bénéfices à l'aage de soixante-neuf ans pour se marier, ayant été soixante-deux ans abbé, car M. le duc de Verneuil eut en 1606 ([1]) les abbayes de Tiron, Bonport et des Vaux par le décès de Philippe Desportes, ce fameux poëte françois. »

(Arch. de la Mairie de Cernay. — Cart. des Vaux-de-Cernay, t. II, p. 161.)

CCCCXXVI.

« Etat présent du revenu et des charges de tous les prieurez dont jouit le monastère de la Très-Sainte-Trinité de Tiron ([2]). »

(1720.)

Bouche-d'Aigre.

Diocèse de Blois ; ressort du Parlement de Paris.

Ledit prieuré est affermé 1720 liv. ; ses charges annuelles montent à 836 liv.

Le R. P. Dom Louis de Lhomme, demeurant au monastère de Saint-Pierre de la Réole, est titulaire dudit prieuré depuis le 21 novembre 1717.

Saint-Gilles des Châtaigniers.

Diocèse de Chartres ; ressort du Parlement de Paris.

([1]) Le duc de Verneuil était né en janvier 1603 : il n'avait donc pas tout-à-fait 69 ans quand il quitta l'Eglise pour se marier.

([2]) Cet *Etat* est certainement incomplet : parmi les cent et quelques prieurés qu'avait possédés l'abbaye de Tiron, beaucoup assurément, la plupart même avaient disparu au XVIII° siècle; mais il en est plusieurs qui ont subsisté jusqu'à la Révolution et qui ne sont pas compris dans ce tableau.

Le revenu temporel, tant en fermes qu'en rentes seigneuriales, monte à 1500 liv.; les charges annuelles à 360 liv.

Dom Claude Léauté en est titulaire depuis le 30 octobre 1709.

Saint-Barthélemy du Vieux-Charencey.

Diocèse de Chartres; ressort du Parlement de Paris.

Le revenu temporel, tant en fermes qu'en rentes seigneuriales, monte à 380 liv.; les charges annuelles à 146 liv. 9 s.

Dom François Lecomte en est titulaire depuis le 20 novembre 1690.

Saint-Jean de Cohardon.

Diocèse du Mans; ressort du Parlement de Paris.

Ledit prieuré est affermé 220 liv.; les charges annuelles montent à 40 liv.

Dom Charles Luézé en est titulaire depuis le 7 des ides de février 1705.

Saint-Michel-du-Tartre.

Diocèse du Mans; ressort du Parlement de Paris.

Ledit prieuré est affermé 325 liv.; ses charges annuelles montent à 100 liv.

Dom Antoine Bornot en est titulaire depuis le 4 des ides de janvier 1710.

Sainte-Madeleine de Reno.

Diocèse de Séez; ressort du Parlement de Paris.

Le revenu de ce prieuré monte à 525 liv.; ses charges annuelles à 145 liv.

Dom Jean-Baptiste Lecorreur en est titulaire depuis le 26 janvier 1705.

Saint-Nicolas des Fouteaux.

Diocèse de Blois ; ressort du Parlement de Paris.

Le revenu de ce prieuré monte à 300 liv. ; ses charges annuelles à 145 liv. 12 s.

Dom Antoine Perrault en est titulaire depuis 1710.

Saint-Pierre de Ceton.

Ce prieuré est de l'ordre de Cluny, dépendant du prieuré de Saint-Denis de Nogent-le-Rotrou (1). Diocèse du Mans ; ressort du Parlement de Paris.

Ledit prieuré est affermé 2110 liv. ; ses charges annuelles montent à 769 liv. 16 s.

Dom Martin Lailler en est titulaire depuis 1713.

Saint-Pierre de Pontneuf.

Ce prieuré est de l'ordre de Cluny, dépendant du prieuré de Saint-Denis de Nogent-le-Rotrou. Diocèse du Mans ; ressort du Parlement de Paris.

Il est affermé 700 liv. ; ses charges annuelles sont de 205 liv. 10 s.

Dom René de Vallée en est titulaire depuis le 18 juillet 1713.

Sainte-Madeleine d'Oisème.

Diocèse de Chartres ; ressort du Parlement de Paris.

---

(1) Ce prieuré et celui de Pontneuf appartenaient en effet au prieuré-doyenné de Saint-Denis de Nogent-le-Rotrou. Nous avons en vain cherché la raison qui les avait fait comprendre parmi les prieurés de Tiron. Au moment de la Révolution, un Inventaire du prieuré de Saint-Denis mentionne encore comme dépendant de cette maison les prieurés d'Happonvilliers, Saint-Pierre de Ceton, Pontneuf, Saint-Ulphace, le Saint-Sépulcre près les murs de Châteaudun, Saint-Lubin de Flacey et la Sainte-Trinité de Champrond-en-Gâtine.

Ce prieuré est affermé 850 liv. ; ses charges annuelles montent à 202 liv. 14 s. 6 d.

Dom Benoît de la Taste, religieux de l'abbaye de Sorèze, en est titulaire depuis le 18 juillet 1713.

Saint-Léonard de la Ronchère.

Diocèse de Séez ; ressort du Parlement de Paris.

Ce prieuré est affermé 120 liv. ; ses charges annuelles montent à 52 liv.

Dom René Laneau, prieur de Saint-Taurin d'Evreux, en est titulaire depuis 1716.

Saint-Silvestre de Clère.

Diocèse de Rouen ; ressort du Parlement de Rouen.

Ce prieuré est affermé 180 liv. ; ses charges annuelles montent à 86 liv.

Le R. P. Dom René Rigault, prieur de Thiron, en est titulaire depuis 1704.

(*Orig. en papier.*)

DICTIONNAIRE TOPOGRAPHIQUE.

Quelques erreurs topographiques se sont glissées dans les notes qui accompagnent les chartes publiées par nous dans ce Cartulaire, surtout dans la détermination des si nombreux prieurés de l'abbaye de Tiron. Nous signalerons entre autres les notes relatives aux prieurés du Theil-aux-Moines (p. 62), de Montaillé (p. 66), de Saint-Michel-du-Tertre et de Louie (p. 110), de Moussay (p. 199). En approfondissant davantage l'étude des diverses localités, nous avons reconnu que nous nous étions trompé; mais sans vouloir faire un *errata* que l'on consulte rarement, nous avons préféré remettre à notre *Dictionnaire topographique* le soin de corriger les fautes qu'une première rédaction avait laissé échapper.

Nous avons donc mis tous nos soins à ce Dictionnaire, d'autant plus difficile à faire complet et exact que les propriétés de l'abbaye de Tiron s'étendaient dans un plus grand nombre de provinces. Nous avons tenu à ne laisser inexpliquée aucune des localités, même les moins importantes, qui figurent dans nos chartes. Aussi avons-nous la confiance que ce Dictionnaire, un des plus détaillés, croyons-nous, qui ait jamais été publié, rendra d'utiles services à tous ceux qui s'occupent de l'ancienne topographie de la France.

N. B. Les noms imprimés en caractères **gras** sont ceux des abbayes ou prieurés relevant directement de la maison mère de Tiron. Nous avons suivi pour les noms modernes l'orthographe donnée par le *Dictionnaire des Postes*. Les chiffres romains placés après les noms anciens renvoient aux chartes où se rencontrent ces noms.

A

Abbatia, CCXVIII. *L'Abbaye*, vill., c^{ne}, c^{on} et arr^t de Pithiviers (Loiret).

Abluæ, VIII, XXXVI; **Ableis**, CCXXXVII; **Ablueiæ**, CCXCI; **Abluiz**, CCCXXXVIII; **Abluiæ**, CCCLXXXI. *Ablis*, c^{ne}, c^{on} de Dourdan, arr^t de Rambouillet (Seine-et-Oise).

Abrincæ, CCCXXVII. *Avranches*, ch.-l. d'arr^t (Manche).

Aceium, CLI; **Asee**, LXXIV; **Aze**, CLI; **Ausium**, CCLXXIII. *Azé*, c^{ne}, c^{on} et arr^t de Vendôme (Loir-et-Cher).

Acheio (**Molendinum de**), LXXXIX. Moulin de *Buchaille*, c^{ne} de Louvigny, c^{on} et arr^t de Mamers (Sarthe).

Acrania, fluvius, CLVII; **Esgrenna**, CLXXXV; **Grena**, CCXV. *La Graine*, rivière, prend sa source près la Chapelle-Vicomtesse et se jette dans la Braye près de Sargé (Loir-et-Cher).

Aguilloneis (Nemus aux), CCCLXIV, bois, à Tercé, c^{ne} de la Gaudaine, c^{on} et arr^t de Nogent-le-Rotrou (Eure-et-Loir).

Alarthan, XVI. *Arthun* (?), c^{ne}, c^{on} de Boën, arr^t de Montbrison (Loire).

Alastiacum, XVI. *Laizé* (?), c^{ne}, c^{on} et arr^t de Mâcon (Saône-et-Loire).

Alba-Via, CCLXXVII. *Blanche-Voie*, lieu-dit, à Châteaudun, où était situé le prieuré de Chamars : « Ecclesia Beati-Johannis de » Chamarcio que dicitur de Alba-Via. » (1125).

Albemarla, XIII. *Aumale*, ch.-l. de c^{on}, arr^t de Neufchâtel (Seine-Inf.).

Albemont, CLXXXIII; **Abbemont**, CCCXXXIV; **Abeton**, CCCLXXV. *Ablemont*, h., c^{ne} et c^{on} de Bacqueville, arr^t de Dieppe (Seine-Inf.).

Albigniacum, XXVII ; **Albineium**, XXV ; **Albigneium**, XXXI. *Aubigny*, c^{ne}, c^{on} et arr^t de Falaise (Calvados).

Albinium, CCXIV. *Aubigny*, h., c^{ne} de Civières, c^{on} d'Ecos, arr^t des Andelys (Eure).

Alençon, CCCCXIV, CCCCXVI. *Alençon*, ch.-l. dép^t (Orne).

Alneta, CCIX. *Les Aunais*, f., c^{ne} de Ruillé-sur-Loir, c^{on} de la Chartre, arr^t de Saint-Calais (Sarthe).

Alnetum, LXXXV, CLXI, CCLXXXVIII. *Aunay-sous-Auneau*, c^{ne}, c^{on} d'Auneau, arr^t de Chartres (Eure-et-Loir).

Alnetum, CCI. *Launay*, h., c^{ne} de Nogent-sur-Eure, c^{on} d'Illiers, arr^t de Chartres (Eure-et-Loir).

Alnetum, LXXVII. *Launay*, f., c^{ne} et c^{on} de Brou, arr^t de Châteaudun (Eure-et-Loir).

Alnetum, CCCVII. *L'Aunay*, h., c^{ne} de Frétigny, c^{on} de Thiron, arr^t de Nogent-le-Rotrou (Eure-et-Loir). — Le plan de l'abbaye de Tiron de la fin du XVIIe siècle mentionne *villa vulgo de Alnetis intra septa monasterii*. Nous n'avons pas trouvé dans les chartes de l'abbaye trace de cette ferme, qui ne fut sans doute construite qu'après le XVe siècle.

Alnetum, CXLI ; **Alneium**, CLXXVI. *Launay*, f., c^{ne} d'Artins, c^{on} de Montoire, arr^t de Vendôme (Loir-et-Cher).

Alnetum, XLVI. *L'Aunay*, f., c^{ne} de la Milesse, c^{on} et arr^t du Mans (Sarthe).

Alogia, LXXVII ; **Aleia**, **Aloia**, CCXCVII ; **Alodia**, CCCXL ; **Alluye**, CCCCVIII. *Alluyes*, c^{ne}, c^{on} de Bonneval, arr^t de Châteaudun (Eure-et-Loir).

Altum, CXXV, CCXVII ; **Autou**, CCCLXXVII. *Saint-Denis-d'Authon*, c^{ne}, c^{on} de Thiron, arr^t de Nogent-le-Rotrou (Eure-et-Loir).

Alunna, CVIII ; **Alona**, CCCXL. *Allonnes*, c^{ne}, c^{on} de Voves, arr^t de Chartres (Eure-et-Loir).

Ambazia, CCCLVII. *Amboise*, ch.-l. de c^{on}, arr^t de Tours (Indre-et-Loire).

Amilleium, LXI ; **Armilleium**, CXCVI. *Amilly*, h., c^{ne} de Saint-Agnan-sur-Erre, c^{on} du Theil, arr^t de Mortagne (Orne).

Andevilla, CCLXXVI ; **Antevilla**, CVIII ; **Andevilla**, CXXIX. *Andeville*, anc. c^{ne} réunie à celle de Meslay-le-Vidame, c^{on} de Bonneval, arr^t de Châteaudun (Eure-et-Loir).

Ansquesius, torrens, CCLXXXIII, ruisseau, en la c^{ne} de Bréau, c^{on} de Mormant, arr^t de Melun (Seine-et-Marne).

Apeneium, CCLXXVII. *Appenai-sous-Bellême*, c^{ne}, c^{on} de Bellême, arr^t de Mortagne (Orne).

Aquila, LXXII, CXXXVIII, CCCLXXVII.

Laigle, ch.-l. de c{on}, arr{t} de Mortagne (Orne).

Arable (L'). Voir **Sancta-Maria-de-Arablo**.

Archenaium, CCCXXVIII; **Sanctus-Petrus-de-Arcenayo**, CCCXIX. *Arçonnay*, cne, c{on} de Saint-Paterne, arr{t} de Mamers (Sarthe).

Ardena, CXII. *Ardenne*, h., cne de Corzé, c{on} de Seiches, arr{t} de Baugé (Maine-et-Loire).

Ardenna, CCCLXXVII; **Aldena**, CCXCVII. *Ardenne*, fief, cne de Chavigny, c{on} de Saint-André, arr{t} d'Evreux (Eure).

Arelatum, CCCCIX. *Arles*, ch.-l. d'arr{t} (Bouches-du-Rhône).

Argentela, CXXXII, lieu-dit, près Augerville-la-Rivière, c{on} de Puiseaux, arr{t} de Pithiviers (Loiret).

Argenvillarium, XCVI; **Hartgenviler**, LXIII, LXXXI, CLXIV; **Hargenviler**, CXIX, CCCXXVIII; **Hargenvilla**, CCXC; **Hargenvillarium**, CCXCI; **Argevillarium**, CCCXXVIII; **Hargenvileir**, CCCLXXVII; **Argenvillier**, CCCCXIX. *Argenvilliers*, cne, c{on} et arr{t} de Nogent-le-Rotrou (Eure-et-Loir).

Arlevilla, CLXII. *Harville*, vill., cne de Civry, c{on} et arr{t} de Châteaudun (Eure-et-Loir).

Armentrecæ, CLXXIX. *Armentières*, cne, c{on} de Lizy-sur-Ourcq, arr{t} de Meaux (Seine-et-Marne).

Aronvilla, CCCXLVI. *Erouville*, f., cne de Saint-Germain-le-Gaillard, c{on} de Courville, arr{t} de Chartres (Eure-et-Loir).

Arro, CXXX; **Arrou**, V, CLXXXVI; **Arreis**, CCCXLIV. *Arrou*, cne, c{on} de Cloyes, arr{t} de Châteaudun (Eure-et-Loir).

Arsiciæ, CCCXXVI, CCCXXVIII, CCCCVII; **Arsiz**, XXII; **Arsitiæ**, XXXIII, XXXIV, CCLVII; **Arseciæ**, CCXCI; **Arsetiæ**, CCXCII;

Arcisses, CCCLVIII; **Arcissæ**, CCCCXIX. *Arcisses*, abbaye dépendant de Tiron, auj. h., cne de Brunelles, c{on} et arr{t} de Nogent-le-Rotrou (Eure-et-Loir).

Artins, LXXIV. *Artins*, cne, c{on} de Montoire, arr{t} de Vendôme (Loir-et-Cher).

Asneriæ, XIX, CXII, CLXXXII, CCXCI, CCXCII, CCCXX, CCCXXVI, CCCXXVIII; **Asinariæ**, C; **Asneriæ-Bellay**, CCCXV, CCCCXIX. *Asnières-Bellay*, abbaye dépendant de Tiron, cne de Cizay, c{on} de Montreuil-Bellay, arr{t} de Saumur (Maine-et-Loire).

Auberiæ, CXXXII. *Saint-Léger-des-Aubées*, cne, c{on} d'Auneau, arr{t} de Chartres (Eure-et-Loir).

Aucum, XIII. *Eu*, ch.-l. de c{on}, arr{t} de Dieppe (Seine-Inf.).

Audita, LXXXIX, CLXXXII, CCXCI, CCXCII, CCCXXVIII, CCCCXV, CCCCXIX. *Louie*, prieuré, cne et c{on} de la Fresnaye-sur-Chedouet, arr{t} de Mamers (Sarthe). — Un pouillé du XVIIe siècle désigne ainsi ce prieuré : **Prioratus de Audita prope Memersium**.

Augustinvilla, CXC. *Ouville-la-Rivière*, cne, c{on} d'Offranville, arr{t} de Dieppe (Seine-Inf.).

Aulnais (les), CCCCXXIII. *Les Aulnaies*, f., cne de Saint-Denis-d'Authou, c{on} de Thiron, arr{t} de Nogent-le-Rotrou (Eure-et-Loir).

Aureliani, CXXXII, CLXII, CCX, CCLIV, CCXCIII; **Aurelia**, CCCCXIII. *Orléans*, ch.-l. de dép{t} (Loiret).

Autoil, III; **Alteil**, CLXXXIV; **Autol**, CCLXVII. *Autheuil*, cne, c{on} de Cloyes, arr{t} de Châteaudun (Eure-et-Loir).

Autolium, CCCXX. *Autheuil*, cne, c{on} de Tourouvre, arr{t} de Mortagne (Orne).

Auviler, CCLXXVI. *Auvilliers*, f., cne de Meslay-le-Vidame, c{on} de Bonneval, arr{t} de Châteaudun (Eure-et-Loir).

Auzeæ (Aqua), XXXIII. Rivière d'*Ozée*, prend sa source aux étangs de Champrond-en-Gâtine et se jette dans l'Huisne un peu au-dessous de Margon (Eure-et-Loir).

Avenio, CCCCIX. *Avignon*, ch.-l. de dépt (Vaucluse).

Avertonum, CCLIV. *Averton*, c^{ne}, c^{on} de Villaines-la-Juhel, arr^t de Mayenne (Mayenne).

Avesnes, CCCXCIV. *Avesne-sur-Helpe*, ch.-l. d'arr^t (Nord).

Aviron, CCCXLIII. *Aviron*, c^{ne}, c^{on} et arr^t d'Evreux (Eure).

Aviziacum, LXXIX. *Avezé*, c^{ne}, c^{on} de la Ferté-Bernard, arr^t de Mamers (Sarthe).

B

Baeunvilla, CCCXLVI; **Bainville**, CCCLXXVII. *Blainville*, h., c^{ne} de Saint-Luperce, c^{on} de Courville, arr^t de Chartres (Eure-et-Loir).

Baiocæ, CCLXVIII, CCCVIII; **Bajocæ**, CCXCVII, CCCII. *Bayeux*, ch.-l. d'arr^t (Calvados).

Bais, CCXCVII, CCCII. *Le Bais*, chât., sur la c^{ne} de Cambremer, arr^t de Pont-l'Évêque (Calvados).

Baium, CCXLVIII. *Béon*, c^{ne}, c^{on} et arr^t de Joigny (Yonne).

Balaon, CCXLVI. *Ballon*, ch.-l. de c^{on}, arr^t du Mans (Sarthe).

Baldimentum, XIV, XXI, LXXIII, CCCLXXVII; **Baudementum**, XLIX, LII; **Baldement**, LIII; **Baldementum**, LXXXV. *Beaudement*, c^{ne}, c^{on} d'Anglure, arr^t d'Epernay (Marne).

Baliol, CXXXIX. *Bailleul-la-Vallée*, c^{ne}, c^{on} de Cormeilles, arr^t de Pont-Audemer (Eure).

Balium, CXXXV. *Les Boulaies*, f., c^{ne} de Soizé, c^{on} d'Authon, arr^t de Nogent-le-Rotrou (Eure-et-Loir).

Banasta, CCCXV. *La Baste*, f., c^{ne} de Chançay, c^{on} de Vouvray, arr^t de Tours (Indre-et-Loire).

Barle (La), LXXIV, gué, sur le Loir, près de Montoire, arr^t de Vendôme (Loir-et-Cher).

Barra, XII, LVII, CXXXVI. *La Barre*, f., c^{ne} de la Bazoche-Gouet, c^{on} d'Authon, arr^t de Nogent-le-Rotrou (Eure-et-Loir).

Barra, CCCLXXVII. *La Barre-aux-Cottereaux*, f., c^{ne} de Saint-Victor-de-Buthon, c^{on} de la Loupe, arr^t de Nogent-le-Rotrou (Eure-et-Loir).

Barra, CXCIV. *La Barre*, h., c^{ne} de Conflans, c^{on} et arr^t de Saint-Calais (Sarthe).

Barræ, CCXXVIII. *Les Barres*, h., c^{ne} de Saint-Victor-de-Buthon, c^{on} de la Loupe, arr^t de Nogent-le-Rotrou (Eure-et-Loir).

Barzeium, LXXIII, CCCLXXVII. *Barzy*, c^{ne}, c^{on} de Condé-en-Brie, arr^t de Château-Thierry (Aisne).

Barzillæ, XII, CXXXVI. *La Bazillière*, f., c^{ne} de Luigny, c^{on} d'Authon, arr^t de Nogent-le-Rotrou (Eure-et-Loir). — M. Aug. Le Prévost propose, en hésitant il est vrai, d'appliquer ce nom aux Barils (Eure); c'est à la Bazillière qu'on doit le rapporter.

Baschevilla, CLXXXIII, CXC, CCXCI, CCXCII, CCCXV, CCCXXXVIII, CCCLIV; **Bacchevilla**, CCCXXVI; **Bascervilla, Baschervilla**, CCCXXVIII; **Basquevilla**, CCCXXXII, CCCLXXV; **Bacquevilla**, CCCLXXV, CCCCXV; **Basqueville**, CCCCXII; **Bacqueville**, CCCCXIX. Prieuré, à *Bacqueville*, ch.-l. de c^{on}, arr^t de Dieppe (Seine-Inf.).

Basochiæ, CXXI; **Baselgæ**, CLV. *Bazoches-en-Dunois*, c^{ne}, c^{on} d'Orgères, arr^t de Châteaudun (Eure-et-Loir).

Bassa, CCXLV; **Bessam**, CCCIV, lieu-dit, c^{ne} de Clères, arr^t de Rouen (Seine-Inf.).

Baudretot, CLXXXIII. *Beautot*, h., c^{ne} de Lammerville, c^{on} de Bacqueville, arr^t de Dieppe (Seine-Inf.).

Baugentiacum, XLI, LXXIX, CCV; **Baugenceium, Baugentium**, XLI; **Balgenceium**, CCLXXXIX. *Beaugency*, ch.-l. de c^{on}, arr^t d'Orléans (Loiret).

Becaceria, CCLXXXIII, lieu-dit, c^{ne} de Bréau, c^{on} de Mormant, arr^t de Melun (Seine-et-Marne).

Beceaus, CCCLXXVII. *Pseau*, m^{in}, c^{ne} de Nogent-le-Rotrou (Eure-et-Loir).

Beharderia, CCXCV. *La Béhardière*, h., c^{ne} de Saint-Maurice-les-Charancey; c^{on} de Tourouvre, arr^t de Mortagne (Orne).

Beljoacum, XVI. *Beaujeu*, ch.-l. de c^{on}, arr^t de Villefranche-sur-Saône (Rhône).

Belle-Filete (La), CCCLXXVII. *La Belle-Fillette*, trait de dîme, à Nogent-le-Rotrou (Eure-et-Loir).

Belleinvilla, XI, XXXIV, XCI, XCIII, CXVIII, CXIX; **Bellenvilla**, CCLVII, CCLXXII. *Blainville*, h., c^{ne} de Saint-Denis-d'Authou, c^{on} de Thiron, arr^t de Nogent-le-Rotrou (Eure-et-Loir).

Bello, XXXVII, L. *Le bois des Blots*, existe encore auprès de la ferme du Loir, c^{ne} du Thieulin, c^{on} de La Loupe, arr^t de Nogent-le-Rotrou (Eure-et-Loir).

Bellui, CCXXIV. *Beaulieu*, f., c^{ne} de Neauphlette, c^{on} de Bonnières, arr^t de Mantes (Seine-et-Oise).

Bellum-Regardum, XVI. *Beauregard*, h., c^{ne} et c^{on} de Saint-Genis-Laval, arr^t de Lyon (Rhône).

Bellum-Videre, CCCXIX. *Beauvoir*, h., c^{ne} de Châtillon-en-Dunois, c^{on} de Cloyes, arr^t de Châteaudun (Eure-et-Loir).

Bellum-Visum, CII. *Beauvais*, vill., c^{ne} de Saint-Pierre-des-Eglises, c^{on} de Chauvigny, arr^t de Montmorillon (Vienne).

Bellus-Jocus, CCXLIX. *Baugé*, fief, c^{ne} du Port-de-Piles, c^{on} de Dangé, arr^t de Châtellerault (Vienne).

Bellus-Locus, XVIII, XLV; **Pulchro-Loco (Sancta-Maria de)**, CXCVIII. *La Madeleine du Grand-Beaulieu*, léproserie fondée en 1054 près de Chartres (Eure-et-Loir).

Bellus-Locus, XC, CCXC, CCXCI, CCCXXVIII; **Magdalena de Bello-Loco**, CCCCXIX. *Beaulieu*, prieuré, c^{ne} d'Auvers-sous-Montfaucon, c^{on} de Loué, arr^t du Mans (Sarthe).

Bellus-Mons, LXII, LXIII, LXXVII, CCCXLIV, CCCLXXVII, CCCLXXVIII; **Beaumont**, CCCCXIV, CCCCXVI. *Beaumont-le-Chartif*, c^{ne}, c^{on} d'Authon, arr^t de Nogent-le-Rotrou (Eure-et-Loir).

Belmont, CLVIII. *Beaumont*, f., c^{ne} de Trizay-lès-Bonneval, c^{on} de Bonneval, arr^t de Châteaudun (Eure-et-Loir).

Bel-Prahel, XC. *Beaupreau*, ch.-l. de c^{on}, arr^t de Cholet (Maine-et-Loire).

Belvetum, CCLXXXVIII. *Beauvais*, m^{in}, c^{ne} d'Unverre, c^{on} de Brou, arr^t de Châteaudun (Eure-et-Loir).

Benæ, CCCXXIV. *Bennes*, h., c^{ne} de Chauffours, c^{on} d'Illiers, arr^t de Chartres (Eure-et-Loir).

Bercheriæ, CXXVII. *Berchères-la-Maingot*, c^{ne}, c^{on} et arr^t de Chartres (Eure-et-Loir).

Bercheriæ, CXXVIII. *Berchères-les-Pierres*, c^{ne}, c^{on} et arr^t de Chartres (Eure-et-Loir).

Bergevilla, CI, CCCLXI; **Bergeinvilla**, CLXXIV. *Barjouville*, c^{ne}, c^{on} et arr^t de Chartres (Eure-et-Loir).

Bertocurtum, VIII ; **Bertocut**, CXCVIII. *Saint-Martin-de-Brétencourt*, c^{ne}, c^{on} de Dourdan, arr^t de Rambouillet (Seine-et-Oise).

Bertoncelles, CCCCVI. *Bretoncelles*, c^{ne}, c^{on} de Rémalard, arr^t de Mortagne (Orne).

Beslismum, CCCLXXVII. *Bellême*, ch.-l. de c^{on}, arr^t de Mortagne (Orne).

Betigny, CCXCIII. *Brétigny*, f., c^{ne} de Dangeau, c^{on} de Bonneval, arr^t de Châteaudun (Eure-et-Loir).

Bibeterra, CCLXXVII. *Terreboit*, clos de vignes, c^{ne} de la Chapelle-du-Noyer, c^{on} et arr^t de Châteaudun (Eure-et-Loir).

Blandevilla, XXI. *Blandainville*, c^{ne}, c^{on} d'Illiers, arr^t de Chartres (Eure-et-Loir).

Blavou, CCLXXVIII. *Blavou*, h., c^{ne} de Saint-Denis-sur-Huine, c^{on} et arr^t de Mortagne (Orne).

Blazon, CXII. *Blaison*, c^{ne}, c^{on} des Ponts-de-Cé, arr^t d'Angers (Maine-et-Loire).

Bléré, CCCCXVIII. *Bléré*, ch.-l. de c^{on}, arr^t de Tours (Indre-et-Loire).

Blesensis (Foresta), CCCXIX. *La forêt de Blois*, située près la ville de ce nom (Loir-et-Cher), du côté de la Beauce. Elle contenait encore 8,000 arpents à la fin du XVe siècle ; elle n'en comptait plus que 5,316 en 1650, et depuis cette époque son étendue a bien diminué.

Blesi, XXIII, CCCXLII, CCCCXVII ; **Blois**, CCCXCIV, CCCCXXI. *Blois*, ch.-l. de dép^t (Loir-et-Cher).

Blimartium, CCCXV ; **Blimarz**, CCXCI ; **Blimard**, CCXCII, CCCXVIII. *Saint-Etienne-des-Guérets*, c^{ne}, c^{on} d'Herbault, arr^t de Blois (Loir-et-Cher).

Boerre, LXXI. *Bourray*, m^{in}, c^{ne} de Villiers-le-Morhier, c^{on} de Nogent-le-Roi, arr^t de Dreux (Eure-et-Loir).

Boesvilla, CXXX. *Boisville-la-Saint-Père*, c^{ne}, c^{on} de Voves, arr^t de Chartres (Eure-et-Loir).

Boferi. Voir **Castrum-Boferi**.

Boffereria, XL, lieu-dit, près la Forêt-sur-Sèvre, c^{ne}, c^{on} de Cerizay, arr^t de Bressuire (Deux-Sèvres).

Boigne, XXXIV, XXXV, LXV, LXVI, LXXV, XCIII, XCIV, XCV, CXX. *Baugny*, f., c^{ne} de Condé-sur-Huine, c^{on} de Rémalard, arr^t de Mortagne (Orne).

Bollonellum, CCXCII, CCCXVI ; **Bulunellum**, CCXCI ; **Boillongnellum**, CCCLXXX. *Bouligneau*, prieuré, auj. h., c^{ne} de Saint-Fargeau, c^{on} et arr^t de Melun (Seine-et-Marne).

Bolvilla, CLXXXIV. *Bouville*, c^{ne}, c^{on} de Cloyes, arr^t de Châteaudun (Eure-et-Loir).

Bonavallis, CCLXVII ; **Bonevallis**, CCXLIII ; **Bonevallum**, CCLXXVII ; **Bonneval**, CCCCXXI. *Bonneval*, ch.-l. de c^{on}, arr^t de Châteaudun (Eure-et-Loir).

Bonavallis, CLXXVI. *Bonneveau*, c^{ne}, c^{on} de Savigny-sur-Braye, arr^t de Vendôme (Loir-et-Cher).

Bonel, CXLIV. *Bonneuil*, c^{ne}, c^{on} de Gonesse, arr^t de Pontoise (Seine-et-Oise).

Bonport, CCCCXXIV. *Notre-Dame-de-Bonport*, abbaye de l'ordre de Citeaux, fondée en 1189 par Richard Cœur-de-Lion, près du Pont-de-l'Arche, arr^t de Louviers (Eure).

Bonum-Pratum, CCCXCVIII, pré, en la c^{ne} de Frétigny, c^{on} de Thiron, arr^t de Nogent-le-Rotrou (Eure-et-Loir).

Boochia, XII ; **La Bouéche**, X ; **Bouochia**, LVII. *La Boëche*, h., c^{ne} d'Yèvres, c^{on} de Brou, arr^t de Châteaudun (Eure-et-Loir).

Boola, XXXVI ; **Bolum**, VI. *Bullion*, c^{ne}, c^{on} de Dourdan, arr^t de Rambouillet (Seine-et-Oise).

Booletum-Aviot, cxcv. *Le Boullay-Tyron*, f., c^{ne} de Condé-sur-Huine, c^{on} de Rémalard, arr^t de Mortagne (Orne).

Boolez (Les), ccclxxxvii. *Les Boulais*, lieu-dit, c^{ne} de Coulonges-les-Sablons, c^{on} de Rémalard, arr^t de Mortagne (Orne).

Boovilla-Comitis, ccclxxvii. *Béville-le-Comte*, c^{ne}, c^{on} d'Auneau, arr^t de Chartres (Eure-et-Loir).

Borsaderia (Molendinum de), ccclxxvii. Le moulin de *la Boussardière* était situé sur l'étang du même nom, auj. desséché, c^{ne} de Montigny-le-Chartif, c^{on} de Thiron, arr^t de Nogent-le-Rotrou (Eure-et-Loir).

Borsei, cxcv. *Boursay*, c^{ne}, c^{on} de Droué, arr^t de Vendôme (Loir-et-Cher).

Boschetum, ccxcii; **Boschet**, cxxvii, cclxvii; **Boscatum**, ccxxxiv. *Le Bouchet*, h., c^{ne} d'Arrou, c^{on} de Cloyes, arr^t de Châteaudun (Eure-et-Loir).

Boscus, ccxcvii. *Le Bois-des-Noues*, h., c^{ne} et c^{on} de Bonneval, arr^t de Châteaudun (Eure-et-Loir).

Boscus, cclxxvi. *Bois-Saint-Martin*, vill., c^{ne} de Montainville, c^{on} de Voves, arr^t de Chartres (Eure-et-Loir).

Boscus, xc. *Le bois de Beaulieu*, en la c^{ne} d'Auvers-sous-Montfaucon, c^{on} de Loué, arr^t du Mans (Sarthe).

Boscus-Alberici. Voir **Sanctus-Michael Lucizensis**.

Boscus-Garnerii, x, lxxviii, ccxxxiv; **Nemus-Garnerii**, cix; **Mons-Garnerii**, cxvii. *Le Bois-Gasnier*, h., c^{ne} de Montigny-le-Gannelon, c^{on} de Cloyes, arr^t de Châteaudun (Eure-et-Loir).

Boscus-Périer, ccclxxvii. *Le Bois-Perrier*, h., c^{ne} de Chavigny, c^{on} de Saint-André, arr^t d'Évreux (Eure).

Boscus-Rogerii, ccclxxvii; **Boys-Roger**, cccxix. *Le Bosc-Roger*, h., c^{ne} de Gisay-la-Coudre, c^{on} de Beaumesnil, arr^t de Bernay (Eure).

Boscus-Rohardi, cccxv; **Rohart (boscus)**, ccxlv. *Le bois Rohart* a laissé son nom au Bosc-le-Hard, c^{ne}, c^{on} de Bellencombre, arr^t de Dieppe (Seine-Inf.).

Boscus-Rufini, cxxx, ccclxxvii. *Bois-Ruffin*, h., c^{ne} d'Arrou, c^{on} de Cloyes, arr^t de Châteaudun (Eure-et-Loir).

Boscus-Sancti-Martini, clv. *Le Bois-Saint-Martin*, f., c^{ne} de Châteaudun (Eure-et-Loir).

Bosevallis, ccxcvi. *Bonneval*, f., c^{ne} du Mesnil-Mauger, c^{on} de Mézidon, arr^t de Lisieux (Calvados).

Boslantot, ccliii, cclxiv. *Boislentour*, f., c^{ne} de Sérigny, c^{on} de Leigné-sur-Usseau, arr^t de Châtellerault (Vienne).

Bosnaium. Voir **Turris**.

Bosomvilla, ccxviii, ccxx; **Bosumvilla**, cclix. *Bouzonville-aux-Bois*, c^{ne}, c^{on} et arr^t de Pithiviers (Loiret).

Bosseria, lxxi. *La Boissière*, c^{ne}, c^{on} et arr^t de Rambouillet (Seine-et-Oise).

Bougerrue, ccclxxvii. *Saint-Germain-Village*, c^{ne}, c^{on} et arr^t de Pont-Audemer (Eure).

Bouletum-d'Achières, ccclxxvii. *Le Boullay-d'Achères*, vill., c^{ne} de Clévilliers-le-Moutier, c^{on} et arr^t de Chartres (Eure-et-Loir).

Bouschagium, ccclxxviii. *Le Bouchage*, h., c^{ne} de Saint-Denis-d'Authou, c^{on} de Thiron, arr^t de Nogent-le-Rotrou (Eure-et-Loir).

Boverol, cccxxxvii. *Le Bouvereau*, f., c^{ne} de Marolles, c^{on} de Thiron, arr^t de Nogent-le-Rotrou (Eure-et-Loir).

Braceous, xxiv. *Bracieux*, ch.-l. de c^{on}, arr^t de Blois (Loir-et-Cher).

Bracheium, cxc. *Brachy*, c^{ne}, c^{on} de Bacqueville, arr^t de Dieppe (Seine-Inf.).

Bradefort, cccxxvi; **Bradeford**, cccxxviii. *Bradford*, ville dans le comté d'York (Angleterre).

Braia, cvi; **Brai**, cxxii; **Bray**, ccclxxvii. *Bray*, f., c^{ne} de Champrond-en-Perchet, c^{on} et arr^t de Nogent-le-Rotrou (Eure-et-Loir).

Brainvilla, cxv, cclxxvi. *Brainville*, f., c^{ne} de Fains, c^{on} de Voves, arr^t de Chartres (Eure-et-Loir).

Braiotum, lxxvii, ccclxxvii; **Braiolum**, cxxx; **Braium**, ccxxiii; **Braou**, cccviii. *Brou*, ch.-l. de c^{on}, arr^t de Châteaudun (Eure-et-Loir).

Brantona, liv. *Branston*, ville du comté de Lincoln (Angleterre).

Bray, cxcii; **Brai**, cccxxvi. *Bray*, c^{ne}, c^{on} de Beaumont-le-Roger, arr^t de Bernay (Eure).

Brehervallis, cxlv, ccxxiv; **Briherii-Vallis**, ccxci; **Briverval**, ccxcii; **Brechervallis**, cccxxviii. *Bréval*, c^{ne}, c^{on} de Bonnières, arr^t de Mantes (Seine-et-Oise).

Brenella, lxvii, ccxci, ccxcii, cccviii, cccxxviii, ccclxxvii; **Brenellia**, xxxiii; **Bernella**, ccclviii. *Brunelles*, c^{ne}, c^{on} et arr^t de Nogent-le-Rotrou (Eure-et-Loir).

Breteschia, ccclxxvii. *La Bretéche*, h., c^{ne} de Bursard, c^{on} du Mesle-sur-Sarthe, arr^t d'Alençon (Orne).

Bretevile, ccclxxvii. *Bretteville*, vill., c^{ne} de Varneville, c^{on} de Tôtes, arr^t de Dieppe (Seine-Inf.).

Bretoneria, clix. *La Bretonnerie*, f^{bg} de la ville de Chartres (Eure-et-Loir).

Bretonnière (la), cccxcvii. *La Bretonnerie*, h., c^{ne} d'Happonvilliers, c^{on} de Thiron, arr^t de Nogent-le-Rotrou (Eure-et-Loir).

Bretonvilla, ccclxxxi. *Bretonville*, h., c^{ne} de Boinville-le-Gaillard, c^{on} de Dourdan, arr^t de Rambouillet (Seine-et-Oise).

Brevo, cciii. *Le Beuvron*, riv., prend sa source dans la c^{ne} de Coullon (Loiret) et se jette dans la Loire près de Candé (Loir-et-Cher).

Brimons, lxvii, cxxv, ccxvii, cccxliv; **Brimunt**, lxxxvi; **Bertimont**, ccclx; **Brinimons**, ccclxxvii; **Brimont**, cccxcviii. *Brimont*, f., c^{ne} de Frétigny, c^{on} de Thiron, arr^t de Nogent-le-Rotrou (Eure-et-Loir).

Brimont (Nemus de), ccclxxxiv. *Le bois de Brimont*, en la c^{ne} des Corvées, c^{on} de la Loupe, arr^t de Nogent-le-Rotrou (Eure-et-Loir).

Britiniacum, ccxxiii. *Brétigny*, vill., c^{ne} de Sours, c^{on} et arr^t de Chartres (Eure-et-Loir).

Brocia, ccviii. *La Brosse*, h., c^{ne} de Nottonville, c^{on} d'Orgères, arr^t de Châteaudun (Eure-et-Loir).

Broiel, cclxvii. *Le Breuil*, f., c^{ne} de Trizay-lés-Bonneval, c^{on} de Bonneval, arr^t de Châteaudun (Eure-et-Loir).

Broillardière (La), ccclxxxvii, lieu-dit, c^{ne} de Coulonges-les-Sablons, c^{on} de Rémalard, arr^t de Mortagne (Orne).

Broilum, cclxiii, cclxxxiii; **Brolium**, ccxci, prieuré, à *Bréau*, c^{ne}, c^{on} de Mormant, arr^t de Melun (Seine-et-Marne).

Brolium, ccxci, cccxxvi. *Le Breuil*, prieuré, auj. h., c^{ne} de Fléac, c^{on} de Pons, arr^t de Saintes (Charente-Inf.).

Brucourt, cccxcii. *Brucourt*, c^{ne}, c^{on} de Dozulé, arr^t de Pont-l'Évêque (Calvados).

Bruereia, ccclx; **Brueria**, ccclxxvii. *La Bruyère*, f., c^{ne} de Frétigny, c^{on} de Thiron, arr^t de Nogent-le-Rotrou (Eure-et-Loir).

Brueria, xii, lvii, lxxvii, cclxxix. *La Bruyère*, f., c^ne de Montigny-le-Chartif, c^on de Thiron, arr^t de Nogent-le-Rotrou (Eure-et-Loir).

Brul (El) clxxx. *Le Breuil*, h., c^ne de Leigné-les-Bois, c^on de Pleumartin, arr^t de Châtellerault (Vienne).

Brulium, lxxxix. *Le Breil*, f., c^ne des Mées, c^on et arr^t de Mamers (Sarthe).

Brullium-Calciatum, cii. *Breuil-Chaussée*, c^ne, c^on et arr^t de Bressuire (Deux-Sèvres).

Bu, lxiii, cccxliv. *Bu*, fief dans la paroisse de Mieuxcé, c^on et arr^t d'Alençon (Orne). Ce fief s'étendait jusque dans la ville d'Alençon.

Bucca-Ogrie, cccxxvi; **Buca-Ogrie**, ccxcii, cccxxx; **Ugria**, clxxxi; **Ogra**, clxxxii, ccxci; **Bucca-Eugrie**, cccxxix, ccclvi; **Bucca-Ugrie**, cccxxi, cccxxxiv; **Bouche-d'Eugre**, cccxxxvii, cccv; **Eugrin**, cccxliv; **Ogria**, cccxvii; **Bouched'Agre**, cccxciv; **Bouche-d'Aigre**, ccccxix, ccccxxv. *Bouche-d'Aigre*, prieuré, auj. h., c^ne de Romilly-sur-Aigre, c^on de Cloyes, arr^t de Châteaudun (Eure-et-Loir).

Buglelu, ccclxxvii. *Le Buglou*, vill., c^ne de Marchéville, c^on d'Illiers, arr^t de Chartres (Eure-et-Loir).

Buhaneria. Voir Huaneria.

Buivilla, cccliv. *Biville-la-Rivière*, c^ne, c^on de Bacqueville, arr^t de Dieppe (Seine-Inférieure).

Bumboium, cclxxxii; **Bunbun**, cclxiii; **Bonboium**, cclxxxii. *Bombon*, c^ne, c^on de Mormant, arr^t de Melun (Seine-et-Marne).

Burgum-Medium, ccclxxvii. *Bourg-moyen*, abbaye de Bénédictins fondée en 1123 à Blois (Loir-et-Cher).

Burgunneria, cccxxviii; **Burgungeria**, ccxci; **la Burgundière**, ccccxix. *La Bourgonnière*, anc. c^ne réunie à celle de la Chapelle-Fortin, c^on de la Ferté-Vidame, arr^t de Dreux (Eure-et-Loir).

Burgus, cxxxi, *Le Bourg*, f^bg de la ville de Chartres (Eure-et-Loir).

Buriacum, xlviii. *Bury*, h., c^ne de Chambon, c^on d'Herbault, arr^t de Blois (Loir-et-Cher).

Busiques (Compagnia des), cccliv, lieudit, dans les environs de Bacqueville, arr^t de Dieppe (Seine-Inférieure).

Buslon, cxxiv, cccxxvi; **Bullo**, cccxii. *Bullou*, c^ne, c^on de Brou, arr^t de Châteaudun (Eure-et-Loir).

Busseium, ccxci; **Boiseium**, ccxcii; **Boesse**, cccxxvi; **Saint-Martin-de-Boissysoubs-Douville**, ccccxix. *Boissy-sur-Damville*, c^ne, c^on de Damville, arr^t d'Evreux (Eure).

Busseium, ccxii. *Boissy-Maugis*, c^ne, c^on de Rémalard, arr^t de Mortagne (Orne).

Bussel, ccc. *Boisseau*, c^ne, c^on de Marchenoir, arr^t de Blois (Loir-et Cher).

Busseria, cclxxvii. *La Boissière*, lieu-dit, à Châteaudun (Eure-et-Loir), où se trouvait une commanderie de l'ordre du Temple.

Buxeium, ccxcv. *Boissy-le-Sec*, c^ne, c^on de la Ferté-Vidame, arr^t de Dreux (Eure-et-Loir).

Buxeria, clxxxvi, **Busloeria**, cccxxvi. *La Bulière*, h., c^ne de Ruan, c^on de Droué, arr^t de Vendôme (Loir-et-Cher).

C

Cadomum, XXVII. *Caen*, ch.-l. de dép^t (Calvados).

Calletum, CXIII. *La Chalerie*, h., c^{ne} de Louerre, c^{on} de Gennes, arr^t de Saumur (Maine-et-Loire).

Calumpnia (**Silva de**), CCLXIII, CCLXXXIII. Ce nom a complètement disparu; ce doit être le *bois de Lady*, c^{ne} de Bréau, c^{on} de Mormant, arr^t de Melun (Seine-et-Marne).

Cambremer, CCCII, CCCLXXIX. *Cambremer*, ch.-l. de c^{on}, arr^t de Pont-l'Evêque (Calvados).

Cameæ, XXV, XXXI, CCXCII, CCCXXVIII; **Cathmeæ**, CLXXXII, CCCXXVI; **Chatmeæ**, CCXCI, abbaye érigée en 1118, dans le comté de Pembrock, au diocèse de Saint-Davids (Angleterre); auparavant prieuré sous le nom de *prieuré de Galles*.

Campania, CCXLVI. *Champagné*, c^{ne}, c^{on} de Montfort-le-Rotrou, arr^t du Mans (Sarthe).

Campanium, LXVII; **Campelli**, CVI. *Champeau*, f., c^{ne} de Champrond-en-Perchet, c^{on} et arr^t de Nogent-le-Rotrou (Eure-et-Loir).

Campelli, CCCIII. *Les Champeaux*, h., c^{ne} de Margon, c^{on} et arr^t de Nogent-le-Rotrou (Eure-et-Loir).

Campi, CCXI. *Champs-sur-Marne*, c^{ne}, c^{on} de Lagny, arr^t de Meaux (Seine-et-Marne).

Campovallum, CCXLVIII. *Champvallon*, c^{ne}, c^{on} d'Aillant-sur-Tholon, arr^t de Joigny (Yonne).

Campus Floris, IX. *Champflour*, c^{ne}, c^{on} de Saint-Paterne, arr^t de Mamers (Sarthe).

Campus-Follus, CXXVII. *Champhol*, c^{ne}, c^{on} et arr^t de Chartres (Eure-et-Loir).

Campus-Rourus, CLXXVIII; **Campus-Roure**, CLXXVII. *Champroux*, h., c^{ne} de Montereau-sur-Jard, c^{on} et arr^t de Melun (Seine-et-Marne).

Cantalupus, III; **Campus-Lupi**, CLXXXI. *Chanteloup*, h., c^{ne} de Châtillon-en-Dunois, c^{on} de Cloyes, arr^t de Châteaudun (Eure-et-Loir).

Cantamerla, CCXXXVIII. *Chantemesle*, h., c^{ne} de Logron, c^{on} et arr^t de Châteaudun (Eure-et-Loir).

Cantapia, CCXLIV. *Chantepie*, f., c^{ne} de Leugny, c^{on} de Dangé, arr^t de Châtellerault (Vienne).

Cantiacum, CCCXV. *Chançay*, c^{ne}, c^{on} de Vouvray, arr^t de Tours (Indre-et-Loire).

Caorchæ, XLI; **Chaorci**, LXXX. *La Sourcière*, fief en la paroisse de Saint-Firmin de Beaugency, arr^t d'Orléans (Loiret).

Capella, CCCX. *La Chapelle-Monthodon*, c^{ne}, c^{on} de Condé-en-Brie, arr^t de Château-Thierry (Aisne).

Capella, CCCXXI. *La Chapelle-du-Noyer*, c^{ne}, c^{on} et arr^t de Châteaudun (Eure-et-Loir).

Capella, CCCXIII. *La Chapelle-Montligeon*, c^{ne}, c^{on} et arr^t de Mortagne (Orne).

Capella, CLI. *La Chapelle-Huon*, c^{ne}, c^{on} et arr^t de Saint-Calais (Sarthe).

Capella-Viconteisse, CCCXLIV, CCCLVI; **Capella-Vicontesse**, CCCLVI; **la Chapelle-Vicontesse**, CCCCXIX; **Sanctus-Michael de Capella-Vicecomitissa**, CCCCXIX, prieuré, à *la Chapelle-Vicomtesse*, c^{ne}, c^{on} de Droué, arr^t de Vendôme (Loir-et-Cher).

Capiusellus (Vallis), LXVII, vallée, *aux Chapizeaux*, h., c^{ne} de Combres, c^{on} de Thiron, arr^t de Nogent-le-Rotrou (Eure-et-Loir).

Carcer, XC. *La Chartre-sur-le-Loir*, ch.-l. de c^{on}, arr^t de Saint-Calais (Sarthe).

Cardonetum, CCCLXXXII; **Cardinetum**, CCCLXXXV. *Le Chardonnet*, fief, à Paris, dans la censive de l'abbaye de Saint-Victor; auj. quartier du Jardin-du-Roi.

Carenceium, CXLIII, CCXII; **Charencium**, CCXII; **Cherenthaium**, CCXCI; **Carentaium**, CCXCII; **Charenceium**, **Carentium**, CCXCIV. *Charencey-le-Vieux*, h., c^{ne} de Saint-Maurice-les-Charencey, c^{on} de Tourouvre, arr^t de Mortagne (Orne).

Carenconvilla, XLI. *Charsonville*, c^{ne}, c^{on} de Meung-sur-Loire, arr^t d'Orléans (Loiret).

Caresmus, LXXIV, LXXVIII, LXXXIV, CLVII. *Couesmes*, c^{ne}, c^{on} de Château-la-Vallière, arr^t de Tours (Indre-et-Loire).

Caritas, XXXIII, CCLVI. *La Charité*, f., c^{ne} de Souancé, c^{on} et arr^t de Nogent-le-Rotrou (Eure-et-Loir).

Carleium, LXXIII. *Charly*, c^{ne}, c^{on} et arr^t de Château-Thierry (Aisne).

Carmeium, CXXVIII. *La Charmoye*, f., c^{ne} et c^{on} d'Illiers, arr^t de Chartres (Eure-et-Loir).

Carnotensis via, XXXVII, XXXVIII, L. *Chemin de Chartres*, partant de Nogent-le-Rotrou pour aboutir à Chartres.

Carnotum, XLV, LXXI, LXXXII, CVIII, CXXXI, CXXXII, CLXVIII, CCLXIX, CCLXXV, CCXCIII, CCCXXVIII, CCCXXXII, CCCXXXVIII, CCCXLIV, CCCLI, CCCLVII, CCCLXXVII, CCCCI. *Chartres*, ch.-l. de dép^t (Eure- t-Loir). — **Forum Carnotense**, XXVIII. *Marché de Chartres*. — **Vicus Fabrorum**, XXVIII. *Rue aux Fèvres*, auj. rue de la Clouterie. — **Magnus pons**, XLV. *Le Grand-Pont*, à l'extrémité du f^{bg} Saint-Brice. — **Via Sancti-Petri**, CLXXIV. *Rue Saint-Pierre*. — **Vicus de Mureth**, CCXXXII. *Rue Muret*.

Carunnaria, CCCXVI. *La Charonnière*, f., c^{ne} de Saint-Bomer, c^{on} d'Authon, arr^t de Nogent-le-Rotrou (Eure-et-Loir).

Castaneæ, XII, LVII, LXXIX, XCVI, CXXXVI, CL, CLXXV, CCLV, CCLXXIX, CCCXVI, CCCXCI, CCCXV; **Castenarii**, CLXXXII, CCCXI, CCCXXVI, CCCXXVIII; **Castaneriæ**, CCXCII, CCCXIX; **Saint-Gilles-des-Châtaigniers**, CCCXXXV, prieuré, *aux Châtaigniers*, h., c^{ne} de Soizé, c^{on} d'Authon, arr^t de Nogent-le-Rotrou (Eure-et-Loir).

Castel-Aron, CXII. *Châtellerault*, ch.-l. d'arr^t (Vienne).

Castellum, XLI. *Chastre*, h., c^{ne} de Cravant, c^{on} de Beaugency, arr^t d'Orléans (Loiret).

Castellio, CCCX. *Châtillon-sur-Seine*, ch.-l. d'arr^t (Côte-d'Or).

Castellum-Novum, CCCXLIII; **Châteauneuf**, CCCCXVI. *Châteauneuf-en-Thimerais*, ch.-l. de c^{on}, arr^t de Dreux (Eure-et-Loir).

Castra, CCXXXVII. *Châtres*, c^{ne}, c^{on} de Dourdan, arr^t de Rambouillet (Seine-et-Oise).

Castridunum, XXI, LXXXV, CIX, CXVI, CXVIII, CLV, CLVI, CLVIII, CXCIII, CCII, CCXV, CCXXXIV, CCCXXI, CCCXXXV, CCCXXXVIII, CCCXXIX, CCCXLIII, CCCXLIX, CCCXCVI; **Castrumdunum**, CLII, CLIII, CLXXXV, CCXXXIV, CCLXVII, CCLXXX, CCXCI; **Chasteaudun**, CCCCV. *Châteaudun*, ch.-l. d'arr^t (Eure-et-Loir).

Castrum, CCCXV. *Château-Renault*, ch.-l. de c^{on}, arr^t de Tours (Indre-et-Loire).

Castrum-Goferi, CCXCI; **Castella-Gaufredi**, CLVII; **Plana-Gaufredi**, CLXXXV, CCXXVII;

Castrum - Gofferici, CLXXXVI; **Goferi**, CLXXXIX; **Castrum - Gofferi**, CCCXXVIII; **Gouffry**, CCCXIX. *Bouffry*, c^{ne}, c^{on} de Droué, arr^t de Vendôme (Loir-et-Cher).

Castrum-Teoderici, XLV, XLIX, LXXIII-LXXXV; **Castellum-Teoderici**, XXI; **Castrum-Theoderici**, CCXCIII, CCCX. *Château-Thierry*, ch.-l. d'arr^t (Aisne).

Cathalaunum, CCCLVIII. *Châlons - sur-Marne*, ch.-l. de dép^t (Marne).

Catonvilla, X. *Chattouville*, h., c^{ne} de Saint-Cloud, c^{on} et arr^t de Châteaudun (Eure-et-Loir).

Cauda, LVIII. *La Queue-en-Brie*, c^{ne}, c^{on} de Boissy-Saint-Léger, arr^t de Corbeil (Seine-et-Oise).

Cauda-Ganelonis, CCCXXIV, CCCLVI. *La Queue-Gannelon*, bois, c^{ne} de la Chapelle-Vicomtesse, c^{on} de Droué, arr^t de Vendôme (Loir-et-Cher).

Cavillana-Villa, CXVI. *Valainville*, vill., c^{ne} de Moléans, c^{on} et arr^t de Châteaudun (Eure-et-Loir).

Caze-Dieu, CCCCXXIV, abbaye de Bénédictins, fondée, en 1043, à *la Chaise-Dieu*, ch.-l. de c^{on}, arr^t de Brioude (H^{te}-Loire).

Cella, XLVI. *La Celle*, chau, c^{ne} de la Milesse, c^{on} et arr^t du Mans (Sarthe).

Cella, XXXII. *La Celle-Saint-Cloud*, c^{ne}, c^{on} de Marly-le-Roi, arr^t de Versailles (Seine-et-Oise).

Cenomannum, CCLIV, CCLXVIII, CCCVIII, CCCXXXVIII, CCCXLV, CCCLXI, CCCXCIX; *Le Mans*, CCCXXI. *Le Mans*, ch.-l. de dép^t (Sarthe).

Cepeium, CCXXXIII. *Spoir*, vill., c^{ne} de Mignières, c^{on} et arr^t de Chartres (Eure-et-Loir).

Ceres, L, CXXXII. *Serez*, vill., c^{ne} d'Or-rouer, c^{on} de Courville, arr^t de Chartres (Eure-et-Loir).

Cereseriæ, CVI. *La Cérésière*, h., c^{ne} de Brunelles, c^{on} et arr^t de Nogent-le-Rotrou (Eure-et-Loir).

Ceresiacum, CIII; **Cereseium**, CCLXXXIV. *Cerizay*, ch.-l. de c^{on}, arr^t de Bressuire (Deux-Sèvres).

Ceresvilla, CXXVIII, CLIX, CLXX, CCXXXIII, CCLXXIV; **Cerevilla**, CI. *Séresville*, vill., c^{ne} de Mainvilliers, c^{on} et arr^t de Chartres (Eure-et-Loir).

Ceton, CCCCXXV. *Ceton*, c^{ne}, c^{on} du Theil, arr^t de Mortagne (Orne). Il y avait à Ceton un prieuré de Saint-Pierre, dépendant du prieuré de Saint-Denis de Nogent-le-Rotrou.

Chabannes, CCXCV. *Chabannes*, f., c^{ne} de Chenevelles, c^{on} de Pleumartin, arr^t de Châtellerault (Vienne).

Chaennes, IX, LXXXIX. *Chaignier*, h., c^{ne} d'Ancinnes, c^{on} de Saint-Paterne, arr^t de Mamers (Sarthe).

Chalet, CXXXV. *Challet*, c^{ne}, c^{on} et arr^t de Chartres (Eure-et-Loir).

Chalolis (Vadum de), CCCLVI, gué, dans le Loir, c^{ne} de Romilly-sur-Aigre, c^{on} de Cloyes, arr^t de Châteaudun (Eure-et-Loir).

Chalopiniesre (La), CCCLXXVII. *La Chalopinière*, f., c^{ne} et c^{on} de Thiron, arr^t de Nogent-le-Rotrou (Eure-et-Loir).

Chamaire, CCLXXXVI. *Chémérè*, c^{ne}, c^{on} de Bourgneuf-en-Retz, arr^t de Paimbœuf (Loire-Inf.).

Champront, CCCCXVI. *Champrond-en-Gâtine*, c^{ne}, c^{on} de la Loupe, arr^t de Nogent-le-Rotrou (Eure-et-Loir).

Chancei, CXXXV. *Changé*, h., c^{ne} de Saint-Piat, c^{on} de Maintenon, arr^t de Chartres (Eure-et-Loir).

Chanciaus (Molendinum de), CCCLXXVII.

Le moulin de *Chanceaux*, en la c^{ne} de Saint-Jouin-de-Blavou, c^{on} de Pervenchères, arr^t de Mortagne (Orne).

Chardonnelles, CCCLXXXVIII, lieu-dit, c^{ne} de Pré-Nouvelon, c^{on} d'Ouzouer-le-Marché, arr^t de Blois (Loir-et-Cher).

Charenceium, CCCXXVII. *Chérancé*, c^{ne}, c^{on} de Beaumont-sur-Sarthe, arr^t de Mamers (Sarthe).

Charisiacum, IX. *Cherisay*, c^{ne}, c^{on} de Saint-Paterne, arr^t de Mamers (Sarthe).

Charmeium, CLX. *Charmoy*, vill., c^{ne} d'Ormes, c^{on} de Patay, arr^t d'Orléans (Loiret).

Charmois, CCCXLIV. *Le Charmois*, f., c^{ne} de la Chapelle-Vicomtesse, c^{on} de Droué, arr^t de Vendôme (Loir-et-Cher).

Charruel (Clusa de), XVIII. Moulin et écluse de *Charruyau*, à Courville (Eure-et-Loir).

Chascent, XXXIV; **Chacent**, CCCLXXVII, CCCCVIII. *Chassant*, c^{ne}, c^{on} de Thiron, arr^t de Nogent-le-Rotrou (Eure-et-Loir).

Chasdum, CCC. *Chaudon*, c^{ne}, c^{on} de Nogent-le-Roi, arr^t de Dreux (Eure-et-Loir).

Chastelier, CCCXCVII. *Le Châtellier*, f., c^{ne} de Frazé, c^{on} de Thiron, arr^t de Nogent-le-Rotrou (Eure-et-Loir).

Chastelliers (Bois des), CCCCV, c^{ne} de Cloyes, arr^t de Châteaudun (Eure-et-Loir).

Chaudel, IX. *Chauvelle*, f., c^{ne} de Bourg-le-Roi, c^{on} de Saint-Paterne, arr^t de Mamers (Sarthe).

Chaumesi, CCXLVIII. *Chamery*, h., c^{ne} de Coulonges, c^{on} de Fère-en-Tardenois, arr^t de Château-Thierry (Aisne).

Chauvellières (Les), CCCXLIV. *Les Chauvellières*, prieuré, dépendant de l'abbaye de la Madeleine de Châteaudun, c^{ne} de la Chapelle-Vicomtesse, c^{on} de Droué, arr^t de Vendôme (Loir-et-Cher).

Chavannes, CCCXV. *Chavanne*, h., c^{ne} et c^{on} de Beaujeu, arr^t de Villefranche-sur-Saône (Rhône).

Chavennæ, XXXVIII. *Chavannes*, vill., c^{ne} de Lèves, c^{on} et arr^t de Chartres (Eure-et-Loir).

Chavigneium, CCXCI, CCCXLIII; **Cavingeium**, CCXCII; **Chavinneium**, CCCXXVIII; **Saint-Laumer de Chavigny**, CCCCXIX. *Chavigny-Bailleul*, c^{ne}, c^{on} de Saint-André, arr^t d'Evreux (Eure).

Chebrineium, CCIX. *Chervigny*, h., c^{ne} de Poncé, c^{on} de la Chartre, arr^t de Saint-Calais (Sarthe).

Chemicherium, CCLXXXVI. *Saint-Michel*(?), c^{ne}, c^{on} de Pornic, arr^t de Paimbœuf (Loire-Inf.). Saint-Michel est appelé Saint-Michel-Chefchef dans le pays.

Chenevé, XVI. *Chevènes*, h., c^{ne} de Denicé, c^{on} et arr^t de Villefranche-sur-Saône (Rhône).

Cheselæ, CCXIII. *Chezelles*, c^{ne}, c^{on} de l'Isle-Bouchard, arr^t de Chinon (Indre-et-Loire).

Chillo, CCXIII, CCLIII, CCLXIV, CCLXV; **Chilo**, CCXXI. *Le Chillon*, h., c^{ne} et c^{on} du Louroux-Béconnais, arr^t d'Angers (Maine-et-Loire).

Chintona, XV; **Wuintona**, CCXCII; **Quintona**, CCCXXVI; **Clintoni**, CCCXXVIII, ville dans l'évêché de Hereford (Angleterre).

Choa, LXXVIII. *Choue*, c^{ne}, c^{on} de Mondoubleau, arr^t de Vendôme (Loir-et-Cher).

Choellia, CCLIX; **Coella**, CCLX. Bois de *Choelle*, faisant partie de la forêt d'Orléans.

Choes, XCVII, CXV; **Chois**, CXXII; **Cues**, CLXXI. *Queux*, h., c^{ne} de Trizay-au-Perche, c^{on} et arr^t de Nogent-le-Rotrou (Eure-et-Loir).

Chonia, XVIII. *Chuisnes*, c^{ne}, c^{on} de Courville, arr^t de Chartres (Eure-et-Loir).

Choudre, LXXXVII, CCCXLIX; **Choldre**, CIX, CCXCII, CCXCII, CCCXXVIII; **Cheldri**, CXVII, CCXXXVIII; **Childreium**, CCXCI. *Choudri*, f., c^{ne} de Pré-Nouvelon, c^{on} d'Ozouerle-Marché, arr^t de Blois (Loir-et-Cher).

Christianivilla, CCIV. *Chrétienville*, h., c^{ne} d'Harcourt, c^{on} de Brionne, arr^t de Bernay (Eure).

Cintreium, XLI, CCLXXXIX, CCXCI, CCXCII, CCCXXVIII; **Cintriacus**, VII; **Cintri**, LXXX; **Cintriacum**, CCV; **Sanctus-Georgius de Cintry**, CCCXIX. *Cintry*, prieuré, c^{ne} d'Epieds, c^{on} de Meung-sur-Loire, arr^t d'Orléans (Loiret). On trouve *Sainteri* sur la carte de Cassini. — Un pouillé du XVIIe siècle appelle ce prieuré **Prioratus Sancti-Georgii Aurelianensis.**

Cistels, CXVII. *L'Aumône* ou *le Petit-Citeaux*, abbaye, fondée dans la forêt de Marchenoir, c^{ne} de la Colombe, c^{on} d'Ouzouer-le-Marché, arr^t de Blois (Loir-et-Cher).

Cistercium, CCCX. *Citeaux*, abbaye, c^{ne} de Saint-Nicolas-lez-Citeaux, c^{on} de Nuits, arr^t de Beaune (Côte-d'Or).

Clara, CLXXXVII, CLXXXVIII. *Clère*, fief, c^{ne} de Bus-Saint-Remy, c^{on} d'Ecos, arr^t des Andelys (Eure).

Claræ-Valles, CCXLIX. *Clairvaux*, château, c^{ne} de Scorbé-Clairvaux, c^{on} de Lencloître, arr^t de Châtellerault (Vienne).

Clareio (Boscus de), CI. bois, dans les environs de Fyé, c^{on} de Saint-Paterne, arr^t de Mamers (Sarthe).

Claretæ, CCCLXXVII. *Les Clairets*, abbaye de l'ordre de Citeaux, fondée en 1204, c^{ne} de Mâle, c^{on} du Theil, arr^t de Mortagne (Orne).

Clarus-Fons, XII, CXXXVI. *Clairefontaine*, f., c^{ne} de Béthonvilliers, c^{on} d'Authon, arr^t de Nogent-le-Rotrou (Eure-et-Loir).

Cleeræ, XC. *Cléré*, c^{ne}, c^{on} de Langeais, arr^t de Chinon (Indre-et-Loire).

Clera, CCXLV, CCXCI, CCXCII; **Clara**, CCCXXVIII. *Clères*, ch.-l. de c^{on}, arr^t de Rouen (Seine-Inf.).

Clevilla, CCXCVI; **Cléville**, CCCCII. *Cléville*, c^{ne}, c^{on} de Troarn, arr^t de Caen (Calvados).

Clia, CCXLIX. *La Clie*, h., c^{ne} de la Chapelle-Mortemer, c^{on} de Lussac-le-Château, arr^t de Montmorillon (Vienne).

Climart, XVIII, CCCXXVIII; **Climarz**, CCXCI; **Clemart**, CCXCII; **Clemard**, CCCXXVI; **Climar**, CCCXXVIII, prieuré, à *Clémas*, h., c^{ne} du Favril, c^{on} de Courville, arr^t de Chartres (Eure-et-Loir).

Clivus-Campus, LXXXIX. *Clinchamp*, f., c^{ne} de Chemilli, c^{on} de Bellême, arr^t de Mortagne (Orne). — C'est près de cette ferme, autrefois château assez important, que Robert de Bellême, dit *le Diable*, dans sa guerre avec Elie, comte du Maine, vers 1098, fit construire les fameux fossés dits *fossés de Robert-le-Diable*.

Clizon, CLXI. *Clisson*, ch.-l. de c^{on}, arr^t de Nantes (Loire-Inf.).

Cloia, CLXVIII, CLXXXI; **Cloa**, CCCXXVI; **Cloya**, CCCXXVIII. *Cloyes-sur-le-Loir*, ch.-l. de c^{on}, arr^t de Châteaudun (Eure-et-Loir). — **Pons-Cloes**, IV. *Le pont de Cloyes*, sur le Loir.

Cluniacum, XXXVIII; **Cluni**, LX. *Cluny*, ch.-l. de c^{on}, arr^t de Mâcon (Saône-et-Loire).

Coatrum, CXCIV. *Couéteron*, h., c^{ne} de Souday, c^{on} de Mondoubleau, arr^t de Vendôme (Loir-et-Cher).

Cohardum, IX, CCXCI, CCCXXVIII; **Cohardun**, CCXCII; **Cohardonium**, CCCXV; **Cohardon**, CCCXIX; **Saint-Jean-de Cohardon**, CCCXXV. *Cohardon*, prieuré, fondé sur les limites du bois de Cohardon, c^ne de Fyé, c^on de Saint-Paterne, arr^t de Mamers (Sarthe).

Coldrai, CCXXXVII. *Le Coudray*, h., c^ne de Briis-sous-Forges, c^on de Limours, arr^t de Rambouillet (Seine-et-Oise).

Coldreium, LVII; **Codreium**, CCCLXXVII. *Coudray-au-Perche*, c^ne, c^on d'Authon, arr^t de Nogent-le-Rotrou (Eure-et-Loir).

Coldrucel, CCXXVII; **Sanctus-Albinus**, CCCLIII. *Coudreceau*, c^ne, c^on de Thiron, arr^t de Nogent-le-Rotrou (Eure-et-Loir).

Colonges, CCCCXV. *Collonges-au-Mont-d'Or*, c^ne, c^on de Limonest, arr^t de Lyon (Rhône).

Colonia, CCXLVI. *Coulaines*, c^ne, c^on et arr^t du Mans (Sarthe).

Colonia, CCLXXXV. *Coulonges*, c^ne, c^on de la Trimouille, arr^t de Montmorillon (Vienne).

Columbæ, CCXXXIII. *Coulombs*, c^ne, c^on de Nogent-le-Roi, arr^t de Dreux (Eure-et-Loir).

Colungæ, CCXXVI; **Colingæ**, CCXCI; **Coloniæ**, CCXCII; **Colongiæ**, CCCXXVIII; **Conlunches**, CCCLXXVII; **Coulonges**, CCCCVI; **Colonges**, CCCCXIX; **Colungiæ**, CCCLXXVII. *Coulonges-les-Sablons*, c^ne, c^on de Rémalard, arr^t de Mortagne (Orne).

Comble (Pratum de), CCCLXXVII, pré, à Monchevrel, c^ne, c^on de Courtomer, arr^t d'Alençon (Orne).

Condeia, CCCLVIII; **Conde**, XXXV, LXVI; **Condey**, CCCCVI. *Condé-sur-Huine*, c^ne, c^on de Rémalard, arr^t de Mortagne (Orne).

Conia, CCCXXI; **Connia**, CXVI. *La Conie*, riv., prend sa source dans la c^ne de Patay (Loiret) et se jette dans le Loir près de Marboué (Eure-et-Loir).

Conium-Huldrici, CCLXXIV. *Le Coin-Houdry*, lieu-dit, c^ne de Chartres (Eure-et-Loir).

Contres, CCCCXV. *Contres*, c^ne, c^on et arr^t de Mamers (Sarthe). — Il y avait à Contres un prieuré dépendant de l'abbaye de la Pelice.

Cooli, CCLXXXVII. *Goelle*, f., c^ne de Montgé, c^on de Dammartin, arr^t de Meaux (Seine-et-Marne).

Corbonum, CCCXLVII. *Corbon*, c^ne, c^on et arr^t de Mortagne (Orne).

Corcelliæ, CLXXVIII; **Corcellæ**, CCXI. *Courcelles*, h., c^ne et c^on de Tournan, arr^t de Melun (Seine-et-Marne).

Cordelle (Vallis), X, vallée, près Cloyes, arr^t de Châteaudun (Eure-et-Loir).

Cornevilla, CLXXXIII. *Corneville*, h., c^ne de Saint-Antoine-la-Forêt, c^on de Lillebonne, arr^t du Hâvre (Seine-Inf.).

Corribiart, CCCLXXVII, grange, c^ne de Mâle, c^on du Theil, arr^t de Mortagne (Orne).

Corsesault, L; **Corseisailt**, XVIII. *Ecurolles*, h., c^ne de Charonville, c^on d'Illiers, arr^t de Chartres (Eure-et-Loir).

Corseth, CCLXVI; **Corsort**, CCLXXXVI, prieuré, à *Corsept*, c^ne, c^on et arr^t de Paimbœuf (Loire-Inf.). — C'est par erreur que dans les Pouillés le prieuré de Saint-Nicolas de Corsept est indiqué comme dépendant de l'abbaye de Saint-Aubin d'Angers.

Corterei, CCXI. *Courtry*, c^ne, c^on de Claye, arr^t de Meaux (Seine-et-Marne).

Cortergei, CCXLVIII. *Courthiézy*, c^ne, c^on de Dormans, arr^t d'Epernay (Marne).

Corthgehout, CCCXIII; **Cortceol**, **Corthgehoth**, CXLIX; **Corgehaut**, CCXCI; **Corgehot**, CCCXX, CCCXXXVIII; **Corgehout**, CCCLXXVII; **Saint-Laumer de Courgeost**, CCCCXIX. *Courgeout*, c^ne, c^on de Bazoches-sur-Huine, arr^t de Mortagne (Orne).

Cortpoltrein, CCLIV. *Couptrain*, ch.-l. de c^on, arr^t de Mayenne (Mayenne).

Cortrestout, CCCLXXVII : **Cortestout,** CCCLXX. *Coutretot*, anc. c^(ne) réunie à celle de Trizay-au-Perche, c^(on) et arr^(t) de Nogent-le-Rotrou (Eure-et-Loir).

Corveæ, CCCLXXXIV. *Les Corvées*, c^(ne), c^(on) de la Loupe, arr^(t) de Nogent-le-Rotrou (Eure-et-Loir).

Cosdreia, CCL. *La Coindrie*, h., c^(ne) de Luzay, c^(on) de Saint-Varent, arr^(t) de Bressuire (Deux-Sèvres).

Courtaurein. CCCXC, métairie, c^(ne) de Saint-Victor-de-Buthon, c^(on) de la Loupe, arr^(t) de Nogent-le-Rotrou (Eure-et-Loir).

Crasvilla, LXXXIII, CLXXII, CCXCI, CCCXXVIII ; **Cravilla - la - Rocquefort,** CCCXV ; **Craville, Sanctus-Martinus de Crasvilla,** CCCCXIX, prieuré, à *Crasville-la-Rocquefort*, c^(ne), c^(on) de Fontaine-le-Dun, arr^(t) d'Yvetot (Seine-Inf.). — Il reste de l'ancien prieuré, auprès de l'église paroissiale, une cour appelée le *Pâturage de la Prieurée*. Le collatéral du nord de l'église se nomme encore *l'Allée-des-Moines*.

Grâce à l'obligeance de deux aimables correspondants, MM. l'abbé Sauvage et Hellot, nous avons eu connaissance, malheureusement trop tard pour les insérer à leur date, de trois chartes concernant le prieuré de Crasville, qui sont conservées en copie aux Archives de la Seine-Inf. (D. 195). La première en date est une confirmation par Silvestre, évêque de Sées, le 28 mai 1208, de l'abandon fait par Guérin de Glapion à l'abbaye de Tiron du droit de patronage de l'église de Montchevreul et de tout ce qu'il prétendait en l'église de Crasville. Nous n'osons affirmer l'authenticité de cet acte ; on y trouve cette formule assez insolite : « Idem vero G[arinus] eorum probationes super hoc noluit recipere, cum jus suum coram nobis per acta certa, per testes legitimos probare [vellent], eorumdem monachorum honestati deferens in hac parte. » Guérin de Glapion était sénéchal de Normandie pour le roi d'Angleterre. M. Hellot dit qu'il devint possesseur des terres de Rocquefort, Héricourt et Crasville confisquées sur Gui de Rocquefort par Jean-Sans-Terre ; mais rien ne vient prouver cette assertion. La charte même de 1208, en admettant son authenticité, lorsqu'elle parle de Crasville, ne dit pas que Guérin en fût seigneur, mais seulement qu'il possédait certains droits dans l'église.

La seconde pièce est plus importante, et est certainement authentique ; elle émane d'Alix de Rocquefort, fille de ce Gui dont les biens auraient été confisqués par Jean-Sans-Terre : « Sciant omnes presentes et futuri quod ego *Aelifz de Rocquefort*, domina de Crasvilla, ex mera voluntate mea, pro remedio anime mee et antecessorum meorum salute, dedi et concessi in puram et perpetuam elemosinam abbati et conventui *de Tyron* omne jus et omnes actiones quas reclamabam vel reclamare poteram super jus patronatus ecclesie Sancti-Martini de Crasvilla, super quo contentio movebatur inter me ex una parte et abbatem et conventum *de Tyron* ex altera, in curia Rothomagensi; ita videlicet quod nec ego nec heredes mei in dicto patronatu seu aliquid de cetero poterimus reclamare. Et ut hoc ratum et firmum permaneat, presentem cartam feci annotari et sigilli mei munimine in testimonium roborari. Datum anno gratie millesimo ducentesimo decimo nono, mense februario. Testibus presentibus : Roberto, priore Beate-Marie-Magdalene Rothomagensi, magistro Johanne de Sancto-Laudo, canonico Rothomagensi, domino Galtero *Martel*, clerico, et pluribus aliis. » Nous ne ferons qu'une observation sur cette charte : suivant Farin, Robert ne serait devenu prieur de la Madeleine de Rouen qu'en 1229 ; on voit que c'est une erreur.

Enfin la troisième pièce, datée du mois de février 1231, est certainement fausse. Elle serait émanée d'Istan de Trubleville (*Istanus, miles, dominus de Trubeville*), petit-fils d'Alix de Rocquefort et de Raoul de Trubleville. Elle est servilement copiée sur la charte d'Alix de Rocquefort : le faussaire ne s'est même pas donné la peine de changer les noms des témoins.

Creciacum, CCLXXXVII. *Crécy-en-Brie*, ch.-l. de c^on, arr^t de Meaux (Seine-et-Marne).

Credonium, CCCXV. *Crans*, c^ne, c^on de Chalamont, arr^t de Trévoux (Ain). La paroisse de Crans, de l'archiprêtré de Chalamont, est indiquée comme ruinée dans un Pouillé du diocèse de Lyon au XIIIe siècle ; elle fut rétablie au XVIe.

Crevecor, CCXC, CCXCVII, CCCXXVIII ; **Crevequer**, CCCII ; **Crevecour**, **Crevecueur**, CCCCII. *Crévecœur-en-Auge*, c^ne, c^on de Mézidon, arr^t de Lisieux (Calvados).

Crevecor (Molendinum de), CCCXL, CCCLXXVII, moulin, à *Crévecœur*, h., c^ne de la Croix-Saint-Leufroi, c^on de Gaillon, arr^t de Louviers (Eure).

Croceium, CXXIX, CXXXI ; CCLXXV ; **Croci**, CCXXXI. *Crossay*, h., c^ne de Prunay-le-Gillon, c^on et arr^t de Chartres (Eure-et-Loir).

Croet, XVIII. *Le Crocq*, f., c^ne du Favril, c^on de Courville, arr^t de Chartres (Eure-et-Loir).

Croix-du-Perche (La), CCCCXXI. *La Croix-du-Perche*, c^ne, c^on et arr^t de Nogent-le-Rotrou (Eure-et-Loir).

Crononio (Molendinum de), XXXIII, CCXXVIII. Moulin de *Crignon*, c^ne de Coudreceau, c^on de Thiron, arr^t de Nogent-le-Rotrou (Eure-et-Loir).

Crucis-Vallis, LXXIV, CXLI, CCIX, CCXCI, CCXCII, CCXVIII, CCCCXIX, CCCCXX ; **Croyval**,

CCCCXX ; **Connovallis**, CCCXXVIII. *Croixval*, prieuré, c^ne de Ternay, c^on de Montoire, arr^t de Vendôme (Loir-et-Cher).

Crusladium, CXXXVIII. *Crulay*, c^ne, c^on de Laigle, arr^t de Mortagne (Orne).

Crutæ, CLX, CCXVIII, CCLI. *Les Courties*, f., c^ne de Bouzonville-aux-Bois, c^on et arr^t de Pithiviers (Loiret).

Cultura, CLX, CCXVIII, CCXX, CCLX, CCXCI, CCXCII, CCCXXVIII ; **Sanctus-Laurentius de Cultura en Gastinois**, CCCCXIX. *Les Coutures*, prieuré, c^ne de Mareau-aux-Bois, c^on et arr^t de Pithiviers (Loiret). — Un Pouillé du XVIIe siècle désigne ainsi ce prieuré : **Prioratus Sancti-Laurentii de Cultura propre Wastinas**.

Cumbræ, CCXCI ; **Cungræ**, CCXCI ; **Combræ**, CCCXXVIII, CCCXLIV ; **Combres**, CCCCXIX. *Combres*, c^ne, c^on de Thiron, arr^t de Nogent-le-Rotrou (Eure-et-Loir).

Cumundi (Vallis), CXCV. *La Vallée de Cumon*, c^ne de la Madeleine-Bouvet, c^on de Rémalard, arr^t de Mortagne (Orne).

Cuneus-Muri, CCCXXIV. *Le Coin-du-Mur*, lieu-dit, à Chartres (Eure-et-Loir).

Curciacum, CCXVIII. *Courcy-aux-Loges*, c^ne, c^on et arr^t de Pithiviers (Loiret).

Curia, CVI, CXVIII, CXXII, CCLXIII. Un grand nombre de fermes dans les c^nes de Margon, Nogent-le-Rotrou, Condé, Condeau, portent le nom de la Cour : nous croyons qu'il est ici question de *la Cour-Jouvet*, f., c^ne de Margon, c^on et arr^t de Nogent-le-Rotrou (Eure-et-Loir).

Curia, CXX. *La Cour-Cordier*, f., c^ne de Condé-sur-Huine, c^on de Rémalard, arr^t de Mortagne (Orne), sur les limites de la c^ne de Margon (Eure-et-Loir).

Curiacum-super-Ligerim, XLVIII. *Cour-sur-Loire*, c^ne, c^on de Mer, arr^t de Blois (Loir-et-Cher).

Curia-Episcopi, CCVI. *La Cour-Pétral*, f., c^ne de Boissy-le-Sec, c^on de la Ferté-Vidame, arr^t de Dreux (Eure-et-Loir).

Cursesaudum, CCLXXXI. *Courcerault*, c^ne, c^on de Nocé, arr^t de Mortagne (Orne).

Curteliæ, CCXCV. *Courteilles*, c^ne, c^on de Verneuil, arr^t d'Evreux (Eure).

Curtesia, CXLV, CCXXIV, fief, c^ne de Bréval, c^on de Bonnières, arr^t de Mantes (Seine-et-Oise).

Curtis-Ostranni, CCLXIII. *Courtry*, anc. c^ne, réunie à celle de Sivry, c^on du Châtelet, arr^t de Melun (Seine-et-Marne).

Curtolinum, LI, CXXIV; **Cortollein**, XXII, CCCXLIV; **Cortollanum**, XCIV; **Curtoslenum**, **Cortoslain**, CXLIX; **Corthoslenum**, CXLIX, CCLXXVIII; **Courtalain**, CCCXXI. *Courtalain*, c^ne, c^on de Cloyes, arr^t de Châteaudun (Eure-et-Loir).

Curtus-Bertrannus, CCXCIII. *La Cour-Bertrand*, h., c^ne de Coudreceau, c^on de Thiron, arr^t de Nogent-le-Rotrou (Eure-et-Loir).

Curvavilla, XVIII, L, LXXXV, CVIII, CXXIX, CXXXII, CCCXXI, CCCXXXV, CCCLXXVII. *Courville*, ch.-l. de c^on, arr^t de Chartres (Eure-et-Loir).

D

Danceium. *Dancy*, c^ne, c^on de Bonneval, arr^t de Châteaudun (Eure-et-Loir).

Daria, CCXCII, CCCXXXVI, prieuré, au h. de *la Draire*, c^ne d'Azay-sur-Thouet, c^on de Secondigny, arr^t de Parthenay (Deux-Sèvres).

Daviticaria, CCLXXI. *La Richarderie*, f., c^ne de Frétigny, c^on de Thiron, arr^t de Nogent-le-Rotrou (Eure-et-Loir).

Deivilla, CCCCI. *Déville-lès-Rouen*, c^ne, c^on de Maromme, arr^t de Rouen (Seine-Inf.).

Devaiserie, (La), CCCXCVIII, gué, en la c^ne de Frétigny, c^on de Thiron, arr^t de Nogent-le-Rotrou (Eure-et-Loir).

Dillonium, CCLI; **Dillon**, XLIII. *Dillon*, h., c^ne d'Oiron, c^on de Thouars, arr^t de Bressuire (Deux-Sèvres).

Dilugii (Aqua), XXXIII. Ruisseau des *Eaux-Blanches*, prend sa source près de la Gaudaine et se jette dans la rivière d'Ozée près de l'ancienne abbaye d'Arcisses (Eure-et-Loir).

Dinan, CCCXIV. *Dinan*, ch.-l. d'arr^t (Côtes-du-Nord).

Docelli, LXXXIX. *Doucelles*, c^ne, c^on de Beaumont-sur-Sarthe, arr^t de Mamers (Sarthe).

Doe, LXXIV. *Notre-Dame-d'Oé* (?), c^ne, c^on de Vouvray, arr^t de Tours (Indre-et-Loire).

Doeium, CXLVI. *Doué-la-Fontaine*, ch.-l. de c^on, arr^t de Saumur (Maine-et-Loire).

Doit-Morel, CCLXXVII, dîme, en la c^ne d'Appenai-sous-Bellême, c^on de Bellême, arr^t de Mortagne (Orne).

Dolum, CCCXIV. *Dol-de-Bretagne*, ch.-l. de c^on, arr^t de Saint-Malo (Ille-et-Vilaine).

Domnus-Fronto, CCCLIX. *Domfront-en-Champagne*, c^ne, c^on de Conlie, arr^t du Mans (Sarthe).

Donamaria, CXXVIII. *Dammarie*, c^ne, c^on et arr^t de Chartres (Eure-et-Loir).

Donamen, CLV; **Donemain**, CCXXXIV. *Donnemain-Saint-Mamert*, c^ne, c^on et arr^t de Châteaudun (Eure-et-Loir).

Doneta, cxcv. La {Donnette, ruisseau, prend sa source à la ferme de Donnette, c^{ne} du Pas-Saint-Lhômer, et se jette dans la Corbionne à Launay, f., près de Bretoncelles (Orne).

Dongolium, Danjol, xii. Dangeau, c^{ne}, c^{on} de Brou, arr^t de Châteaudun (Eure-et-Loir).

Donville, ccclxxvii. Douville, f., c^{ne} d'Ollé, c^{on} d'Illiers, arr^t de Chartres (Eure-et-Loir).

Dordenc, cxv. Dourdan, ch.-l. de c^{on}, arr^t de Rambouillet (Seine-et-Oise).

Dotein, ccviii. Dottain, f., c^{ne} de Bazoches-en-Dunois, c^{on} d'Orgères, arr^t de Châteaudun (Eure-et-Loir).

Droué, cccxv. Droué, ch.-l. de c^{on}, arr^t de Vendôme (Loir-et-Cher).

Dunensis chiminus, cclvii. Chemin de Nogent-le-Rotrou à Châteaudun : il passait dans la paroisse de Gardais à environ 2 kil. de la Thironne.

Duromanni, cccx; **Dormanz**, lxxiii; ccxlviii; **Duromagni**, cx. Dormans, ch.-l. de c^{on}, arr^t d'Epernay (Marne).

E

Ebroicæ, cccix. Evreux, ch.-l. de dép^t (Eure).

Egrea. Voir **Ogria**.

Einvilla, cxv. Oinville-sous-Auneau, c^{ne}, c^{on} d'Auneau, arr^t de Chartres (Eure-et-Loir).

Erilliacum, cccxix. Léry (?), c^{ne}, c^{on} du Pont-de-l'Arche, arr^t de Louviers (Eure).

Ermenovilla, cxxviii. Ermenonville-la-Petite, c^{ne}, c^{on} d'Illiers, arr^t de Chartres (Eure-et-Loir).

Ermentervilla, cclxxxix. Mantierville, f., c^{ne} de Tripleville, c^{on} d'Ouzouer-le-Marché, arr^t de Blois (Loir-et-Cher).

Escalmento (Sanctus-Andreas de), cccxix, prieuré, dans la c^{ne} d'Ecoman, c^{on} d'Ouzouer-le-Marché, arr^t de Blois (Loir-et-Cher).

Escaufo, cxxxviii. Echauffour, c^{ne}, c^{on} du Merlerault, arr^t d'Argentan (Orne).

Escobleaus (Les), ccclxxvii. Ecoublanc, m^{in}, c^{ne} de Marboué, c^{on} et arr^t de Châteaudun (Eure-et-Loir).

Esgrenna. Voir **Acrania**.

Esparlum, lxxi, lxxxii. Epernon, c^{ne}, c^{on} de Maintenon, arr^t de Chartres (Eure-et-Loir).

Espaus (Molendina de), cxxviii; **Espal**, cclxxxix. Nous n'avons pas retrouvé la trace du nom de ces moulins, mais, d'après la rubrique citée par nous, il est certain qu'ils étaient situés près d'Arcisses, c^{ne} de Brunelles, c^{on} et arr^t de Nogent-le-Rotrou (Eure-et-Loir).

Espieriæ. Voir **Spieriæ**.

Estivaus (Molendinum de), cxcv. Le moulin des Veaux, c^{ne} de Bretoncelles, c^{on} de Rémalard, arr^t de Mortagne (Orne).

Estouteville, cccxii. Etoutteville-sur-Mer, c^{ne}, c^{on} d'Yerville, arr^t d'Yvetot (Seine-Inf.).

Evra, lxxvii. Yèvres, c^{ne}, c^{on} de Brou, arr^t de Châteaudun (Eure-et-Loir).

Evra, CCXX. *Yèvres-le-Châtel*, c^{ne}, c^{on} et arr^t de Pithiviers (Loiret).

Exarta, XII; **Exaltum**, CCCLXXVII. *L'Essart-Rochette*, f., c^{ne} de Frazé, c^{on} de Thiron, arr^t de Nogent-le-Rotrou (Eure-et-Loir).

F

Faeium, CXLV. *Le Fay*, h., c^{ne} des Essarts, c^{on} de Damville, arr^t d'Evreux (Eure).

Fænæ, CCCXX. *Feings*, c^{ne}, c^{on} et arr^t de Mortagne (Orne).

Fagerlanda, CLXXXIII, CXC. *Faguillonde*, h., c^{ne} de Lammerville, c^{on} de Bacqueville, arr^t de Dieppe (Seine-Inf.).

Faia, CCLIII, CCLXIV, CCLXV. *Faye-la-Vineuse*, c^{ne}, c^{on} de Richelieu, arr^t de Chinon (Indre-et-Loire).

Faia-Bassa, **Fagus-Beri**, XL. *Faye-l'Abbesse*, c^{ne}, c^{on} et arr^t de Bressuire (Deux-Sèvres).

Faium, CLXXXVII, CCXIV; **Faeium**, CLXXXVIII. *Le Fay*, f., c^{ne} de Tourny, c^{on} d'Ecos, arr^t des Andelys (Eure).

Falandræ, CCLVI. *Falendre*, h., c^{ne} de Mahéru, c^{on} de Moulins-la-Marche, arr^t de Mortagne (Orne).

Falarvilla, CXXVII. *Flauville*, h., c^{ne} de Prunay-le-Gillon, c^{on} et arr^t de Chartres (Eure-et-Loir).

Fastinii, CCXXX. *Fâtines*, c^{ne}, c^{on} de Montfort, arr^t du Mans (Sarthe).

Favelæ, CLVI. *Favelle*, h., c^{ne} de Pré-Nouvelon, c^{on} d'Ouzouer-le-Marché, arr^t de Blois (Loir-et-Cher).

Faveriæ, XCIX. *Favières*, c^{ne}, c^{on} de Tournan, arr^t de Melun (Seine-et-Marne).

Fenæ, CCIX. *Fains*, f., c^{ne} de Ternay, c^{on} de Montoire, arr^t de Vendôme (Loir-et-Cher).

Feritas, CCVI. *La Ferté-Vidame*, ch.-l. de c^{on}, arr^t de Dreux (Eure-et-Loir).

Feritas, CCCLXXVII, CCCXC; *la Ferté*, CLXXXV. *La Ferté-Bernard*, ch.-l. de c^{on}, arr^t de Mamers (Sarthe).

Ferraria, CCCXV. *La Ferrière*, c^{ne}, c^{on} de Neuvy-le-Roi, arr^t de Tours (Indre-et-Loire).

Ferraria, CXLIX. *La Ferrière*, h., c^{ne} et c^{on} de Nocé, arr^t de Mortagne (Orne).

Ferrariæ, CXLVII, CLXXXII, CCLXXXIV, CCCCXV; CCCCXIX; **Ferræ**, CXLVI, CXLVIII; **Sanctus-Laurentius-Ferrarum**, CCL; **Ferreriæ**, CCXCI, CCXCII, CCCXXVI, CCCXXVIII. *Ferrières*, prieuré, puis abbaye, c^{ne} et c^{on} de Thouars, arr^t de Bressuire (Deux-Sèvres). — L'abbaye de Ferrières ne fut fondée en réalité qu'en 1160 : une charte fausse attribuait son érection à Louis le Débonnaire. « Ne quid memorabile tegatur et que sunt edificationis posteritati reddantur, Clodovicus, miseratione divina, imperator ac patricius Romanus, Francorum, Germanie et Lombardie rex : Notum sit omnibus presentibus et futuris quod cum Arnoldus, Albonii Pictavorum comitis filius, Johannam, filiam hæredem Radulphi, domini de Sanzaio, sine Albonii consensu, in uxorem duxisset, congregationem in Deo solitariam, in Ferreriis, Christi domini nostri placandi ergo, duxisset edificandam et dotandam, dictam congregationem Benedictinis de Thirone submittentes, feudo dicto domino de Sanzaio relicto, litium cognitionem ad nos in Luduno reservamus. Et ut istud sit firmum, sigillum nostrum et episcopi Pictavensis duximus apponendum. Presentibus in palatio Johanne de Stampis, Brocardo de Milliaco, Rochido de Rupecavardi et aliis. »

Ferrariæ (Boscus), CCLVII. Le bois de *la Ferrière* s'étendait depuis Saint-Hilaire-des-Noyers jusqu'à 1 kil. environ de l'abbaye de Tiron.

Ferreria, XCV. *La Ferrière-au-Val-Germond*, anc. c^{ne} réunie à celle de Fontaine-Simon, c^{on} de la Loupe, arr^t de Nogent-le-Rotrou (Eure-et-Loir).

Ferreria, CVI, CXVIII, CCVII. *La Ferrière*, h., c^{ne} de Brunelles, c^{on} et arr^t de Nogent-le-Rotrou (Eure-et-Loir).

Ferreria, XXXIII, CCXXVII, CCLXXII; **Ferraria**, CCCXCVIII. *La Ferrière*, h., c^{ne} de Coudreceau, c^{on} de Thiron, arr^t de Nogent-le-Rotrou (Eure-et-Loir).

Fescamp, CCCCXXIV. Abbaye de *La Trinité*, fondée au XIe siècle à *Fécamp*, ch.-l. de c^{on}, arr^t du Hâvre (Seine-Inf.).

Firmitas, LXXIII. *La Ferté-Milon*, c^{ne}, c^{on} de Neuilly-Saint-Front, arr^t de Château-Thierry (Aisne).

Firmitas, CXXVII. *La Ferté-Villeneuil*, c^{ne}, c^{on} de Cloyes, arr^t de Châteaudun (Eure-et-Loir).

Fiscus, XLVIII. *Le Foix*, f^{bg} de la ville de Blois (Loir-et-Cher).

Folet, CCCXXII. *Feuillet*, lieu-dit, à Chartres (Eure-et-Loir).

Folietum, CCCLXXVII. *Feuillet*, f., c^{ne} du Mage, c^{on} de Longni, arr^t de Mortagne (Orne).

Fons, CCCI. *Fontaine-en-Sologne*, c^{ne}, c^{on} de Bracieux, arr^t de Blois (Loir-et-Cher).

Fons, CCLXIV. *La Fontaine*, vill., c^{ne} de Scorbé-Clairvaux, c^{on} de Lencloître, arr^t de Châtellerault (Vienne).

Fons-Bergerii, CCCV. *La Fontaine-Berger*, vigne sur la c^{ne} de la Milesse, c^{on} et arr^t du Mans (Sarthe). Il existe encore des vignes sur le territoire des communes de la Milesse et de Saint-Saturnin.

Fons-Erabli. Voir **Sancta-Maria-de-Arablo.**

Fons-Garnerii, IX. *Moulin-Garnier*, h., c^{ne} de Rouessé-Fontaine, c^{on} de Saint-Paterne, arr^t de Mamers (Sarthe).

Fons-Radulfi, CLXXXV, CLXXXVI, CLXXXIX, CCXCI, CCXCII, CCXCII, CCCXXVI, CCCXXVIII; **Fontaine-Raoul**, CCCCXIX. *Fontaine-Raoul*, c^{ne}, c^{on} de Droué, arr^t de Vendôme (Loir-et-Cher).

Fons-Sancti-Petri, CCX. *La Fontaine*, f., près de Mareau-aux-Bois, c^{ne}, c^{on} et arr^t de Pithiviers (Loiret).

Fontenella, CCLXXVII. *La Fontenelle*, c^{ne}, c^{on} de Droué, arr^t de Vendôme (Loir-et-Cher).

Fontenillum, CXXXVIII, CCCLXXVII. *Fontenil*, h., c^{ne} de Saint-Sulpice sur-Rille, c^{on} de Laigle, arr^t de Mortagne (Orne).

Fontes, XVIII. *Fontaine-la-Guyon*, c^{ne}, c^{on} de Courville, arr^t de Chartres (Eure-et-Loir).

Fontineium, CLXXXVII, CLXXXVIII. *Fontenay*, c^{ne}, c^{on} et arr^t des Andelys (Eure).

Fontiniacum, LVIII; **Fontiniachum**, LIX. *Fontenay-le-Vicomte*, c^{ne}, c^{on} et arr^t de Corbeil (Seine-et-Oise).

Footelli, LXIX, CLXXXVI, CCCXII; **Fœtelli**, CLXXXIX, CCXC, CCXCI, CCCXXVI, CCCXXVIII; **Fostelli**, CCCCXIX; **Saint-Nicolas des Fouteaux**, CCCCXXV. *Les Fouteaux*, prieuré, c^{ne} de Bouffry, c^{on} de Droué, arr^t de Vendôme (Loir-et-Cher). La chapelle prieurale existe encore. — Un pouillé du XVIIe siècle désigne ainsi ce prieuré: **Prioratus seu baronia de Fustellis seu de Fagulis.**

Foresta, III. *La Forêt*, h., c^{ne} deLanneray, c^{on} et arr^t de Châteaudun (Eure-et-Loir).

Foresta, XII. *La Forêt*, f., c^{ne} de Miermaigne, c^{on} d'Authon, arr^t de Nogent-le-Rotrou (Eure-et-Loir).

Foresta, XL, XLII, XLIII, CII, CCLI, CCXCI. *La Forêt-sur-Sèvre*, c^{ne}, c^{on} de Cerizay, arr^t de Bressuire (Deux-Sèvres).

Forestela, CCXXIV. *La Fortelle*, vill., c^{ne} de Longnes, c^{on} de Houdan, arr^t de Mantes (Seine-et-Oise).

Formevilla, LVI. *Fortmoville*, c^{ne}, c^{on} de Beuzeville, arr^t de Pont-Audemer (Eure).

Fornosium, CCLIII, CCLXV, CCLXXXV. *Fourneuf*, h., c^{ne} de Sérigny, c^{on} de Leigné-sur-Usseau, arr^t de Châtellerault (Vienne).

Forum, XVIII. *Le Frou*, h., c^{ne} de Friaize, c^{on} de la Loupe, arr^t de Nogent-le-Rotrou (Eure-et-Loir).

Fossa, CCCLIX. *La Fosse*, h., c^{ne} et c^{on} d'Ecommoy, arr^t du Mans (Sarthe).

Fossa-Clara, CCIX, lieu-dit, près Fains, h., c^{ne} de Ternay, c^{on} de Montoire, arr^t de Vendôme (Loir-et-Cher).

Fossa-Germondi, CCCLXXXI, lieu-dit, c^{ne} de Boinville-le-Gaillard, c^{on} de Dourdan, arr^t de Rambouillet (Seine-et-Oise).

Fossa-Roberti, CLXXXV, lieu-dit, près Mondoubleau, ch.-l. de c^{on}, arr^t de Vendôme (Loir-et-Cher).

Fossa-Vulpium, CXCIV, lieu-dit, près l'abbaye du Gué-de-l'Aunay, c^{ne} et c^{on} de Vibraye, arr^t de Saint-Calais (Sarthe).

Foumichon, CCXCVII, CCCII. *Foumichon*, fief, c^{ne} de Saint-Pair-du-Mont, c^{on} de Mézidon, arr^t de Lisieux (Calvados).

Foumichon, CCCLXXVII. *Fumesson*, f.,

c^{ne} d'Yèvres, c^{on} de Brou, arr^t de Châteaudun (Eure-et-Loir).

Fovea, CCCLXXVII. *La Fosse*, h., c^{ne} de Saint-Victor-de-Buthon, c^{on} de La Loupe, arr^t de Nogent-le-Rotrou (Eure-et-Loir).

Fractavallis, XII, XLVIII, CIX, CXVII, CXXVII, CLXXXIV, CCXV, CCXXVII, CCXXXIV, CCLXVII, CCXCII, CCCLXXVIII; **Fretavallis**, CXLI. *Fréteval*, c^{ne}, c^{on} de Morée, arr^t de Vendôme (Loir-et-Cher).

Fractignelum, LXIII, CXXV, CCXVII, CCLXXI; **Frestineium**, **Freteine**, CCCLXXVII; **Fretigniacum**, CCCXC, CCCXCVII; **Frétigny**, CCCCXI. *Frétigny*, c^{ne}, c^{on} de Thiron, arr^t de Nogent-le-Rotrou (Eure-et-Loir).

Freeinvilla, CXV; **Freevilla**, CCXXXVI. *Frainville*, vill., c^{ne} de Prunay-le-Gillon, c^{on} et arr^t de Chartres (Eure-et-Loir).

Frescotum, CCCLXXIX; **Frescot**, CCCXLVI. *Frécot*, h., c^{ne} de Trizay-lès-Bonneval, c^{on} de Bonneval, arr^t de Châteaudun (Eure-et-Loir).

Fresneium, CLI, CCCIII; **Fresneum**, CCCIII. *Fresnay-sur-Sarthe*, ch.-l. de c^{on}, arr^t de Mamers (Sarthe).

Fresnoy, CCCCV. *Fresnay*, f., c^{ne} et c^{on} de Cloyes, arr^t de Châteaudun (Eure-et-Loir).

Frielosum, CCCXXIII. *Frileuse*, h., c^{ne} d'Arrou, c^{on} de Cloyes, arr^t de Châteaudun (Eure-et-Loir).

Friesia, XVIII, CLXVIII, CCCX; **Fries**, L; **Friseia**, LXXVII; **Freez**, CXXVII; **Friesse**, CCCLXXVII. *Friaize*, c^{ne}, c^{on} de La Loupe, arr^t de Nogent-le-Rotrou (Eure-et-Loir).

Frigidum-Mantellum, CCLXVII; **Fremantellum**, CCCXXXI. *Saint-Jean-Froidmentel*, c^{ne}, c^{on} de Morée, arr^t de Vendôme (Loir-et-Cher).

Froise, CCCLXXVII; **Frazó**, CCCCXXI. *Frazé*,

c^{ne}, c^{on} de Thiron, arr^t de Nogent-le-Rotrou (Eure-et-Loir).

Froovilla, LXXXVII, CIX; **Frovilla**, CXVII, CCLXVII, CCXCII; **Frodevilla**, CXVII; **Frouvilla**, CXXVII. *Frouville*, m^{in}, c^{ne} d'Ozoir-le-Breuil, c^{on} et arr^t de Châteaudun (Eure-et-Loir).

Frunceitum, XVIII. *Fruncé*, c^{ne}, c^{on} de Courville, arr^t de Chartres (Eure-et-Loir).

Fulfriacum, CCLXXXVII. *Forfry*, c^{ne}, c^{on} de Dammartin, arr^t de Meaux (Seine-et-Marne).

Fulgeriæ, CXXXVIII. *Fougères* (?), c^{ne}, c^{on} de Contres, arr^t de Blois (Loir-et-Cher).

G

Gaivilla, CXXVII. *Gasville*, c^{ne}, c^{on} et arr^t de Chartres (Eure-et-Loir).

Galæ, XXXI, prieuré, dans le diocèse de Saint-Davids en Angleterre, érigé en abbaye en 1118 sous le nom de **Cameæ**.

Galannum. Voir **Jalandæ**.

Galardo, XXXVI, LXXXV, CXXVII; **Galardum**, VIII, LXXXVI, CXXXII. *Gallardon*, c^{ne}, c^{on} de Maintenon, arr^t de Chartres (Eure-et-Loir).

Gallinus-Nidus, CCXXXI *Nigelles*, h., c^{ne} de Brunelles, c^{on} et arr^t de Nogent-le-Rotrou (Eure-et-Loir).

Gardeiæ, CLXVI, CCCL, CCCLXXIX; **Gardiæ**, I; **Garzeis**, CXXIII; **Guarzeæ**, CLXXXVI; **Gardeæ**, CCCLII. *Gardais*, anc^{ne} c^{ne} réunie à celle de Thiron, arr^t de Nogent-le-Rotrou (Eure-et-Loir).

Gardiæ, CCCXXXVIII. Voir **Jarzia**.

Garlanda, VII. *Galandre*, h., c^{ne} de Réau, c^{on} de Brie-Comte-Robert, arr^t de Melun (Seine-et-Marne).

Garreia Voir **Jarreia**.

Gaseram, VI. *Gazeran*, c^{ne}, c^{on} et arr^t de Rambouillet (Seine-et-Oise).

Gast, CXCII, CCCXXVI. *Le Gast*, h., c^{ne} de Tanville, c^{on} de Sées, arr^t d'Alençon (Orne).

Gaudena, CVI, CXXIV, CCLVII, CCLXXI. *La Gaudaine*, c^{ne}, c^{on} et arr^t de Nogent-le-Rotrou (Eure-et-Loir).

Geminiacum, CLXII; **Gemeniacum**, CCVIII; **Gimigneium**, CCXCI; **Geminge**, CCXCI, CCCXXVIII; **Juminiacum**, CCCLXXVIII. *Gémigny*, c^{ne}, c^{on} de Patay, arr^t d'Orléans (Loiret).

Gemmagiæ, LVII; **Jamages**, XII; **Jemages**, CCCLXXVII. *Gemasse*, h., c^{ne} de Saint-Ulphace, c^{on} de Montmirail, arr^t de Mamers (Sarthe).

Germundi-Villa, XIII; **Germondivilla**, CLXXXIII; **Germunvilla**, CCXCI; **Gremunvilla**, CCXCII; **Germonvilla**, CCCXXVI. *Grémonville*, c^{ne}, c^{on} d'Yerville, arr^t d'Yvetot (Seine-Infér.).

Gesnæ, IX. *Cour-de-Gèsnes*, h., c^{ne} de Chérisay, c^{on} de Saint-Paterne, arr^t de Mamers (Sarthe).

Gevra, CCLIV. *Gesvres*, c^{ne}, c^{on} de Villaines-la-Juhel, arr^t de Mayenne (Mayenne).

Gironvilla, CCXX. *Gironville*, anc. c^{ne} réunie à celle de Charmont, c^{on} et arr^t de Pithiviers (Loiret).

Gives, CXCVIII. *Givais*, h., c^{ne} de Gas, c^{on} de Maintenon, arr^t de Chartres (Eure-et-Loir).

278   CARTULAIRE DE TIRON.

Glanvilla, cxxxix. *Glanville*, c^{ne}, c^{on} et arr^t de Pont-l'Evêque (Calvados).

Glasquæ, lx ; **Glasgwæ**, ccxli. *Glascow*, ville du comté de Lanark (Ecosse).

Glatigniacum, cccxcviii. *Glatigny*, h., c^{ne} de Frétigny, c^{on} de Thiron, arr^t de Nogent-le-Rotrou (Eure-et-Loir).

Gleseolæ, xcix. *Gretz* (?), c^{ne}, c^{on} de Tournan, arr^t de Melun (Seine-et-Marne).

Gloecestria, liv. *Glocester*, ch.-l. du comté de ce nom (Angleterre).

Glotæ, cxxxviii, ccclxxvii; **Gloth**, lxxii. *Glos-la-Ferrière*, c^{ne}, c^{on} de la Ferté-Fresnel, arr^t d'Argentan (Orne).

Gohere, cclxvii. *Gohory*, c^{ne}, c^{on} de Brou, arr^t de Châteaudun (Eure-et-Loir).

Gormont, cccxliv. *Cormont*, h., c^{ne} de Bouffry, c^{on} de Droué, arr^t de Vendôme (Loir-et-Cher).

Gorzeiæ, cviii, ccxxix ; **Gorzeis**, clxxiv. *Gourdez*, h., c^{ne} de Morancez, c^{on} et arr^t de Chartres (Eure-et-Loir).

Goscelini (Insula), cxciv. *L'île Gosselin*, île de la rivière de Narais, dans laquelle fut établie l'abbaye du Gué-de-L'Aunay, c^{ne} et c^{on} de Vibraye, arr^t de Saint-Calais (Sarthe).

Grandis-Rivus, ccxci ; **Granri**, xcii, clxxvi, ccxcii, cccxviii. *Grandry*, prieuré, c^{ne} de Fontaine-en-Beauce, c^{on} de Savigny-sur-Braye, arr^t de Vendôme (Loir-et-Cher). — Ce prieuré passa dans la suite sous la dépendance de l'abbaye du Gué-de-l'Aunay. La chapelle prieurale existe encore, convertie en grange et terminée par un campanile.

Grandis-Vallis, ccclxxvii ; **Grantval**, cclxxv. *Le Grand-Val*, h., c^{ne} de Combres, c^{on} de Thiron, arr^t de Nogent-le-Rotrou (Eure-et-Loir).

Grandoit, ccclxxx. *Grandouet*, c^{ne}, c^{on} de Cambremer, arr^t de Pont-l'Evêque (Calvados).

Grant-Camp, cxxxix. *Grandchamp*, c^{ne}, c^{on} de Mézidon, arr^t de Lisieux (Calvados).

Grena. Voir **Acrania**.

Groche, ccciv. *Gruchy*, f., c^{ne} de Monville, c^{on} de Clères, arr^t de Rouen (Seine-Inf.).

Grois, ccclxxvii. *Les Groies*, f., c^{ne} de Vichères, c^{on} et arr^t de Nogent-le-Rotrou (Eure-et-Loir).

Groolentum, ccxix. *Groslay*, c^{ne}, c^{on} de Montmorency, arr^t de Pontoise (Seine-et-Oise).

Groteth, lxxxiii ; **Grouciet**, clxxxiii. *Gruchet-Saint-Siméon*, c^{ne}, c^{on} de Bacqueville, arr^t de Dieppe (Seine-Inf.).

Guathe, clxxxvi. *La Bizolière*, f., c^{ne} de Choue, c^{on} de Mondoubleau, arr^t de Vendôme (Loir-et-Cher).

Guerame, lxxxix. *Guéramé*, h., c^{ne}, c^{on} et arr^t d'Alençon (Orne).

Guerrandia, ccxvi. *Guérande*, ch.-l. de c^{on}, arr^t de Saint-Nazaire (Loire-Inf.).

Guest, ccxci, ccxcii, cccxxviii ; **Hues**, cccxix, prieuré, à *Huest*, c^{ne}, c^{on} et arr^t d'Évreux (Eure). — Un pouillé du XVIIe siècle désigne ainsi ce prieuré : **Prioratus Sanctæ-Cæciliæ de Houes.**

Guichereium, cclxvii ; **Guicheriæ**, ccxciii. *Guichery*, f., c^{ne} d'Autheuil, c^{on} de Cloyes, arr^t de Châteaudun (Eure-et-Loir).

Guirchia, cclxvi ; **Ciroia**, clxi. *La Guerche-de-Bretagne*, ch.-l. de c^{on}, arr^t de Vitré (Ille-et-Vilaine).

Guitot. Voir **Viguetot**.

Guohovile, ccclxxvii. *Guéhouville*, anc. c^{ne} réunie à celle de Belhomert, c^{on} de la Loupe, arr^t de Nogent-le-Rotrou (Eure-et-Loir).

Gurgites, CCXCI, CCCXXVIII; Gorth, CLIII; Gurgites-Ermengardis, CCLXIX. *La Crotte*, h., c^{ne} et c^{on} de Cloyes, arr^t de Châteaudun (Eure-et-Loir).

H

Haia, XXVII. *La Haye-des-Buis*, h., c^{ne} d'Asnières, c^{on} d'Isigny, arr^t de Bayeux (Calvados).

Haimunvilla, CXXIX. *Ymorville*, vill., c^{ne} de Prunay-le-Gillon, c^{on} et arr^t de Chartres (Eure-et-Loir).

Halou, CCLXVII. *Hallou*, f., c^{ne} et c^{on} de Brou, arr^t de Châteaudun (Eure-et-Loir).

Hanches, LXXI. *Hanches*, c^{ne}, c^{on} de Maintenon, arr^t de Chartres (Eure-et-Loir).

Harinval, LXXXII, lieu-dit, c^{ne} de Néron, c^{on} de Nogent-le-Roi, arr^t de Dreux (Eure-et-Loir).

Harminville, CCCLIV. *Hermanville*, c^{ne}, c^{on} de Bacqueville, arr^t de Dieppe (Seine-Inf.).

Harponvileir, CCCLXXVII. *Happonvilliers*, c^{ne}, c^{on} de Thiron, arr^t de Nogent-le-Rotrou (Eure-et-Loir).

Hatonis-Villa, CXCV. *Hallouville*, f., c^{ne} et c^{on} de Courville, arr^t de Chartres (Eure-et-Loir).

Herefort, XV. *Hereford*, ch.-l. du comté du même nom (Angleterre).

Hermentervilla, CLIX. *Mantarville*, vill., c^{ne} de Sainville, c^{on} d'Auneau, arr^t de Chartres (Eure-et-Loir).

Herolcort, CLXXII. *Héricourt-en-Caux*, c^{ne}, c^{on} d'Ourville, arr^t d'Yvetot (Seine-Inf.).

Hildrevilla, CLXXXII, CCXC, CCXCI; **Herdrevilla**, CCXCII; **Idrevilla**, CCCXXVI;

Haudrevilla, CCCXXVIII; **Hudreville**, CCCCXIX, prieuré, à *Heudreville-sur-Eure*, c^{ne}, c^{on} de Gaillon, arr^t de Louviers (Eure).

Hodengel, CCCLXXVII. *Houdengeau*, f., c^{ne} de Marolles, c^{on} de Thiron, arr^t de Nogent-le-Rotrou (Eure-et-Loir).

Hotot, CLXXXIII, CCXCVI. *Hotot-en-Auge*, c^{ne}, c^{on} de Cambremer, arr^t de Pont-l'Evêque (Calvados).

Huaneria, CCCLXXVII; **Huareeria**, CCCXXVI; **Buhaneria**, CCXCII. *La Huanière*, h., c^{ne} du Plessis-Sainte-Opportune, c^{on} de Beaumont-le-Roger, arr^t de Bernay (Eure).

Hulmeium, LVIII, LIX. *Ormeaux*, c^{ne}, c^{on} de Rozoy-en-Brie, arr^t de Coulommiers (Seine-et-Marne).

Humbleriæ, CXXVIII; **Umbleriæ**, CXXVIII, CLXX, CC, CCLXXVI; **Humbleres**, CLXIX. *Hombières*, h., c^{ne} de Beauvilliers, c^{on} de Voves, arr^t de Chartres (Eure-et-Loir).

Hunvile, CCCLXXVII. *Honville*, vill., c^{ne} de Boisville-la-Saint-Père, c^{on} de Voves, arr^t de Chartres (Eure-et-Loir).

Hurelière (La), CCCXVII. *La Heulière*, f., c^{ne} d'Happonvilliers, c^{on} de Thiron, arr^t de Nogent-le-Rotrou (Eure-et-Loir).

Hyenna, fluvius, XXXV, CXX. *L'Huine*, riv., prend sa source en la c^{ne} de Bellavilliers (Orne) et se jette dans la Sarthe à Bouche-d'Huine, près du Mans (Sarthe).

I

Idrevilla. Voir **Hildrevilla.**

Illetum, ccclxxvii; **Illers,** clii, cliii, ccclxxvii. *Illiers*, ch.-l. de c^on, arr^t de Chartres (Eure-et-Loir).

Insula-Buchardi, clxxxv; **Insula,** v. *L'Isle-Bouchard*, ch.-l. de c^on, arr^t de Chinon (Indre-et-Loire).

Isæ, cxcv. *Les Yys*, anc. c^ne réunie à celle des Corvées, c^on de la Loupe, arr^t de Nogent-le-Rotrou (Eure-et-Loir).

J

Jaeres, lxxiv, vallée, dans la c^ne de Ternay, c^on de Montoire, arr^t de Vendôme (Loir-et-Cher).

Jalandæ, clv; **Galannum,** x; **Jalant,** clvi; **Jaland,** clxxxiv; **Jalanz,** cxciii. *Jallans*, c^ne, c^on et arr^t de Châteaudun (Eure-et-Loir).

Jallia, xc. *La Jaille*, h., c^ne de Noellet, c^on de Pouancé, arr^t de Segré (Maine-et-Loire).

Jamages. Voir **Gemmagiæ.**

Jarcio (Sclusa de), lxxxiv. Ecluse *du Jard*, sur le Loir, près de Montigny-le-Gannelon, c^on de Cloyes, arr^t de Châteaudun (Eure-et-Loir).

Jarreia, ccxci, cccxxvi; **Garreia,** ccxcii; **Jarria,** cccxxviii, cccxxix. *La Jarrie*, prieuré, c^ne de Chedigny, c^on et arr^t de Loches (Indre-et-Loire).

Jarzia, xxxii, clxxxii, ccxci; **Garceiæ,** ccxcii; **Jarzeiæ,** cccxxvi; **Gardiæ,** cccxxviii; **Jardinæ,** cccxix; **Jardiæ,** ccclxxx, prieuré, à *Jardy*, h., c^ne de Marnes-la-Coquette, c^on de Sèvres, arr^t de Versailles (Seine-et-Oise). — Ce prieuré est quelquefois cité sous les noms de **Horti, les Jardins.** Un pouillé du XVIIe siècle le désigne ainsi : **Prioratus de Jardinis non procul Bonis-Hominibus.** — La maison actuelle des Jardies, bâtie par Hon. de Balzac et où est mort Gambetta, n'occupe pas l'emplacement de l'ancien prieuré de Tiron, mais semble lui avoir dû son nom. Le prieuré de Jardy, dont parle Saint-Simon et devant lequel, comme il le rapporte, il passait en allant voir au château de Vaucresson son ami le duc de Beauvilliers, était situé sur la lisière du bois de Fausses-Reposes, à la croisée de la route qui va de Versailles à Vaucresson et d'un chemin qui se dirige vers le Butard et qui porte encore le nom de *chemin des Jardies*.

Jaugonia, cccx. *Jaulgonne*, c^ne, c^on de Condé, arr^t de Château-Thierry (Aisne).

Jausæ, lxxi, île, dans la rivière d'Eure, c^ne de Néron, c^on de Nogent-le-Roi, arr^t de Dreux (Eure-et-Loir).

Jeddewrde, ccxli. *Jedburgh*, ch.-l. du comté de Roxburgh (Ecosse).

Jeuvron, ccliv. *Javron*, c^ne, c^on de Couptrain, arr^t de Mayenne (Mayenne).

Josaphat, clix, cccxlvi, *Josaphat*, abbaye de Bénédictins, fondée vers 1117 à Lèves, c^ne, c^on et arr^t de Chartres (Eure-et-Loir).

Jovinium, CCXLVII. *Joigny*, ch.-l. d'arr^t (Yonne).

Jugum-Dei, XVI, CCXCI, CCXCII, CCCXXVIII, CCCCXV, CCCCXIX; **Jugum**, CCCXXII. *Le Joug-Dieu*, abbaye, près de Villefranche-sur-Saône, ch.-l. d'arr^t(Rhône). — Le Joug-Dieu ne fut érigé en abbaye qu'en 1137; mais, dès le temps de Bernard, des moines de Tiron habitaient en ce lieu. Geoffroy le Gros rapporte en effet un miracle qui arriva au Joug-Dieu lors de la mort du saint fondateur. « Cujus obitum quidam ex ipsius discipulis juxta Rhodanum fluvium in Beljoacensi commorantes territorio eadem die cognoverunt. »

Juminiacum. Voir **Geminiacum**.

Jupeellum, CCCXXXVI; **Jupeel**, III, CLVI, CCLXVII. *Jupeau*, h., c^ne et c^on de Bonneval, arr^t de Châteaudun (Eure-et-Loir).

Jupillæ, IX. *Jupille*, f., c^ne de Fyé, c^on de Saint-Paterne, arr^t de Mamers (Sarthe).

L

Lamborria, CCVI. *Lamblore*, c^ne, c^on de la Ferté-Vidame, arr^t de Dreux (Eure-et-Loir).

Laneriacum, CLVIII; **Lanere**, LXXVIII, CLXXXV; **Lenere**, LXXXIV; **Laneri**, CCCXXVI. *Lanneray*, c^ne, c^on et arr^t de Châteaudun (Eure-et-Loir).

Langeium, CCCXXIII. *Langey*, c^ne, c^on de Cloyes, arr^t de Châteaudun (Eure-et-Loir).

Lanorvilla, CCXXXVII. *La Norville*, c^ne, c^on d'Arpajon, arr^t de Corbeil (Seine-et-Oise).

Larre, LXXXIX. *Larré*, c^ne, c^on et arr^t d'Alençon (Orne). Le fief de Larré s'étendait jusque dans la ville d'Alençon.

Larvarzinum, **Lavarzanum**, XCII. *Lavardin*, c^ne, c^on de Montoire, arr^t de Vendôme (Loir-et-Cher). Il y avait à Lavardin un prieuré dépendant de l'abbaye de Marmoutier.

Laugueria, CCCXXVI. *Laugerie*, prieuré, disparu dès le milieu du XIVe siècle; auj. f., c^ne de la Puye, c^on de Pleumartin, arr^t de Châtellerault (Vienne).

Leaupartie, CCCCII. *Leaupartie*, c^ne, c^on de Cambremer, arr^t de Pont-l'Evêque (Calvados).

Lede (**Chiminum**), CCLXXI. *Le chemin du Loir*, partant des environs de Frétigny pour aboutir au prieuré du Loir.

Ledi (**Vallis**), XXXVII, L. *La vallée du Loir*, c^ne du Thieulin, n'existe plus aujourd'hui. Les sources du Loir ont été taries en cet endroit.

Ledum, XXXVII, XXXVIII, CCXCI, CCXCII, CCCXXVIII, CCCXXXV, CCCLIII, CCCLXXXIV; **Leda**, CCCXLIX. *Le Loir*, abbaye, puis prieuré, auj. f. nommée *les Abbayes*, c^ne du Thieulin, c^on de la Loupe, arr^t de Nogent-le-Rotrou (Eure-et-Loir).

Ledum, fluvius, XXXVIII, L, CLXXXVI, CCCLVI, CCCLXXVII, CCCLXXXIV; **Lidum**, CCCXXXII; **Ligerum**, CCCXXXVI. *Le Loir*, riv., prend actuellement sa source à une fontaine sur la place publique de Saint-Eman (Eure-et-Loir), et se jette dans la Sarthe près de Briolay (Maine-et-Loire).

Legrecestria, cxxxvii; **Leoycestria**, cccix. *Leicester*, ch.-l. du comté du même nom (Angleterre).

Leisart, xviii. *Les Essarts*, f., c^ne de Dangers, c^on de Courville, arr^t de Chartres (Eure-et-Loir).

Lenda, ccxxvii. *La Lande*, f., c^ne de Bouffry, c^on de Droué, arr^t de Vendôme (Loir-et-Cher).

Leporisvilla, cclxvii, ccxci; **Levrevilla**, lxxxvi, cxxxi, cci, ccxcii, cccxxvi. *Lièvreville*, f., c^ne de Challet, c^on et arr^t de Chartres (Eure-et-Loir).

Lereium, clxi. *Le Loroux-Bottereau*, ch.-l. de c^on, arr^t de Nantes (Loire-Inf.).

Lesenvilla, cix; **Leisenvilla**, cxvii. *Lézanville*, h., c^ne du Mée, c^on de Cloyes, arr^t de Châteaudun (Eure-et-Loir).

Leugæ, xxxviii, lxxxv, cxxx, cxliv, cccxlviii; **Leuvæ**, l; **Levæ**, cviii; **Leucæ**, clix; **Leugeiæ**, clxxix. *Lèves*, c^ne, c^on et arr^t de Chartres (Eure-et-Loir).

Levesvilla, cviii. *Levéville*, h., c^ne de Bailleau-l'Evêque, c^on et arr^t de Chartres (Eure-et-Loir).

Liart (**Vallis**), cccxv, vallée, située en la c^ne de Saint-Avertin, c^on et arr^t de Tours (Indre-et-Loire).

Liger, fluvius, cclxvi. *La Loire*, fleuve.

Limeth, cxlv. *Limetz*, c^ne, c^on de Bonnières, arr^t de Mantes (Seine-et-Oise).

Lincolia, xiii. *Lincoln*, ch.-l. du comté de ce nom (Angleterre).

Liveia, ccxcvii, cccii; **Lyvee**, ccccii. *Notre-Dame-de-Livaye*, c^ne, c^on de Mézidon, arr^t de Lisieux (Calvados).

Livetum, ccxci, cccxxviii; **Livet**, cccxix. *Livet*, c^ne, c^on de Saint-Paterne, arr^t de Mamers (Sarthe).

Locelli, xviii. *Le Lieu*, f., c^ne de Billancelles, c^on de Courville, arr^t de Chartres (Eure-et-Loir).

Lodopa, ccvii. *La Loupe*, h., c^ne de Berfay, c^on de Vibraye, arr^t de Saint-Calais (Sarthe).

Loesvilla, cxxxvii. *Loisville*, h., c^ne d'Yèvres, c^on de Brou, arr^t de Châteaudun (Eure-et-Loir).

Logæ, cxlv. *Les Loges*, h., c^ne de Neauphlette, c^on de Bonnières, arr^t de Mantes (Seine-et-Oise).

Logiæ, cccxlii. *Les Loges*, f., c^ne de Coudray-au-Perche, c^on d'Authon, arr^t de Nogent-le-Rotrou (Eure-et-Loir).

Logiæ, cxlix. *Les Loges*, h., c^ne d'Appenai-sous-Bellême, c^on de Bellême, arr^t de Mortagne (Orne).

Logis (**Molendinum de**), ccclxxvii. *Le Moulin des Loges*, c^ne de Mâle, c^on du Theil, arr^t de Mortagne (Orne).

Loigny, cccvi. *Longni*, ch.-l. de c^on, arr^t de Mortagne (Orne).

Loisvilla, cclxxvi. *Louasville*, f., c^ne de Theuville, c^on de Voves, arr^t de Chartres (Eure-et-Loir).

Longo-Saltu (**Molendinum de**), l, cccxlviii. *Moulin de Longsault*, c^ne de Lèves, c^on et arr^t de Chartres (Eure-et-Loir).

Longum-Pratum. Voir **Prata-Comitis**.

Longum-Villare, ccclxxv; **Luxvillat**, xxii; **Lunviler**, cclxxiii; **Lonvileria**, ccxci; **Louviler**, cccxxvi; **Nonviller**, ccclxxv; **Nonviler**, cccviii. *Nonvilliers*, c^ne, c^on de Thiron, arr^t de Nogent-le-Rotrou (Eure-et-Loir).

Longus-Pons, ccciii. *Longpont*, h., c^ne de la Ménière, c^on de Bazoches-sur-Hoëne, arr^t de Mortagne (Orne).

Lonvillerium, cxxviii. *Louvilliers-lés-Perche*, c^ne, c^on de Senonches, arr^t de Dreux (Eure-et-Loir).

Lorelium, CCXCI, CCXCII, CCCXXVI, prieuré, dans l'archevêché de Bourges (Cher).

Lorreium, CXLV. *Lorey*, vill., c^{ne} de Breuilpont, c^{on} de Pacy-sur-Eure, arr^t d'Evreux (Eure).

Losdonum, CCCXXVI ; **Lodon**, CCCCXIX, prieuré, à *Loudon*, h., c^{ne} de Parigné-l'Evêque, c^{on} et arr^t du Mans (Sarthe).

Luceellum, XC. *Luceau*, c^{ne}, c^{on} de Château-du-Loir, arr^t de Saint-Calais (Sarthe).

Lucezium, CCXXV. *Luzé*, c^{ne}, c^{on} de Richelieu, arr^t de Chinon (Indre-et-Loire).

Luens, CLXXX. *Luain*, h., c^{ne} de Sérigny, c^{on} de Leigné-sur-Usseau, arr^t de Châtellerault (Vienne).

Luetaene, CCCI. *Le Lut*, f., c^{ne} de Cour-Cheverny, c^{on} de Contres, arr^t de Blois (Loir-et-Cher).

Lugdunum, CCCLXXV. *Lyon*, ch.-l. de dép^t (Rhône).

Luisant, CCXXXII. *Luisant*, c^{ne}, c^{on} et arr^t de Chartres (Eure-et-Loir).

Lundonum, LXXXVIII. *Londres*, capitale de l'Angleterre.

Lunereium, CCCLXXVII ; **Luneray**, CCCCXIX. *Luneray*, c^{ne}, c^{on} de Bacqueville, arr^t de Dieppe (Seine-Inf.).

Luniacum, CLI ; **Lunaium**, CLXXVI. *Lunay*, c^{ne}, c^{on} de Savigny-sur-Braye, arr^t de Vendôme (Loir-et-Cher).

Luquetum, LXXIII. *Luquy*, h., c^{ne} de Chézy-l'Abbaye, c^{on} de Charly, arr^t de Château-Thierry (Aisne).

Luriacum, CXXXV ; **Lure**, LXXXII. *Luray*, c^{ne}, c^{on} et arr^t de Dreux (Eure-et-Loir).

Luxovii, XXVII, CCLXVIII, CCCVIII. *Lisieux*, ch.-l. d'arr^t (Calvados).

M

Maceriæ, CLXXXVIII. *Mézières*, c^{ne}, c^{on} d'Ecos, arr^t des Andelys (Eure).

Maen (Molendinum de), CXI. *Le moulin de Main* (?), sur le ruisseau de Saint-Martin, c^{ne} de Saint-Gervais, c^{on} de Leigné-sur-Usseau, arr^t de Châtellerault (Vienne).

Maenvilla, VIII. *Menainville*, h., c^{ne} d'Ablis, c^{on} de Dourdan, arr^t de Rambouillet (Seine-et-Oise).

Magnavilla, CLXXXIII. *Maneville*, h., c^{ne} du Thil-en-Caux, c^{on} de Bacqueville, arr^t de Dieppe (Seine-Inf.).

Magnus-Campus, CCCXXVI. *Grandchamp*, c^{ne}, c^{on} de Saint-Paterne, arr^t de Mamers (Sarthe).

Magnus-Campus, CCLXIV. *Grandchamp*, f., c^{ne} d'Orches, c^{on} de Lencloître, arr^t de Châtellerault (Vienne).

Maguntum, CCXCII ; **Megum**, CCXCI ; **Meguntum**, CCCXXVI ; **Mougon**, CCCCXIX, prieuré, à *Mougon*, vill., c^{ne} d'Iteuil, c^{on} de Vivonne, arr^t de Poitiers (Vienne).

Mairoliæ, LI, LXI ; **Maioroliæ**, CXCVI, CCCXLII ; **Maierolliæ**, CCXCI, CCXCII ; **Mairoles**, CCCLXXVII ; **Marolles**, CCCCXIX ; **Mageroliæ**, CCCXXVI. *Marolles*, c^{ne}, c^{on} de Thiron, arr^t de Nogent-le-Rotrou (Eure-et-Loir).

Maisia, LXXIX, CCLXXXIX, CCXCII, CCCXXVIII ; **Maisa**, CCLXVII, CCCXXVI. *La Mouise*, près de Villemafroi, c^{ne} de Pré-

Nouvelon, c⁰ⁿ d'Ouzouer-le-Marché, arrᵗ de Blois (Loir-et-Cher).

Maisnillum, Maisnilium, CCLXXVII. *Les Mesnils*, h., cⁿᵉ de Marolles, c⁰ⁿ de Thiron, arrᵗ de Nogent-le-Rotrou (Eure-et-Loir).

Majus-Monasterium, CXCVIII, CCLXXVII; **Sanctus-Martinus,** CCCLXXVII. *Marmoutier*, abbaye, auj. h., cⁿᵉ de Sainte-Radegonde, c⁰ⁿ et arrᵗ de Tours (Indre-et-Loire).

Malavea, CCXXVII. *Malnoue*, f., cⁿᵉ de Bouffry, c⁰ⁿ de Droué, arrᵗ de Vendôme (Loir-et-Cher).

Malesiæ, CCLVII, CCLXVII; **Meleseiæ,** XI; **Maleseæ,** XCI; **Malesees,** CXVIII, CXXXIII, CCCVII. *La Malaise*, f., cⁿᵉ de Soizé, c⁰ⁿ d'Authon, arrᵗ de Nogent-le-Rotrou (Eure-et-Loir).

Malleium, XC; **Marreium,** CCIX. *Marray*, cⁿᵉ, c⁰ⁿ de Neuvy-le-Roi, arrᵗ de Tours (Indre-et-Loire).

Malum-Foramen, CIII. *Maupertuis*, f., près l'étang de ce nom, à peu de distance de Montmorillon, ch.-l. d'arrᵗ (Vienne).

Malusbuixon, CXV. *Maillebouis*, h., cⁿᵉ du Thieulin, c⁰ⁿ de la Loupe, arrᵗ de Nogent-le-Rotrou (Eure-et-Loir).

Malus-Leo, CCL; **Maulleo,** CCLXXXIV. *Châtillon-sur-Sèvre*, ch.-l. de c⁰ⁿ, arrᵗ de Bressuire (Deux-Sèvres).

Malva (Molendinum de), CLXXXVII. Moulin de *Mauve*, à Pressagny-l'Orgueilleux, cⁿᵉ, c⁰ⁿ d'Ecos, arrᵗ des Andelys (Eure).

Mancheiolum, CXLV, CXXIV. *Fontaine-Menchout*, h., cⁿᵉ de Breval, c⁰ⁿ de Bonnières, arrᵗ de Mantes (Seine-et-Oise).

Mandonta, LXXVI, prieuré, dont la situation nous est inconnue, peut-être *Meudon*, cⁿᵉ, c⁰ⁿ de Sèvres, arrᵗ de Versailles (Seine-et-Oise).

Manfesia, XII. *La Mainfrèze*, f., cⁿᵉ de Logron, c⁰ⁿ et arrᵗ de Châteaudun (Eure-et-Loir).

Mansus-Leonci, CCLXXXVIII. *Moléans*, cⁿᵉ, c⁰ⁿ et arrᵗ de Châteaudun (Eure-et-Loir).

Manus-Curtis, CLXX; **Mameincurt,** CC. *Maincourt*, lieu-dit, à Villandon, cⁿᵉ de Montainville, c⁰ⁿ de Voves, arrᵗ de Chartres (Eure-et-Loir).

Mapedroella, CCXCI, CCXCII, CCCXXVI; **Mappeoderoclle,** CCCXXVIII, prieuré, dans l'évêché de Winchester (Angleterre).

Marais, CCLXXVIII. *Le Marais*, h., cⁿᵉ et c⁰ⁿ de Bazoches-sur-Hoëne, arrᵗ de Mortagne (Orne).

Marcheilum, CCLVI. *Les Marchais*, f., cⁿᵉ de Frazé, c⁰ⁿ de Thiron, arrᵗ de Nogent-le-Rotrou (Eure-et-Loir).

Marches-Mainerii, CXCV. *Marchemigny*, h., cⁿᵉ de Vaupillon, c⁰ⁿ de la Loupe, arrᵗ de Nogent-le-Rotrou (Eure-et-Loir).

Marchesmium, XLIX, CCCXLIII. *Marchenoir*, ch.-l. de c⁰ⁿ, arrᵗ de Blois (Loir-et-Cher).

Marchesvilla, CCCLVIII. *Marchéville*, cⁿᵉ, c⁰ⁿ d'Illiers, arrᵗ de Chartres (Eure-et-Loir).

Marcilleium, CXLV. *Marcilly-sur-Eure*, cⁿᵉ, c⁰ⁿ de Saint-André, arrᵗ d'Evreux (Eure).

Maresium, CCII. *Le Marais*, f., cⁿᵉ de Donnemain-Saint-Mamert, c⁰ⁿ et arrᵗ de Châteaudun (Eure-et-Loir).

Margonium, XXXIII; **Margum,** CXVIII, CCLXXIII. *Margon*, cⁿᵉ, c⁰ⁿ et arrᵗ de Nogent-le-Rotrou (Eure-et-Loir).

Marna, CCXI. *Marne-la-Coquette*, cⁿᵉ, c⁰ⁿ de Sèvres, arrᵗ de Versailles (Seine-et-Oise).

Marneriæ, CCXLIV. *La Marnière*, f., cⁿᵉ d'Archigny, c⁰ⁿ de Vouneuil-sur-Vienne, arrᵗ de Châtellerault (Vienne).

Marogilum, ccx; **Mereil**, clx; **Marnlium**, Maurolium, ccxx. *Mareau-aux-Bois*, c^ne, c^on et arr^t de Pithiviers (Loiret).

Martigneium, ccxci; **Martineium**, ccciii; Martiniacum, cccxxvi, cccLxxvii; **Saint-Germain de Martigny**, cccxix. *Saint-Germain-de-Martigny*, c^ne, c^on de Bazoches-sur-Hoëne, arr^t de Mortagne (Orne).

Mascherenvilla, cxciii. *Machelainville*, vill., c^ne de Péronville, c^on d'Orgères, arr^t de Châteaudun (Eure-et-Loir).

Masengiacum, ccxxxv; **Masange**, cli. *Mazangé*, c^ne, c^on et arr^t de Vendôme (Loir-et-Cher).

Matonviler, cccxliii; **Mouconvillare**, cccxix. *Moussonvilliers*, c^ne, c^on de Tourouvre, arr^t de Mortagne (Orne).

Maurisylva, ccclviii. *Morissure*, h., c^ne de Coudreceau, c^on de Thiron, arr^t de Nogent-le-Rotrou (Eure-et-Loir).

Mauritania, ii, xxii, cviii, cxviii, cxl, cli, cclvii, cccxviii, ccclxxvii; **Mortaigne**, ccclxx; **Moretaigne**, ccclxxii; **Mortaigne**, cccxiv. *Mortagne-sur-Huisne*, ch.-l. d'arr^t (Orne).

Mauritonium, ix. *Morantais*, h., c^ne de Saint-Germain-de-la-Coudre, c^on de Beaumont-sur-Sarthe, arr^t de Mamers (Sarthe).

Medunnum, ccv; **Meun**, xxiv. *Meung-sur-Loire*, ch.-l. de c^on, arr^t d'Orléans (Loiret).

Meldi, cccx. *Meaux*, ch.-l. d'arr^t (Seine-et-Marne).

Melereiz, v; **Melerii**, lxxvii; **Merelcæ**, ccxci; **Melesreiæ**, cccxxxviii. *Le Méleray*, prieuré, auj. f., c^ne de Margon, c^on et arr^t de Nogent-le-Rotrou (Eure-et-Loir).

Meleriacum (Silva), vii. Nous avons en vain cherché la forêt de Melleray dans le dép^t du Loiret. Cependant on trouve dans les *Comptes de saint Louis* la mention de la venda *Mellerii*, l'ancien *bois de Melleroy*, dans le c^on de Château-Renard, arr^t de Montargis (Loiret).

Mellaium, lxxxvii; **Plesseium**, ccxxxviii. *Le Plessis-Maillé*, h., c^ne de Moisy, c^on d'Ouzouer-le-Marché, arr^t de Blois (Loir-et-Cher).

Mellayum, ccxxx; **Merlaium**, lxxvii; **Merlaicum**, cclxvii. *Meslay-le-Vidame*, c^ne, c^on de Bonneval, arr^t de Châteaudun (Eure-et-Loir).

Melleberga, ccxcii, ccxxxvi, ville, dans l'évêché de Salisbury (Angleterre).

Mellentum, lv, lvi, ccclxxvii; **Mellent**, xiii. *Meulan*, ch.-l. de c^on, arr^t de Versailles (Seine-et-Oise).

Melodunum, ccclxxvii. *Melun*, ch.-l. de dép^t (Seine-et-Marne).

Memberolæ, xxi, cix, cxvi, cxvii, cliv, cccxxvii; **Memberolles**, cccv. *Membrolles*, c^ne, c^on d'Ouzouer-le-Marché, arr^t de Blois (Loir-et-Cher).

Meratvilla, ccxx. *Méréville*, ch.-l. de c^on, arr^t d'Etampes (Seine-et-Oise).

Mereleth, cxxx. *Les Mellerets*, h., c^ne d'Arrou, c^on de Cloyes, arr^t de Châteaudun (Eure-et-Loir).

Merelvilla, xxxviii; **Merlainvilla**, ccxxxviii. *Melleville*, h., c^ne de Neuvy-en-Dunois, c^on de Bonneval, arr^t de Châteaudun (Eure-et-Loir).

Meriacum. *Méry*, c^ne, c^on de Ville-en-Tardenois, arr^t de Reims (Marne).

Méseray (Le), ccclxxvii. *Le Mézeray*, h., c^ne de Saint-Denis-d'Authou, c^on de Thiron, arr^t de Nogent-le-Rotrou (Eure-et-Loir).

Mesium, xlviii, cccxix, cccxxvii; **Mesum**, cccxxi. *Les Mées*, h., c^ne de Saint-Denis-sur-Loire, c^on et arr^t de Blois (Loir-et-Cher).

Mesneria, cccxviii; **Menereia**, cccxlvii. *La Ménière*, c^{ne}, c^{on} de Bazoches-sur-Hoëne, arr^t de Mortagne (Orne).

Mesnil-Bertre, ccxci, cxcii, cccxxvi. *Le Mesnil*, h., c^{ne} de Lieury, c^{on} de Saint-Pierre-sur-Dive, arr^t de Lisieux (Calvados).

Mesnilium, ccciii. *Le Mesnil*, h., c^{ne} de Nonvilliers, c^{on} de Thiron, arr^t de Nogent-le-Rotrou (Eure-et-Loir).

Mesnilium-Bercerii, ccxliv, lieu-dit, c^{ne} de Rossay, c^{on} et arr^t de Loudun (Vienne).

Messe, cxci. *Les Mées*, c^{ne}, c^{on} et arr^t de Mamers (Sarthe).

Mestenon, lxxi, lxxxii, cxxxv, cclxvii; **Mestenum**, cclxvii. *Maintenon*, ch.-l. de c^{on}, arr^t de Chartres (Eure-et-Loir).

Met, cxxvii. *Le Metz*, h., c^{ne} de Berchères-les-Pierres, c^{on} et arr^t de Chartres (Eure-et-Loir).

Meum-Bertron, cxlii. *Moyen-Boitron*, f., c^{ne} de Boitron, c^{on} de Rebais, arr^t de Coulommiers (Seine-et-Marne).

Mielle, xci, cxix. *Mesliers*, h., c^{ne} et c^{on} d'Illiers, arr^t de Chartres (Eure-et-Loir).

Milicia, xlvi, ccclix; **Milecia**, ccclix. *La Milesse*, c^{ne}, c^{on} et arr^t du Mans (Sarthe).

Miseium, ccxiv. *Bizy* (?), vill., c^{ne} et c^{on} de Vernon, arr^t d'Evreux (Eure).

Modales, clxxxvi. *Les Muids*, f., c^{ne} de Saint-Denis-d'Authou, c^{on} de Thiron, arr^t de Nogent-le-Rotrou (Eure-et-Loir).

Moireta, ix. *Moire*, h., c^{ne} de Coulombiers, c^{on} de Beaumont-sur-Sarthe, arr^t de Mamers (Sarthe).

Moleherna, Molin-Herle, xc. *Mouliherne*, c^{on}, c^{on} de Longué, arr^t de Baugé (Maine-et-Loire).

Molendinum-Novum, xlvii, cccxix, cccxxviii, cccxciv, cccc; **Sancta-Maria-de-Molendino-Novo**, ccxci; **Sanctus-Petrus de Molendino-Novo**, ccxci, cccxvi. *Le Moulin-Neuf*, mⁱⁿ, c^{ne} de Chouzy, c^{on} de Herbault, arr^t de Blois (Loir-et-Cher). — Un prieuré fut plus tard bâti près de l'emplacement de ce moulin.

Molendinum-Novum, cciii, ccci. *Le Moulin-Neuf*, mⁱⁿ, c^{ne} de Seur, c^{on} de Contres, arr^t de Blois (Loir-et-Cher).

Molendinum-Novum, cxcv, moulin, dans la vallée de Cumon, c^{ne} de la Madeleine-Bouvet, c^{on} de Rémalard, arr^t de Mortagne (Orne).

Mollan, cxci. *Moulins*, h., c^{ne} de Louvigny, c^{on} et arr^t de Mamers (Sarthe).

Monasteria, cxv. *Moutiers*, c^{ne}, c^{on} de Voves, arr^t de Chartres (Eure-et-Loir).

Monasteriolum, xix, o. *Montreuil-Bellay*, ch.-l. de c^{on}, arr^t de Saumur (Maine-et-Loire).

Monciacum, clxii. *Moncy*, lieu-dit, c^{ne} de Péronville, c^{on} d'Orgères, arr^t de Châteaudun (Eure-et-Loir).

Monfalcon, xc. *Montfaucon*, h., c^{ne} d'Auvers, c^{on} de Loué, arr^t du Mans (Sarthe).

Monfortis, xix. *Montfort*, c^{ne}, c^{on} de Doué, arr^t de Saumur (Maine-et-Loire).

Monlemin, x. *Montemain*, anc. c^{ne} réunie à celle de Saumeray, c^{on} de Bonneval, arr^t de Châteaudun (Eure-et-Loir).

Mons-Allerii, xlvi, ccclx, cccxcix; **Montetallarium**, ccxci; **Mons-Talleius**, ccxcii; **Mons-Tallearius**, cccv; **Mons-Alerii**, cccxxviii, cccxv, cccxix, prieuré, à *Montaillé*, h., c^{ne} de la Milesse, c^{on} et arr^t du Mans (Sarthe). — Un pouillé du XVIIe siècle désigne ainsi ce prieuré : **Prioratus Beate-Marie-Magdalene de Montessaleriis.**

Mons-Berele, xxi; **Mons-Barelæ**, clvii. *Montberry*, h., c^{ne} de Saint-Denis-des-Ponts, c^{on} et arr^t de Châteaudun (Eure-et-Loir).

Mons-Capreoli, CCCXXVIII, CCCLXXVII; **Mons-Chevrel,** CCXCI; **Monchevrel,** CCCXXVI, CCCLXXVI; **Montchevreul,** CCCCXIX. *Montchevrel*, c^ne, c^on de Courtomer, arr^t d'Alençon (Orne).

Mons-Corbun, CLVII. *Moncorbon*, f., c^ne de Fortan, c^on de Savigny-sur-Braye, arr^t de Vendôme (Loir-et-Cher).

Mons-Dublellus, CLVII, CLXXXV, CCXCI, CCCXXVI, CCCXXXIV; **Mons-Dubellus,** XXI, CLI; **Mons-Doblel,** LXIX; **Mons-Dupplellus,** CCXCII; **Mons-Doblellus,** CCCXXII. *Mondoubleau*, ch.-l. de c^on, arr^t de Vendôme (Loir-et-Cher).

Mons-Dulcis, CCLXVII, CCCXLII; **Mons-Dulcet,** XXXIII, LXII, XCV; **Mons-Dulcetus,** CCXXVIII; **Mondulcet,** CCLXIX. *Mondoucet*, clos de vignes, c^ne de la Chapelle-du-Noyer, c^on et arr^t de Châteaudun (Eure-et-Loir).

Mons-Dulcis, CCCL, CCCLXXVII. *Montdoucet*, h., c^ne de Nonvilliers, c^on de Thiron, arr^t de Nogent-le-Rotrou (Eure-et-Loir).

Mons-Fauni, CIX; **Mons-Foleth,** XCVIII, CXVII; **Mons-Fani,** CLVIII. *Saint-Mandé*, h., c^ne de Viévy-le-Rayé, c^on d'Ouzouer-le-Marché, arr^t de Blois (Loir-et-Cher).

Mons-Fortis, XXVI. *Montfort-sur-Risle*, ch.-l. de c^on, arr^t de Pont-Audemer (Eure).

Mons-Fortis, CXCII, CCXLVI, CCXCVIII. *Montfort-le-Rotrou*, ch.-l. de c^on, arr^t du Mans (Sarthe).

Mons-Fulcardi, XXXIV; **Mons-Fulchardi,** XCIII. *Mont-Fichard*, m^in, c^ne de Saint-Avit, c^on de Brou, arr^t de Châteaudun (Eure-et-Loir).

Mons-Fusnardus, CCXCIX, lieu-dit, c^ne de Vibraye, arr^t de Saint-Calais (Sarthe).

Mons-Geheir, CCLXXXVII; **Mons-Gihellus,** CCXCI. *Montgé*, c^ne, c^on de Dammartin, arr^t de Meaux (Seine-et-Marne). — Le prieuré du Saint-Sépulcre d'Allemagne s'appelait dans le principe *le Saint-Sépulcre de Montgé.*

Mons-Hagius, CCXXVI; **Monshargis,** CCXCI; **Mons-Argis,** CCXCVI; **Monhargis,** CCCXXVIII; **Monthargis,** CCCCII. *Montargis*, h., c^ne et c^on de Cambremer, arr^t de Pont-l'Évêque (Calvados).

Mons-Hatoinus, CCXXVIII. *Monthuan*, f., c^ne de Béthonvilliers, c^on d'Authon, arr^t de Nogent-le-Rotrou (Eure-et-Loir).

Mons-Jonis, CCLXXXVII. *Monthyon*, c^ne, c^on de Dammartin, arr^t de Meaux (Seine-et-Marne).

Mons-Leti-Bovis, CCLXIII; **Mons-Leobovius,** CCLXXXIII. *Montjay*, h., c^ne de Bombon, c^on de Mormant, arr^t de Melun (Seine-et-Marne).

Mons-Luiserni, LXXVIII, LXXXIV; **Mons-Luisel,** CCXXVII; **Monluiser,** CCLXIX; **Mons-Lusellus,** CCXCI, CCXCII, CCCXXVI, prieuré, disparu dès le XIIIe siècle. Nous n'avons pu déterminer l'emplacement positif de ce prieuré : il devait être situé dans les environs de Bouffry (Loir-et-Cher).

Mons-Mirabilis, XII; **Montmirail,** CCCCVIII. *Montmirail*, ch.-l. de c^on, arr^t de Mamers (Sarthe).

Mons-Pinzon, LXXI. *Montpinçon* (?), fief, c^ne de la Bazoge-Montpinçon, c^on et arr^t de Mayenne (Mayenne.)

Mons-Rahar, XII. *Moulhard*, c^ne, c^on d'Authon, arr^t de Nogent-le-Rotrou (Eure-et-Loir).

Mons-Ranerii, LXXXIX. *Montrenier*, f., c^ne de Livet, c^on de Saint-Paterne, arr^t de Mamers (Sarthe).

Mons-Rion, XXIV, CCIII, CCXCII, CCCI, CCCXXVIII; **Monterium,** CCXCI; **Montrion,** CCCCXIX, prieuré, à *Monrion*, h., c^ne de Cellettes, c^on et arr^t de Blois (Loir-et-Cher). — Un pouillé du XVIIe siècle désigne ainsi ce prieuré : **Prioratus Sancti-Eutropii seu Beate-Marie de Monterone.**

Mons-Rivelli, ccxci, cccxxviii ; **Montrouveau**, ccccxix. *Montrouveau*, c^{ne}, c^{on} de Montoire, arr^t de Vendôme (Loir-et-Cher).

Mons-Simphorianus, xcviii, lieu-dit, c^{ne} de Romilly-sur-Aigre, c^{on} de Cloyes, arr^t de Châteaudun (Eure-et-Loir).

Mons-Ursinus. Voir **Orsemont**.

Montetirel, ccclxxvii ; **Montireau**, cccxv. *Montireau*, c^{ne}, c^{on} de la Loupe, arr^t de Nogent-le-Rotrou (Eure-et-Loir).

Montgobiau, ccclxxvii. *Montcolin* (?), f., c^{ne} de Saint-Hilaire-lés-Mortagne, c^{on} et arr^t de Mortagne (Orne).

Montineium, xl. *Montigny*, c^{ne}, c^{on} de Cerizay, arr^t de Bressuire (Deux-Sèvres).

Montiniacum, iii, iv, xxi, lxxiv, lxxxiv, xcviii, clvii, cccx, cccxxvi, ccclvi, ccclxxvii ; **Montigneium**, x ; **Montineium**, lxix ; **Muntigneium**, ccxxxiv ; **Montigny**, cccviii. *Montigny-le-Gannelon*, c^{ne}, c^{on} de Cloyes, arr^t de Châteaudun (Eure-et-Loir).

Montiniacum, ix. *Montigny*, c^{ne}, c^{on} de Fresnay-sur-Chédouet, arr^t de Mamers (Sarthe).

Montorium, lxxiv, cli, clxxvi ; **Mons-Aureus**, cxli. *Montoire*, ch.-l. de c^{on}, arr^t de Vendôme (Loir-et-Cher).

Morevilla, ccxli. *Morville*, c^{ne}, c^{on} de Briquebec, arr^t de Valognes (Manche).

Moria, cxlix. *Moire*, chât., c^{ne} de Coulombiers, c^{on} de Beaumont-sur-Sarthe, arr^t de Mamers (Sarthe).

Morinet (Fons de), cxi. *La fontaine du Morinet*, en la c^{ne} de Brunelles, c^{on} et arr^t de Nogent-le-Rotrou (Eure-et-Loir).

Moritonium, xxvi ; **Mauritonium**, cxxxix. *Mortain*, ch.-l. d'arr^t (Manche).

Mors-Radulphi, cclxv, vallée, c^{ne} d'Orches, c^{on} de Lencloître, arr^t de Châtellerault (Vienne).

Morviler, cccxlv. *Morvilliers*, c^{ne}, c^{on} de la Ferté-Vidame, arr^t de Dreux (Eure-et-Loir).

Morvillare, xxxviii. *Mainvilliers* (?), c^{ne}, c^{on} et arr^t de Chartres (Eure-et-Loir).

Mosteriolum, clxii ; **Mosterollum**, clv ; **Mosteriol**, cxciii ; **Mosterellum**, ccii. *Montreuil*, lieu-dit, près Villequoy, c^{ne} de Péronville, c^{on} d'Orgères, arr^t de Châteaudun (Eure-et-Loir).

Mote (La), ccclxxvii. *La Motte*, f., c^{ne} de Ceton, c^{on} du Theil, arr^t de Mortagne (Orne).

Moteia, vi, lxii, lxxxi, cxx, cxxii, cxxiv, cxxv, clxiv, ccxvii, cclvi, cccxlii ; **Motheia**, xcvi. *La Motte*, f., c^{ne} de Champrond-en-Perchet, c^{on} et arr^t de Nogent-le-Rotrou (Eure-et-Loir).

Murciacum, clxxx, ccxlix, prieuré, à *Moussay*, anc. c^{ne} réunie à celle de Vouneuil-sur-Vienne, ch.-l. de c^{on}, arr^t de Châtellerault (Vienne).

Murgeriæ, clxxxii, ccxci, ccxcii ; **Murgerii**, cccxxviii ; **le Murgis**, ccccxix, prieuré, à *Saint-Jean-des-Murgers*, h., c^{ne} de Meaucé, c^{on} de la Loupe, arr^t de Nogent-le-Rotrou (Eure-et-Loir).

Murgersbetum, viii, lieu-dit, dans les environs d'Ablis, c^{on} de Dourdan, arr^t de Rambouillet (Seine-et-Oise).

Musteriolum, cccxxi. *Mottereau*, c^{ne}, c^{on} de Brou, arr^t de Châteaudun (Eure-et-Loir).

N

Nannetæ, ccxvii. *Nantes*, ch.-l. de dépt (Loire-Inf.).

Neaufeta, ccxxiv. *Neauphlette*, cne, con de Bonnières, arrt de Mantes (Seine-et-Oise).

Neiella, clxxix; **Nigella**, cclxiii. *Nesles*, cne, con de Rozoy-en-Brie, arrt de Coulommiers (Seine-et-Marne).

Nemus-Hunodi, ccclxxvii. *Le Bois-Hinoust*, f., cne de Cernay, con d'Illiers, arrt de Chartres (Eure-et-Loir).

Neronium, clxiv; **Neiron**, lxxi; **Neirum**, lxxxii; **Nerum**, cxcviii; **Nero**, ccxl, ccxci. *Néron*, cne, con de Nogent-le-Roi, arrt de Dreux (Eure-et-Loir).

Nicorbinum, cxcviii; **Nicorbin**, clxix. *Nicorbin*, vill., cne de Theuville, con de Voves, arrt de Chartres (Eure-et-Loir).

Nigra-Terra, ccl. *Noirterre*, cne, con et arrt de Bressuire (Deux-Sèvres).

Noce, ccxxxix. *Nocé*, h., cne de Luigny, con d'Authon, arrt de Nogent-le-Rotrou (Eure-et-Loir).

Noceium, lxi, cxcvi. *Nocé*, ch.-l. de con, arrt de Mortagne (Orne).

Noerium, ccxliv. *Nouères*, vill., cne de Rossay, con et arrt de Loudun (Vienne).

Nogentum, cccl, ccclviii, ccclxxvii, cccxcii; **Noiomium**, xxii, lxii, lxvii; **Nongentum**, xxxiii, cxxiv, ccclviii; **Nogiomum**, xxxviii; **Novigentum**, cxxii, clxxxvi, cclvi; **Novingentum**, ccxciii; **Nogentum-Rotrodi**, cccxc, cccix; **Nogent-le-Rotrou**, cccviii, cccxxi. *Nogent-le-Rotrou*, ch.l. d'arrt (Eure-et-Loir).

Nonancuria, cclvii; **Nonencuria**, cccxv. *Nonancourt*, ch.-l. de con, arrt d'Evreux (Eure).

Nonviler. Voir **Longum-Villare**.

Northimbria, ccxl. *Le Northumberland*, comté le plus au N. O. de l'Angleterre, tire son nom de l'ancienne Northumbrie.

Notumereia, ccoxliii. *Les Nithumières*, f., cne de Saint-Maurice-les-Charencey, con de Tourouvre, arrt de Mortagne (Orne).

Nova-Villa-super-Sartham, ccclix. *Neuville-sur-Sarthe*, cne, con et arrt du Mans (Sarthe).

Novilla (Molendinum de), clxxii. Nous n'avons pu retrouver le moulin *de Neuville*; mais il était situé dans la cne de Crasville-la-Rocquefort, con de Fontaine-le-Dun, arrt d'Yvetot (Seine-Inf.).

Noviomum, lxxi, lxxxii; **Nogennum**, ccc. *Nogent-le-Roi*, ch.-l. de con, arrt de Dreux (Eure-et-Loir).

Novium, cxvii, cxciii; **Novi**, xxi, lxxviii, ccxxiv; **Novicum**, clxxxv. *Neuvy-en-Dunois*, cne, con de Bonneval, arrt de Châteaudun (Eure-et-Loir).

Novus-Burgus, cccviii, cccxxvii, ccclxxvii. *Le Neufbourg*, cne, con et arrt de Mortain (Manche).

Nuilleium, cxxiv, cccxxvi; **Nuileium**, ccxci; **Nuilly**, cccxxviii; **Nuille**, ccclxxvii. *Neuilly-sur-Eure*, cne, con de Longni, arrt de Mortagne (Orne).

Nuiseium, clxxxvii, lieu-dit, près de Vernon, arrt d'Evreux (Eure).

O

Oca, LXXVIII. *Oucques*, c^{ne}, c^{on} de Marchenoir, arr^t de Blois (Loir-et-Cher).

Ogerii-Villa, XVIII, CLXVIII; **Ogerivilla**, CCLXXVI; **Ogervilla**, CCCLXXVII. *Augerville*, f., c^{ne} de Prunay-le-Gillon, c^{on} et arr^t de Chartres (Eure-et-Loir), surnommée *aux Malades*, parce qu'elle appartenait à la léproserie du Grand-Beaulieu.

Ogerivilla, CXXXII; **Ogerii-Villa**, CCXCI; **Ogervilla**, CCCXXVI, CCCXXVIII, prieuré, à *Augerville-la-Rivière*, c^{ne}, c^{on} de Puiseaux, arr^t de Pithiviers (Loiret).

Ogria, CXXXIV, CCLXVII, **Egrea**, XCVIII. *L'Aigre*, riv., prend sa source près le Moulin-Rouge, c^{ne} de la Ferté-Villeneuil, et se jette dans le Loir, à Bouche-d'Aigre, c^{ne} de Romilly-sur-Aigre (Eure-et-Loir).

Oisesmum, CLXVIII, CCXCI; **Oysesmus**, CXXVII; **Oysesma**, CCLXVII; **Osemium**, CCXCII; **Hosemium**, CCCXXII; **Oisesma**, CCCXLIV; **Oisemum**, CCCXXVI; **Oisemeium**, CCCXXVIII; **Oisismum**, CCCXCIII; **Oysmum**, **Oisesme**, CCCCXIX; **Sainte-Madeleine d'Oisème**, CCCCXXV, prieuré, à *Oisème*, vill., c^{ne} de Gasville, c^{on} et arr^t de Chartres (Eure-et-Loir).

Oratorium, CCLXXXIX. *Ouzouer-le-Marché*, ch.-l. de c^{on}, arr^t de Blois (Loir-et-Cher).

Orchiæ, CCLXIV; **Orchet**, CCLIII; **Orchæ**, CCLXV. *Orches*, c^{ne}, c^{on} de Lencloître, arr^t de Châtellerault (Vienne).

Orgeriæ, CCXXXI. *Orgères*, ch.-l. de c^{on}, arr^t de Châteaudun (Eure-et-Loir).

Orgeville - soubz - Passy, CCCXIX. *Orgeville*, ancienne c^{ne}, réunie à celle de Caillouet, c^{on} de Pacy-sur-Eure, arr^t d'Evreux (Eure).

Ornay, XXIV. *Ornay*, h., c^{ne} de Cellettes, c^{on} et arr^t de Blois (Loir-et-Cher).

Orrevilla, **Horreivilla**, LXXVII. *Ouarville*, c^{ne}, c^{on} de Voves, arr^t de Chartres (Eure-et-Loir).

Orsemont, CCCXIX; **Sanctus-Johannes de Monte-Ursino**, CCXCI, prieuré, au diocèse de Rouen. — Dans le pouillé d'Alliot, ce prieuré est désigné sous le nom de **Saint-Jean d'Oresmont;** dans un autre pouillé du XVIIe siècle, il est appelé **Prioratus Sancti-Johannis de Ursimonte**.

Orviler, LXXXVII, CIX, CXVII, CCXXXVIII. *Auvilliers*, h., c^{ne} d'Ozoir-le-Breuil, c^{on} et arr^t de Châteaudun (Eure-et-Loir).

Osana, CCXLIII. *L'Ozanne*, riv., prend sa source dans l'étang Neuf, sous Miermaigne, et se jette dans le Loir au moulin d'Ouzenain, c^{ne} de Bonneval (Eure-et-Loir).

Oseleria, LXVII. *L'Oisonnière*, f., c^{ne} de Montigny-le-Chartif, c^{on} de Thiron, arr^t de Nogent-le-Rotrou (Eure-et-Loir).

Osovilla, CLXXXIII, CCCLIV. *Auzonville-sur-Saane*, c^{ne}, c^{on} de Bacqueville, arr^t de Dieppe (Seine-Inf.).

Osseri, CCLXXXVII. *Oissery*, c^{ne}, c^{on} de Dammartin, arr^t de Meaux (Seine-et-Marne).

Ossessum, IX. *Oisseau*, c^{ne}, c^{on} de Saint-Paterne, arr^t de Mamers (Sarthe).

Ourcamp, CCCXXIV. *Notre-Dame-d'Ourscamps*, abbaye de l'ordre de Cîteaux, fondée en 1129, c^{ne} de Chiry-Ourscamps, c^{on} de Ribemont, arr^t de Compiègne (Oise).

Oxenetum, LXXXVIII. *Oxford*, ch.-l. du comté du même nom (Angleterre).

P

Pacetum, LXXII, CCCLXXVII. *Passy*, c^{ne}, c^{on} de Châtillon-sur-Marne, arr^t de Reims (Marne).

Panis-Coctus, CXXXV. *Paincuit*, h., c^{ne} du Boullay-les-Deux-Eglises, c^{on} de Châteauneuf, arr^t de Dreux (Eure-et-Loir).

Paradisus, CI. *Le Paradis*, f., dans le f^{bg} de Saint-Maurice, à Chartres (Eure-et-Loir).

Parchus, CCLXXVII. *Le Parc*, prairie, c^{ne} de Marolles, c^{on} de Thiron, arr^t de Nogent-le-Rotrou (Eure-et-Loir).

Parisius, XXXII, CXI, CCXIX, CCCXLI, CCCLV, CCCLX, CCCLXVI, CCCLXXX, CCCLXXXV, CCCCXXII. *Paris*, ch.-l. de dép^t (Seine). — **Greve**, CCCXXXVIII. *Place de la Grève*. — **Fossata Sancti-Victoris**, CCCCXX. *Les Fossés Saint-Victor*, sur l'emplacement desquels a été ouverte la rue des Fossés-Saint-Victor, quartier du Jardin-du-Roi. — **Vicus de Tyronio**, CCCLXV. *Rue de Tiron*, quartier du Marché-Saint-Jean. — **Vicus Regis-Siciliæ**, CCCLXV. *Rue du Roi-de-Sicile*, quartier du Marché-Saint-Jean. — **Vicus Divi-Johannis-Belvacensis**, CCCCXX. *Rue Jean-de-Beauvais*, au quartier Saint-Jacques.

Partena, XL. *Parthenay*, ch.-l. d'arr^t (Deux-Sèvres).

Passidoteria, CCLII. *La Passidotière*, lieudit, près la Forêt-sur-Sèvre, c^{on} de Cerizay, arr^t de Bressuire (Deux-Sèvres).

Passus-Bovis, CCXCI, CCXCII, CCCXXVIII. *Beaumont-Pied-de-Bœuf*, c^{ne}, c^{on} de Grez-en-Bouère, arr^t de Château-Gontier (Mayenne).

Pataicum, III, CXXI ; **Patai**, CLV ; **Pataium**, CXCIII, CCXXXIV. *Patay*, ch.-l. de c^{on}, arr^t d'Orléans (Loiret).

Peevillerium, CLIX. *Poisvilliers*, c^{ne}, c^{on} et arr^t de Chartres (Eure-et-Loir).

Peleinvilla, CXXIV ; **Pelenvilla**, CCCXII. *Plainville*, h., c^{ne} de Marolles, c^{on} de Thiron, arr^t de Nogent-le-Rotrou (Eure-et-Loir).

Pellicia, CCCXLV, CCCLX, CCCCXV ; **Pelissia**, CCCCXIX. *La Pelice*, abbaye, dans la c^{ne} actuelle de Cherreau, c^{on} de la Ferté-Bernard, arr^t de Mamers (Sarthe).

Pelocheria (Silva de la), CCXLIX, bois, dans la c^{ne} de Bonneuil-Matours, c^{on} de Vouneuil-sur-Vienne, arr^t de Châtellerault (Vienne).

Pepineria, CCCXCI. *La Pépinière*, prieuré, auj. f., c^{ne} de la Bazoche-Gouet, c^{on} d'Authon, arr^t de Nogent-le-Rotrou (Eure-et-Loir).

Perchet (Foresta de), CCCLVIII. *La forêt du Perche*, autrefois très étendue et embrassant encore au XIIe siècle tout le territoire compris entre l'Iton, le Loir et l'Eure. Le plus important débris de cette forêt est aujourd'hui la forêt de Bellême qui joignait celle de Perseigne.

Perratum, VIII. *Le Perray*, c^{ne}, c^{on} et arr^t de Rambouillet (Seine-et-Oise).

Perreium, LXI ; **Pereium**, LXXIX, CXCVI ; **Pereum**, LXXXIV ; **Pireium**, CXVII, CCXCI ; **Perei**, CCIII, CCC ; **Pereyum-Nevelonis**, CCCLXXXVIII. *Pré-Nouvelon*, c^{ne}, c^{on} d'Ouzouer-le-Marché, arr^t de Blois (Loir-et-

Cher). — Comme le fait très bien remarquer Mʳ Vignat dans son Introduction au *Cartulaire de Beaugency*, la vraie étymologie de Pré-Nouvelon est *Pireium* et non *Pratum*, Pray et non *Pré*.

Pert, LX, CCCLXXVII. *Perth*, ch.-l. du comté de ce nom (Ecosse).

Pertæ, CXXI, CLVI, CXCIII, CCII, CCVIII, CCXXXIV, CCXCI, CCXCII, CCCXXVI. *Puerthes*, h., cⁿᵉ de Péronville, cᵒⁿ d'Orgères, arrᵗ de Châteaudun (Eure-et-Loir).

Pertuset, CXCIII. *Perthuiset*, h., cⁿᵉ de Bazoches-en-Dunois, cᵒⁿ d'Orgères, arrᵗ de Châteaudun (Eure-et-Loir).

Petræ, LXXII. *Pierres*, cⁿᵉ, cᵒⁿ de Maintenon, arrᵗ de Chartres (Eure-et-Loir).

Petravilla, CLXXXIII, CCCXL, CCCLIV, CCCLXXVI; **Perrevilla**, CCCXXXV. *Pierreville*, anc. cⁿᵉ, réunie à celle de Bacqueville, ch.-l. de cᵒⁿ, arrᵗ de Dieppe (Seine-Inf.).

Peveræ, Peuvers, CLX; **Pivere**, CCXX. *Pithiviers*, ch.-l. d'arrᵗ (Loiret).

Pinus, LV, LVI. *Le Pin*, h., cⁿᵉ de Tourville-la-Champagne, cᵒⁿ d'Amfreville-la-Campagne, arrᵗ de Louviers (Eure).

Pinus, CCCLXXVII. *La Fosse-Neuve*, h., cⁿᵉ de Fontaine-la-Guyon, cᵒⁿ de Courville, arrᵗ de Chartres (Eure-et-Loir).

Pinus, CLXXXIII. Nous ne connaissons d'autre abbaye du Pin, que celle de l'ordre de Citeaux, fondée en 1120 *au Pin*, auj. h., cⁿᵉ de Beruges, cᵒⁿ de Vouillé, arrᵗ de Poitiers (Vienne).

Pipethan, CCCLXXVI, lieu-dit, cⁿᵉ de Victot, cᵒⁿ de Cambremer, arrᵗ de Pont-l'Evêque (Calvados).

Piponvillare, CCXVIII. *Piponvilliers*, lieu-dit, cⁿᵉ de Courcy-aux-Loges, cᵒⁿ et arrᵗ de Pithiviers (Loiret).

Pissaloup, CXCIX. *Pisseloup*, lieu-dit, cⁿᵉ de Chartres (Eure-et-Loir).

Plaisse, XCIX. *Le Plessis-Picard*, h., cⁿᵉ de Réau, cᵒⁿ de Brie-Comte-Robert, arrᵗ de Melun (Seine-et-Marne).

Plana-Baufredi. Voir **Castrum-Boferi.**

Planchæ, CCXCIII; **Planches**, CCCLXXVII. *Les Planches*, mⁱⁿ, cⁿᵉ de Margon, cᵒⁿ et arrᵗ de Nogent-le-Rotrou (Eure-et-Loir).

Plani, CCCXXI, CCCXXIV, CCCXXVIII; **Sancta-Maria-de-Planis**, CCXCI, prieuré, *aux Plains*, h., cⁿᵉ de la Chapelle-Vicomtesse, cᵒⁿ de Droué, arrᵗ de Vendôme (Loir-et-Cher). — Le prieuré des Plains est le même que celui de la Chapelle-Vicomtesse, nom qui ne commence à apparaître qu'au XIIIᵉ siècle.

Planta, CXXV. *La Plante*, f., cⁿᵉ, cᵒⁿ et arrᵗ de Nogent-le-Rotrou (Eure-et-Loir).

Platea, LXIII, CCXVII, CCCLXXVII. *La Place*, h., cⁿᵉ de Combres, cᵒⁿ et arrᵗ de Nogent-le-Rotrou (Eure-et-Loir).

Plaxitium, CLVIII; **Plaiseit**, XXI. *Le Plessis*, f., cⁿᵉ de Montigny-le-Gannelon, cᵒⁿ de Cloyes, arrᵗ de Châteaudun (Eure-et-Loir).

Pleissait (Le), CCCLXXVII. *Le Plessis*, f., cⁿᵉ de Dancé, cᵒⁿ de Nocé, arrᵗ de Mortagne (Orne).

Plesseium. Voir **Mellaium.**

Ploagar, CCCXIV; **Ploagat**, CCCXIX. *Plerguer*, cⁿᵉ, cᵒⁿ de Châteauneuf-en-Bretagne, arrᵗ de Saint-Malo (Ille-et-Vilaine).

Pomeium, CCLXXXVIII. *Poméan*, f., cⁿᵉ et cᵒⁿ de Brou, arrᵗ de Châteaudun (Eure-et-Loir).

Pommereium, CCCXLV. *La Pommeraye*, h., cⁿᵉ de la Chapelle-Fortin, cᵒⁿ de la Ferté-Vidame, arrᵗ de Dreux (Eure-et-Loir).

Ponciacum, LXXXIV, XC; **Ponceium**, LXXVIII. *Poncé*, cⁿᵉ, cᵒⁿ de la Chartre-sur-le-Loir, arrᵗ de Saint-Calais (Sarthe).

Pons-Audomari, LV, LVI, CCCLXXVII. *Pont-Audemer*, ch.-l. d'arr^t (Eure).

Pons-Levius, CCCLXXVII. *Notre-Dame de Pontlevoy*, abbaye, fondée en 1034 à Pontlevoy, c^{ne}, c^{on} de Montrichard, arr^t de Blois (Loir-et-Cher).

Pons-Petrinus, CCCV. *Le Pont-de-Pierre*. Il existe un lieu dit *le Petit-Pont*, au confluent de la rivière de Vray et du ruisseau de l'Autonnière, à 2 kil. de la Milesse, c^{on} et arr^t du Mans (Sarthe).

Pons - Roselli, CCXVI ; **Pontus - Rossel**, CLXI ; **Pons-Ruselli-super-Sevriam**, CCXCI, CCCXXVIII. *Pont-Rousseau*, vill., c^{ne} de Rézé, c^{on} de Bouaye, arr^t de Nantes (Loire-Inf.).

Porcheria, XXI, CXXVII, CLXXXV. *La Porcherie*, f., c^{ne} d'Unverre, c^{on} de Brou, arr^t de Châteaudun (Eure-et-Loir).

Porcus-Mortuus, CLXXXVII, CLXXXVIII, CCXIV. *Port-Mort*, c^{ne}, c^{on} d'Ecos, arr^t des Andelys (Eure).

Pornez, CCLXXXVI. *Pornic*, ch.-l de c^{on}, arr^t de Paimbœuf (Loire-Inf.).

Porta (Molendinum de), XVIII. Moulin de *La Porte*, à Courville, arr^t de Chartres (Eure-et-Loir).

Porta-Drocensis, CLXVII, CXCIX. *La porte Drouaise*, une des portes de la ville de Chartres (Eure-et-Loir).

Porta-Morardi, CXXVIII. *La porte Morard*, une des portes de la ville de Chartres (Eure-et-Loir).

Potereia, XXXII, CCCLXXVII, **La Poterie**, CCCCVIII. *La Poterie*, vill., c^{ne} de Coudreceau, c^{on} de Thiron, arr^t de Nogent-le-Rotrou (Eure-et-Loir).

Poyle, XVI. *Pouilly*, h., c^{ne} de Lentilly, c^{on} de l'Arbresle, arr^t de Lyon (Rhône).

Pozels, CCXC. *Posay-le-Vieil*, anc. c^{ne}, réunie à celle de la Roche-Posay, c^{on} de Pleumartin, arr^t de Châtellerault (Vienne).

Praele, VIII. *Presle*, h., c^{ne} de Prunay-sous-Ablis, c^{on} de Dourdan, arr^t de Rambouillet (Seine-et-Oise).

Praella, CXXVII, CLXVIII. *La Prasle*, f., c^{ne} d'Amilly, c^{on} et arr^t de Chartres (Eure-et-Loir).

Prata-Comitis, XXXIV ; **Pratum-Morini**, LXIV, LXVI, LXXV, XCIV, CXXIV, CLXXIII ; **Longum-Pratum**, XCV ; **Prata**, CCCLXXVII. *Les Prés-Morin*, prairie, c^{ne} de Condé-sur-Huine, c^{on} de Rémalard, arr^t de Mortagne (Orne).

Pratella, CXXIV ; **Praetel**, XXXIV ; **Pratellum**, LXIV. *Les Prés*, f., c^{ne} de Champrond-en-Perchet, c^{on} et arr^t de Nogent-le-Rotrou (Eure-et-Loir).

Pratum-Hemerici, CCCXCI. *Le Pré-Méry*, f., c^{ne} d'Unverre, c^{on} de Brou, arr^t de Châteaudun (Eure-et-Loir).

Pratum-Longum, XCIX, pré, c^{ne} de Favières, c^{on} de Tournan, arr^t de Melun (Seine-et-Marne).

Presigneium, CLXXXVI ; **Pressineium**, CLXXXVIII. *Pressagny-l'Orgueilleux*, c^{ne}, c^{on} d'Ecos, arr^t des Andelys (Eure). — En échange du droit de panage et de glandée que les religieux de Tiron avaient dans la forêt de Pressagny, les porcs de l'abbaye devaient assister à la messe de la Saint-Jean d'été, un collier de fleurs au cou et un bouquet attaché à la queue.

Pressenvilla, CCCXXIV. *Pressainville*, f., c^{ne} de Fontaine-Raoul, c^{on} de Droué, arr^t de Vendôme (Loir-et-Cher).

Proevilla, CXV. *Prasville*, c^{ne}, c^{on} de Voves, arr^t de Chartres (Eure-et-Loir).

Provellu, VIII. CCCLXXXI. *Provelu*, h., c^{ne} d'Ablis, c^{on} de Dourdan, arr^t de Rambouillet (Seine-et-Oise).

Pruleium, CCCLXXVII. *Prulay*, fief, c^{ne} de Saint-Langis-lès-Mortagne, c^{on} et arr^t de Mortagne (Orne).

Pruneium, CCLXXXIX. *Prunay*, h., c^{ne} de Tripleville, c^{on} d'Ouzouer-le-Marché, arr^t de Blois (Loir-et-Cher).

Pruneium, CXXIX, CXXXI, CCLXV; **Prunayum**, CCCLXXVII. *Prunay-le-Gillon*, c^{ne}, c^{on} et arr^t de Chartres (Eure-et-Loir).

Pruvinum, XIV. *Provins*, ch.-l. d'arr^t (Seine-et-Marne).

Pulcher-Visus, XCIX. *Beauvoir*, c^{ne}, c^{on} de Mormant, arr^t de Melun (Seine-et-Marne).

Pusiolæ, CCLXXXIX. *Puiseaux*, h., c^{ne} d'Epieds, c^{on} de Meung-sur-Loire, arr^t d'Orléans (Loiret).

Puteacum, CXXXII; **Puisath**, CCV. *Puiseaux*, ch.-l. de c^{on}, arr^t de Pithiviers (Loiret).

Puteolæ, CCXCI, CCXCII, CCCXXVIII. *Pouzioux*, vill., c^{ne} de Vouneuil-sous-Biard, c^{on} et arr^t de Poitiers (Vienne).

Puteolum, XVIII; **Puteacum**, CVIII; **Putisatium**, CCXV. *Le Puiset*, c^{ne}, c^{on} de Janville, arr^t de Chartres (Eure-et-Loir).

Puteo-Sacci (**Nemus de**), CCCLXII, bois, c^{ne} de Troô, c^{on} de Montoire, arr^t de Vendôme (Loir-et-Cher).

Q

Quercetum, CLXXXVII, CCXIV; **Querqueium**, CLXXXVIII. *Le Chesnay*, f., c^{ne} et c^{on} d'Ecos, arr^t des Andelys (Eure).

Quercus-Ederosa, XII. *Le Chesne-Roux*, f., c^{ne} de Saint-Ulphace, c^{on} de Montmirail, arr^t de Mamers (Sarthe).

R

Radereium, CXXIV, CCCLXXVII. *Le Radrais*, h., c^{ne}, c^{on} et arr^t de Nogent-le-Rotrou (Eure-et-Loir).

Rainseium, CCXCII; **Reince**, CXLIV; **Rensiacum**, CCXCI; **Rainsy**, CCCCXIX; **Reinseium**, CCCXXVIII; **Riensiacum**, CCCLXXX, prieuré, *au Raincy*, h., c^{ne} de Livry, c^{on} de Gonesse, arr^t de Pontoise (Seine-et-Oise).

Rastel (**Rivus**), CCXCV. *Le ruisseau de Rastel* n'a pas laissé de traces dans la topographie moderne. Nous croyons devoir appliquer ce nom au *ruisseau de Malnoe* qui, partant de la forêt de Cherencei, traverse d'un bout à l'autre la c^{ne} de Saint-Maurice-les-Charancey et va se jeter dans l'Avre près de Chênebrun (Orne).

Rebulière (**La**), CCCLXXVII. *La Herbulière*, h., c^{ne} de Montigny-le-Chartif, c^{on} de Thiron, arr^t de Nogent-le-Rotrou (Eure-et-Loir).

Reconviler, XVIII; **Reconviller**, XLV. *Archevilliers*, f., c^{ne} de Chartres (Eure-et-Loir).

Regentum, CCLXXXIII. *Les Trayans* (?), f., c^{ne} de Bombon, c^{on} de Mormant, arr^t de Melun (Seine-et-Marne).

Regimalastrum, LXXVII; **Ramalastum**, XCIV; **Rasimalastrum**, CVI; **Ramalat**, CXXVIII; **Ramalast**, CCCVII; **Remalart**,

CCCLXXVII, CCCCVI. *Rémalard*, ch.-l. de c^{on}, arr^t de Mortagne (Orne).

Reisnou, CCCXXVIII ; **Sancta-Maria-Magdalena de Resno**, CCXCI, CCXCII ; **La Madeleine de Réno**, CCCCXIV ; **Resnou**, CCCCXIX ; **Sainte-Madeleine de Réno**, CCCCXXV. *La Madeleine de Réno*, prieuré, c^{ne} et c^{on} de Sées, arr^t d'Alençon (Orne).

Reium, CXXXVIII. *Rai-sur-Rille*, c^{ne}, c^{on} de Laigle, arr^t de Mortagne (Orne).

Releium, XC. *Relai*, h., c^{ne} et c^{on} d'Azay-le-Rideau, arr^t de Chinon (Indre-et-Loire).

Réole (La), CCCCXXV. *La Réole*, ch.-l. d'arr^t (Gironde).

Resac (La), CCCLVIII, prés, c^{ne} du Theil-sur-Huine, arr^t de Mortagne (Orne).

Resneum, CCCCXIX ; **Sanctus-Mauricius**, CCXCII, CCCXXVIII ; **Sanctus-Mauricius-juxta-Cortpoltrain**, CCXCI. *René*, prieuré, auj. f., près la forêt de Monaye, c^{ne} de Lignières-la-Doucelle, c^{on} de Couptrain, arr^t de Mayenne (Mayenne). — Ce prieuré s'appelait souvent le prieuré de *Saint-Maurice*, du nom de son patron. Saint-Maurice forme auj. une ferme distincte de celle de René.

Revereium, XXXVIII ; **Rivere**, L. *Le Rouvray*, fief, c^{ne} et c^{on} d'Illiers, arr^t de Chartres (Eure-et-Loir).

Ribarium, CCCVI. *La Rivière*, f., c^{ne} de Souday, c^{on} de Mondoubleau, arr^t de Vendôme (Loir-et-Cher).

Rideriæ, CCCXXI. *Les Riderets*, f., c^{ne} de Saint-Pellerin, c^{on} de Cloyes, arr^t de Châteaudun (Eure-et-Loir).

Riis (Vadum de), LXXIX. *Le gué de Rie*, en face les Roches, c^{ne}, c^{on} de Montoire, arr^t de Vendôme (Loir-et-Cher).

Rille, CCXIII. *Rilly*, c^{ne}, c^{on} de l'Isle-Bouchard, arr^t de Chinon (Indre-et-Loire).

Risus-Bovis, CXXXIV, CCLXIX, CCLXXVI, CCXCI, CCXCII, CCCXXXVIII ; **Rivus-Bovis**, CCLXXIX. *Ribœuf*, prieuré, auj. f., c^{ne} de Romilly-sur-Aigre, c^{on} de Cloyes, arr^t de Châteaudun (Eure-et-Loir). — Le prieuré de Ribœuf exista pendant quelques années concurremment avec celui de Bouche-d'Aigre, mais il ne tarda pas à disparaître.

Risus-Bovis-supra-Mare, CCCXXVIII, CCXCII ; **Sanctus-Laurencius-de-Calcia**, CCXCI ; **Sanctus-Laurencius-de-Risu-Bovis**, CCCXV ; **Risus-Bovis**, CCCCXIX, prieuré, à *Ribeuf*, h., c^{ne} d'Ambrumesnil, c^{on} d'Offranville, arr^t de Dieppe (Seine-Inf.). — Du prieuré de Ribeuf, il ne reste qu'une petite chapelle installée dans l'ancien porche de l'église. Celle-ci, dédiée à saint Laurent dans le principe, avait dans la suite été consacrée à saint Pierre.

Rivaria, LXXVIII ; **Riveria**, LXXXIV. *La Rivière*, fief, c^{ne} de Romilly-sur-Aigre, c^{on} de Cloyes, arr^t de Châteaudun (Eure-et-Loir).

Rivereium, XXXIV, LXXV ; **Riveré**, CCCLXXVII, CCCCVIII, CCCCXI ; **Rivereyum**, CCCLVIII. *Rivray*, h., c^{ne} de Condé-sur-Huine, c^{on} de Rémalard, arr^t de Mortagne (Orne).

Riverium, **Rivaria**, CXCIV. *Riveron*, f., c^{ne} du Plessis-Dorin, c^{on} de Mondoubleau, arr^t de Vendôme (Loir-et-Cher).

Roceium, CXCVI. *Rocé*, c^{ne}, c^{on} de Selommes, arr^t de Vendôme (Loir-et-Cher).

Rocha, CCXXXVIII. *La Roche*, vill., c^{ne} de Moléans, c^{on} et arr^t de Châteaudun (Eure-et-Loir).

Rocha, CXIII. *La Roche*, f., c^{ne} de Louerre, c^{on} de Gennes, arr^t de Saumur (Maine-et-Loire).

Rochaburgum, CLXXXII, CCXCI, CCCXXVI ; **Rocaburgum**, CCXCII. L'abbaye de *Notre-*

Dame-de-Roxburgh avait d'abord été fondée à Selkirk, d'où elle fut transférée en 1128 à Kelso, ville du comté de Roxburgh (Ecosse), à l'embouchure de la Tweed et du Tiviot. — L'abbaye de Kelso fut détruite vers 1559 : il n'en reste plus aujourd'hui que les ailes du nord et du midi, chacune flanquée de deux tourelles, et deux pans de murailles de la tour centrale.

Rochefort, LXXXIII, CLXXII. *Rocquefort*, c^{ne}, c^{on} de Fauville, arr^t d'Yvetot (Seine-Inf.).

Rochefortis, VI ; **Rochafortis**, VII. *Rochefort*, c^{ne}, c^{on} de Dourdan, arr^t de Rambouillet (Seine-et-Oise).

Rodones, CLXI. *Rennes*, ch.-l. de dép^t (Ille-et-Vilaine).

Rollos, XXVI. *Roullours*, c^{ne}, c^{on} et arr^t de Vire (Calvados).

Romainvilla, III. *Romainville*, h., c^{ne} et c^{on} de Cloyes, arr^t de Châteaudun (Eure-et-Loir).

Roncia, la Ronce, CCCLXXVII. *La Ronce*, h., c^{ne} de Charbonnières, c^{on} d'Authon, arr^t de Nogent-le-Rotrou (Eure-et-Loir).

Roscha, CCCVII. *La Roche*, f., c^{ne} de Frétigny, c^{on} de Thiron, arr^t de Nogent-le-Rotrou (Eure-et-Loir).

Roseium, IX ; **Rosseium**, CCCXXVIII. *Rosay*, h., c^{ne} de Rouessé-Fontaine, c^{on} de Saint-Paterne, arr^t de Mamers (Sarthe).

Roseria, CCCLXXVII, CCCXC. *La Rosière*, f., c^{ne} de Margon, c^{on} et arr^t de Nogent-le-Rotrou (Eure-et-Loir).

Roslendrieuc, CCCXV, prieuré, dépendant de l'abbaye du Tronchet, à *Roz-Landrieux*, c^{ne}, c^{on} de Dol, arr^t de Saint-Malo (Ille-et-Vilaine).

Rothomagum, XXVII, CLXXXIII, CLXXXVII, CXC, CCCIX, CCCXXVII, CCCXL ; **Rotomagum**, XIII. *Rouen*, ch.-l. de dép^t (Seine-Inf.).

Rotomagum, CLXXXVI, CCCXII. *Ruan*, c^{ne}, c^{on} de Droué, arr^t de Vendôme (Loir-et-Cher).

Rotundum-Donum, CCXCII, CCCXXVI, prieuré, dans l'évêché de Clermont-Ferrand (Puy-de-Dôme).

Rouræ, CXLV. *Rouvres*, c^{ne}, c^{on} d'Anet, arr^t de Dreux (Eure-et-Loir).

Roureria, CCLVII, lieu-dit, c^{ne} de Saint-Victor-de-Buthon, c^{on} de la Loupe, arr^t de Nogent-le-Rotrou (Eure-et-Loir).

Rovercellum, XLVII. *Reverseaux*, h., c^{ne} de Chouzy, c^{on} d'Herbault, arr^t de Blois (Loir-et-Cher).

Roya, CCCLXX. *Roye*, ch.-l. de c^{on}, arr^t de Montdidier (Somme).

Ruissi, XIV, CCCXLIII. La forêt de *Russi*, en face la forêt de Blois, de l'autre côté de la Loire, entre le Cosson et le Beuvron.

Ruitorie (Molendinum), XXXIII ; **Ructoria**, CXX ; **Rotorium**, CCLXXIII. Moulin de *Lartoir*, c^{ne} de Brunelles, c^{on} et arr^t de Nogent-le-Rotrou (Eure-et-Loir).

Rumphu, CCCXXVI. *Saint-Nicolas-de-Redon* (?), ch.-l. de c^{on}, arr^t de Saint-Nazaire (Loire-Inf.).

Runcheria, CCXXX. On trouve sur la carte de Cassini *Rontières*, sur la Braye, dans la paroisse de Vibraye. Peut-être faut-il mieux traduire par *la Roncherie*, h., c^{ne} et c^{on} de Savigny-sur-Braye, arr^t de Vendôme (Loir-et-Cher).

Rungeria, CCXCI ; **Runcheria**, CCXCII ; **Rongeria**, CCCXXVIII ; **La Roncière**, **Runceria**, CCCCXV ; **La Roussière**, CCCCXIX ; **Saint-Léonard-de-la-Ronchère**, CCCCXXV, prieuré, à *la Roussière*, h., c^{ne} de Godisson, c^{on} de Courtomer, arr^t d'Alençon (Orne). — Ce prieuré est ainsi désigné dans un pouillé du XVIIe siècle : **Prioratus de Rouzaio, seu Sancti-Bernardi de Rus-**

seria, et est indiqué par erreur comme appartenant au diocèse de Tours.

Rupes, cccxv. *Roche-Corbon*, c^{ne}, c^{on} de Rouvray, arr^t de Tours (Indre-et-Loire).

Rus, lxxxii. *Rutz*, h., c^{ne} de Coulombs, c^{on} de Nogent-le-Roi, arr^t de Dreux (Eure-et-Loir).

Rusaium, cclxxxv ; **Rusiacum**, ccliii ; **Rusaicum**, cclxiv ; **Sancta-Maria-Magdalena de Rusaio**, cclxv, ccxci ; **Rusai**, ccxcii, cccxxxvi ; **Reusac**, cccxxviii ; **Rusay**, cccxix. *Reuzé*, prieuré, auj. f., c^{ne} d'Orches, c^{on} de Lencloître, arr^t de Châtellerault (Vienne).

Russellis (Molendinum de), xxxiii. Le moulin *des Ruisseaux*, c^{ne} de Margon, c^{on} et arr^t de Nogent-le-Rotrou (Eure-et-Loir).

S

Sablaillum, lxxxviii. *Sablé-sur-Sarthe*, ch.-l. de c^{on}, arr^t de la Flèche (Sarthe).

Sagii, cccxiii. *Sées*, ch.-l. de c^{on}, arr^t d'Alençon (Orne).

Saint-Cosme-de-Ver, cccxix. *Saint-Cosme-de-Vair*, c^{ne}, c^{on} et arr^t de Mamers (Sarthe).

Sainte-Anne. Voir **Vetus-Tyro**.

Sanchevilla, cclvii, cccxxvi; **Xanchevilla**, cccli ; **Sunchevilla**, ccclxxvii ; **Chassainville**, cccxix. *Sancheville*, c^{ne}, c^{on} de Bonneval, arr^t de Châteaudun (Eure-et-Loir).

Sancta-Ceronna, cxlix. *Sainte-Ceronne-lès-Mortagne*, c^{ne}, c^{on} de Bazoches-sur-Hoëne, arr^t de Mortagne (Orne).

Sancta-Columba, clxxxvii, clxxxviii, ccxiv. *Sainte-Colombe-près-Vernon*, c^{ne}, c^{on} de Vernon, arr^t d'Evreux (Eure).

Sancta-Crux-de-Insula, ccxci, ccxcii, cccxxxvi, ville, dans l'évêché de Winchester (Angleterre).

Sancta-Crux, clv. Eglise de *Sainte-Croix*, à Orléans (Loiret).

Sancta-Maria Aurelianensis, ccx. *Notre-Dame de Bonne-Nouvelle*, abbaye, à Orléans (Loiret), reconstruite en 1021.

Sancta-Maria-de-Aguille, clxxxii, ccxci. *Notre-Dame-de-l'Eguillé*, prieuré, c^{ne} de Pruillé-l'Eguillé, c^{on} du Grand-Lucé, arr^t de Saint-Calais (Sarthe).

Sancta-Maria-de-Arablo, ccxcii ; **Fons-de-Arabl**, cx ; **Fons-Erabli**, ccxlviii ; **Erablæ**, cccx ; **Sancta-Maria-de-Erablo**, cccxxviii ; **l'Arable**, cccxix. *Notre-Dame-d'Arable*, prieuré, c^{ne} de Dormans, arr^t d'Epernay (Marne). — Un pouillé du XVIIe siècle désigne ce prieuré sous le nom de **la Rabix**.

Sancta-Maria-de-Strata, ccxci, cccii, cccxxviii ; **Strata**, ccxcvii ; **Estrata**, ccciii ; **Estrée**, cccii, prieuré, à *Notre-Dame-d'Estrées*, c^{ne}, c^{on} de Cambremer, arr^t de Pont-l'Evêque (Calvados).

Sancta-Maria-de-Vallibus, ccxci. *Notre-Dame-du-Val*, h., c^{ne} de Saint-Pierre-du-Val, c^{on} de Beuzeville, arr^t de Pont-Audemer (Eure).

Sancta-Maria-juxta-Forestam, ccxcii, cccxxxvi. *Ayroux*, anc. c^{ne}, réunie à celle de la Ferrière., c^{on} de Gençay, arr^t de Civray (Vienne).

Sancta-Maria-Magdalena, cliv, clxxxvi, cclxix, cccxxi, cccxliv. *La Madeleine*, ancienne abbaye de Bénédictins, fondée vers l'an 1000, auj. église paroissiale, à Châteaudun (Eure-et-Loir).

Sancta-Maria-Magdalena juxta-Berelelval, cccxxvi ; **Magdalena prope Breval**, cccxix. *La Madeleine* ou *le Petit-Tiron*, prieuré, près Bréval, c^{ne}, c^{on} de Bonnières, arr^t de Mantes (Seine-et-Oise). — Un pouillé du XVIIe siècle désigne ainsi ce prieuré : **Prioratus Beate-Marie-Magdalene de Tironio prope Bervallem**.

Sancta-Maria-Magdalena-super-Sequanam, ccxci, ccxcii, cccxxvi, cccxix. *La Madeleine*, prieuré, à Vernon, ch.-l. de c^{on}, arr^t d'Evreux (Eure). — Un pouillé du XVIIe siècle désigne ainsi ce prieuré : **Prioratus Beate-Marie-Magdalene prope Vernonem**.

Sancta-Sabrina, xc. *Sainte-Sabine*, c^{ne}, c^{on} de Conlie, arr^t du Mans (Sarthe).

Sancta-Radegundis. Voir **Tigerium**.

Sancta-Walburga, xxv, xxxi. *Sainte-Gauburge*, c^{ne}, c^{on} du Merlerault, arr^t d'Argentan (Orne).

Sanctæ-Valles, cclxxxix, ccxci, ccxcii, cccxix, cccxxvi, lieu-dit, c^{ne} d'Ouzouer-le-Marché, arr^t de Blois (Loir-et-Cher).

Sancti-Mauricii (Mons), ccxlvi. *Le Mont Saint-Maurice*, colline, à Coulaines, c^{ne}, c^{on} et arr^t du Mans (Sarthe).

Sancti-Nicholai (Oratorium), cclxvi. *Saint-Nicolas*, prieuré, en l'île de Saint-Nicolas, dans la Loire, près de Corsept, c^{on} et arr^t de Paimbœuf (Loire-Inf.).

Sanctum-Sepulcrum, cclxxxvii, ccxci, ccxcii, cccxxvi ; **Sepulcrum**, cccxix. *Saint-Sépulcre-d'Allemagne*, prieuré, c^{ne} de Montgé, c^{on} de Dammartin, arr^t de Meaux (Seine-et-Marne).

Sanctus-Albinus, cccliii. Voir **Coldrucel**.

Sanctus-Albinus, ccliv. *Saint-Aubin-du-Désert*, c^{ne}, c^{on} de Villaines-la-Juhel, arr^t de Mayenne (Mayenne).

Sanctus-Amandus, cclxxxiv. *Saint-Amand-sur-Sèvre*, c^{ne}, c^{on} de Châtillon-sur-Sèvre, arr^t de Bressuire (Deux-Sèvres).

Sanctus-Andreas, cxxvii. *Saint-André*, église canoniale, à Chartres (Eure-et-Loir); auj. magasin à fourrages.

Sanctus-Andreas, lx. *Saint-Andrew*, petite ville du comté de Fife (Ecosse).

Sanctus-Andreas-de-Hamla, cciv ; **Sanctus-Andreas-de-Anglia**, clxxxii, ccxci ; **Sanctus-Andreas**, cclxii ; **Sanctus-Andreas-de-Amla**, ccxcii ; **Sanctus-Andreas-de-Hammele**, cccxxv ; **Sanctus-Andreas-in-Anglia**, cccxxviii, prieuré, dans l'évêché de Winchester (Angleterre).

Sanctus-Andreas-de-Seveliona, xlix ; **Sanctus-Andreas-de-Silvelonia**, ccxci, ccxcii, ccxci. *Saint-André-de-la-Forêt-Longue*, prieuré, le même que *Saint-André-d'Ecoman*, situé sur la limite occidentale de la forêt de Marchenoir, en la c^{ne} actuelle d'Ecoman, c^{on} d'Ouzouer-le-Marché, arr^t de Blois (Loir-et-Cher). — Voir **Escalmento (Sanctus-Andreas de)**.

Sanctus-Anianus, ccliv. *Saint-Aignan-de-Couptrain*, c^{ne}, c^{on} de Couptrain, arr^t de Mayenne (Mayenne).

Sanctus-Anthonius, ccclxvi, cccxv. *Saint-Antoine*, prieuré, dépendant de l'abbaye du Gué-de-l'Aunay, sur les confins de la forêt de Montmirail, c^{ne} de Montmirail, arr^t Mamers (Sarthe). — Un pouillé du XVIIe siècle désigne ainsi ce prieuré : **Prioratus Sancti-Anthonii-de-Boscis**, et le place à tort dans le diocèse de Chartres.

Sanctus-Antoninus, ccxcvii ; **Sanctus-Antoninus de Montehargis**, cccii, ccclxiv, ccclxxi, ccclxxii, ccclxxiii, ccclxxv, ccclxxviii ; **Montargis**, cccxix. *Saint-Antonin*, église, près de la colline de

Montargis, c^ne et c^on de Cambremer, arr^t de Pont-l'Evêque (Calvados); devenue un prieuré de l'abbaye de Tiron sous le titre de *Saint-Antonin-de-Montargis*.

Sanctus-Audoenus, CCCLIX. *Saint-Ouen*, h., c^ne de la Milesse, c^on et arr^t du Mans (Sarthe).

Sanctus-Audoenus, CCCXXXVIII, CCCLIV. *Saint-Ouen-le-Mauger*, c^ne, c^on de Bacqueville, arr^t de Dieppe (Seine-Inf.).

Sanctus-Audoenus, CXLII, CLXXVIII, CLXXIX, CCXI, CCCXXVIII, CCCXIX; **Sanctus-Abdoenus**, CLXXVII, CCXCI, CCXCII; **Sanctus - Audoenus - Juxta - Tornam**, CCCXXVI; **Sanctus-Audoenus-juxta-Tornomium**, CCCLXXX. *Saint-Ouen*, prieuré, c^ne de Favières, c^on de Tournan, arr^t de Melun (Seine-et-Marne). — Un pouillé du XVIIe siècle désigne ainsi ce prieuré : **Prioratus Sancti-Arnubii seu Sancti-Audoeni de Ternayo**, *Saint-Ousvœuld ou Saint-Ouen de Ternay* (pour *Tournan*). Cependant Alliot, dans son Pouillé du diocèse de Paris, distingue le prieuré de *Saint-Ouen près Tournan*, au doyenné du Vieil-Corbeil, et le prieuré de *Saint-André de Ternay, alias Saint-Ouen*, au doyenné de Lagny. Il est bon d'ajouter qu'on ne peut guère accorder pleine créance à Alliot.

Sanctus-Avitus, CCLXXVII. *Saint-Avit*, h., c^ne de Saint-Denis-les-Ponts, c^on et arr^t de Châteaudun (Eure-et-Loir).

Sanctus-Avitus de Castriduno, CXCII. *Saint-Avit*, abbaye de femmes, de l'ordre de Saint-Benoît, fondée avant 521, restaurée en 1045, c^ne de Saint-Denis-les-Ponts, c^on et arr^t de Châteaudun (Eure-et-Loir).

Sanctus-Bartholomeus - de -Cherentheio, CCXCI; **Sanctus-Bartholomeus-de-Carentaio**, CCXCII; **Sanctus-Bartholomeus-de-Charenthaio**, CCCXXVI; **Sanctus-Bartholomeus- de-Veteri - Charenceio**, CCCXLIII; **Sanctus-Bartholomeus de Saint-Morise**, CCCXIX; **Saint-Barthélemy-du-Vieux-Charencey**, CCCXXV. *Saint-Barthélemy du Vieux-Charencey*, prieuré, auj. h., c^ne de Saint-Maurice-les-Charencey, c^on de Tourouvre, arr^t de Mortagne (Orne).

Sanctus - Blasius - de - Luy, CCCCXV, CCCCXIX. *Saint-Blaise de Luy*, prieuré, au ham. du Gal, c^ne de Grémonville, c^on d'Yerville, arr^t d'Yvetot (Seine-Inf.).

Sanctus-Bomarus, XII; **Sanctus-Baomirus**, CL; **Sanctus-Botmeius**, CLXXV; **Sanctus- Bomarius**, CCLXXIX, CCCXVI. *Saint-Bomer*, c^ne, c^on d'Authon, arr^t de Nogent-le-Rotrou (Eure-et-Loir).

Sanctus-Caraunus, CXLV, CCXXIV. *Saint-Cheron*, h., c^ne de Breuilpont, c^on de Pacy-sur-Eure, arr^t d'Evreux (Eure).

Sanctus-David, XXXI; **Sanctus-Maneveu**, XXXIX. *Saint-Davids*, évêché, dans le comté de Pembrock, au pays de Galles (Angleterre), appelé aussi quelquefois *l'évêché de l'île de Man*.

Sanctus-Dionisius de Nogento, XXXVIII, CXVIII. *Saint-Denis*, prieuré, de l'ordre de Cluny, à Nogent-le-Rotrou (Eure-et-Loir).

Sanctus-Dogmael, XXXI, CCCXIX. *Saint-Dogmaël*, ville du comté de Pembrock (pays de Galles), où fut construite une abbaye au XIIe siècle.

Sanctus-Egidius, CCXIV. *Saint-Gilles*, anc. paroisse d'Evreux (Eure).

Sanctus-Emanus, CCCLXXVII. *Saint-Eman*, c^ne, c^on d'Illiers, arr^t de Chartres (Eure-et-Loir).

Sanctus-Florentinus, X. Probablement *Bonneval*, ch.-l. de c^on, arr^t de Châteaudun (Eure-et-Loir), ainsi nommé à cause de son abbaye. — **Saint-Florentin**, CLV, abbaye de Bénédictins, fondée en 841, à Bonneval.

Sanctus - Florentius - Salmuriensis, ccclxxxvi. *Saint-Florent-lez-Saumur*, abbaye de Bénédictins, fondée en 691, à Saumur (Maine-et-Loire).

Sanctus-Georgius, ix. *Saint-Georges-le-Gaultier*, c^{ne}, c^{on} de Fresnay-sur-Sarthe, arr^t de Mamers (Sarthe).

Sanctus-Georgius, ccliii. *Saint-Georges-les-Baillargeaux*, ch.-l. de c^{on}, arr^t de Poitiers (Vienne).

Sanctus-Georgius de Cloia, iv, ccxxxiv, ccxci, cccxxvi, ccclxxvii; **Saint-Georges de Claie**, cccxix. *Saint-Georges*, une des anciennes églises de Cloyes, arr^t de Châteaudun (Eure-et-Loir).

Sanctus-Georgius-de-Nemore, v. *Saint-Georges-des-Bois*, abbaye, fondée au VIe siècle sur la lisière de la forêt de Gastines, près de Saint-Martin-des-Bois, c^{ne}, c^{on} de Montoire, arr^t de Vendôme (Loir-et-Cher). Il en existe encore une chapelle en mauvais état, où se voient les tombes de la famille de Querhoent.

Sanctus - Georgius - de - Peglait. Ce prieuré devait être situé dans la c^{ne} de Saint-Avertin, c^{on} et arr^t de Tours (Indre-et-Loire). — Un pouillé du XVIIe siècle le désigne ainsi : **Prioratus Sancti-Georgii-subtus-Sautreium**, *Saint-Georges-sous-Sautrey*.

Sanctus - Germanus - de - Pratis, xxxii; **Saint-Germain-des-Prés**, cccxxiv. *Saint-Germain-des-Prés*, abbaye de Bénédictins, fondée en 558, à Paris (Seine).

Sanctus-Germanus, cclxxxi. *Saint-Germain-de-Pasquier* (?), c^{ne}, c^{on} d'Amfreville-la-Campagne, arr^t de Louviers (Eure).

Sanctus-Germanus-super-Arvam, ccxcii, cccxxxvi; **Saint-Germain-sur-Alvre**, cccxix. *Saint-Germain-sur-Avre*, c^{ne}, c^{on} de Nonancourt, arr^t d'Evreux (Eure).

Sanctus-Gervasius, ccclxxvii. Prieuré de *Saint-Gervais*, dépendant de l'abbaye de Marmoutier, à Chuisnes, c^{on} de Courville, arr^t de Chartres (Eure-et-Loir).

Sanctus-Hilarius, ci. *Saint-Hilaire*, église, près l'abbaye de Saint-Père, à Chartres (Eure-et-Loir); auj. détruite.

Sanctus-Hilarius, clxxxvi. *Saint-Hilaire*, église paroissiale, à Nogent-le-Rotrou (Eure-et-Loir). — **Sancto-Hilario (Molendinum de)**, ccclxxvii. *Moulin de Saint-Hilaire*, près l'église de ce nom, à Nogent-le-Rotrou.

Sanctus-Hilarius, cclxvii. *Saint-Hilaire-la-Gravelle*, c^{ne}, c^{on} de Morée, arr^t de Vendôme (Loir-et-Cher).

Sanctus - Hilarius, cxlix. *Saint-Hilaire-des-Noyers*, vill., c^{ne} de Corubert, c^{on} de Nocé, arr^t de Mortagne (Orne). — Dans cette commune, est un pré, dépendant de la ferme de la Sauvagère, qu'on appelle encore *pré de Saint-Bernard*, parce que la tradition rapporte que le saint abbé de Tiron allait quelquefois s'y livrer à la méditation.

Sanctus-Hilarius, cxcvi. *Saint-Hilaire-sur-Erre*, c^{ne}, c^{on} du Theil, arr^t de Mortagne (Orne).

Sanctus - Hilarius - super - Erram, ccxxvi, cclvi, cclvii, ccxciii. *Saint-Hilaire-sur-Yerre*, c^{ne}, c^{on} de Cloyes, arr^t de Châteaudun (Eure-et-Loir).

Sanctus-Ispanus, viii, xxxvi, cccxxviii; **Sanctus-Hispanus**, cccxxxvii; **Sanctus-Spanus**, ccxci, cxcii, cccxxvi; **Ableys**, cccxix; **Sanctus-Hyspanus de Ablulis**, ccclxxxi. *Saint-Epaigne*, prieuré, à Ablis, c^{ne}, c^{on} de Dourdan, arr^t de Rambouillet (Seine-et-Oise).

Sanctus-Johannes, xxii; **Sanctus-Johannes de Nogento-Rotrodi**, ccclxxxii. *Saint-Jean*, église collégiale, à Nogent-le-Rotrou (Eure-et-Loir); auj. détruite.

Sanctus-Johannes-de-Valeia, L. *Saint-Jean-en-Vallée*, abbaye, de l'ordre de Saint-Augustin, fondée en 1038, à Chartres (Eure-et-Loir).

Sanctus-Jovinus, ccxci, cccxviii, cccxxvi, ccclxxvii; **Sanctus-Jovinus-de-Blavou**, cccxiii; **Saint-Jouyn-de-Blavo**, ccccxix. *Saint-Jouin-de-Blavou*, cⁿᵉ, cᵒⁿ de Pervenchères, arrᵗ de Mortagne (Orne).

Sanctus-Julianus, ccxci, cccxxvi. *Saint-Julien*, vill., cⁿᵉ et cᵒⁿ de Pré-en-Pail, arrᵗ de Mayenne (Mayenne).

Sanctus-Julianus, cclxxviii, ccxcii, cccxxvi. *Saint-Julien-sur-Sarthe*, cⁿᵉ, cᵒⁿ de Pervenchères, arrᵗ de Mortagne (Orne).

Sanctus-Julianus, cccxv. *Saint-Julien*, abbaye de Bénédictins, fondée en 576 à Tours (Indre-et-Loire), réformée en 941. On l'appelait aussi *Saint-Julien-des-Echelles*, Sanctus-Julianus-de-Scalariis.

Sanctus-Karilelfus, clxxxiv, ccxv, ccxxxiv, cclxvii; **Sanctus-Karilefus**, xcviii; **Sanctus-Carilelphus**, cxxvii; **Sanctus-Karilelphus**, ccxcii; **Sanctus-Karilepphus**, cccxxxiv. *Saint-Calais*, h., cⁿᵉ de Romilly-sur-Aigre, cᵒⁿ de Cloyes, arrᵗ de Châteaudun (Eure-et-Loir).

Sanctus-Karilepphus, xlviii; **Sanctus-Karileffus**, xlix, cccxli. *Saint-Calais*, prieuré, dépendant de l'abbaye de Marmoutier, au château de Blois (Loir-et-Cher).

Sanctus-Launomarus, xiv. *Saint-Laumer*, abbaye de Bénédictins, fondée en 924 à Blois (Loir-et-Cher).

Sanctus-Laurentius, ccxcii, cccxxvi, église, à Winchester (Angleterre).

Sanctus-Laurentius-de-Gastina, ccxci, cccxxvi; Sanctus-Laurentius-de-Guastina, ccxcii; Sanctus-Laurentius-in-Gastina, ccclxxvii; Trocha, ccclxxxiv. *Saint-Laurent*, f., cⁿᵉ des Corvées, cᵒⁿ de la Loupe, arrᵗ de Nogent-le-Rotrou (Eure-et-Loir). —

Nous croyons devoir appeler l'attention sur ce surnom de *en Gâtine* donné dans nos chartes au hameau de Saint-Laurent-de-la-Troche. Nous avons déjà vu ce surnom appliqué au prieuré des Coutures, près Pithiviers, et une commune d'Eure-et-Loir, dans le canton de Nogent-le-Roi, porte aussi le nom de Saint-Laurent-en-Gâtine. La persistance de ce surnom aux villages dédiés à saint Laurent nous semble une preuve certaine qu'on mettait généralement sous la protection de saint Laurent les habitations qui s'élevaient près des bois nouvellement défrichés. Faut-il attribuer ce patronage au souvenir du supplice infligé au saint diacre romain?

Sanctus-Laurentius de Vado-Alueti, ccxxx, ccccxv; **Sanctus-Laurentius-de-Brigia**, clxxxii, ccxci; **Sanctus-Laurentius de Alneto**, ccvii, ccvi; **Sanctus-Laurentius-super-Bregiam**, ccxcii; **Sanctus-Laurentius de Vado-Alueti-super-Breiam**, cccxxvi; **Vadum-Alneti**, cccxx, cccxxxvi, ccclxv, ccccxix. *Le Gué-de-l'Aunay*, prieuré, puis abbaye, cⁿᵉ de Vibraye, arrᵗ de Saint-Calais (Sarthe).

Sanctus-Laurentius-de-Calcia. Voir **Risus-Bovis-supra-Mare**.

Sanctus-Leobinus, cclxvii, ccxci, cccxxvi; Saint-Lubin de Claie, ccccxix. *Saint-Lubin*, église, à Cloyes, arrᵗ de Châteaudun (Eure-et-Loir).

Sanctus-Leobinus-de-Quinque-Fontibus, clxiii, clxiv, ccxci, ccxcii, cccxxvi, ccclxxvii; Sanctus-Leobinus, xcvi, cxix, cccxxviii, cccxci; **Saint-Lubin-de-Cin-Fontz**, ccccxix. *Saint-Lubin-des-Cinq-Fonds*, ancⁿᵉ cⁿᵉ, réunie à celle d'Authon, arrᵗ de Nogent-le-Rotrou (Eure-et-Loir).

Sanctus-Leonardus, lxxxiv. *Saint-Léonard*, cⁿᵉ, cᵒⁿ de Marchenoir, arrᵗ de Blois (Loir-et-Cher).

Sanctus - Leonardus de Basquevilla, cccxxv, cccxxxi, cccxxxviii. La chapelle de *Saint-Léonard* existe encore à *Bacqueville*, arr⁺ de Dieppe (Seine-Inf.). Elle fut agrandie et considérablement enrichie au XIVᵉ siècle, à la suite de la délivrance miraculeuse d'un seigneur de Bacqueville.

Sanctus-Leonardus de Insula, ccxiii. *Saint-Léonard*, prieuré, dépendant de l'abbaye de Marmoutier, à l'Ile-Bouchard, ch.-l. de cᵒⁿ, arr⁺ de Chinon (Indre-et-Loire).

Sanctus - Maneveu. Voir **Sanctus-David**.

Sanctus-Marcellus, xliii. *Saint-Marsault*, cⁿᵉ, cᵒⁿ de Cerizay, arr⁺ de Bressuire (Deux-Sèvres).

Sanctus -Martinus, lxxiv, lxxviii. *Saint-Martin-des-Bois*, cⁿᵉ, cᵒⁿ de Montoire, arr⁺ de Vendôme (Loir-et-Cher).

Sanctus-Martinus-in-Valle, xxix, cviii, clxxiv, ccxxix, ccxxxii. *Saint-Martin-au-Val*, prieuré, dépendant de l'abbaye de Bonne-Nouvelle d'Orléans, dans le fᵇˢ de Saint-Brice, à Chartres (Eure-et-Loir).

Sanctus-Martinus Turonensis. *Saint-Martin*, abbaye de Bénédictins, fondée vers 590 à Tours (Indre-et-Loire). On l'appelait *Le Petit Monastère*, Minus-Monasterium, par opposition à Marmoutier, Majus-Monasterium.

Sanctus-Mauricius, cxxviii, clix. *Saint-Maurice*, église, dans le fᵇˢ du même nom, à Chartres (Eure-et-Loir); auj. détruite.

Sanctus-Mauricius, ccvi, ccxii, ccxci, ccxcii, cccxliii; **Sanctus-Mauricius-de-Charenthaio**, cccxxvi. *Saint-Maurice-les-Charencey*, cⁿᵉ, cᵒⁿ de Tourouvre, arr⁺ de Mortagne (Orne).

Sanctus-Mauricius. Voir **Resneyum**.

Sanctus-Maximus, ccxliii, ccxci, ccxcvii; **Sanctus -Martinus**, cccxxvi.

Saint-Maixme, prieuré, détruit depuis longtemps, au Breuil, h., cⁿᵉ de Trizaylés-Bonneval, cᵒⁿ de Bonneval, arr⁺ de Châteaudun (Eure-et-Loir). — On trouve en 1154 *le Breuil-Saint-Mesme*.

Sanctus-Medardus, clvi. *Saint-Médard*, église, à Châteaudun (Eure-et-Loir); auj. détruite.

Sanctus - Medardus, ccclxxvii. Voir **Vicheriæ**.

Sanctus-Medardus, ccxlix. *Saint-Mars*, h., cⁿᵉ de Bonneuil-Matours, cᵒⁿ de Vouneuil-sur-Vienne, arr⁺ de Châtellerault (Vienne).

Sanctus-Medericus, ccclxxvii. *Saint-Méry*, cⁿᵉ, cᵒⁿ de Mormant, arr⁺ de Melun (Seine-et-Marne).

Sanctus-Menenius, cccxix. *Saint-Méen*, abbaye de Bénédictins, fondée en 550, auj. h., cⁿᵉ de Bourseul, cᵒⁿ de Plancoët, arr⁺ de Dinan (Côtes-du-Nord).

Sanctus-Michael, cxciv. *Saint-Michel-de-Chavaigne*, cⁿᵉ, cᵒⁿ de Bouloire, arr⁺ de Saint-Calais (Sarthe).

Sanctus-Michael-de-Colle, lxxxix; **Sanctus-Michael-de-Planicie**, ccxci, ccxcii, cccxxxvi; **Sanctus-Michael-de-Plana**, cccxxxviii; **Sanctus-Michael-de-Cole**, cccxv; **Sanctus-Michael-du-Tertre**, cccxix; **Saint-Michel-du-Tartre**, cccxxv. *Saint-Michel-du-Tertre*, prieuré, cⁿᵉ de Bourg-le-Roi, cᵒⁿ de Saint-Paterne, arr⁺ de Mamers (Sarthe).

Sanctus-Michael-Lucizensis, ccxiii, ccxxi; **Sanctus - Michael - de - Lucezio**, ccxci; **Luceziæ**, ccxcii, cccxxxvi; **Lucheium**, cccxx; **Boscus-Alberici**, cccxix. *Bois-Aubry*, prieuré, puis abbaye, cⁿᵉ de Luzé, cᵒⁿ de Richelieu, arr⁺ de Chinon (Indre-et-Loire).

Sanctus-Nicholaus, cclxvii. *Saint-Nico-*

las, église, à Fréteval, c^on de Morée, arr^t de Vendôme (Loir-et-Cher).

Sanctus-Nicholaus, CCCLXX; **Sanctus-Nicolaus-de-Cardoneto**, CCCLXXXII. *Saint-Nicolas-du-Chardonnet*, église, fondée à Paris vers 1230, dans la censive de l'abbaye de Saint-Victor, au quartier actuel du Jardin-du-Roi.

Sanctus - Nicolaus, XC. *Saint-Nicolas*, prieuré, à la Chartre, ch.-l. de c^on, arr^t de Saint-Calais (Sarthe), fondé par Hildebert de Lavardin, évêque du Mans, et donné par lui à l'abbaye de la Trinité de Vendôme.

Sanctus-Nicolaus Andegavensis, XIX. *Saint-Nicolas-lés-Angers*, abbaye de Bénédictins, fondée en 1020, près Angers (Maine-et-Loire).

Sanctus - Paternus, CCXCVII, CCCII, CCCXXVIII; **Saint-Peer**, CCCCII. *Saint-Pair-du-Mont*, c^ne, c^on de Mézidon, arr^t de Lisieux (Calvados).

Sanctus-Paulus, CCLIV. *Saint-Paul-le-Gaultier*, c^ne, c^on de Fresnay-sur-Sarthe, arr^t de Mamers (Sarthe).

Sancti-Petri (Pratum), XCIX, pré, c^ne de Favières, c^on de Tournan, arr^t de Melun (Seine-et-Marne).

Sanctus-Petrus, CXLVIII. *Saint-Pierre-des-Echaubrognes*, c^ne, c^on de Châtillon-sur-Sèvre, arr^t de Bressuire (Deux-Sèvres).

Sanctus-Petrus Carnotensis, CXXX, CXLIII, CCCLXXVII. *Saint-Père-en-Vallée*, abbaye de Bénédictins, dans la ville de Chartres (Eure-et-Loir); auj. église paroissiale et caserne.

Sanctus-Petrus-de-Cultura, CCCLXXXIII. *Saint-Pierre-de-la-Couture*, abbaye de Bénédictins, fondée l'an 595 par saint Bertrand, évêque du Mans, dans un des faubourgs de cette ville.

Sanctus-Pharo Meldensis, CCCXCVI. *Saint-Faron-lez-Meaux*, abbaye de Bénédictins, fondée vers 630, à Meaux (Seine-et-Marne).

Sanctus-Philibertus, CCLXXXVI. *Saint-Philbert-de-Grandlieu*, ch.-l. de c^on, arr^t de Nantes (Loire-Inf.).

Sanctus-Priscus, CXXVII. *Saint-Prest*, c^ne, c^on et arr^t de Chartres (Eure-et-Loir).

Sanctus-Quintinus, XXXIII, CCLVI. *Saint-Quentin-le-Petit*, vill., c^ne et c^on de Nocé, arr^t de Mortagne (Orne).

Sanctus-Remigius de Nerone, CCC, CCCXXVIII; **Sanctus-Remigius de Neronium**, CCXCI. *Saint-Remy*, prieuré, à Néron, c^on de Nogent-le-Roi, arr^t de Dreux (Eure-et-Loir).

Sanctus-Sanson, CCCXVII. Chapitre métropolitain de *Saint-Samson* de Dol-en-Bretagne, ch.-l. de c^on, arr^t de Saint-Malo (Ille-et-Vilaine).

Sanctus - Sanxo, CCCXI. *Saint-Samson*, c^ne, c^on de Dozulé, arr^t de Pont-l'Evêque (Calvados).

Sanctus-Serenicus, XCII. *Saint-Célerin*, c^ne, c^on de Montfort-le-Rotrou, arr^t du Mans (Sarthe).

Sanctus - Severinus, CCLXVII, CCXCI, CCCXXVIII. *Saint-Séverin*, église, à Cloyes, ch.-l. de c^on, arr^t de Châteaudun (Eure-et-Loir); détruite depuis longtemps.

Sanctus-Silvester, CCXLV, CCXCI, CCXCII, CCCIV, **Sanctus-Silvester-de-Clara**, CCCCXV; **Clara**, CCCCXIX; **Saint-Silvestre de Clère**, CCCCXXV. *Saint-Silvestre*, prieuré, à Clères, ch.-l. de c^on, arr^t de Rouen (Seine-Inf.). — La chapelle, située dans le vallon qui conduit vers Cailly et le Bosc-le-Hard, est auj. abandonnée et convertie en grange.

Sanctus - Stephanus, CCLXXXVI. *Saint-*

Etienne-de-Corcoué, c^ne, c^on de Légé, arr^t de Nantes (Loire-Inf.).

Sanctus-Sulpicius-in-Paillo, CCLIV; **Sanctus-Sulpicius-de-Pail**, CCXCI, CCXCII, CCCXXVI; **Sanctus-Supplicius-in-Palio**, CCCCXIX. *Saint-Sulpice-en-Pail*, dit aussi *Saint-Sulpice-des-Chèvres*, prieuré, auj. f., c^ne de Gesvres, c^on de Villaines-la-Juhel, arr^t de Mayenne (Mayenne).

Sanctus-Suplicius, CCCLXXXVII. *Saint-Souplets*, c^ne, c^on de Dammartin, arr^t de Meaux (Seine-et-Marne).

Sanctus-Taurinus, CCCCXXIV, CCCCXXV. *Saint-Taurin*, abbaye de Bénédictins, fondée à Évreux (Eure) dès les temps les plus reculés, rebâtie vers 1026 par Richard II, duc de Normandie.

Sanctus-Vedastus, CCXCII, CCCXXVIII. Suivant Mr F. Legeay, cette chapelle aurait été située dans la c^ne de Vaas, c^on de Mayet, arr^t de la Flèche (Sarthe), à laquelle elle aurait donné son nom.

Sanctus-Victor, XCI, CXIX, CCLVII, CCCXC; **Sanctus-Victorius**, CXXIV. *Saint-Victor-de-Buthon*, c^ne, c^on de La Loupe, arr^t de Nogent-le-Rotrou (Eure-et-Loir).

Sanctus - Victor Parisiensis, CCCLXX, CCCLXXXV. *Saint-Victor*, abbaye de l'ordre de Saint-Augustin, fondée à Paris en 1113.

Sanctus-Vigor de Crevequer, CCCII; **Sanctus-Vigour**, CCCCII. *Saint-Vigor*, église, à Crévecœur-en-Auge, c^ne, c^on de Mézidon, arr^t de Lisieux (Calvados).

Sanctus - Vincencius, CCXLVI. *Saint-Vincent*, abbaye de Bénédictins, fondée en 572 au Mans (Sarthe).

Sanctus-Wandregisilus, CLXXXII. *Saint-Wandrille* ou *Fontenelle*, abbaye de Bénédictins, fondée en 648, c^ne de Saint-Wandrille-Rançon, c^on de Caudebec, arr^t d'Yvetot (Seine-Inf.).

Saprium, CXXXVIII. *Le Sap*, c^ne, c^on de Vimoutiers, arr^t d'Argentan (Orne).

Saran, CLXII. *Saran*, c^ne, c^on et arr^t d'Orléans (Loiret).

Sarisberia, XV, *Salesberia*, LIV. *Salisbury*, ch.-l. du comté de Wilts (Angleterre).

Sauceium, CXLV. *Saussay*, h., c^ne de Fontenay-Saint-Père, c^on de Limay, arr^t de Mantes (Seine-et-Oise).

Saulaya, CCCCXIX; **Sauceya**, CCXCI; **Saccheia**, CCXCII; **Saucia**, CCCXXVI; **Salceya**, CCCXXXVIII. *La Saulaye*, prieuré, auj. h., c^ne de la Cornuaille, c^on du Louroux-Béconnais, arr^t d'Angers (Maine-et-Loire).

Savinne, CLI. *Savigny-sur-Braye*, ch.-l. de c^on, arr^t de Vendôme (Loir-et-Cher).

Scalæ, CCCXXIV, CCCXXXIII. *Echelles*, vill., c^ne de Terminiers, c^on d'Orgères, arr^t de Châteaudun (Eure-et-Loir).

Scharset, XII; **Eschaset**, CCLV. *La Chasserie*, f., c^ne de Soizé, c^on d'Authon, arr^t de Nogent-le-Rotrou (Eure-et-Loir).

Secana, CCCLXX, CCCLXXXII, CCCLXXXV. *La Seine*, fleuve.

Secoreium, XXI; **Secorel**, XCVIII; **Secorium**, CIX; **Secureium**, CXVII; **Secorelium**, CXXI; **Secore**, CLVII, CLXXXIV; **Subcureium**, CCXCII. *Secourray*, vill., c^ne de Nottonville, c^on d'Orgères, arr^t de Châteaudun (Eure-et-Loir).

Sela (Nemus), XXXII. Un des cantons du bois des Perchets, situé entre Brunelles et Nogent-le-Rotrou (Eure-et-Loir).

Selle, CLI. *Cellé-sur-Braye*, c^ne, c^on de Savigny-sur-Braye, arr^t de Vendôme (Loir-et-Cher).

Senonches, CCCXLIII. *Senonches*, ch.-l. de c^on, arr^t de Dreux (Eure-et-Loir).

Seoris, CCXXIII. *Sours*, c^ne, c^on et arr^t de Chartres (Eure-et-Loir).

Septem-Fagi, CCLXXXVI, CCXCI, CCXCII, CCCXXVI, CCCXXVIII, CCCXIX; **Septem-Fontes**, CLXI. *Sept-Faux*, prieuré, c^ne de Vue, c^on du Pellerin, arr^t de Paimbœuf (Loire-Inf.). On trouve *Sept-Fou* sur la carte de Cassini. — Il reste encore auj. quelques ruines de l'église prieurale.

Serne, XVIII. *Cernay*, c^ne, c^on d'Illiers, arr^t de Chartres (Eure-et-Loir).

Sezania, XLIX; **Sazana**, XLVIII. *Sézanne*, ch.-l. de c^on, arr^t d'Epernay (Marne).

Silvenonense nemus, XIV; **Seveliona**, XLIX; **foresta de Marchesneyo**, CCCXXI; **Silvelonia**, CCCXXVIII. *La Forêt-Longue*, auj. *forêt de Marchenoir* (Loir-et-Cher).

Sischateria, XLIII; **Sichateria**, CCLI. *La Sécheterie*, lieu-dit, près la Forêt-sur-Sèvre, c^on de Cerizay, arr^t de Bressuire (Deux-Sèvres).

Sissa, fluvius, XLVII, XLVIII; **Cisse**, CCCXCIV. *La Cisse*, riv., prend sa source dans la c^ne de Boisseau (Loir-et-Cher), et, après avoir longtemps suivi le cours de la Loire, se jette dans ce fleuve près de Vouvray (Indre-et-Loire).

Sogevilla, CCCLXXVII. *Saugeville*, f., c^ne de Lutz, c^on et arr^t de Châteaudun (Eure-et-Loir).

Soillatum, XXXIII. *Souazé*, h., c^ne de Brunelles, c^on et arr^t de Nogent-le-Rotrou (Eure-et-Loir).

Soisaium, CCXCI, CCCXXVIII, CCCXLIV; **Soisé**, XII, CXXXVI; **Soseium**, CCCLXXVII; **Soasay**, CCCXIX. *Soixé*, c^ne, c^on d'Authon, arr^t de Nogent-le-Rotrou (Eure-et-Loir).

Soldaium, CLI; **Sozaicum**, CXCIV. *Souday*, c^ne, c^on de Mondoubleau, arr^t de Vendôme (Loir-et-Cher).

Soregnæ, XXXII. *Suresnes*, c^ne, c^on de Courbevoie, arr^t de Paris (Seine).

Sorèze, CCCCXXV. *Notre-Dame-de-la-Sousade*, abbaye de Bénédictins, fondée en 754 à Sorèze, c^ne, c^on de Dourgne, arr^t de Castres (Tarn).

Spesovilla, CXXI, CLV, CCII, CCXCI; **Spesonvilla, Pessumvilla**, CXCIII; **Espesovilla**, CCVIII; **Spesunvilla**, CCXCI, CCCXXVIII. *Péronville*, c^ne, c^on d'Orgères, arr^t de Châteaudun (Eure-et-Loir).

Spieriæ, CXXVI, CCLXXVII; **Espier**, III, IV; **Spiers**, XXI, XCVIII, CLII, CLIII, CLVIII; **Espieriæ**, XCVIII; **Espieria**, LI. *Epiez*, ancien fief, auj. clos de vignes, dans l'ancienne paroisse de Saint-Aignan de Châteaudun (Eure-et-Loir).

Spina, CCLXIII. *L'Epine*, fief, c^ne de Mormant, arr^t de Melun (Seine-et-Marne).

Spina, CLXX. *L'Epine*, f., c^ne de Montainville, c^on de Voves, arr^t de Chartres (Eure-et-Loir).

Spiniac, CCCXIV. *Epiniac*, c^ne, c^on de Dol-en-Bretagne, arr^t de Saint-Malo (Ille-et-Vilaine).

Stabulum, CXVIII. *Malétable* (?), c^ne, c^on de Longni, arr^t de Mortagne (Orne).

Stampæ, CXI, CLX. *Etampes*, ch.-l. d'arr^t (Seine-et-Oise).

Strettuna, XXXIX; **Strattona**, CCCXXVI; **Stratuna**, CCCXXVIII. *Stratton*, ville dans le comté de Cornouailles (Angleterre).

Stulcia, CXXVII. *La Folie*, lieu-dit, c^ne de Gasville, c^on et arr^t de Chartres (Eure-et-Loir).

Suentheium, CCLVI. *Souancé*, c^ne, c^on et arr^t de Nogent-le-Rotrou (Eure-et-Loir).

Sueta, fluvius, XII, CL. *La Souette*, ruiss., prend sa source aux Terres-Douces, c^ne de

Saint-Bomer (Eure-et-Loir), et se jette dans la Braye à Grez (Sarthe).

Suevrium, XLI. *Suèvres*, c^{ne}, c^{on} de Mer, arr^t de Blois (Loir-et-Cher).

T

Tachelvilla, CXXXI; **Tahenvilla**, LXXXVI. *Tachainville*, h., c^{ne} de Thivars, c^{on} et arr^t de Chartres (Eure-et-Loir).

Taisum, CCL. *Taizé*, c^{ne}, c^{on} de Thouars, arr^t de Bressuire (Deux-Sèvres).

Tancardivilla, XIII. *Tancarville*, c^{ne}, c^{on} de Saint-Romain, arr^t du Hâvre (Seine-Inf.).

Tariee, CCXCV. *Targé*, c^{ne}, c^{on} et arr^t de Châtellerault (Vienne).

Taroent, CCXLVII. *Tallouan*, h., c^{ne} des Bordes, c^{on} de Villeneuve-sur-Yonne, arr^t de Joigny (Yonne).

Telaium, CCCLXXVII. *Thenay*, c^{ne}, c^{on} de Montrichard, arr^t de Blois (Loir-et-Cher). Il y avait à Thenay un prieuré dépendant de l'abbaye de la Trinité de Vendôme.

Telle, CXV. *Teillay*, f., c^{ne} de Viabon, c^{on} de Voves, arr^t de Chartres (Eure-et-Loir).

Teonisvilla, CCC; **Teunvilla**, LXXXII. *Théleville*, h., c^{ne} de Bouglainval, c^{on} de Maintenon, arr^t de Chartres (Eure-et-Loir).

Terceium, LXVII, CLXVI, CCLXXII, CCCL, CCCLXIII, CCCLXXVII; **Terceyum**, CCCLXX, CCCXCII. *Tercé*, h., c^{ne} de la Gaudaine, c^{on} et arr^t de Nogent-le-Rotrou (Eure-et-Loir).

Terise, CCCLXXVII. *Trizay-au-Perche*, c^{ne}, c^{on} et arr^t de Nogent-le-Rotrou (Eure-et-Loir).

Teuviz, CCCLXXVII. *Theuvy*, c^{ne}, c^{on} de Châteauneuf, arr^t de Dreux (Eure-et-Loir).

Thamaiz, XVI. *Tramayes* (?), ch.-l. de c^{on}, arr^t de Mâcon (Saône-et-Loire).

Thesval, CCCXX. *Théval*, h., c^{ne} de Longis-lès-Mortagne, c^{on} et arr^t de Mortagne (Orne).

Thevum, flumen, XXXI. *Le Towy*, fleuve du pays de Galles (Angleterre), prend sa source aux monts Arraux et se jette dans la mer à Milford.

Thirinniacum, XII; **Terineium**, LVII. *Théligny*, c^{ne}, c^{on} de la Ferté-Bernard, arr^t de Mamers (Sarthe).

Thoerium, CCXCI. *Thoré*, c^{ne}, c^{on} et arr^t de Vendôme (Loir-et-Cher).

Thouignet (Decima de), CCCLXVI, dîme, en la c^{ne} de Montmirail, arr^t de Mamers (Sarthe).

Tialtre (Le), CCCLXXVII. *Le Tartre*, f., à Coulonges-sur-Sarthe, c^{ne}, c^{on} de Mesle, arr^t d'Alençon (Orne).

Tieslinum, CCCXXXV; **Tiexlinum**, CCCLIII. *Le Thieulin*, c^{ne}, c^{on} de La Loupe, arr^t de Nogent-le-Rotrou (Eure-et-Loir).

Tigerium, CCXCI, CCXCII, CCCXXXVIII; **Sancta-Radegundis**, CCCXIX, prieuré, à *Tigery*, c^{ne}, c^{on} et arr^t de Corbeil (Seine-et-Oise). — Ce prieuré est celui appelé plus communément **Sainte-Radegonde de Corbeil**.

Tilia, CCXCV, CCCLXXVII; **Tillia**, CCCLVIII. *Le Theil-sur-Huine*, ch.-l. de c^{on}, arr^t de Mortagne (Orne).

Tiliolum, CCXLIV; **Tiletum**, XL; **Tilliolum**, XLII, XLIII, CII, CIII, CIV, CV;

Telium, CLXXXII; **Tiliatum,** CCXCI; **Tilia,** CCXCII, CCCXXVI; **Taillachum, Telleium,** CCCXXVIII; **Magna-Tilia, Tilium-Monachorum,** CCCCXIX. *Le Teil-aux-Moines,* prieuré, c^{ne} de la Chapelle-Viviers, c^{on} de Chauvigny, arr^t de Montmorillon (Vienne).

Tillium, CLXXXIII. *Le Tilleul,* h., c^{ne} et c^{on} de Bacqueville, arr^t de Dieppe (Seine-Inf.).

Tiracheria, XL, lieu-dit, près la Forêt-sur-Sèvre, c^{ne}, c^{on} de Cerizay, arr^t de Bressuire (Deux-Sèvres).

Tireht, CCXXX. *Le Vieux-Tiré* est encore porté sur la carte de Cassini, près de Vibraye, arr^t de Mamers (Sarthe).

Tiro, fluvius, I, II, XCIII, CXVIII; **Tyronii torrens,** CCLVII. *La Thironne,* riv., prend sa source aux étangs de Sainte-Anne, près de Thiron, et se jette dans le Loir, près la Petite-Charmoye, c^{ne} d'Illiers (Eure-et-Loir).

Tiro, Tyro, Tyronium, Tyron, Thironium, Tiron, Tironum, Tirum, Tyrum, Tiron-au-Perche, passim. *Thiron,* ch.-l. de c^{on}, arr^t de Nogent-le-Rotrou (Eure-et-Loir).

Tironellum, CCCXIX. *Tironneau,* f., auj. détruite, c^{ne} de Péronville, c^{on} d'Orgères, arr^t de Châteaudun (Eure-et-Loir).

Titileia (Sancta-Maria de) CCXCI; **Titeleia,** CCXCII, CCCXXVI; **Titelleia,** CCCXXVIII, prieuré, dans l'évêché de Hereford (Angleterre).

Toarcium, XIX, CXLVII, CXLVIII; **Toarcum,** XL. *Thouars,* ch.-l. de c^{on}, arr^t de Bressuire (Deux-Sèvres). — **Via Sancti-Jacobi,** XL. *La rue Saint-Jacques,* à Thouars.

Toceium, X. *Tuchodier,* h., c^{ne} de Saint-Avit, c^{on} de Brou, arr^t de Châteaudun (Eure-et-Loir).

Torce, CCCIV. *Tocy,* h., c^{ne} et c^{on} d'Ourville, arr^t d'Yvetot (Seine-Inf.).

Torei, CLXXXIV. *Le Thoreau,* h., c^{ne} de Saint-Denis-les-Ponts, c^{on} et arr^t de Châteaudun (Eure-et-Loir).

Torihel, XII. *Toriau,* h., c^{ne} de Dampierre-sous-Brou, c^{on} de Brou, arr^t de Châteaudun (Eure-et-Loir).

Torinium, CCXXX. *Thorigné-le-Reneaulme,* c^{ne}, c^{on} de Bouloire, arr^t de Saint-Calais (Sarthe).

Torneium, CCXCII, CCCXXVI; **Turneium,** CLXXXVII, CLXXXVIII, CCXCI; **Tourneium,** CCCCXV. *Tourny,* c^{ne}, c^{on} d'Ecos, arr^t des Andelys (Eure).

Torquelane, CCCCI. *Torquelâne,* mⁱⁿ, c^{ne} de Notre-Dame-de-Livaye, c^{on} de Mézidon, arr^t de Lisieux (Calvados).

Torta-Quercus, LXXXV. *Tourouvre,* ch.-l. de c^{on}, arr^t de Mortagne (Orne).

Touchebrout, Touchebraout, CCCLXXVII. *Touchebrand,* f., c^{ne} de Vichères, c^{on} et arr^t de Nogent-le-Rotrou (Eure-et-Loir).

Trapa, CCXCII, CCCXXVI, CCCXXVIII; **la Trappe,** CCCCXIX. *La Trappe* ou *la Moinerie,* prieuré, dans le dioc. de Poitiers, peut-être à la Trappe, h., c^{ne} de Millac, c^{on} de l'Isle-Jourdain, arr^t de Montmorillon (Vienne).

Trehoderia, la Tréhoudière, CCCCXV; **la Trauldière,** CCCCXIX. *La Tréhoudière,* prieuré, c^{ne} de Tourny, c^{on} d'Ecos, arr^t des Andelys (Eure). — Dans le pouillé d'Alliot, ce prieuré est désigné sous le nom de **Porta-Cœli.**

Treiet, CCIX. *Tréhet,* c^{ne}, c^{on} de Montoire, arr^t de Vendôme (Loir-et-Cher).

Treincheisac, XVIII. *Moulin de Tranchesac,* auj. *moulin de Saint-Pierre,* à Courville, arr^t de Chartres (Eure-et-Loir).

Trembleium, CCCLXXVII. *Le Tremblay,* h., c^{ne} de Magny, c^{on} d'Illiers, arr^t de Chartres (Eure-et-Loir).

Treslort, CCXLVIII. *Tréloup*, c^{ne}, c^{on} de Condé-en-Brie, arr^t de Château-Thierry (Aisne).

Trisi, CCXLIII. *Trizay-lès-Bonneval*, c^{ne}, c^{on} de Bonneval, arr^t de Châteaudun (Eure-et-Loir).

Trocha. Voir **Sanctus-Laurentius-de-Gastina**.

Troeia, XC. *Thorée*, c^{ne}, c^{on} du Lude, arr^t de la Flèche (Sarthe).

Troium, CCCLXII; **Troo**, XC, CXLI; **Trou**, CCLXXXII. *Troô*, c^{ne}, c^{on} de Montoire, arr^t de Vendôme (Loir-et-Cher).

Tronchet (le), CCCXLIV. *Le Tronchet*, f., c^{ne} de la Chapelle-Vicomtesse, c^{on} de Droué, arr^t de Vendôme (Loir-et-Cher).

Tronchetum CCCXVII, CCCXXVI, CCCX, CCCXV, CCCXIX; **Troncheria**, CCCXIV; **Trunchetum**, CCCXX. *Le Tronchet*, abbaye, auj. h., c^{ne} de Plerguer, c^{on} de Châteauneuf-en-Bretagne, arr^t de Saint-Malo (Ille-et-Vilaine).

Troseia, CCXCII; **Russeia**, CCXCI; **Trusseia**, CCCXXVI; **Trouseya**, CCCXXVIII; **La Tronsaie**, CCCXIX. *La Troussaie*, prieuré, auj. f., c^{ne} de Céaux, c^{on} de Couhé, arr^t de Civray (Vienne). — Ce prieuré, sous le patronage de sainte Radegonde, fut fondé à l'endroit où se rencontrèrent les envoyés des moines de Mairé et ceux des religieuses de Sainte-Croix, porteurs de la nouvelle de la mort de saint Junien et du décès de sainte Radegonde.

Truncherium, CXXVII. *Le Tronchay-Maquereau*, h., c^{ne} de Saint-Arnoult-des-Bois, c^{on} de Courville, arr^t de Chartres (Eure-et-Loir).

Truncheto (Boscus de), CLXXXVII; **Tronceium**, CCXIV. *Bois du Tronchet*, c^{ne} de Tourny, c^{on} d'Ecos, arr^t des Andelys (Eure). — Le prieuré de la Tréhoudière portait dans le principe le nom de *prieuré du Tronchet*.

Tuceyum, XLVI. *Lavardin*, c^{ne}, c^{on} de Conlie, arr^t du Mans (Sarthe).

Tueboii (Molendinum), CXLVI. Il existe un grand nombre de moulins aux environs de Thouars, mais le nom de Tuebœuf semble avoir complètement disparu.

Turneium, CCIX, CCCXXVIII; **Turne**, LXXIV, CCXXVII. *Ternay*, c^{ne}, c^{on} de Montoire, arr^t de Vendôme (Loir-et-Cher).

Turnomium, CCXI; **Tornoium**, **Tornaium**, XCIX; **Torniacum**, CLXXVII; **Tornen**, CLXXVIII; **Gurnomium**, CLXXIX; **Turnemium**, CXC. *Tournan*, ch.-l. de c^{on}, arr^t de Melun (Seine-et-Marne).

Turris, CCLXXXV; **Bosnaium**, CCLIII. *La Tour*, f., c^{ne} de Saint-Gervais, c^{on} de Leigné-sur-Usseau, arr^t de Châtellerault (Vienne).

Tusca, CCCLXXVII. *La Touche*, f., c^{ne} de Chassant, c^{on} de Thiron, arr^t de Nogent-le-Rotrou (Eure-et-Loir).

Tuschia, CCXLIX. *La Touche*, h., c^{ne} de Saint-Gervais, c^{on} de Leigné-sur Usseau, arr^t de Châtellerault (Vienne).

Tuvilla, CXXXII, CC, CCLXXV, CCLXXVI; **Tovilla**, CLXIX, CXCVIII; **Teuvilla**, CCLXXV. *Theuville*, c^{ne}, c^{on} de Voves, arr^t de Chartres (Eure-et-Loir).

U

Ulleiz (Nemus des), CCCLXXXIV.*Bois des Ullés*, c^{ne} des Corvées, c^{on} de la Loupe, arr^t de Nogent-le-Rotrou (Eure-et-Loir).

Ulmeium, CCXII, CCCXXVI, prieuré, à *Ormoy*, c^{ne}, c^{on} et arr^t de Corbeil (Seine-et-Oise).

Ulmetum, cxxviii bis, cxxxii. *Ormoy,* vill., cⁿᵉ de Dammarie, cᵒⁿ et arrᵗ de Chartres (Eure-et-Loir).

Ulmus, xxxvii, xxxviii, L. *L'Orme,* h., cⁿᵉ de Frazé, cᵒⁿ de la Loupe, arrᵗ de Nogent-le-Rotrou (Eure-et-Loir).

Umfranvilla, ccxli. *Offranville,* ch.-l. de cᵒⁿ, arrᵗ de Dieppe (Seine-Inf.).

Unverria, Inverria, Unverra, xii. *Unverre,* cⁿᵉ, cᵒⁿ de Brou, arrᵗ de Châteaudun (Eure-et-Loir).

Ursavilla, ccclxxvii. *Orsonville,* h., cⁿᵉ de Villiers-en-Bière, cᵒⁿ et arrᵗ de Melun (Seine-et-Marne).

V

Vacariæ, lxxi. *Vacheresses-les-Basses,* cⁿᵉ, cᵒⁿ de Nogent-le-Roi, arrᵗ de Dreux (Eure-et-Loir).

Vadum-Alneti, cxciv, ccxci; **Alnetum,** cccvi. *Le Gué-de-Launay,* h., cⁿᵉ et cᵒⁿ de Vibraye, arrᵗ de Saint-Calais (Sarthe).

Vadum-Bruneti, ccxci; **le Gué-Brunet,** ccxcii; **Vadum-Brunet,** cccxxviii. *Le Gué-Brunet,* lieu-dit, cⁿᵉ de Parigné-l'Évêque, cᵒⁿ et arrᵗ du Mans (Sarthe).

Vadum-Martini, ccclxxvi. *Le Gué-Martin,* h., cⁿᵉ de Victot, cᵒⁿ de Cambremer, arrᵗ de Pont-l'Évêque (Calvados).

Vadus-Petrosus, ccxcix. *Le gué du Perray,* sur la Braye, cⁿᵉ de Vibraye, arrᵗ de Saint-Calais (Sarthe).

Valeia, clxxiv; **Valia,** cxxvi. *La Vallée,* lieu-dit, cⁿᵉ de Chartres (Eure-et-Loir).

Valenæ, lxxviii, ccvii. *Valennes,* cⁿᵉ, cᵒⁿ de Vibraye, arrᵗ de Saint-Calais (Sarthe).

Valentai, ccxlix. *Valençay,* h., cⁿᵉ d'Antran, cᵒⁿ de Leigné-sur-Usseau, arrᵗ de Châtellerault (Vienne).

Valeriæ, cccv. *Les Vallières,* f., cⁿᵉ de Coulans, cᵒⁿ de Loué, arrᵗ du Mans (Sarthe).

Val-Friel (Le), ccciii; **Valfresol,** cccxlviii. *Vaufrias,* f., cⁿᵉ de Coudray-au-Perche, cᵒⁿ d'Authon, arrᵗ de Nogent-le-Rotrou (Eure-et-Loir).

Valgallis, Vallum-Gallet, lxxxix. *Vaugauley,* h., cⁿᵉ d'Ancinnes, cᵒⁿ de Saint-Paterne, arrᵗ de Mamers (Sarthe).

Vallæ, xxvi. *Pays de Galles,* à l'O. de l'Angleterre.

Vallasses (Les), cccxxv. *Sainte-Marie-le-Vœu,* ou *la Valasse,* abbaye de l'ordre de Citeaux, fondée vers 1157, cⁿᵉ de Gruchet-la-Valasse, cᵒⁿ de Bolbec, arrᵗ du Hâvre (Seine-Inf.).

Valles, cciv. *Les Vallées,* h., cⁿᵉ de Bourgachard, cᵒⁿ de Routot, arrᵗ de Pont-Audemer (Eure).

Valles, cccxv. *Les Vallées,* h., cⁿᵉ de Montreuil, cᵒⁿ d'Amboise, arrᵗ de Tours (Indre-et-Loire).

Valles-Sarnaii, ccclxxxi; **les Vaux-de-Cernay,** cccxxv. *Les Vaux-de-Cernay,* abbaye de l'ordre de Citeaux, fondée en 1128, cⁿᵉ de Cernay-la-Ville, cᵒⁿ de Chevreuse, arrᵗ de Rambouillet (Seine-et-Oise).

Vallis-Fereit, iv. *Le Val-d'Yron,* vallée, située à la porte de Cloyes, arrᵗ de Châteaudun (Eure-et-Loir), entre le ruisseau d'Yron et le Loir; elle tire son nom actuel du hameau d'Yron.

T. II. 46

Vallis-Joscelini, CXCV, lieu-dit, c^{ne} de Vaupillon, c^{on} de La Loupe, arr^t de Nogent-le-Rotrou (Eure-et-Loir).

Vallis - Manselli, LXIX, lieu-dit, où fut construit le prieuré des Fouteaux, c^{ne} de Bouffry, c^{on} de Droué, arr^t de Vendôme (Loir-et-Cher).

Vallis-Pilon, XVIII; **Vallis-Piron**, CXCV. *Vaupillon*, c^{ne}, c^{on} de La Loupe, arr^t de Nogent-le-Rotrou (Eure-et-Loir).

Vallis-Sancti-Aniani, CLII, CCLXXVII. *Le Val-Saint-Aignan*, f^{bg} de Châteaudun (Eure-et-Loir).

Vallis-Sancti-Johannis, CCLXXVII. *Le Val-Saint-Jean*, lieu-dit, à Châteaudun (Eure-et-Loir).

Vallis-Secreta, CCCX. *Val-Secret*, abbaye de Prémontrés, auj. f., c^{ne} de Brasles, c^{on} et arr^t de Château-Thierry (Aisne).

Valnoisa, CXLIX. *Vaunoise*, c^{ne}, c^{on} de Bellême, arr^t de Mortagne (Orne).

Vandoris, CCXCVII; **Vendeuvre**, CCCCII. *Vendeuvre*, c^{ne}, c^{on} de Morteaux-Coulibœuf, arr^t de Falaise (Calvados).

Varenna, CLX. *La Varenne*, h., c^{ne} de Mareau-aux-Bois, c^{on} et arr^t de Pithiviers (Loiret).

Varennæ, XVI. *Varennes*, h., c^{ne} de Saint-Romain-de-Popey, c^{on} de Tarare, arr^t de Villefranche-sur-Saône (Rhône).

Venatorum (Pratum), CCLXXI. *Le pré des Chasseurs*, à la Richarderie, c^{ne} de Frétigny, c^{on} de Thiron, arr^t de Nogent-le-Rotrou (Eure-et-Loir).

Venchaicum, CLXXXV. *Saint-Avertin*, c^{ne}, c^{on} et arr^t de Tours (Indre-et-Loire).

Ver, CCXXII. *Ver-lés-Chartres*, c^{ne}, c^{on} et arr^t de Chartres (Eure-et-Loir).

Ver, CCXCII, CCCXXVIII, CCCLXXVII; **Saint-Pierre de Ver**, CCCXIX. *Vert-en-Drouais*, c^{ne}, c^{on} et arr^t de Dreux (Eure-et-Loir).

Vercellaicum, CLXI. *Vézelay*, ch.-l. de c^{on}, arr^t d'Avallon (Yonne).

Verdoneria, CCLII. *La Verdonnière*, lieu-dit, près la Forêt-sur-Sèvre, c^{on} de Cerizay, arr^t de Bressuire (Deux-Sèvres).

Vernolium, CCXXXIV. *La Ferté-Villeneuil*, c^{ne}, c^{on} de Cloyes, arr^t de Châteaudun (Eure-et-Loir).

Vernolium, XCIX. *Verneuil*, c^{ne}, c^{on} de Mormant, arr^t de Melun (Seine-et-Marne).

Vernonum, CLXXXVII, CCXIV; **Vernonium**, CLXXXVIII. *Vernon*, ch.-l. de c^{on}, arr^t d'Evreux (Eure).

Verreriæ, CLXXXIV, CCXXXVIII. *Verdes*, c^{ne}, c^{on} d'Ouzouer-le-Marché, arr^t de Blois (Loir-et-Cher).

Verreriæ, CCCXX. *Verrière*, c^{ne}, c^{on} de Nocé, arr^t de Mortagne (Orne).

Verseium, LXXXIX. *Le Verzet*, h., c^{ne} de Saint-Rémy-du-Plain, c^{on} et arr^t de Mamers (Sarthe).

Veteræ, CCCLXXVI. *Vieux*, vill., c^{ne} de Saint-Paër, c^{on} de Duclair, arr^t de Rouen (Seine-Inf.).

Vetus-Molendinum, LXXIV. *Le Vieux-Moulin*, à Ternay, c^{ne}, c^{on} de Montoire, arr^t de Vendôme (Loir-et-Cher).

Vetus-Pons, LXXXV. *Vieux-Pont-en-Auge*, c^{ne}, c^{on} de Saint-Pierre-sur-Dives, arr^t de Lisieux (Calvados).

Vetus-Tyro, CXVIII; **Sainte-Anne**, CCCCXXIII. *Le Vieux-Thiron*, auj. *Sainte-Anne*, f., contiguë à l'ancienne abb. de Tiron. En 1487, l'abbé de Tiron donne à bail « le lieu et métairie du Vielz-Thiron, autrement dit la métairie de Sainte-Anne, à présent étant en ruyne et non-valeur. »

En 1768, une chapelle fut construite sur le territoire de la métairie de Sainte-Anne. Voici comment Claude Janvier, curé de Gardais, raconte la construction de cette chapelle. « On étoit en usage d'aller processionnellement à Thiron le mardy des Rogations, de faire la station dans le chœur de l'abbaye et d'y célébrer la messe. J'ay suivi cet usage jusqu'en l'année 1762. Dom Bobbé, prieur alors de l'abbaye, au moment que la procession de la paroisse arrivoit dans l'église, défendit au sacristain de préparer l'autel du chœur, mais celuy de Saint-Pierre dans la nef. Les religieux me firent dire le lendemain par ce même sacristain que la véritable raison pour laquelle on s'étoit opposé à ce que les paroissiens entrassent dans le chœur et que la messe y fût célébrée, étoit que leur maître-autel étoit privilégié, qu'il n'y avoit que les religieux, lesquels, ajoutoit ce moine, faisoient l'église, qui eussent droit d'y célébrer les saints mystères. N'ayant donc pu depuis cette époque faire aucune station dans leur église, éloigné d'ailleurs de toutes celles des paroisses circonvoisines, je me suis déterminé à bâtir un oratoire sur l'emplacement d'une croix, nommée la croix Saint-Jacques, qui tomboit de vétusté. Laquelle chapelle a été bénie le 28 avril 1768, sous l'invocation de sainte Anne. » *(Archives de la commune de Thiron*, GG. 38).

Vetus-Vicus, CCCXIX, CCCXXVII, CCCXXX. *Vieuvic*, c^{ne}, c^{on} de Brou, arr^t de Châteaudun (Eure-et-Loir).

Veud, CCLXXXVI. *Vue*, c^{ne}, c^{on} du Pellerin, arr^t de Paimbœuf (Loire-Inf.).

Viabun, CCCXXXVI. *Viabon*, c^{ne}, c^{on} de Voves, arr^t de Chartres (Eure-et-Loir).

Vibreia, CCXXX, CCXCVIII; **Vibrea**, CCCVI. *Vibraye*, ch.-l. de c^{on}, arr^t de Saint-Calais (Sarthe).

Vicheriæ, CXVIII, CXX, CCCL; **Sanctus-Medardus**, CCCLXXVII. *Vichères*, c^{ne}, c^{on} et arr^t de Nogent-le-Rotrou (Eure-et-Loir).

Vienna, XXIV, LXVI. *Vienne*, f^{bg} de Blois (Loir-et-Cher).

Viguetot, CCCLXXII, CCCLXXV; **Guitot**, CLXXXIII; **Vigetot**, CCCLXIV; **Wiguetot**, CCCLXX, CCCLXXI. *Victot*, c^{ne}, c^{on} de Cambremer, arr^t de Pont-l'Évêque (Calvados).

Vilecen, CCXLVIII. *Villecien*, c^{ne}, c^{on} et arr^t de Joigny (Yonne).

Vilemant, CC. *Villemain*, vill., c^{ne} de Dammarie, c^{on} et arr^t de Chartres (Eure-et-Loir).

Vilerbeton, CCCXXIX. *Villebeton*, vill., c^{ne} du Mée, c^{on} de Cloyes, arr^t de Châteaudun (Eure-et-Loir).

Vilerboul, CLXXXVI. *Villebout*, c^{ne}, c^{on} de Droué, arr^t de Vendôme (Loir-et-Cher).

Vilerfreslengis, CCII, lieu-dit, près Villequoy, c^{ne} de Péronville, c^{on} d'Orgères, arr^t de Châteaudun (Eure-et-Loir).

Vilerjoet, CCLXXXIX. *Villejouet*, f., c^{ne} et c^{on} d'Ouzouer-le-Marché, arr^t de Blois (Loir-et-Cher).

Vilermoin, LXXIX. *Villermain*, c^{ne}, c^{on} d'Ouzouer-le-Marché, arr^t de Blois (Loir-et-Cher).

Vilers, CXXXIX. *Villers*, chât., c^{ne} de Blonville, c^{on} et arr^t de Pont-l'Évêque (Calvados).

Vilers, CCXXIV. *Villiers-en-Désœuvre*, c^{ne}, c^{on} de Pacy-sur-Eure, arr^t d'Evreux (Eure).

Vilers, CLXXXIV. *Villiers*, c^{ne}, c^{on} et arr^t de Vendôme (Loir-et-Cher).

Vilers, CXXI. *Villiers*, f., c^{ne} de la Chapelle-Onzerain, c^{on} de Patay, arr^t d'Orléans (Loiret).

Villa-Abdonis, CCXIII; **Villa-Andon**, XCVII, CXV; **Vilandon**, CXXVIII, CXXVIII bis, CLXIX, CLXXI, CC; **Vilandum**, CXCVIII-CCXXXVI, CCLXXV, CCLXXVI, CCLXXXIX, CCXCII, CCCXXVI; **Villandon**, CXCVII, CCCXXVIII; **Villadonum**, CXCI. *Villandon*, h., c^{ne} de Montainville, c^{on} de Voves, arr^t

de Chartres (Eure-et-Loir). L'abbaye de Tiron y avait un prieuré.

Villabon, XLIX; **Villabum**, CCLXXXVIII. *Villebon*, h., c^{ne} d'Alluyes, c^{on} de Bonneval, arr^t de Châteaudun (Eure-et-Loir).

Villa-Fluis, CXLIV. *Villeflix*, h., c^{ne} de Noisy-le-Grand, c^{on} de Gonesse, arr^t de Pontoise (Seine-et-Oise).

Villafranca, XVI, CCCCXV. *Villefranche-sur-Saône*, ch.-l. d'arr^t (Rhône).

Villa-Galli, CXXI; **Villechoc**, CLV; **Vilecoc**, CCLXXVI. *Villequoy*, f., c^{ne} de Péronville, c^{on} d'Orgères, arr^t de Châteaudun (Eure-et-Loir).

Villa-Malor, CLI. *Villemalourd*, h., c^{ne} de Saint-Jacques-des-Guérets, c^{on} de Montoire, arr^t de Vendôme (Loir-et-Cher).

Villa-Meion, CXLII, CLXXIX, CCXI; **Villa-Meiun**, CLXXVIII. *Villemigeon*, h., c^{ne} de Favières, c^{on} de Tournan, arr^t de Melun (Seine-et-Marne).

Villana, CCLIV, *Villaines-la-Juhel*, ch.-l. de c^{on}, arr^t de Mayenne (Mayenne). — **Pons Villanæ**, CCLIV, pont sur le Merdereau, à Villaines-la-Juhel.

Villanova, CLXII. *Villeneuve-sur-Conie*, c^{ne}, c^{on} de Patay, arr^t d'Orléans (Loiret).

Villa-Perdita, CLXVI. *Ville-Perdue*, h., c^{ne} de Châtillon, c^{on} de Cloyes, arr^t de Châteaudun (Eure-et-Loir).

Villaria, CXCIII. *Villiers-Saint-Orien*, c^{ne}, c^{on} de Bonneval, arr^t de Châteaudun (Eure-et-Loir).

Villarium, CXCVI; **Vilers**, CXXVII. *Villiers*, h., c^{ne} de Saint-Pellerin, c^{on} de Cloyes, arr^t de Châteaudun (Eure-et-Loir).

Villarium-Mafredi, CCLXVII, CCXCI; **Viler-Mafrei**, LXXIX, CCXCII; **Viler-Mafre**, CLXXXIV; **Viler-Mafredi**, CCCXXVI. *Villemafroi*, h., c^{ne} de Membrolles, c^{on} d'Ouzouer-le-Marché, arr^t de Blois (Loir-et-Cher).

Villa-Visana, CXCVI. *Villetain*, f., c^{ne} de Lanneray, c^{on} et arr^t de Châteaudun (Eure-et-Loir).

Villemardy, CCCXV. *Villemardy*, c^{ne}, c^{on} de Selommes, arr^t de Vendôme (Loir-et-Cher). Il y avait à Villemardy un prieuré dépendant de l'abb. de la Trinité de Vendôme.

Villenæ, CCCXLIV. *Villaine*, f., c^{ne} de Saint-Hilaire-sur-Yerre, c^{on} de Cloyes, arr^t de Châteaudun (Eure-et-Loir).

Villereth, CCV. *Villeray*, h., c^{ne} de Charsonville, c^{on} de Meung-sur-Loire, arr^t d'Orléans (Loiret).

Villeretum, CCCXXII; **Villereium**, CLVIII; **Villerarium**, CXCIII; **Villerium**, CCCLX. *Villeray*, f., c^{ne} de Bazoches-en-Dunois, c^{on} d'Orgères, arr^t de Châteaudun (Eure-et-Loir).

Vilvocees, CXCVIII. *Villevoison*, f., c^{ne} de Saint-Cloud, c^{on} et arr^t de Châteaudun (Eure-et-Loir).

Vindocinum, LXXVIII, LXXXIV, CCXV, CCXXVII, CCLVIII, CCCXXI. *Vendôme*, ch.-l. d'arr^t (Loir-et-Cher).

Vineæ, CCLXXXIX. *Veigne*, f., c^{ne} et c^{on} d'Ouzouer-le-Marché, arr^t de Blois (Loir-et-Cher).

Vineoclæ, CCLXXXIV. *Le Vigneau* (?), h., c^{ne} de Prailles, c^{on} de Celles-sur-Belle, arr^t de Melle (Deux-Sèvres).

Vireleium, CCCLXXVII. *Villeray*, f., c^{ne} de Condeau, c^{on} de Rémalard, arr^t de Mortagne (Orne).

Virgulta, CCLXXI. *Le Verger*, h., c^{ne} de Frétigny, c^{on} de Thiron, arr^t de Nogent-le-Rotrou (Eure-et-Loir).

Vitreiæ, CCLXVII. *Vitray-lès-Bonneval*, c^{ne}, c^{on} de Bonneval, arr^t de Châteaudun (Eure-et-Loir).

Vovæ, LVII, CC. *Voves*, ch.-l. de c^{on}, arr^t de Chartres (Eure-et-Loir).

W

Warenna, xiii, forteresse, à *Bellencombre*, arr^t de Rouen (Seine-Inf.).

Warinvilla, clxxxiii. *Vareuville*, h., c^{ne} et c^{on} de Bacqueville, arr^t de Dieppe (Seine-Inf.).

Wimbelevilla, clxxxiii, cccxxxii. *Imble-ville*, c^{ne}, c^{on} de Tôtes, arr^t de Dieppe (Seine-Inf.).

Wintonia, xxvii, lxxxviii, cclxviii. *Winchester*, ch.-l. du comté de Hampshire (Angleterre).

Y

Ynarville, cccxii. *Inerville*, vill., c^{ne} de Bellengreville, c^{on} d'Envermeu, arr^t de Dieppe (Seine-Inf.).

Yron, fluvius, x. *Le ruisseau d'Yron*, prend sa source près la Fontenelle (Loir-et-Cher) et se jette dans le Loir près Cloyes (Eure-et-Loir).

Yronium, cclxix, ccxcii, cccxix, cccxxvi; **Hirum**, iv; **Hironium**, ccxc; **Ironium**, ccxci; **Yron**, cccxciv. *Yron*, h., c^{ne} et c^{on} de Cloyes, arr^t de Châteaudun (Eure-et-Loir). L'abb. de Tiron y avait un prieuré, dont la chapelle existe encore.

TABLE DES NOMS DE PERSONNES.

A

AAIE (Andreas), I, 171.

AALARDUS, carnifex Carnotensis, I, 74, 78.

AALELMUS, *monachus Tironensis*, I, 116.

AALIS, uxor Amaurici (II) de Levesvilla, I, 128; — uxor Guillelmi Quarrelli, I, 111; — uxor Harduini de Andovilla, I, 154; — uxor Hugonis de Villereio, I, 82, 227; — uxor Nivelonis de Fractavalle, II, 107; — uxor Odonis de Aco, I, 237; — uxor Radulphi de Humbleriis, I, 153; — uxor Roberti de Campellis, II, 77; — uxor Roberti Pagani, I, 161.

AANOR, uxor Briccii de Chillo, I, 241.

ABBATIA (Frogerius de), I, 248.

ABBEMONT (Arnulphus de), II, 109.

ACEIO (Garinus de), I, 175; — (Ricardus de), I, 175.

ACHARDUS, *prior Sancti-Remigii de Nerone*, II, 13.

ACHATANT (Robertus), I, 56.

ACO (Augis de), I, 237; — (Petrus de), I, 237.

ACULEUS (Guillelmus), filius Roberti, I, 71, 121, 193; — (Manasses), filius Guillelmi, I, 71, 193; — (Margarita), filia Guillelmi, I, 193; — (Nivelo), filius Nivelonis, I, 193; — (Robertus), filius Guillelmi, I, 54, 71, 193; — (Rogerius), filius Guillelmi, I, 193.

ADA, regina Scotie, I, 109; — uxor Garini Capreoli, I, 86; — uxor Giffardi de Alneto, I, 138; — uxor Raginaldi de Spieriis, I, 118.

ADAM, canonicus Sancte-Marie, I, 179; — cantor Parisiensis, I, 53; — clericus, I, 130, 137, 138; — dapifer Simonis de Pivere, I, 184; — filius Galterii, nutritoris, I, 23.

ADELA, filia Guillelmi, regis Anglie, uxor Henrici-Stephani, comitis Carnotensis, I, 29, 40, 41, 78.

ADELAIS, regina Francorum, uxor Ludovici (VI), I, 18; — uxor Dodoini de Bumboio, II, 52; — uxor Roberti de Sancto-Serenico, I, 114.

ADELELMUS, panetarius, II, 75.

ADELICIA, filia Ludovici (VII), regis Francorum, uxor Theobaldi (V), comitis Carnotensis, II, 91, 106, 112, 115, 182.

ADELINA, uxor Herberti de Ceresvilla,

II, 45 ; — uxor Ricardi de Orgeriis, II, 5 ; — uxor Rogerii de Bellomonte, I, 28.

ADRIANUS (IV), papa, II, 71.

AEVERHT (Herbertus), filius Raginaldi, II, 77 ; — (Raginaldus), II, 77.

AGAPITUS, canonicus Carnotensis, I, 12.

AGNES, uxor Aimerici (IV) de Toarcio, I, 171, 172 ; — uxor Geroii de Ulmo, I, 71 ; — uxor Guillelmi de Choes, I, 118 ; — uxor Guillelmi de Valle-Pilon, I, 224, 225, 226 ; — uxor Hugonis (III) de Puteolo, I, 33, 128 ; — uxor Johannis de Mestenone, I, 90 ; — uxor Odonis Borelli *de Curtolino*, II, 8 ; — uxor Odonis Desreati, I, 58 ; — uxor Radulphi de Monte-Aupensi, I, 88 ; — uxor Raimbaldi de Coldraio, II, 10.

AGNES (*Jacques*), *prieur de Crasville*, II, 235.

AGNUS (Odo), I, 129, 138.

AHENE (Herbertus), I, 98 ; — (Petrus), II, 79.

AIA, uxor Ingenoldi Rufi, II, 69.

AIART, uxor Bosonis de Boslantot, II, 33.

AIMERICUS, archidiaconus Parisiensis, II, 138 ; — cardinalis cancellarius, I, 203 ; — filius Conani (III), ducis Britannie, I, 244 ; — prepositus Carnotensis, I, 2, 12 ; — prepositus Toarcii, I, 35 ; — *presbiter, monachus Sancti-Andree in Scotia*, I, 232 ; — villanus de Turre, II, 54.

AIMO, canonicus Carnotensis, I, 2, 5, 12 ; — prepositus de Rupeforti, I, 17.

AIRAUDUS, cambitor, I, 94 ; — cellararius Mali-Leonis, II, 21.

ALANUS, capellanus Conani (III), ducis Britannie, I, 185 ; — capellanus Guillelmi de Glanvilla, I, 165 ; — filius Jordani, senescallus Dolensis, II, 87, 90.

ALARTHAN (Stephanus de), I, 31.

ALARZE (Gontroinus de), I, 31 ; — (Rondanus de), I, 31.

ALASSILIA (Anselmus de), I, 31.

ALASTIACO (Paganus de), I, 31.

ALBEMARLA (Stephanus de), filius Odonis, comitis Campanie, I, 28.

ALBEREIA, uxor Garini Hogot, II, 157 ; — uxor Goscelini de Mungerviler, I, 113, 159 ; — uxor Guillelmi Martel, I, 216 ; — uxor Ivonis de Veteri-Ponte, II, 110.

ALBERICUS, camerarius Ludovici (VI), regis Francorum, I, 127 ; — *Cornut*, episcopus Carnotensis, II, 164 ; — episcopus Ostiensis, II, 63, 67.

ALBERTUS, cardinalis cancellarius, II, 105.

ALBINEIO (Guillelmus de), filius Rogerii, I, 42, 43, 50 ; — (Nigellus de), filius Rogerii, I, 43 ; — (Robertus de), I, 242.

ALBURGIS, uxor Hugonis Panerii, I, 72 ; — uxor Roberti, filii Roberti, I, 227.

ALBUS (Richerius), II, 3 ; — (Robertus), I, 144.

ALCHERIUS, filius Aalonis, I, 73, 74, 148, 190, 193, 195, 228 ; II, 5.

ALEALMUS, *monachus Ferrarum*, II, 21.

ALEGER (Rogerius), I, 165.

ALENÇON (Charles d'), II, 230 ; — (Jean d'), II, 210 ; — (Pierre d'), II, 210.

ALETRU (Alcherius), II, 37.

ALEXANDER (III), papa, II, 90, 92, 98, 103 ; — (IV), papa, II, 171.

ALGANDIS, uxor Ansoldi de Campo-Folio, I, 175.

ALGRINUS, cancellarius Aurelianensis, I, 100 ; — cancellarius Ludovici (VII), regis Francorum, I, 247.

ALIS (Guillelmus), I, 232 ; — (Odo), I, 238 ; — (Ricardus), filius Rogerii, I, 232.

ALLEVOT (Guillelmus), II, 15.

ALLOBROGA (Stephanus), I, 87.

ALNEIO (Achardus de), I, 197; — (Eremburgis de), uxor Guidonis Berardi, I, 196; — (Robertus de), I, 196.

ALNETO (Ansquitinus de), I, 230; — (Galerannus de), I, 97; — (Galerannus de), II, 118; — (Galterius de), filius Galterii, II, 57; — Garinus de), filius Galterii, II, 57; — (Giffardus de), I, 167, 238; — (Goherius de), filius Galterii, I, 106, 186; II, 57; — (Herbertus de), II, 81.

ALOGIA (Gaufridus de), I, 97, — (Hugo de), filius Johannis, II, 72, 118; — (Johannes de), II, 72; — (Raginaldus de), II, 39, 80.

ALTA-BRUERIA (Johannes de), I, 29.

ALTEL (Robertus de), presbiter, I, 222.

ALTO (Garinus de), I, 147, 245.

ALUMNA (Odo de), I, 128.

ALUMNUS (Theobaldus), I, 62, 63, 123, 124.

ALVEREDUS, discipulus Roberti, heremite, I, 241.

ALVIA (Guillelmus de), II, 4.

AMBASIA (Johannes de), I, 61; — Sulpicius de), II, 133.

AMBOISE (Corbe d'), femme d'Acard de Saintes et de Geoffroi Bourreau, I, 67.

AMELINA, uxor Aimerici de Boslantot, II, 33; — uxor Colini de Prato-Hemerici, II, 184; — uxor Fulconis de Taroent, II, 18; — uxor Girardi Ensachelana, I, 19, 57; — uxor Guillelmi de Autolio, II, 91; — uxor Roberti, filii Berlaii, I, 173; — uxor Simonis de Panil, II, 32.

AMELINE (Michael), II, 215.

AMICUS-BONUS (Hugo), I, 235; — (Theobaldus), heremita, I, 235.

AMILLEIO (Galterius de), I, 82, 226, 227.

ANDEGAVENSIS (Helias), I, 54; — (Philippus), I, 113.

ANDEGAVIA (Ermengardis de), filia Fulconis (IV), uxor Alani, ducis Britannie, I, 244, 245.

ANDEVILLA (Paganus de), II, 46.

ANDOVILLA (Adelais de), filia Harduini, I, 154; — (Berardus de), filius Harduini, I, 154; — (Raginaldus de), filius Harduini, I, 154; — (Raingardis de), filia Harduini, I, 154; — (Tescia de), filia Harduini, I, 154.

ANDREAS, capellanus Sancti-Mauricii, I, 235.

ANDROIN (Aimericus), II, 33.

ANGE (Guiardus de), II, 20.

ANGERANT (*Bertrand*), *prieur de Mougon*, II, 234.

ANGERIUS, sacerdos, I, 167, 199.

ANGLICUS (Galterius), II, 44; — (Guillelmus), I, 21; — (Petrus), II, 168; — (Robertus), I, 173.

ANGOTUS, canonicus Sancti-Johannis-in-Valeia, I, 71.

ANGOTUS (Raimundus), I, 129, 138.

ANSELMUS, canonicus Carnotensis, I, 5, 12; — famulus archiepiscopi Turonensis, I, 210.

ANSOLDUS, fultrerius, I, 153, 192; II, 10; — teleonarius, I, 150.

ANSQUITINUS, pistor, I, 64.

AQUA (Paganus de), I, 34.

AQUILA (Engenulfus de), filius Gilberti, I, 39; — (Garinus de), filius Gilberti, monachus, I, 39; — (Gaufridus de), filius Gilberti, I, 39; — (Gilbertus de), filius Richerii, I, 39; — (Gilbertus de), filius Gilberti, I, 39; — (Mathildis de), filia Richerii, uxor Nigelli de Albineio, I, 43; — (Richerius de), filius Gilberti,

I, 39, 163, 164; II, 164; — (Rogerius de), filius Gilberti, abbas Sancti-Audoeni Rothomagensis, I, 39.

ARCHAMBAULT (Martin), prieur d'Ablis, II, 234.

ARCHEMBAUDUS, abbas Sancte-Marie-Magdalene Castridunensis, I, 177, 209; II, 39; — dispensarius, I, 131; — *monachus Sancti-Andree in Scotia*, I, 232; — prepositus, I, 98.

ARDENA (Girardus de), I, 134; — (Guillelmus de), II, 161; — (Robertus de), II, 71.

ARENA (Arnulphus de), I, 38.

ARGUGIIS (Eudo de), I, 60; — (Odo de), I, 60.

ARLEVILLA (Theobaldus de), I, 187.

ARMENTRECIS (Adam de), I, 198, 199.

ARNULPHUS, cementarius, II, 73, 79, — episcopus Luxoviensis, II, 28, 82; — famulus Galterii Hait, I, 218; — de Grantval, *famulus monachorum Tironensium*, I, 159, 191; II, 12, 37, 46, 85, 86; — meteerius, I, 56; — monachus Sancti-Nicholai, I, 113; — piscator, I, 56; — *prior de Basquevilla*, II, 109, 114; — sacerdos de Turneio, I, 93.

ARONDEL (Robert), I, 204.

ARRABI (Arnulphus), I, 248.

ARRAIO (Gestinus de), I, 185.

ARRO (Gaufridus de), I, 209; — (Gaufridus de), major de Bosco-Rufini, I, 157.

ARROLDUS, vicecomes Carnotensis, I, 189.

ARSICIIS (Galterius de), I, 56; — (Garinus de), I, 56.

ARTENARIO (Raginaldus de), II, 5.

ARUNVILLA (Gaufridus de), II, 122.

ASCELINA, uxor Roberti de Claro-Fonte, II, 15.

ASCELINUS, mediterius, I, 229.

ASEE (Fulcherius de), I, 94; II, 44; — (Guillelmus de), I, 94.

ASINARIUS (Hubertus), *monachus Tironensis, prior Carnotensis*, I, 44, 64, 73, 74, 148, 190, 193, 195, 228, 251; II, 3, 5, 31.

ASSACIATUS (Bernardus), I, 23.

ATHÉE (Girard d'), gouverneur de Chinon, I, 171.

ATHOPART (Robertus), II, 3.

AUBERIIS (Isembardus de), I, 159.

AUBERTUS, famulus Odonis de Porta, I, 218; — monachus, I, 38.

AUCHER (Michel), *prieur de Bacqueville*, II, 208.

AUCO (Guillelmus de), I, 27; — (Henricus de), filius Guillelmi, I, 27.

AUFAI (Goubert d'), II, 71.

AUFREDUS, loriminarius, I, 121.

AULA (Gosbertus de), I, 210.

AURELIANIS (Hugo de), filius Gaufridi Desreati, I, 58; — (Raginaldus de), II, 25; — (Stephanus de), I, 159; II, 68.

AUTOLIO (*Garinus de*), *filius Guillelmi, monachus Tironensis*, II, 91; — (Guillelmus de), II, 91; — (Herbertus de), filius Guillelmi, II, 91; — (Robertus de), filius Guillelmi, II, 91.

AUVE (Raginaldus), II, 73.

AUVILER (Landricus de), II, 47.

AUVRANUS, pedicarius, I, 23.

AVELINE (Theobaldus), II, 180.

AVENELLENSIS (Robertus), I, 81.

AVERTONO (Gaufridus de), II, 24, 25; — (Guillelmus de), filius Gaufridi, II, 25; — (Matheus de), II, 26.

AVIRON (Guillelmus de), I, 163, 164; II, 103, — (Rogerius de), II, 120.

AVIZIACO (Fulco de), I, 99.

B

Bacherot (Frogerius), II, 18.

Baialer (Garinus), I, 57.

Bainville (Robertus), filius Gaufridi, I, 195.

Bais (Guillelmus de), II, 71, 76; — (Johannes de), II, 71; — (Robertus de), II, 71, 76.

Baium (Isnardus de), II, 19; — (Nariotus de), II, 19.

Bajocis (Matheus de), II, 71, 76.

Balaone (Guido de), monachus Sancti-Dionisii de Nogento, I, 59; — (Robertus de), II, 18.

Baldimento (Andreas de), senescallus comitis Theobaldi (IV), I, 29, 38, 70, 74, 75, 92, 106; II, 158; — (Galerannus de), filius Andree, abbas Sparniaci, I, 92; — (Guido de), filius Andree, I, 92.

Baldricus, sacerdos de Castris, II, 11.

Balduinus, medicus, I, 176; II, 26. .

Balgenciaco (Agnes de), filia Radulphi, I, 233; — (Guenius de)), I, 61; — (Hugo de), filius Radulphi, I, 233; — (Lancelinus de), 1, 62, 99; — (Lancelinus de), filius Radulphi, I, 233; — (Mathildis de), filia Radulphi, I, 233; — (Radulphus de), filius Lancelini, I, 61, 99, 119, 149, 233; II, 57; — (Radulphus de), filius Radulphi, I, 233; — (Roschus de), I, 61, 233; — (Simon de), I, 67; — (Simon de), filius Radulphi, I, 223, 238; II, 57.

Balio (Galterius de), I, 162.

Ballargent (Gaufridus), I, 210.

Balliol (Gislebertus de), I, 165.

Banasta (Guillelmus de), II, 89.

Baptiste, *abbé d'Arcisses*, II, 235.

Barba (Andreas), I, 70; — (Frogerius), I, 200.

Barbatus (Raginaldus), II, 45; — (Rogerius), I, 108, 137; — (*Rogerius*), *monachus Tironensis*, II, 40, 58.

Barbée (Albericus de la), I, 113.

Barborinus (Guillelmus), II, 54.

Barbou *de Sancto-Petro*, I, 150, 195; — (Renaud), I, 150.

Barrez de Saint-Martin (Daniel de), abbé de la Chaise-Dieu, II, 249.

Barge (*Alexandre de la*), *prieur de Saint-Ouen*, puis *de la Madeleine-sur-Seine*, II, 234.

Barra (Hugo de), I, 25, 26, 78, 162, 233; — (Pichardus de), I, 25, 26, 78.

Barre (Gaufridus), I, 200.

Barris (Gaufridus de), II, 2; — (Johannes de), II, 56.

Bartholomeus, abbas Majoris-Monasterii, I, 33; — *de Vendôme*, archiepiscopus Turonensis, I, 253; — capicerius Aurelianensis, I, 100.

Barville (Constantin de), I, 216.

Barzilliis (Girardus *Paganus* de), I, 25, 26, 141, 162; — (Hugo de), I, 25, 26.

Baselgis (Burgundus de), I, 178.

Basilia, uxor Alexandri de Turneio, I, 238; — uxor Guillelmi de Glanvilla, I, 165.

Basochia (Robertus de), II, 80.

Basquevilla (Gislebertus de), II, 109.

BAUCHERIUS, sacerdos de Faveriis, I, 120.

BAUDRETOT (Gislebertus de), I, 204; — (Herloinus de), I, 204.

BAUFREDUS (Ada), filia Aimerici, I, 180; — (Aimericus), I, 98, 180; — (Ansgotus), filius Aimerici, I, 180; — (Auburgis), filia Aimerici, I, 180; — (Galterius), filius Aimerici, I, 180; — (Guillelmus), filius Aimerici, I, 180; — (Hugo), I, 180; — (Odelina), filia Aimerici, I, 180; — (Radulphus), I, 180.

BAYFIUS (Johannes-Antonius), II, 240.

BAZOLGIIS (Lisoius de), I, 52.

BEATRIX *de Rochefort*, comitissa Perticensis, uxor Gaufridi (IV), I, 17, 84, 85, 125; — uxor Fulconis de Monfalcon, I, 112; — uxor Garini Capreoli, II, 141; — uxor Galterii de Sancto-Leobino, I, 117; — uxor Guillelmi de Glota, I, 91; — uxor Hervei de Galardone, I, 57; — uxor Manasses de Tornan, I, 119, 120; — uxor Odonis Cratonis, I, 154; — uxor Richerii de Aquila, I, 164.

BEAUHARNAIS (Marguerite de), femme de Guillaume de Nesmond, II, 176.

BECHET (Simon), I, 72.

BEDION (Guillelmus), II, 86.

BEGONUS (Andreas), II, 53.

BEINASSIS (Galterius), II, 68.

BELETH (Johannes), I, 226.

BELINGEFOIL (Rogerius de), II, 109.

BELINUS, pelliparius, *dein* cellararius Sancti-Petri Carnotensis, I, 230.

BELJOACO (Aalis de), filia Guichardi, I, 31; — (Gontroinus de), filia Guichardi, I, 31; — (Guichardus de), I, 30; — (Guichardus de), filius Guichardi, I, 31; — (Imbertus de), filius Guichardi, I, 31; — (Maria de), filia Guichardi, I, 31.

BELLA-FACIE (Stephanus de), I, 21.

BELLAINVILLA (Amelina de), filia Roberti, uxor Guillelmi, filii Guillelmi, I, 160; — [(Robertus de), I, 23, 24, 55, 113, 115, 141; II, 27, 28.

BELLAYO (*Carolus a*), abbas Tironensis, II, 228.

BELLISMO (Guillelmus Talvas de), I, 104; — (Mabilia de), filia Guillelmi, uxor Hugonis (II) de Castello-Novo, I, 104.

BELLO (Hugo de), I, 58, 71.

BELLO-JOCO (Guillelmus de), II, 20.

BELLO-LOCO (Robertus de), I, 65.

BELLO-MONTE (Dionisia de), filia Gaufridi, II, 118; — (Gaufridus de), I, 83; — (Gaufridus de), filius Gaufridi, II, 118; — (Gaufridus de), filius Roberti, II, 80, 117, 118, 160, 163; — (Guillelmus de), I, 99; — (Helvisa de), filia Roberti, I, 82; — (Hugo de), I, 181; — (Raginaldus de), canonicus Carnotensis, II, 166; — (Robertus de), I, 82, 83; II, 117, 157; — (Robertus de), filius Gaufridi, II, 118; — (Robertus de), filius Rogerii, I, 28, 29, 76, 97; II, 158, 162, 163, 164; — (Rogerius de), filius Humfredi de Ponte-Audomaro, I, 28, 76, 77.

BELLO-REGARDO (Amblardus de), I, 31.

BELLO-VIDERE (Ansoldus de), filius Ansoldi Berbel, I, 182; — (Gaufridus de), I, 31, 120; — (Herveus de), II, 92.

BELLUI (Girelmus de), I, 252; — (Raginaldus de), I, 252.

BELOT (Hildebertus), II, 73.

BELPRAHEL (Goscelinus de), I, 113.

BENEDICTUS, clericus Insulæ, I, 16; — presbiter Sancti-Nicolai Fractavallis, II, 36, 37.

BERARDUS (*Arnulphus*), *filius Guidonis, monachus Tironensis*, I, 196; — (Guido), I, 196.

BERBEL (Ansoldus), I, 182; — (Arnulphus), filius Ansoldi, I, 182.

BERBIO (Bernerius), filius Galterii, I, 155; — (Galterius), I, 155.

BERCHERIIS (Odo de), I, 153; — (Raginaldus de), I, 151.

BERENGARIUS (Robertus), I, 194.

BERGEVILLA (Alerrandus de), I, 195; — (Bernardus de), I, 121; II, 31.

BERLAINVILLA (Simon de), I, 254.

BERMUNDUS, monachus de Lavarzino, I, 114.

BERNARDUS (de Ponthieu), abbas Tironensis, I, 1, 3, 14, 15, 16, 17, 20, 21, 30, 46, 48, 62, 83, 125, 188; II, 15, 23, 24, 25; — capicerius Carnotensis, I, 38, 157, 210; II, 9; — mediator Girardi Diaboli, I, 138; — monachus de Murciaco, I, 200; II, 20, 21, 70; — prepositus, II, 11; — prior Sancti-Dionisii de Nogento, I, 59, 139; — sacerdos de Argenviller, I, 101; — le Vannier, I, 94.

BERNERIUS, abbas Bonevallensis, II, 16; — decanus Parisiensis, I, 53; — famulus Herberti, decani Villane, II, 25; — monachus de Lavarzino, I, 114.

BERRUYER (Antoine), prieur de la Chapelle-Vicomtesse, II, 235.

BERSEQUALT (Benedictus), I, 41.

BERTHA, uxor Odonis Borrelli, I, 67, 73.

BERTOCURTO (Bouardus de), I, 20; — (Garinus de), I, 228.

BÉTHUNE (Maximilien de), duc de Sully, II, 128, 241.

BETIGNY (Durandus de), II, 69.

BIBENS-SANITATEM (Albertus), I, 151.

BIDOIS (Garinus), I, 137.

BIGOT (Aalis), II, 81; — (Galterius) de Vibrea, II, 69; — (Guillelmus), II, 47; — (Lambertus), II, 27, 80.

BIGOTA, uxor Raginaldi Angoti, I, 139.

BILLY (Charles de), abbé de Ferrières, II, 235; — (Jean de), abbé de Ferrières, II, 235.

BISOL (Garnerius), I, 62; — (Hubertus), I, 78, 223; — (Paganus), I, 79, 80.

BIZOLIER (Jean), I, 210.

BLAINVILLE (N. de), II, 210.

BLANCHET (Gervasius), II, 33.

BLANCUS (Richerius), I, 230.

BLANDEVILLA (Engelardus de), I, 38.

BLARUTO (Rosmunda de), uxor Johannis de Vernonio, I, 211.

BLAVO (Guillelmus de), II, 86.

BLAVOU (Gislebertus de), filius Hugonis, II, 48; — (Hugo de), II, 48.

BLAZON (Philippus de), I, 134.

BLESIS (Adelicia de), filia Theobaldi (V), II, 113; — (Isabellis de), filia Theobaldi (V), uxor Sulpicii de Ambasia, comitissa Carnotensis, II, 91, 106, 113; — (Margarita de), filia Theobaldi (V), uxor Galterii de Avesnis, comitissa Blesensis, II, 91, 106, 113; — (Philippus de), filius Theobaldi (V), II, 113; — (Theobaldus de), filius Theobaldi (V), II, 91, 106, 113.

BLOIN (Christophe de), prieur du Teil-aux-Moines, II, 235.

BLOIUS (Normandus), I, 171, 172.

BLONDY (Catherine), femme de Gottlieb-Ferdinand de Schomberg, II, 167.

BODART (Matheus), II, 80.

BOELLUS (Girardus), I, 106; — (Girardus), filius Bartholomei, II, 36; — (Helias), I, 61, 99.

BOESVILLA (Rogerius de), I, 156.

BOFIGNI (Robertus), I, 129, 137.

BOGERELLUS (Garinus), II, 47; — (Gaufridus), II, 47; — (Mauricius), I, 149.

BOGIUS (Mainardus), I, 198.

BOGRO (Robertus), II, 48.

BOHIC (Guillelmus), II, 31; — (Osbertus), II, 31.

BOIGNE (Beatrix de), filia Hugonis, I, 55, 56, 85, 142; — (Helvis de), filia Hugonis, I, 55, 56, 85; — (Hildeburgis de), filia Hugonis, I, 55, 56, 85, 142; — (Hugo de), I, 55, 56, 59, 71, 84, 85, 95, 115, 116; — (Ledgardis de), filia Hugonis, I, 55, 56, 85, 142; — (Odelina de), filia Hugonis, I, 55, 56, 85, 142; — (Odo de), filius Hugonis, I, 55, 56, 85, 115, 142.

BOLERIO (Aalis de), filia Radulphi, uxor Ade de Fulfriaco, II, 55, 56; — (Radulphus de), II, 55.

BOLLEI (Galterius de), II, 30.

BOLORNEL (Andreas de), II, 23, 24.

BONA-FILIA (Cecilia), II, 52.

BONEL (Balduinus de), I, 109.

BONEL (Herveus), II, 95.

BONEVALLO (Astho de), II, 47.

BOOCHIA (Hugo de), I, 23; — (Paganus de), I, 26, 27, 79.

BOOLA (Leodegarius de), I, 57.

BORDELINUS (Andreas), II, 24; — (Robertus), II, 24.

BORGOIL (Raginaldus), I, 41; — (Regina), filia Raginaldi, I, 41.

BORLENG (Eudes), gouverneur de Bernai, I, 76.

BORMAUDUS (Hugo), II, 74; — (Theobaldus), II, 74.

BORNOT (Antoine), prieur de Saint-Michel-du-Tertre, II, 291.

BORREL (Johannes), II, 81.

BORRELLUS (Astho), I, 41, 68; — (Astho), filius Asthonis, I, 67; — (Bertha), filia Odonis, uxor Raginaldi de Orrevilla, I, 67; — (Gaufridus), filius Asthonis, I, 67, 68, 69; — (Gaufridus), filius Gaufridi, I, 67; II, 2; — (Goscelinus), II, 8, 48; — (Hugo), filius Gaufridi, I, 67; — (Hugo), filius Goscelini, II, 8, 24; — (Odo), filius Gaufridi, I, 67; — (Odo), filius Goscelini, II, 8; — (Odo), filius Odonis, I, 67, 142; II, 8.

Bos (Humfredus), II, 76; — (Paganus), I, 60.

BOSCATO (Baldricus de), I, 222; — (Gosbertus de), II, 1, 36; — (Herbertus de), II, 8, 36, 59; — (Theodericus de), I, 151; II, 36, 59.

Bosco (Arnoldus de), senescallus Roberti de Legrecestria, I, 163; II, 162; — (Arnulphus de), I, 163; — (Beatrix de), filia Pagani, uxor Burgonii, II, 72; — (Claudius de), hostellarius de Jugo-Dei, II, 222; — (Ermengardis de), filia Pagani, uxor Auberti, II, 72; — (Galterius de), I, 229; — (Hubertus de), I, 98; — (Hugo de), II, 69; — (Huldierius de), II, 46; — (Maria de), filia Pagani, II, 72; — (Odo de), II, 86; — (Paganus de), II, 72; — (Petrus de), II, 197, 199; — (Ricardus de), I, 112.

BOSCO-GARNERII (Jeremias de), I, 23, 98, 129, 138; II, 8; — (Matheus de), II, 8.

BOSCO-GAUCHIER (R. de), II, 164.

BOSCO-PERIER (Odelina de), II, 161.

BOSCO-ROHARDI (Radulphus de), II, 78.

BOSCO-SANCTI-MARTINI (Ricardus de), I, 178.

BOSLANTOT (Aimericus de), II, 33; — (Boso de), II, 23, 32; — (Hugo de), filius Bosonis, II, 33; — (Petrus de), filius Aimerici, II, 33.

Boslenus (Guillelmus), I, 159, 191 ; II, 46.
Bosloverus (Odo), I, 237.
Bosnaio (Radulphus de), II, 23.
Boso, *prior Tironensis*, I, 59 ; II, 28.
Bosseria (Godescalcus de), I, 90.
Bosumvilla (Aimo de), I, 248 ; — (Galterius de), I, 246 ; II, 29.
Bote (Raginaldus), I, 222.
Botellarius (Aloisa), filia Gisleberti, I, 239 ; — (Gislebertus), pincerna regis, I, 120, 239 ; — (Guido), filius Gisleberti, I, 120, 239 ; — (Hugo), filius Gisleberti, I, 120 ; — (Manasses), filius Gisleberti, I, 239.
Boteri (G.), II, 163.
Botevilain (Herbertus), I, 213.
Bouchart (Robertus), II, 71.
Boulaye (*Michel*), *prieur de la Madeleine de Bréval*, II, 234.
Bourroiche (Johannes), II, 190.
Bouvet (Thomas), II, 135.
Bovetus (Radulphus), I, 54, 173.
Bozer (Galterius), II, 70.
Braceons (Archembaudus de), filius Iscelini, I, 41.
Bracheio (Garnerius de), I, 217.
Braia (Benedicta de), burgensis Ferrerie, I, 126.
Brainvilla (Odo de), I, 136 ; — (Robertus de), II, 47.
Braio (Aimo de), I, 252 ; — (Egidius de), I, 252 ; — (Piscis de), I, 252.
Braiolo (Robertus de), I, 156.
Braioto (Agatha de), filia Gathonis, I, 78 ; — (Gatho de), I, 26, 78, 106 ; II, 44, 69 ; — (Odo de), filius Gathonis, I, 78 ; — (Silvester de), filius Gathonis, I, 78.

Brenella (Garnerius de), II, 81.
Bren-in-Bursa (Hubertus), II, 12.
Breta, uxor Pagani de Verseio, I, 110.
Bretagne (Berthe de), fille de Conan (III), femme d'Alain, comte de Richemont, et d'Eudes, comte de Perhoët, I, 244 ; — (Jeanne de), femme de Robert de Flandre, II, 203.
Breteau (*Guillelmus*), *sacrista de Vado-Alneti*, II, 215.
Bretevile (Raginaldus de), II, 157.
Bretignolles (*Jean de*), *prieur de Huest*, II, 235.
Bretnaico (Robertus de), I, 120.
Bricault (*Philibert*), *prieur de la Troussaie*, II, 235.
Brichet (Robertus), I, 164.
Brientius, *famulus monachorum Tironensium*, II, 17.
Brimonte (Engelbaudus de), I, 86.
Brinnia (Ivo de), II, 85.
Brisoul (Henricus), frater Prædicator, II, 138.
Britellus, *famulus monachorum Tironensium*, I, 159.
Britellus (Agnes), filia Guillelmi, II, 10 ; — (Ansoldus), filius Guillelmi, II, 10 ; — (Galterius), filius Ansoldi, I, 173 ; II, 10, 14 ; — (Gaufridus), II, 10 ; — (Girardus), filius Guillelmi, II, 10 ; — (Guillelmus), II, 10 ; — (Guillelmus), filius Ansoldi, II, 10 ; — (Maria), filia Guillelmi, II, 10 ; — (Robertus), filius Guillelmi, II, 10.
Britiniaco (Raginaldus de), I, 252.
Brito, capellanus Adelicie, comitisse Carnotensis, II, 116.
Brito (Brientius), II, 81 ; — (Galerannus), I, 151 ; — (Gaufridus), I, 151 ; — (Guil-

lelmus), I, 180 ; — (Mauricius), I, 130, 138 ; — (Petrus), I, 161 ; — (Philippus), filius Gaufridi, I, 128, 151 ; — (Riolius), I, 95 ; — (Rogerius), I, 214, 215 ; — (*Tussanus*), *prior Tironensis*, II, 228.

BRITOLIO (Eustachius de), I, 212.

BRIXE (Garnerius de), II, 58 ; — (Gaufridus de), II, 58.

BRIZ (*Guillaume de*), *prieur de Saint-André-d'Ecoman*, *puis de Saint-Blaise de Lay*, II, 234.

BROCHARDUS (*Drogo*), *de Varenna*, *monachus Tironensis*, I, 183, 184 ; II, 29, 30 ; — (*Odo*), *filius Drogonis*, *monachus Tironensis*, I, 183 ; II, 29, 30 ; — (Robertus), filius Drogonis, I, 183 ; II, 29.

BROCIA (Rogerius de), I, 237.

BROCO (Radulphus de), I, 215.

BROI (Hugo de), II, 15.

BROIEL (Henricus de), II, 36.

BROISIA (Robertus de), filius Drogonis, I, 184.

BROTEIOL (Simon), I, 19, 57.

BRUCELERIUS (Raginaldus), II, 21 ; — (Ricardus), II, 21.

BRUCOURT (Jean de), seigneur de Crèvecœur, II, 196, 197.

BRUEREIA (Guillelmus de), II, 137, 162 ; — (Hugo de), I, 26, 27, 79 ; — (Maria de), filia Guillelmi, uxor Hervei de Villerio, II, 137 ; — (Michael de), II, 50 ; — (Nicolaus de), II, 96 ; — (Nicolaus de), II, 79.

BRUL (Helias del), I, 200.

BRULIO (Robertus de), I, 112.

BRULLIO-CALCIATO (Osbertus de), I, 122.

BRULOU (Geoffroy de), II, 120.

BRUNECHILDIS, uxor Salomonis de Vienna, I, 41.

BRUNELLUS (Adam), I, 15, 26, 97, 180 ; — (Henricus), II, 2.

BRUNET (Harduinus), I, 34, 71.

BRUNUS (Paganus), gener Drogonis Brochardi, I, 183.

BU (Guillelmus de), I, 83 ; II, 118 ; — (Robertus de), I, 83.

BUCARDUS, archidiaconus Aurelianensis, I, 100.

BUCELLUS (Theobaldus), I, 175.

BUCHERI (Arnulphus), II, 51.

BUCHERIUS (Simon), filius Girardi, I, 198.

BUFART (Radulphus), I, 242.

BUGSNO (Petrus de), I, 131.

BUIGNON (Rogerius), II, 126.

BUIVILLA (Ricardus de), II, 130.

BULZERIUS (Albertus), I, 187.

BUMBOIO (Adam de), filius Dodoini, II, 32, 52 ; — (Dodoinus de), II, 52 ; — (Elisabeth de), filia Dodoini, II, 52 ; — (Engelrandus de), II, 32 ; — Girardus de), filius Dodoini, II, 32, 52.

BURDA (Gaufridus la), I, 200.

BURDAM (Robertus), pistor, I, 64.

BURDEGALENSIS (Guillelmus), monachus Sancti-Juliani Turonensis, II, 89.

BURDUM (Garinus), I, 159, 191 ; — (Guillelmus), I, 222.

BUREL (Gaufridus), II, 36.

BURGO (Stephanus de), I, 158.

BURGO-NOVO (Vaslot de), I, 144.

BURGUN (Arnulphus), I, 222 ; — (Raginaldus), filius Arnulphi, I, 222.

BURGUNDUS (Guillelmus), I, 59.

BURGUNNUS (Robertus), filius Roberti, I, 62, 81.

BURIACO (Hugo de), I, 69.

BURSERIIS (Herbertus de), II, 120; — (Thomas de), I, 156.

BURSERIUS (Fromundus), filius Gaufridi, I, 222; — (Gaufridus), I, 126, 179, 222.

BUSLOERIA (Raimbaldus de), II, 97.

BUSLOTO (Gaufridus de), filius Roberti, clericus, II, 85; — (Guillelmus de), filius Roberti, II, 85; — (Hugo de), filius Roberti, II, 85; — (Raimbaldus de), filius Roberti, II, 86; — (Robertus de), I, 146; II, 85; — (Robertus de), filius Roberti, II, 85, 97; — (Wimo de), II, 39.

BUSSEIO (Fulbertus de), I, 240; — (Guillelmus de), I, 240; — (Radulphus de), I, 204.

BUSSEL (Albertus de), II, 74; — (Maher de), II, 74.

BUSSINUS (Gaufridus), presbiter, I, 179.

BUTELLIS (Raimbertus de), II, 2.

BUXEIO (Guillelmus de), II, 69.

C

CABUT (Paganus), I, 172.

CALCENSIS (Ascelinus), I, 242.

CALCULUS (Galterius), II, 23.

CALIXTUS (II), papa, I, 36.

CALLETO (Gaufridus de), I, 134.

CALLIDUS (Lambertus), II, 190.

CALVA (Galterius), I, 87.

CALVO-MONTE (Hugo de), filius Sulpicii, constabularius regis, I, 18, 48, 52, 53; — (Sulpicius de), filius Hugonis, dominus de Ambasia, I, 52, 67.

CALVUS (Garinus), filius Herberti, I, 111; — (Herbertus), I, 111, 112; — (Raginaldus), I, 157.

CALVUS-MUS (Herveus), filius Pagani, I, 152; — (Paganus), I, 152.

CAMBERLANUS (Gaufridus), I, 233.

CAMBON (Girardus de), I, 206.

CAMPANIA (Ivo de), II, 18.

CAMPANIO (Guillelmus de), I, 86.

CAMPELLIS (Engelgius de), II, 77; — (Garinus de), II, 77; — (Hugo de), II, 77; — (Ricardus de), II, 77; — (Robertus de), II, 77.

CAMPIS (Johannes de), I, 239.

CAMPO-FLORIS (Goherius de), I, 21; — (Guillelmus de), I, 20, 21; — (Herbertus de), I, 21.

CAMPO-FOLIO (*Ansoldus de*), *filius Godescalci, monachus Tironensis*, I, 148, 149, 150, 151; — (Girardus de), I, 150, 151, 152; — (Godescalcus de), I, 148; — (Hilderius de), filius Mainardi, I, 152; — (Mainardus, major de), I, 150, 151, 152; — (Odelina de), filia Mainardi, I, 150; — (Robertus de), I, 151, 152.

CAMPO-PARVO (Girardus de), II, 48.

CAMPO-ROURE (Galo de), I, 197; — (Paganus de), I, 198.

CAMPO-SERANNO (Odo de), II, 86.

CAMPOVALUM (Raginaldus de), II, 19.

CANCELIER (Ricardus le), II, 149, 150.

CANIS (Garinus), II, 75.

CANTAMERLA (Herbertus de), II, 12.

CANTAPIA (Ricardus de), II, 17.

CANTELLUS (Radulphus), prior de Clara, II, 78.

CANTIACO (Stephanus de), II, 89.

CANTOR (Hugo), pelliparius, I, 179.

CANTUMERULA (Guillelmus de), I, 31.

CAORCHIS (Gaufridus de), I, 62; — (Girardus de), I, 61; — (Hugo de), I, 61, 62, 100; — (Odo de), I, 61; — (Paganus de), I, 61.

CAPEL (Robertus), II, 86.

CAPELLA (Galterius de), I, 175; — (Gosbertus de), I, 175; — (Guillelmus de), II, 86; — (Radulphus de), II, 84.

CAPRA (Garinus), II, 69.

CAPRARIUS (Raginaldus), I, 26, 126.

CAPREOLUS (Garinus), filius Huberti, senescallus Perticensis, I, 54, 85, 86, 142; II, 39, 125, 126, 140, 162; — (Gaufridus), filius Garini, II, 141, 162; — (Gervasius), I, 39, 126; — (Hubertus), senescallus Perticensis, I, 85; — (Hubertus), filius Garini, I, 86; II, 50, 141, 163; — (Ricardus), capellanus Nogenti, II, 125.

CARADOUS (Hugo), I, 236.

CARBONELLUS (Galterius), filius Gaufridi, I, 85.

CARDORGIUS (Garinus), carnifex Carnotensis, I, 73, 74.

CARENCOVILLA (Amauricus de), I, 61; — (Helduinus de), I, 61; — (Richel de), I, 61.

CARESMO (Helgodus de), I, 94; — (Henricus de), I, 98, 103, 180.

CARITATE (Radulphus de), I, 54; II, 27, 30.

CARLEIO (Hugo de), I, 92.

CARMEIO (Galterius de), I, 153; — (Geroius de), filius Galterii, I, 153.

CARNOTO (Elisabeth de), filia Theobaldi (IV), uxor Rogerii, regis Sicilie, et Guillelmi Goet junioris, I, 27.

CASTEL-ARON (Guillelmus de), I, 134.

CASTELLIONE (Gervasius de), II, 84; — (Guido de), II, 84.

CASTELLO-NOVO (Gervasius (II) de), II, 119; — (Gervasius de), filius Gervasii, II, 119; — (Guillelmus de), filius Gervasii, II, 119; — (Herveus de), filius Gervasii, II, 119; — (Hugo de), filius Gervasii, II, 119; — (Mabilia de), filia Hugonis (II), uxor Gervasii de Friesia, I, 113; — (Philippus de), filius Gervasii, II, 119.

CASTRIDUNO (Agnes de), filia Gaufridi (IV), I, 37; — (Aupasia de), filia Gaufridi (IV), I, 38, 119, 129, 138, 175, 176, 208; — (Brito de), I, 231; — (Fulcoius de), filius Gaufridi (IV), I, 37; — (Gaufridus (IV) de), filius Hugonis (II), I, 37, 98, 103, 106, 108, 119, 129, 138, 149, 175, 176, 180, 181, 186, 206, 207, 209, 221, 243; II, 8, 38, 40, 57; — (Gaufridus (V) de), filius Hugonis (III), I, 243; II, 36, 39, 124, 125; — (Helvisa de), filia Gaufridi (IV), I, 37, 38, 119, 129, 138, 175, 176, 208; — (Henricus de), II, 80; — (Hugo (III) de), filius Gaufridi (IV), I, 37, 38, 78, 119, 129, 175, 176, 180, 208, 243; II, 12, 38, 39, 40, 94, 95; — (Hugo (IV) de), filius Hugonis (III), II, 111; — (Juliana de), filia Gaufridi (IV), uxor Gilberti de Aquila, I, 24, 39, 54, 126, 142, 173; — (Mathildis de), filia Hugonis (II), uxor Gaufridi de Vindocino, I, 38, 243; — (Paganus de), filius Gaufridi (IV), I, 37, 119, 129, 138, 175, 176, 180, 208; II, 38, 40; — (Robertus de), II, 92; — (Rotrodus de), filius Gaufridi (IV), I, 37.

CASTRO (Guicherius de), filius Raginaldi, II, 89; — (Raginaldus de), filius Raimundi, II, 88, 89; — (Raginaldus de), filius Raginaldi, II, 89; — (Raimundus de), II, 88.

CASTRO-GONTERII (Jacobus de), dominus Nogenti, II, 55.

CASTRO-RENALDI (Raginaldus de), I, 52.

CASTRO-THEODORICI (Hugo de), I, 38, 64, 70, 106; — (Radulphus de), II, 68.

CASUEL (Gaufridus), sacerdos, II, 130, 131; — (Robertus), II, 131.

CATONVILLA (Naenus de), I, 23.

CATUS-CORNUTUS (Odo), II, 3.

CAUCAIS (Radulphus de), II, 157.

CAUDA-HIRUNDINIS (Ascelinus), I, 38, 180; — (Gradulfus), I, 15.

CAVILLANA-VILLA (Ascelina de), filia Engelardi, I, 137; — (Engelardus de), I, 137; — (Eremburgis de), filia Engelardi, I, 137; — (Gaufridus de), filius Engelardi, I, 137; — (Guillelmus de), filius Engelardi, I, 137; — (Robertus de), filius Engelardi, I, 137.

CELESTINUS (III), papa, II, 122.

CELLA (Ernaudus de), filius Guillelmi, II, 5; — (Guillelmus de), prefectus Carnotensis, I, 157, 182; II, 5; — (Hugo de), I, 66; II, 137.

CEONIO (Raginaldus de), II, 17.

CEPEIO (Herbertus de), II, 7.

CERES (Guillelmus de), I, 159.

CERESEIO (Fulco de), II, 53.

CERESIACO (Gaufridus de), I, 124.

CERESVILLA (Herbertus de), I, 121, 192; II, 45; — (Osbertus de), I, 12, 153, 183; II, 7.

CEVER (Hugo), II, 11.

CHABANNIS (Jobertus de), II, 70.

CHABUZ (Stephanus), II, 70.

CHAENNES (Paganus del), I, 21.

CHAHENNES (Fulcoius de), I, 111; — (Gaufridus de), I, 111.

CHALET (Hugo de), I, 161.

CHALLO (Gaufridus), II, 68; — (Jordanus), II, 68; — (Stephanus), II, 68.

CHAMAIRE (Gaudinus de), filius Asthonis, II, 55.

CHAMBON (*Gatianus*), *abbas de Asneriis-Bellay*, II, 225.

CHAMBRAY (*Oger de*), *abbé du Joug-Dieu*, II, 235.

CHANARDUS (Guillelmus), famulus, I, 59; — (Rogerius), I, 152.

CHANCEI (Pucardus de), I, 161.

CHANTECLER (Simon), II, 149, 150.

CHAPUIS (*Guillaume*), *prieur de Mougon, puis d'Ablis, d'Oisème et enfin de la Chapelle-Vicomtesse*, II, 234, 235; — (*Philibert*), *prieur de la Tréhoudière*, II, 235.

CHAPUIZET (*Antoine*), *abbé du Gué-de-Launay*, II, 215, 218, 235; — (*Martin*), *prieur de Montargis*, II, 235.

CHARENCEIO (Guillelmus de), filius Isnardi, II, 69.

CHARMEIO (Fulcoius de), I, 183.

CHARPENTIER (*Guillaume*), *prieur de Saint-Ouen*, II, 234.

CHARTRES (*Jean (II) de*), *abbé de Tiron*, I, 50.

CHARUNVILER (Guillelmus de), I, 163; — (Robertus de), filius Guillelmi, I, 163; — (Rogerius de), filius Guillelmi, I, 163.

CHASCENT (Girardus de), filius Gosberti, I, 56.

CHASTELIER (Robertus de), II, 191.

CHATEAUBRIANT (Tuault de), I, 141.

CHATILLON (Jean de), fils de Hugues, comte de Saint-Paul, et de Marie d'Avesnes, comtesse de Blois, comte de Blois, II, 187, 188.

CHAUDEL (Ricardus), I, 21.

CHAUMESI (Hugo de), filius Raginaldi, II, 20; — (Raginaldus de), II, 20.

CHAVELLUS (Guillelmus), burgensis Ferrerie, I, 126.

CHAVENNIS (Ricardus de), I, 59.

CHAVIGNEO (Guillelmus de), II, 119.

CHEMICHERIO (Brientius de), II, 55.

CHENART (Aimericus), I, 35, 128.

CHENEVE (Hugo de), I, 31.

CHENIO (Arnaudus de), I, 210.

CHESELIS (Hugo de), I, 241.

CHESNEL (Galterius), I, 25; — (Ivo), I, 25.

CHESTUNS (Johannes), I, 187.

CHEVALET (Humbaldus), II, 58.

CHEVEIE (Balduinus de la), II, 56; — (Henricus de la), II, 56.

CHEVET (Robertus), I, 97.

CHILLO (Aelelmus de), filius Briccii, I, 241, 249; — (Boso de), capicerius, I, 241; II, 23, 33; — (Briccius de), I, 55, 240, 249; II, 23, 33, 54; — (Gilla de), filia Briccii, I, 241; — (Lisoia de), filia Briccii, I, 241; — (Maria de), filia Briccii, I, 241; — (Milesendis de), filia Briccii, I, 241; — (Radulphus de), filius Briccii, I, 241.

CHOA (Bernardus de), I, 98.

CHOES (Guillelmus de), I, 80, 117, 118, 135, 144, 193; — (Hersendis de), filia Guillelmi, I, 118; — (Landricus de), I, 117; — (Ledgardis de), filia Guillelmi, I, 118; — (Odelina de), filia Guillelmi, I, 118.

CHOLET, major de Chemart, II, 11.

CHOLET (Andreas), I, 88, 89, 90, 101; — (Hugo), I, 89; — (Ivo), I, 89; — (Robertus), I, 161.

CHONIA (Paganus de), I, 35.

CHOTARDUS, I, 134, 135.

CHRISTIANIVILLA (Guillelmus de), I, 232.

CHRISTIANUS, famulus monachorum Tironensium, II, 79.

CHRISTOBLE (Antoine), prieur de Reuzé, II, 235.

CINTRIACO (Christianus de), I, 233; — (David de), II, 58.

CLARA (Berengarius de), I, 212, 213, 214; — (Gaufridus de), I, 113, 212; II, 20, 38; — (Hugo de), filius Gaufridi, II, 20, 82; — (Matheus de), I, 212, 213; II, 78; — (Ricardus de) Strongbow, filius Hugonis; II, 82; — (Rogerius de), filius Ricardi, II, 82.

CLARAVALLE (Paganus de), I, 109.

CLARIS-VALLIBUS (Belotus de), II, 20; — (Paganus de), II, 20.

CLARO-FONTE (Agatha de), filia Roberti, II, 15; — (Arnulphus de), filius Morini, sacerdos, I, 25; — (Haudricus de), filius Morini, I, 25, 26, 162; — (Henricus de), filius Roberti, monachus, II, 15; — (Johanna de), filia Roberti, uxor Roberti Hai, II, 15; — (Morinus de), I, 25; — (Richerius de), filius Roberti, clericus, II, 15; — (Robertus de), II, 15.

CLARUM (Theobaldus), famulus comitis Theobaldi, I, 74, 75, 150, 195.

CLEMENS, famulus monachorum Tironensium, II, 118; — monachus Tironensis, II, 85; — (IV), papa, II, 181; — prefectus Carnotensis, II, 68.

CLÉREMBAULT (Jean de), I, 102.

CLÉRET (*Bernard*), *prieur de Sept-Faux*, II, 234.

CLIA (Herveus de), II, 20.

CLISSON (Giraudus de), I, 185; — (Guido de), I, 185; — (Olivier de), I, 185.

CLOIA (Adam de), II, 97; — (Hamelinus de), I, 191.

CLOTET (*Gui*), *prieur de Clères*, II, 235.

COATRUM (Galterius de), I, 223.

COCHE (Johannes de), I, 244.

COERIA (Galterius de), II, 50.

COFIN (Garnerius), I, 179.

COILLARDUS (Hugo), II, 31.

COINTET (Gaufridus), II, 50; — (Guillelmus), II, 50, 80; — (Petrus), II, 80.

COLDRAI (Raimbaldus de), II, 10, 11.

COLDRUCEL (Guillelmus de), II, 2.

COLINUS, major de Harponvileir, II, 158.

COLLETET (Guillaume), II, 239, 240.

COLLUM-RUBEUM (Egidius), prepositus Carnotensis, I, 182; — (Gilo), major Capituli Carnotensis, I, 182; — (Johannes), prepositus Carnotensis, I, 182; — (Raginaldus), I, 182; — (Stephanus), prepositus Carnotensis, I, 182.

COLONGES (*Claudius de*), *monachus de Jugo-Dei*, II, 222.

COLONIA (Guillelmus de), II, 54.

COLUMBEL (Guillelmus), I, 21.

COLUMBER (Hamelinus), II, 36.

COLUMBIS (Robertus de), II, 7.

COLUNS (Raginaldus de), I, 229.

COMBÈTES (*Louis de*), *prieur de Saint-Ouen*, II, 235.

COMES (Robertus), II, 165.

COMITISSA, mater Garnerii Oculus-Canis, I, 177; — uxor Gosberti de Duromannis,

I, 130; — uxor Wanilonis (II) de Montiniaco, I, 22.

CONANUS (III), dux Britannie, I, 185, 244.

CONDUIT (Radulphus), I, 73, 74.

CONSTANCIUS, famulus, II, 45; — *monachus Tironensis*, I, 195; II, 75; — prepositus, I, 120, 167; — regrater, II, 45.

COQUINA (Hugo de), II, 44.

CORANNUS, camerarius Fulconis, comitis Andegavensis, I, 113.

CORBOLIO (Aalis de), uxor Evrardi (II) de Puteolo, I, 33.

CORBONES (Galterius de), I, 90; — (Paganus de), filius Galterii, I, 90; — (Ricardus de), filius Galterii, I, 90.

CORBUNEIS (Robertus), filius Simonis, II, 153; — (Simon), II, 153.

CORCELLIIS (Gislebertus de), I, 198; — (Radulphus de), I, 239.

CORMERIACO (Odo de), II, 8.

CORNERIUS (Gaufridus), II, 68.

CORNEVILLA (Gislebertus de), I, 204.

CORNILIUS (Ivo), II, 55.

CORNILLE (Hamelinus de), I, 25.

CORNUTI (Johannes), comes palatinus, II, 224.

CORNUTUS (Gaufridus), I, 21, 229; — (Robertus), I, 229.

CORRENUM (Raginaldus de), II, 79.

CORSETH (Goslenus de), II, 34; — (Petrus de), II, 34; — (Radulphus de), II, 55.

CORTEREI (Milo de), I, 239.

CORTERGEI (Galterius de), II, 20.

CORTGEHOUT (Gaufridus de), I, 173; — (Girardus de), II, 91; — (Paganus de), I, 173; II, 86.

CORTPOLTRAIN (Bellerius de), II, 26.

Cosdon (Gosbertus de), II, 95.

Cosinun (Erembertus), I, 170.

Costiceio (Robertus de), I, 239.

Cottereau (Jean), seigneur de Maintenon, I, 90.

Coué (Amaury de), fils de Jodouin, II, 22, 33; — (Jodouin de), II, 22, 33; — (Joduin de), fils de Jodouin, II, 33; — (Rogues de), fils de Jodouin, II, 22, 33; — (Roland de), II, 33.

Couin (Helinus), II, 31.

Courtois (*François de*), *prieur de la Chapelle-Vicomtesse*, II, 235.

Courtrambleyo (Guido de), I, 31.

Coustures (*Louis de*), *prieur du Raincy*, II, 234.

Crassa-Lingua (Radulphus), I, 170, 252; — (Robertus), I, 170.

Crassus (Herbertus), pistor, I, 64.

Crato (Astho), filius Raimbaldi, I, 153; — (Ermengardis), filia Odonis, I, 154; — (Gaufridus), filius Raimbaldi, I, 153; — (Goslenus), filius Odonis, I, 154; — (Hildeardis), filia Odonis, I, 154; — (Mabilia), filia Raimbaldi, I, 153; — (Odelina), filia Raimbaldi, I, 153; — (Odo), filius Raimbaldi, I, 153, 154; — (Raimbaldus), I, 149, 153, 154; — (Raimbaldus), filius Raimbaldi, I, 153.

Craventum (Nicolaus de), I, 88.

Cravilla (Galerannus de), filius Roberti, I, 102; — (Giraudus de), filius Roberti, I, 102; — (Guido de), filius Roberti, I, 102; — (Guillelmus de), filius Roberti, I, 102; — (Helias de), filius Roberti, I, 102; — (Raginaldus de), filius Roberti, I, 102; — Robertus de), I, 102; — (Robertus de), filius Roberti, I, 102.

Cremer (Hugo de), II, 77.

Crès (*Olivier le*), *prieur de Montargis*, II, 143.

Crespiaco (Hugo de), dapifer regis, I, 18.

Creu (Paganus de), I, 128.

Crevant (*Antonius de*), *abbas de Ferrariis*, II, 225 ; — (François de), II, 239; — (*Ludovicus (I) de*), *abbas Tironensis*, II, 239 ; — (*Ludovicus (II) de*), *abbas Tironensis*, I, 246 ; II, 222, 223, 224, 225, 239.

Crevecor (Guillelmus de), filius Hugonis, II, 61, 70, 76; — (Hugo de), II, 70, 76; — (Matheus de), II, 70; — (Petrus de), II, 70; — (Radulphus de), II, 70.

Criquet (*Michel*), *prieur de Ribœuf-sur-Mer*, II, 235.

Crispus (Raginaldus), II, 92.

Croceio (Guillelmus de), I, 155, 159; II, 46.

Croci (Ansoldus de), II, 5.

Croet (Garinus de), I, 34.

Crononio (Hugo de), II, 2.

Cruce (Dodo de), I, 147, 148.

Crusladio (Hugo de), dapifer Richerii de Aquila, I, 164; — (Simon de), I, 164.

Crutis (Adam de), I, 183, 246; II, 29;— (Guntardus de), II, 29 ; — (Hugo de), I, 183, 184, 246.

Cuneo-Muri (Petrus de), II, 95.

Cunnioles (Ricardus de), I, 165.

Curciaco (Evrardus de), I, 246; — (Johannes de), filius Evrardi, I, 246.

Curia (Hersendis de), uxor Hugonis de Rotorio, II, 44; — (Odo de), I, 126, 139, 142, 144; — (Petrus de), I, 130.

Curia-Episcopi (Ascelina de), filia Gisleberti, I, 235; — (Balduinus de), filius Gisleberti, I, 235; — (Gislebertus de), I, 234, 235.

CURIA-MORINI (Guillelmus de), II, 79.

CURLEIUS (Evrardus), I, 164.

CURSESAUDO (Galterius de), filius Guillelmi, II, 50; — (Geroius de), filius Arnaldi, II, 50; — (Guillelmus de), II, 50; — (Hubertus de), filius Stephani, I, 72; — (Hugo de), filius Guillelmi, II, 50; — (Isabellis de), filia Guillelmi, II, 50; — (Maria de), II, 51; — (Matheus de), filius Stephani, I, 72; — (Stephanus de), I, 34, 72; — (Teudo de), filius Stephani, I, 72.

CURTE-LAMBERTI (Robertus de), I, 98.

CURTELIIS (Guillelmus de), II, 69.

CURTE-OSTRANNI (Evrardus de), II, 32; — (Goscerannus de), filius Evrardi, II, 32; — (Henricus de), filius Evrardi, II, 32; — (Hubertus de), filius Evrardi, II, 32; — (Simon de), filius Evrardi, II, 32.

CURTIELLO (Gaufridus de), I, 73.

CURTO-BERTRANNO (Guillelmus de), II, 69.

CURTOLINO (Drogo de), filius Roberti, I, 73, 145, 146; II, 48, 118; — (Gaufridus de), filius Roberti, I, 73, 146; — (Helvis de), filia Roberti, I, 146; — (Ivo de), I, 67; — (Oliverus de), filius Drogonis, I, 146; — (Robertus de), I, 39, 72, 73, 115; — (Robertus de), filius Drogonis, I, 146.

CURTUS (Garnerius), I, 230.

CURVAVILLA (Constancius de), I, 71; — (Fulco de), I, 128; — (Giroius de), I, 104; — (Herveus de), II, 92; — (Hugo de), filius Hugonis, I, 159; — (Ivo de), filius Giroii, I, 31, 32, 33, 34, 71, 104, 154.

CUSTODIENS-PIRAS (Drogo), I, 111.

D

DACE (Hubertus), I, 93.

DAGOBERTUS, aculearius *seu* mercerius, I, 74, 148, 195, 251.

DAGUENEZ, famulus Johannis de Gladio-Regis, I, 186.

DAGUENEZ (Radulphus), II, 18.

DAMPIERRE (Gauvain de), I, 141.

DANCEIO (Paganus de), I, 177.

DANIEL, capellanus Conani (III), ducis Britannie, I, 244.

DANIEL (Roaudus), II, 35.

DANJOLIO (Herlebaudus de), I, 26; — (Odo de), I, 26; — (Theobaldus de), I, 26, 27.

DAONIA (Fulcoius de), II, 55.

DAVID, *famulus monachorum Tironensium*, I, 159; — rex Scotie, I, 80, 81; II, 14.

DAVID (Effredus), II, 33.

DECANI (Theobaldus), major Castriduni, I, 184.

DELESTRE (*Charles*), *prieur de la Roussière*, II, 235.

DENIT (Petrus), II, 58; — (Theodericus), II, 58.

DERMOT, roi de Linster, II, 82.

DESERTO (Gaufridus de), I, 64.

DESIDERIUS, canonicus Carnotensis, I, 12.

DESPORTES (Alexander), presbiter, II, 229; — (Johannes), molendinarius, II, 229; — (*Philippe*), *abbé de Tiron*, I, 147; II, 244, 250.

DESREATUS (Gaufridus), filius Guillelmi, I, 58; — (Gaufridus), filius Odonis, I, 58; — (Girardus), filius Odonis, I, 58; — (Guillelmus), II, 73; — (Hugo), filius Odonis, I, 25, 26, 58, 78; II, 11; — (Jodoinus), filius Odonis, I, 38, 58, 181, 243; — (Odo), 1, 58, 131; — (Odo), filius Odonis, I, 58; — (Theobaldus), I, 86.

DIABOLUS (Girardus) *de Plesseio*, I, 69, 70, 108, 138, 176, 180, 208, 226; II, 11, 59, 92.

DILLONIO (Guillelmus de), I, 63; II, 21; — (Painnellus de), II, 21.

DIMIDIUS-BRITO (Guillelmus), II, 27.

DINAN (Alanus de), II, 87; — (Guillelmus de), canonicus Dolensis, II, 87.

DIONISIA, uxor Gervasii de Soldaio, II, 80, 81.

DISTRICTO (Rogerius de), II, 86.

DIVE (Guillelmus), II, 31.

DOCELLIS (Osmundus de), I, 111, 112.

DODES (Harneisius), II, 31.

DODO, panetarius Theobaldi, comitis Carnotensis, I, 92.

DOE (Andreas de), filius Eustachie, I, 171; — (Andreas de), filius Gaufridi, I, 171; — (Eustachia de), I, 171; — (Garinus de), I, 94; — (Gaufridus de), I, 170; — (Jodoinus de), I, 171; — (Normannus de), archidiaconus, *postea* episcopus Andegavensis, I, 121; — (Raginaldus de), filius Gaufridi, I, 171.

DOIART (Robertus), I, 119.

DOLO-ASNINO (Enjorricus de), I, 85.

DONVILE (Ivo de), II, 158.

DONZIACO (Aalis de), II, 80; — (Herveus de), II, 80; — (Margarita de), filia Hervei, uxor Gervasii de Castello-Novo, II, 80, 119.

DORDENC (Durandus de), I, 135.

DORNINE (Hubertus), I, 167.

DOSNELLUS (Salomon), panetarius, *mox* prepositus Castriduni, I, 149, 186, 187.

DOTBIN (Guido de), I, 236.

DRAPIER (Alveredus), II, 131.

DROMADARIUS (Paganus), filius Garini de Querceto, I, 251.

DROUAIS (Johannes le), II, 129.

DRUTMARA (Radulphus de), I, 88.

DUBOST (*Claude*), *abbé du Joug-Dieu*, II, 235.

DUCELINA, uxor Thoroldi de Ponte-Audomaro, I, 76.

DULCINUS, canonicus Carnotensis, I, 5, 12.

DUMBE (Johannes), II, 180.

DUMOURIEZ-DUPÉRIER (François-Nicolas), II, 176.

DUNECANUS, comes, I, 81.

DURANDUS, burgensis de Nogento, II, 75; — capellanus Roberti de Claro-Fonte, II, 15; — *monachus Tironensis*, I, 79; — nutricius Hugonis de Castriduno, I 176; — presbiter de Estrata, II, 76.

DURANT (Matheus), filius Ricardi, II, 143.

DUROMANNIS (Gosbertus de), I, 130; — (Jacobus de), filius Gosberti, I, 130; II, 19, 20; — (Petrus de), I, 92, II; 84.

DUVAL (*Clemens*), *firmarius prioratus de Trehoderia*, II, 229.

E

ECHAUFOUR (Armand d'), I, 104.

EGIDIA, uxor Drogonis Brochardi, II, 29, 30.

EGIDIUS, *abbas de Arsiciis*, II, 201.

ELFWINUS, filius Archillei, I, 81.

ELISABETH, uxor Goscellini de Freenvilla, I, 136; — uxor Guillelmi Aculei, I, 71, 193; — uxor Guillelmi de Feritate, I, 234; — uxor Huberti Salva-Granum, I, 94.

EMANUS, canonicus Carnotensis, I, 12.

EMMA, uxor Rogerii Alis, I, 232; — uxor Ursionis de Fractavalle, I, 206.

ENDREVILLA (Petrus de), II, 161.

ENFORCET (Ascelina), filia Raginaldi, I, 103; — (Dea), filia Raginaldi, I, 103; — (Eremburgis), filia Raginaldi, I, 103; — (Guillelmus), II, 52; — (Radulphus), filius Raginaldi, I, 103; — (Raginaldus), I, 103.

ENGANIA (Gislebertus), I, 199.

ENGELARDUS, corvesarius, II, 78.

ENGELARDUS (Theobaldus), I, 107, 108; II, 11, 12.

ENGELBALDUS, canonicus, II, 2; — *prior Sancti-Audoeni*, I, 239.

ENGELBERTUS, sacerdos Sancti-Germani de Castris, II, 11.

ENGENULFUS, canonicus Suessionensis, I, 130.

ENGERRICUS, carpentarius, I, 147, 245.

ENGOBERTUS, villicus, I, 57.

ENPARCHEPEN (Ansoldus), II, 31.

ENSACHELANA (Aubertus), filius Girardi, I, 57; — (Carbonellus), filius Girardi, I, 57; — (Galterius), filius Girardi, I, 57; — (Girardus), I, 19, 57; — (Ledgardis), filia Girardi, I, 57.

EON, faber de Basochiis, I, 143.

EREMBURGIS, uxor Fulconis (V), comitis Andegavensis, I, 63; — uxor Guillelmi de Fastiniis, II, 4; — uxor Hugonis de Vindocino, II, 29; — uxor Pasquerii de Virgulto, II, 192, 193.

ERMELINA, uxor Simonis Bechet, I, 72.

ERMENGARDIS, uxor Gauterii Hait, vice-comitis de Mollan, I, 218; — uxor Moreherii de Noiomio, I, 89.

ERMENTERVILLA (Bolot de), II, 58; — (Jordanus de), I, 182.

ERNAUDUS, decanus, II, 36; — institor, II, 5; — *monachus Tironensis*, I, 95, 115; — presbiter, II, 52.

ERONVILLA (Gaufridus de), I, 89.

ESCAUFO (Guillelmus de), I, 164.

ESCHARBOT (Fulcoius), I, 208.

ESCHARSET (Auburgis de), filia Raginaldi, II, 26; — (Hodeburgis de), filia Raginaldi, II, 26; — (Odo de), I, 25; II, 26; — (Raginaldus de), filius Odonis, II, 26.

ESCHAUGUETA (Hubertus), I, 177.

ESCOLLON (Guillelmus de), II, 21; — (Mensurata de), II, 21; — (Petrus Girardus de), II, 22.

ESCUBLEIO (Isnardus de), I, 163.

ESLUART (Raginaldus), II, 52.

ESPAL (Henricus de), II, 58; — (Patricius de), II, 58.

ESPECHEL (Drogo), I, 25, 223; — (Guillelmus), I, 223.

ESPERIA (Gaufridus de), I, 73.

ESPIECHARNER (Gaufridus), II, 86.

ESPIGOLES (Thomas d'), *prieur du Sépulcre d'Allemagne*, II, 235.

ESTOUTEVILLE (Charles d'), II, 128; — (Gilles d'), chapelain de Saint-Léonard de Bacqueville, II, 208.

ESTOUZ (*Guillelmus des*), *sacrista de Jugo-Dei*, II, 222.

EUGENIUS (III), papa, II, 60, 63, 66.

EUSTACHIA, uxor Gisleberti, pincernæ regis, I, 120, 239; — uxor Guillelmi Goët senioris, I, 24, 26, 27, 78, 79, 106.

EUSTACHIUS, clericus, I, 44.

EVE, fille de Dermot, roi de Linster, femme de Richard de Clare, II, 82.

EVRA (Girardus de), I, 97; — (Pinellus de), I, 248.

EVRARDUS, capicerius Carnotensis, I, 2; — faber, I, 44; — filius Siwardi, I, 81; — prefectus, I, 181; — prefectus de Monte-Geheir, II, 56.

EVROINUS (Robertus), I, 171.

EXALTO (Gaufridus de), II, 157.

EXARTIS (Gaufridus de), I, 27.

EXCLUSIS (Laurentius de), II, 46.

EXCUBIA (Guidardus), II, 5.

F

FABRI (*Stephanus*), *camerarius de Jugo-Dei*, II, 222.

FAEIO (Fulco de), I, 170.

FAGERLANDE (Gaufridus de), I, 204, 217.

FAIA (Aimericus de), II, 20, 21, 22, 33; — (Aimericus de), filius Aimerici, II, 22, 33

FAIO (Hugo de), I, 213; — (Marsilius de), I, 213.

FALANDRIS (Ivo de), II, 27.

FARINART (Raginaldus), I, 61.

FASTINIIS (Fulco de), filius Guillelmi, II, 4; — (Guillelmus de), II, 4; — (Helvis de), filia Guillelmi, II, 4; — (Theobaldus de), filius Guillelmi, II, 4.

FATOT (Seibrandus), I, 171.

FAVELLIS (Garinus de), I, 179.

FAVERIIS (Albericus de), I, 120; — (Bernardus de), I, 120; — (Gislebertus de), I, 120.

FENESTREIR (Garinus), I, 23.

FENIS (Gaufridus de), II, 91; — (Hugo de), I, 238; — (Paganus de), I, 195.

FERITATE (Ernaudus de), filius Guillelmi, I, 234; — (Ernaudus de), filius Ernaudi, I, 234; — (Guillelmus de), I, 234; — (Guillelmus de), filius Guillelmi, I, 234; — (Hugo de), archiepiscopus Turonensis, I, 234; — (Hugo de), filius Guillelmi, I, 234.

FERRARIA (Alcherius de), II, 89; — (Gislebertus de), I, 173.

FERRARIUS (Gilduinus), filius Gosberti, I, 190; — (Guillelmus), filius Gosberti, I, 190.

FERRECOC (Johannes), I, 230.

FERRERIA (Balduinus de), burgensis, I, 126; — (Fulcherius de), II, 2; — (Galterius de), filius Geroii, I, 116; — (Garnerius de), I, 159; — (Geroius de), I, 116, 126; — (Guillelmus de), burgensis, I, 126; — (Raginaldus de), II, 44; — (Richeldis de), burgensis, I, 126.

FICHET (Galterius), II, 44.

FIECQUE (Mauricius), II, 145.

FILOCHE (Aalis), uxor Galterii Pagani et Roberti de Beleinvilla, I, 113, 141, 160; II, 28, 44.

FINIA, uxor Evrardi de Curte-Ostranni, II, 32.

FIRMITATE (Amauricus de), I, 151; — (Andreas de), I, 92; — (Bernardus (III) de), II, 121; — (Bernardus (IV) de), II, 121, 122, 178, 181; — (Ernaudus de), decanus Carnotensis, I, 1, 2, 4, 11, 155, 156; — (Guillelmus de), I, 156, 208; — (Herveus de), filius Bernardi (IV), II, 183; — (Hugo de), thesaurarius Andegavensis, II, 122; — (Hugo de), prepositus Carnotensis, I, 2, 5, 12, 128, 155, 156.

FISCO (Garinus de), I, 69.

FLAMENT (Gazo le), filius Henrici, II, 172; — (Henricus le), II, 172, 173, 176.

FLAMMATUS (Gaufridus), I, 124.

FLANDINA, mater Galterii de Sine-Napis, I, 20.

FLANDRE (Robert de), II, 202.

FLAVUS (Robertus), I, 147, 245; — (Semandus), II, 31.

FLÈCHE (Jean de la), I, 105.

FLORANT (Johannes), II, 180.

FLORÈTE (Jean), abbé du Joug-Dieu, II, 235.

FLOVILLA (Hugo de), II, 37.

FOLIETO (Aalis de), II, 182; — (Ernaudus de), II, 93; — (Guillelmus de), I, 245; II, 39, 120, 157, 163; — (Guillelmus de), II, 182; — (Vivianus de), II, 157.

FOLINUS (Raginaldus), I, 171.

FOMET (Bucardus), I, 16.

FONTE (Jacques de), prieur de Ribœuf-sur-Mer, II, 235.

FONTE (Guillelmus de), II, 159; — (Paganus de), II, 33; — (Raginaldus de), II, 74.

FONTENAY (Pierre de), gouverneur du Perche, II, 241, 242, 243.

FONTENELLA (Ermengardis de), II, 47.

FONTENILLO (Guillelmus de), I, 163, 164; II, 165; — (Ricardus de), I, 164.

FONTIBUS (Guido de), I, 35.

FONTINIACO (Aalardus de), I, 80.

FORESTA (Agnes de), filia Ame, I, 60; — (Ama de), I, 60; — (Galterius de), I, 26; — (Guillelmus de), filius Raginaldi, I, 62, 122; — (Johannes de), II, 80; — (Meriana de), filia Ame, I, 60; — (Raginaldus de), filius Ame, I, 60, 61; II, 22; — (Savaricus de), filius Raginaldi, I, 62, 122; — (Seibrandus de), filius Ame, I, 60, 62, 63, 123.

FORESTARIUS (Bartholomeus), II, 81.

FORESTELA (Boudardus de), I, 252; — (Paganus de), I, 252.

FORMAGEE (Guillelmus), II, 180; — (Jodoinus), II, 180.

FORMEVILLA (Robertus de), I, 77.

FORMICA (Hugo), canonicus Sancte-Marie-Magdalene Castridunensis, I, 177.

FORNOSIO (Calo de), II, 23, 33, 54.

Foro (Hugo de), II, 2; — (Raginaldus de), II, 80; — (Serlo de), I, 34.

Forrarius (Petrus), I, 38, 129, 138, 162, 176, 180; — (Stephanus), filius Petri, I, 181, 208; — (Theobaldus), filius Petri, I, 38.

Fortin (Georges), I, 139.

Fortis (Bartholomeus), I, 120, 199; — (*Geroius*), *monachus Tironensis*, II, 27; — (Hugo), I, 120.

Fossa (Ricardus de), II, 137.

Foumuchon (Ricardus de), II, 71, 76.

Fovea (Galterius de), II, 156.

Fractavalle (Aalis de), filia Nivelonis, II, 107; — (Fulcherius de), filius Nivelonis, II, 35; — (Fulcherius de), filius Ursionis, II, 36; — (Gaufridus de), filius Nivelonis, II, 107; — (Hamelinus de), filius Ursionis, I, 151, 206, 207; II, 36, 59; — (Hersendis de), II, 37; — (Hugo de), filius Nivelonis, II, 107; — (Margarita de), filia Nivelonis, II, 107; — (Nivelo de), I, 27, 69, 149; II, 8, 39, 106; — (Nivelo de), filius Nivelonis, I, 151, 206, 207, II, 36, 59, 107; — (Paganus de), I, 166; II, 2; — (Philippus de), filius Ursionis, II, 37; — (Raginaldus de), filius Ursionis, II, 35, 36; — (Ursio de), filius Nivelonis, I, 27, 67, 129, 137, 138, 151, 156, 206, 207, 243; II, 8, 11, 35, 36, 59, 107, 156.

Fractigneio (Garnerius de), filius Hugonis, I, 82, 245; — (Gosbertus de), I, 147, 245; — (Hugo de), I, 245; — (Odo de), sacerdos, I, 147, 245.

Fragnellus (Odo), I, 58, 71.

François (Ier), roi de France, II, 223.

Francus (Fulbertus), I, 120; — (Hugo), I, 120, 167.

Freenvilla (Amauricus de), filius Goscelini, I, 136; — (Goscelinus de), I, 135, 136; — (Hugo de), filius Goscelini, I, 136; — (Juliana de), filia Goscelini, I, 136; — (Petrus de), filius Goscelini, I, 136; — (Robertus de), filius Goscelini, I, 136.

Freevilla (Raginaldus de), II, 10.

Frescoto (Galterius de), canonicus Carnotensis, II, 166.

Friesia (Galterius de), I, 72, 97, 191; II; 68, 84, 156; — (Garinus de), I, 34, 35, 72; — (Hugo de), I, 72, 149; — (Johannes de), II, 162.

Frigido-Mantello (Hugo de), II, 36.

Froburgis, uxor Horrici de Humbleriis, I, 153, 192.

Frogerius, episcopus Sagiensis, II, 86; — pelletarius, I, 88.

Fromundus, cellararius, *mox* prefectus Castriduni, I, 140; II, 8, 36.

Frons-de-Aceio (Gaufridus de), II, 81.

Frovilla (Frodo de), filius Pagani, I, 138; — (Godehildis de), filia Pagani, I, 138; — (Hugo de), filius Pagani, I, 120; II, 11; — (Odo de), filius Pagani, I, 138; II, 11, 12; — (Paganus de), I, 38, 108, 129, 136, 137, 138, 151, 181; II, 11, 12, 36, 59; — (Robertus de), filius Pagani, I, 36, 151.

Frunceio (Ivo de), I, 34; — (Paganus de), filius Ivonis, I, 34.

Fulbertus, archidiaconus Rothomagensis, I, 205; — presbiter de Turneio, I, 237; — sacerdos Sancti-Hilarii, I, 123.

Fulcaudus, forestarius, I, 14.

Fulcherius, prepositus Sancti-Petri-in-Valleia, I, 89.

Fulco, canonicus Carnotensis, I, 5, 12; — (V), comes Andegavorum, I, 52, 62, 113, 189, 197; II, 72; — famulus Gaufridi, II, 2; — prepositus de Duromagnis, II, 20; — presbiter Planorum, II, 95; — sacerdos, I, 173; — serviens Riolii Britonis, I, 95.

FULCODIUS, monachus de Lavarzino, I, 114.

FULCOIUS de Arsitiis, *cellararius Tironensis*, I, 54; II, 27, 28; — faber, II, 2; — lavendarius, I, 190, 228.

FULCRANNUS, canonicus Carnotensis, I, 12.

FULFRIACO (Adam de), II, 56; — (Matheus de), II, 56.

FULGERIIS (Robertus de), II, 3.

FURNERIUS (Girardus), II, 145.

FURNO (Girardus de), I, 20; — (Petrus de), I, 140; — (Robertus de), II, 97.

G

GAEL (Amicie de), femme de Robert (II) de Leicester, I, 162.

GAESVILLA (Engerrandus de), I, 152; — (Galterius de), I, 151.

GAIFOL (Robertus), I, 148.

GAIIS (Guido de), II, 118.

GAINART (Robertus), II, 7.

GAIUS (Robertus), II, 13.

GALARDONE (Amauricus de), I, 159; — (Bardulfus de), I, 107, 157; — (Galerannus de), filius Hervei, I, 57; — (Guido de), I, 106; — (Herveus de), filius Herberti, I, 19, 57, 151; — (Herveus de), filius Hervei, I, 57, 70; — (Hildeburgis de), filia Hervei, uxor Roberti Goël, I, 57; — (Raginaldus de), I, 107.

GALLOPIN (Laurentius), procurator regius Nonencurie, II, 226; — (Matheus), II, 151.

GALLUS (Goscelinus), I, 251; — (Guillelmus), filius Goscelini, I, 251; — (Reinerius), I, 191.

GALO, pelliparius, *de Vibreia*, II, 5.

GALTERIUS, abbas Sancti-Wandregisili, I, 205; — *abbas Tironensis*, II, 102; — archidiaconus Carnotensis, I, 2, 5, 12, 39, 126, 128, 155, 157; — auceps, I, 95; — canonicus Carnotensis, I, 2, 5, 12; — capellanus Odonis, decani Sancti-Martini Turonensis, II, 89; — carnifex, I, 88; — (II), episcopus Carnotensis, I, 69; — famulus Guillelmi Britelli, II, 10; — *famulus monachorum Tironensium*, II, 47; — *granearius*, monachus Tironensis, I, 213, 242; — lignarius, I, 150; — molendinarius, I, 73; — monachus Sancti-Dionisii de Nogento, I, 59; — monetarius, I, 146; — nutricius Theobaldi (IV), comitis Carnotensis, I, 16, 94; — piscator, I, 85; — pistor, I, 130; — prefectus, I, 204, 216; II, 98; — prepositus, I, 98; — prepositus Seibrandi de Foresta, I, 62; — presbiter de Cloia, I, 201; — presbiter de Ermenovilla, I, 153; — presbiter de Soldaio, II, 80; — prior Sancti-Martini-de-Valle, I, 128; — sellarius, I, 159; — tabernarius, II, 45; — talamerarius, I, 138; — vitricus Simonis de Panil, II, 82.

GAMAR (Radulphus), I, 131.

GANASCHIA (Herbertus de), I, 34; — (Robertus de), I, 34.

GANBESARIUS (Ricardus), II, 12.

GANDUNVILLA (Galterius de), II, 57.

GANGALOIUS (Paganus), I, 56, 142.

GANNES (Franciscus), II, 224.

GAREL (Guillelmus), II, 120.

GARENBERTUS, pelliparius, I, 179

GARENGIER (*Matheus le*), *prior de Roslendrieuc*, II, 213.

GARINUS, *abbas de Vado-Alneti*, II, 112, 144; — canonicus Carnotensis, I, 2, 5, 12; — faber, I, 88; — laignarius, I, 195; — *monachus de Hildrevilla*, II, 59; — *de Mauritanio*, *monachus Tironensis*, II, 28; — presbiter de Sancto-Leobino, I, 56, 173; II, 36; — presbiter de Theuvilla, I, 229; — succentor Carnotensis, I, 2, 4, 12; — tanator, I, 179.

GARLANDA (Ansellus de), dapifer regis, I, 18, 48, 75; — (Guillelmus de), dapifer regis, I, 18; — (Paganus de), dapifer regis, I, 18; — (Stephanus de), cancellarius regis, I, 18, 48.

GARNERIUS, falconarius, I, 59; — villicus de Ledo, I, 72.

GARNIER (*Antoine*), *prieur de Saint-Ouen*, II, 234; — (*Roger*), *religieux-lai, à Tiron*, II, 233.

GARZEIS (Stephanus de), I, 145.

GASERAM (Simon de), I, 17.

GASTELLARIUS (Ernaudus), filius Gosleni, I, 191; — (Goslenus), I, 158, 191.

GASTINELLUS (Gaufridus), I, 104; — (Paganus), I, 104.

GASTO (Johannes de), I, 122.

GATHO, canonicus Carnotensis, I, 12; — forestarius II, 118.

GAUDENA (Dodo de), II, 28; — (Hugo de), II, 46; — (Ivo de), I, 146.

GAUFRIDUS, *abbas Tironensis*, II, 131; — abbas Vallis-Secrete, II, 84; — archidiaconus Rothomagensis, I, 205; — archiepiscopus Rothomagensis, I, 27, 29, 43; — *armarius Tironensis*, II, 91; — canonicus Sancti-Georgii-de-Nemore, I, 16; — cantor, I, 70; — *cantor Tironensis*, II, 4; — capellanus, II, 50; — carnifex, I, 228; II, 46; — cocus abbatis Vindocinensis, I, 210; — *Plantagenet*, filius Fulconis, comes Andegavorum, I, 63, 109, 113, 189; II, 20, 87; — *Grisogonella*, comes Vindocinensis, I, 67, 93, 243; — decanus Dolensis, II, 87; — decanus Novigenti, I, 210; — decanus de Suentheio, II, 27; — *de Leugis*, prepositus Carnotensis, I, 2, 5, 12, *dein* episcopus Carnotensis, I, 26, 29, 34, 36, 38, 39, 59, 70, 82, 86, 100, 128, 138, 155, 156, 157, 162, 168, 182, 187, 188, 191, 200, 201, 206, 209, 226, 254; II, 8, 38, 41, 59, 95, 123, 228; — famulus Blanche de Memberolis, I, 137; — *famulus monachorum Tironensium*, I, 252; II, 86; — forestarius, II, 118, 126; — legis-doctus, I, 119, 149; II, 12, 13; — molendinarius, I, 115; — *monachus de Basquevilla*, I, 204; — *monachus Sancti-Sulpicii-in-Paillo*, II, 24; — monetarius, I, 169, 195; II, 43; — presbiter de Hargenvileir, I, 83; — presbiter Sancti-Hilarii-super-Erram, I, 254; II, 27, 28, 69; — presbiter de Sancto-Medardo, I, 179; — presbiter de Sozaico, I, 223; — *prior Sancti-Andree in Scotia*, I, 232; — *prior Tironensis*, I, 54; — sacerdos, monachus de Villa-Malor, I, 175; — *subprior Tironensis*, I, 117; — sutor, I, 191; II, 211; — tanerius, I, 227.

GAUGANUS (Hugo), I, 86, 147, 245; II, 43.

GEBERTUS, institor, II, 5; — *monachus Tironensis*, II, 3, 5, 6, 7.

GEIUS (Stephanus), II, 84.

GEMAGIIS (Gilbertus de), I, 25, 78; — (Guillelmus de), I, 78; II, 162.

GEMINIACO (Archembaudus de), I, 187; — (Odo de), I, 187, 237.

GENNARDUS (Benedictus), II, 37.

GENTIL (Hamelinus li), I, 223.

GEOFFROY (*Antoine*), *abbé du Joug-Dieu*, II, 235.

GEORGIUS, cantor Carnotensis, I, 2, 4, 11.

GERATIIS (Radulphus de), I, 102.

GERMON (Ranulphus), I, 103.

GERMUNDI-VILLA (Adam de), I, 27; — (Robertus de), I, 204.

GERMUNDUS, major de Mestenone, I, 90; II, 75.

GERNUN (Hugo), I, 165.

GEROART (Guillelmus), I, 204; II, 109.

GEROIUS, cantor Carnotensis, II, 95.

GERVASIUS, *abbas Tironensis*, II, 141, 165, 168; — canonicus Dolensis, II, 87; — episcopus Sagiensis, II, 156; — major de Nerone, I, 102, 161; II, 13; — miles, I, 232; — senescallus, I, 173.

GESMERUS (Girardus), *de Luniaco*, I, 175.

GEVRA (Injobaldus de), II, 24.

GIBA (Girardus de), I, 123.

GIFARDUS (Ernaudus), I, 126; II, 27; — (Robertus), I, 101.

GIGUL (Stephanus), I, 83.

GILA, uxor Petri de Troio, II, 140; — uxor Roberti de Cravilla, I, 102.

GILLARDUS, piscator, I, 88.

GINBRIACO (Paganus de), II, 56; — (Radulphus de), II, 56.

GIRARDUS, capellanus de Aloia, II, 72; — capellanus Juliane, domine de Aquila, I, 23; — carpentarius, I, 114; — decanus de Terneyo, I, 166; — *famulus monachorum Tironensium*, I, 80, 112, 128, 140, 143, 208; — filius Ansoldi, I, 147;

— forestarius Rotroci (II), comitis Perticensis, I, 116, 126, 144, 198; — monachus de Lavarzino, I, 114; — *monachus Tironensis*, II, 17, 21; — pelliparius, I, 179, 251; II, 12; — prior Sancti-Leonardi de Insula, I, 241; — textor, II, 6.

GIRARDUS (Radulphus), II, 46;

GIRAUDUS, capellanus Garini Sine-Barba, I, 87; — famulus Beroardi de Peuvers, I, 183; — metearius I, 238; — *monachus Tironensis*, I, 244; — prefectus monachorum Cluniacensium, I, 184.

GIRBERTUS, episcopus Parisiensis, I, 52; — presbiter, II, 22.

GIRCIA (Haimo de), I, 185.

GIRELMUS, carpentarius, II, 43, 51.

GIROARDUS (Ernaudus), II, 85.

GIROUDUS, molendinarius, II, 86; — sacerdos, I, 88.

GIRUNVILLA (Herbertus de), I, 248.

GISLEBERTUS, buticularius regis, I, 18, 48; — canonicus Baiocensis, II, 76; — decanus, II, 114; — *famulus abbatis Tironensis*, I, 184; II, 3; — famulus episcopi Carnotensis, I, 59; — famulus Isembardi, camerarii Carnotensis, I, 72; — pistor, I, 198; — prefectus, I, 197; — presbiter, I, 165, 215; — venator, I, 198.

GISLODERIA (Hamelinus de), I, 112.

GIVES (Fulcherius de), I, 228.

GLADIO-REGIS (Johannes de), I, 186.

GLANVILLA (Anselmus de), filius Guillelmi, I, 165; — (Bartholomeus de), filius Guillelmi, I, 165; — (Guillelmus de), I, 164.

GLATINIO (Hugo de), II, 79.

GLAVINUS, *monachus Tironensis*, I, 148; II, 6.

GLOCESTRIA (Galterius de), I, 75; — (Robertus, comes de), I, 75.

GLOTA (Barno de), I, 91; — (Guillelmus de), filius Barnonis, I, 91; — (Rogerius de), filius Guillelmi, I, 91.

GLOTIS (Guillelmus de), capellanus de Aquila, I, 164.

GOBERTUS, coriarius, I, 251.

GODESCALLUS, filius Gaufridi legis-docti, I, 38.

GODESCALLUS (Gaufridus), II, 13.

GOET (Agnes), filia Guillelmi *juvenis*, II, 79; — (Elisabeth), filia Guillelmi *juvenis*, uxor Hervei de Genabo, I, 27; — (Guillelmus), senior, I, 24, 25, 26, 27, 78, 79, 104; — (Guillelmus), *juvenis*, filius Guillelmi *senioris*, I, 24, 26, 27, 78, 149, 186, 206; II, 39, 79; — (Matheus), filius Guillelmi, I, 24, 26, 27; — (Mathildis), uxor Guillelmi *juvenis*, II, 79; — (Robertus), filius Guillelmi, I, 24, 26, 27, 79.

GOFART (Hugo), I, 238.

GOGUÉ (Johannes la), baillivus Perticensis, II, 185.

GOHERE (Alcherius de), carnifex, II, 47; — (Theobaldus de), II, 36.

GOHERI (Girardus), presbiter, II, 91.

GOMBALDUS (Girardus), II, 25.

GOMBERTUS, coquus, I, 44, 121, 131; — sutor, I, 120.

GONSALDUS, canonicus Carnotensis, I, 12.

GOPIL (Archembaudus), I, 41.

GORRAM (Mauricius de), II, 25.

GORRE (Guillelmus de), I, 58, 71.

GORZEIS (Hilderius), I, 195.

GOSBERTUS, serrarius, I, 74, 148; — villicus de Ledo, I, 72.

GOSCELINUS, capellanus Richerii de Aquila, I, 91, 164; — *famulus monachorum Tironensium*, I, 159; II, 46; — forestarius, II, 51; — pelliparius, I, 195.

GOSLENENSIS (Airaudus), I, 200; — (Albertus), I, 200; — (Bonellus), I, 200; — (Giraudus), I, 200; — (Hildeardis), I, 200; — (Raginaldus), I, 200.

GOSLINUS, archidiaconus Carnotensis, I, 2, 5, 12; — *de Vierzi*, episcopus Suessionensis, I, 130, 157; — sacerdos de Fractigneio, II, 43; — sutor, I, 107.

GOSSART (Johannes), rector de Credonio, II, 224.

GOUFFIER (*Guillaume*), *abbé du Gué-de-Launay*, puis *d'Arcisses*, II, 235.

GOULAFRE (Roger), sénéchal d'Armand d'Echaufour, I, 104.

GRADU (Theobaldus de), filius Girardi, I, 228, 229.

GRADULFI (Gaufridus), II, 116.

GRAMMATICUS (Gislebertus), I, 204.

GRAND-CAMPT (Guillelmus de), I, 165.

GRANDI-NEMORE (Guiardus de), II, 182.

GRANDIS (Bernardus), II, 28.

GRANDOIT (Hugo de), II, 167; — (Hugo de), II, 167, 168; — (Johannes de), II, 168.

GRANDUS (Guillelmus), filius Aucherii, II, 7.

GRANET (Robertus), I, 103; — (Robertus), filius Roberti, I, 103.

GRANOILLA (Theobaldus), I, 238.

GRAO (Garinus), I, 231.

GRAOL, prefectus, I, 41.

GRAOLIUS (Garnerius), I, 62.

GRAPHYON (Gaufridus), II, 94.

GRATARDI (Guillelmus), I, 85, 173.

GRÉAUME (*Guillaume de*), *prieur de Mougon*, II, 234.

GREGORIUS, cardinalis Sancti Angeli, II, 63, 67 ; — cardinalis Sanctorum Sergii et Bachi, I, 202 ; — (IX), papa, II, 146 ; — (X), papa, II, 188.

GRENA (Theobaldus de), I, 143.

GRILLEONIS (Anselmus), II, 186.

GRIMAULT (*Leonetus*), *abbas de Tironio*, II, 212, 213, 215, 217, 219, 220, 221.

GRISCE (Petrus), II, 20.

GRISOGONUS, cardinalis bibliothecarius, I, 37.

GROAYS (*Jean*), *moine de Tiron*, II, 206.

GROCHE (Robertus de), II, 78.

GROOLENTO (Anthelmus de), I, 247.

GROSSINUS (*Gaufridus*), *cancellarius Tironensis*, I, 99 ; II, 24, 58.

GROSSUS (Galterius), I, 120, 199.

GROTETH (Galterius de), I, 102.

GROUCIET (Ricardus de), I, 204.

GUARASCHA (Ivo), I, 146.

GUDIIVILLA (Galterius de), II, 80.

GUERAME (Aubertus de), I, 111 ; — (Garinus de), filius Auberti, I, 111 ; — (Guillelmus de), filius Auberti, I, 111 ; — (Oliverus de), filius Auberti, I, 111 ; — (Paganus de), filius Auberti, I, 111 ; — (Robertus de), filius Auberti, clericus, I, 111.

GUÉRIN (*Antoine*), *prieur de Saint-Blaise de Luy*, puis *de Saint-André d'Ecoman*, II, 234 ; — (*Pierre*), *prieur de Monrion*, II, 235.

GUERON (*Johannes*), *sacrista de Truncheto*, II, 213.

GUÉROUST (*François*), *prieur de Saint-Sulpice-en-Pail*, II, 234.

GUERRANDIA (Mainardus de), I, 245.

T. II.

GUERRER (Giruis), filia Tescelini, II, 73 ; — (Guillelmus), filius Tescelini, II, 73 ; — (Raginaldus), II, 73 ; — (Richeldis), filia Tescelini, II, 73 ; — (Tescelinus), II, 4, 73 ; — (Theobaldus), filius Raginaldi, II, 73 ; — (Theobaldus), filius Tescelini, II, 4, 73.

GUEZ (*Guillelmus des*), *vicarius abbatis de Tironio*, II, 225, 226, 227, 228.

GUIBERTUS, capellanus Adele, comitisse Carnotensis, I, 41 ; — faber, II, 10.

GUIBERTUS (Galterius), II, 48.

GUIBOLDUS, famulus Manassis de Tornan, I, 120.

GUIBURGIS, uxor Gaignardi Piscis, I, 111.

GUICHERIUS, prior Sancti-Dionisii de Noiomio, I, 139.

GUIDO, camerarius regius, I, 18 ; — cardinalis Sanctorum Cosme et Damiani, I, 203 ; — cardinalis Sancti Grisogoni, II, 67 ; — cardinalis Sanctorum Laurentii et Damasi, II, 63, 67 ; — cardinalis Sancte-Marie-in-Porticu, II, 63, 67 ; — cardinalis cancellarius Eugenii (III), pape, II, 63, 67 ; — *prior de Ruissi*, I, 113, 189.

GUIGNALENA (Hugo), filius Hugonis Desreati, I, 25, 58, 71.

GUILLELMUS, abbas Sancti-Petri Carnotensis, I, 157, 230 ; — *abbas Tironensis*, I, 36, 44, 45, 49, 51, 71, 79, 81, 82, 91, 112, 121, 128, 132, 134, 156, 173, 184, 198, 201, 203, 209, 215, 218, 238, 249, 253, 254 ; II, 16, 26, 29, 31, 34, 39, 40, 49, 60, 63, 67, 74 ; — *abbas Tironensis*, II, 103 ; — *de Flavacourt*, archiepiscopus Rothomagensis, II, 194 ; — *de Champagne*, archiepiscopus Senonensis, II, 95 ; — buticularius Ludovici (VII), regis Francorum, I, 247 ; — cancellarius Henrici, comitis Trecensis, II, 84 ; — capellanus, *de Vibreia*, II, 4 ; — carpentarius, *de Vibreia*, II, 5; — cellerarius Carnotensis, *mox monachus Tironensis*, I, 64, 230; — cementarius, *de Mauritania*, I, 165, 175; — cementarius, *de Sancto-Leobino*, I, 141; — clausarius, I, 152; — clericus, *de Normannia*, II, 6; — clericus Theobaldi (IV), comitis Carnotensis, I, 65; — comes Pertici, *postea* episcopus Catalaunensis, II, 134, 155, 158, 160, 164; — comes Pontivorum, II, 154; — decanus, II, 109; — discipulus Roberti heremite, I, 241; — *de Sainte-Mère-Eglise*, episcopus Abrincensis, II, 140; — *de Passavant*, episcopus Cenomannensis, II, 38, 40, 163; — *d'Auvergne*, episcopus Parisiensis, II, 175; — faber, I, 122; — famulus Alcherii, filii Aalonis, I, 73, 74, 190, 228; — *famulus monachorum Tironensium*, I, 208; II, 3, 47; — filius Henrici (I), regis Anglie, I, 42, 49; — major de Bumboio, II, 53; — major Gardeiarum, II, 125, 126; — marescallus Ricardi, regis Anglie, II, 108; — porcherius, II, 69; — *prior Tironensis*, I, 117; — *prior Tironensis*, II, 27, 28, 30; — *prior de Villandon*, I, 116, 252;

— sacerdos Sancti-Amandi, II, 53; — sacerdos de Turneio, I, 212, 213, 214, 242; — vinearius, II, 76.

GUILLIER (*Etienne*), *abbé de Tiron*, II, 137.

GUIMUNDUS, famulus Raginaldi, prepositi de Tirone, I, 138; II, 17.

GUINE (Petrus), II, 47.

GUIRCHIA (Radulphus de), II, 34; — (Raginaldus de), II, 34.

GUITELLUS (Engelbaudus), I, 236.

GUITO (Gaufridus), sacerdos, II, 78.

GUITON, sutor, II, 81.

GUITOT (Radulphus de), frater Guillelmi de Valle-Pilon, I, 226; — (Rogerius de), I, 204.

GUITUN (Guillelmus), I, 107; — (Herbertus), I, 106, 107; — (Naelent), I, 107.

GUOHOVILLE (Egidius de), II, 162.

GURNAIO (Gundredis de), filia Girardi, uxor Nigelli de Albigneio, I, 43.

GUYON (*Roger*), *prieur de Reuzé*, II, 235.

H

HAI (Robertus), II, 15.

HAIA (Alberea de), uxor Humfredi de Ponte-Audemaro, I, 76; — (Robertus de), 1, 43.

HAIMUNVILLA (Geroius de), I, 155.

HAIT (Galterius), vicecomes de Mollan, I, 110, 111, 217, 218; — (Tevinus), filius Galterii, I, 218.

HAIZ (Galterius), de Creciaco, II, 56.

HALLEUR (Michael le), II, 229.

HALORI (Johannes), II, 12.

HAMELINUS, decanus Sancti-Juliani Cenomannensis, I, 174; — episcopus Cenomannensis, II, 112, 121, 122, 138.

HANCHES (Goscelinus de), I, 90.

HANETUM (Guillelmus), I, 24, 55, 115; II, 27, 28.

HAOIS, uxor Drogonis de Curtolino, I, 73.

HARCOURT (Blanche de), femme d'Ives de

Vieuxpont, I, 105 ; — (Claude-Lydie de), femme de Gabriel-René de Mailloc, II, 176 ; — de Beuvron (Angélique-Louise-de-la-Croix), II, 176.

HARENC (Guillelmus), frater Simonis de Porco-Mortuo, I, 212, 214 ; — (Radulphus), I, 212.

HARGENTON (Paganus de), I, 252.

HARPINUS, famulus Garnerii Oculus-Canis, I, 177 ; — pelletarius, I, 134.

HARPINUS (Ansoldus), I, 194 ; — (Radulphus), I, 194 ; — (Robertus), I, 195.

HATO, faber, de Turnomio, I, 239 ; — panetarius Theobaldi (IV), comitis Carnotensis, I, 64, 65.

HAVART (Paganus), I, 173.

HAZON (Philibertus), prior de Castaneis, II, 212, 214, 215, 235.

HELDERIUS, sacerdos, I, 237.

HELDOINUS, pelletarius, I, 88.

HELIAS, episcopus Aurelianensis, II, 41.

HELINANDUS (Hugo), filius Pagani, I, 94, 238 ; — (Paganus), I, 16, 93, 94, 206 ; — (Raginaldus), filius Pagani, I, 94.

HELISSENDIS, uxor Johannis de Barris, II, 56.

HELVIS, uxor Ade Brunelli, I, 15 ; — uxor Bardulfi de Galardone, I, 107, 157 ; — uxor Gaufridi (IV), vicecomitis Castriduni, I, 38, 98, 103, 108, 119, 129, 138, 175, 176, 180, 206, 207, 243 ; II, 38, 39, 110 ; — uxor Glavini, carnificis, I, 73, 74 ; — uxor Guiardi Trobel, I, 179 ; — uxor Guillelmi Galli, I, 251 ; — uxor Guillelmi de Magnevilla, II, 108 ; — uxor Raimbaldi Cratonis, I, 154.

HENRICUS, archidiaconus Blesensis, II, 138 ; — archidiaconus Carnotensis, II, 127, 158 ; — archidiaconus Parisiensis, I, 53 ; — archidiaconus Sagiensis, II, 86 ; — capellanus Rogerii de Portu, I, 60 ; — dapifer Radulphi de Balgenciaco, I, 99 ; — filius Davidis, regis Scotie, comes Northimbrie, II, 14, 139 ; — comes Trecensium, II, 83, 84 ; — de Grés, episcopus Carnotensis, II, 164 ; — (I), rex Anglie, I, 27, 28, 29, 41, 42, 43, 49, 75, 106 ; II, 37, 82, 83, 139 ; — (II), rex Anglie, II, 25, 35, 37, 81, 82, 83, 108 ; — (III), rex Francorum, II, 240 ; — (IV), rex Francorum, II, 244, 247, 248 ; — senescallus Radulphi de Balgentiaco, I, 233 ; — villicus de Montorio, I, 93, 94.

HERBERTUS, abbas Sancte-Marie-Magdalene de Castriduno, II, 95 ; — abbas Rocaburgensis, I, 81 ; — capellanus Salomonis de Thoerio, II, 59 ; — cutellarius, II, 7 ; — decanus Villane, II, 25 ; — famulus monachorum Tironensium, I, 183 ; II, 5, 17, 86 ; — major de Duromagnis, II, 20 ; — Carnotensis, monachus de Basquevilla, I, 205 ; — monachus Sancti-Nicolai, I, 113 ; — monachus de Vado-Alneti, II, 4 ; — presbiter de Donna-Maria, I, 153 ; — presbiter Sancti-Hilarii de Nogento, I, 210 ; — villanus de Mestenone, II, 37.

HERCEBLESIAM (Garinus), I, 182.

HEREMITA (Hubertus), II, 163 ; — (Petrus), II, 161.

HERICE (Guillelmus), I, 56.

HERLANDUS (Odo), I, 20.

HERMANDUS, carnifex Carnotensis, I, 73, 74.

HERRE (Raginaldus), II, 131.

HERSATIS (Amelina de), filia Odonis, II, 124 ; — (Auburgis de), filia Odonis, II, 124 ; — (Beatrix de), filia Odonis, II, 124 ; — (Egidius de), filius Odonis, II, 124 ; — (Elisabeth de), filia Odonis, II, 124 ; — (Eremburgis de), filia Odonis, II, 124 ; — (Gaufridus de), filius Odonis,

II, 124; — (Odo de), II, 124, 125; — (Theophania de), filia Odonis, II, 124.

HERSENDIS, uxor Balduini de Bonel, I, 169; — uxor Gisleberti de Humbleriis, I, 152; — uxor Goscelini Galli, I, 251; — uxor Guillelmi, cementarii, I, 165; — uxor Guillelmi de Folieto, I, 245; — uxor Huberti Capreoli, I, 86; — uxor Petri de Spesovilla, I, 143, 144, 178, 222; — uxor Tescelini Guerrer, II, 73.

HERVEUS, *abbas Tironensis*, II, 120; — capellanus Ermengardis, ducisse Britannie, I, 244; — decanus Castriduni, I, 178, 179, 212; II, 8, 57; — *famulus monachorum Tironensium*, I, 184; — prepositus Carnotensis, I, 5; — presbibiter Gevre, II, 24; — sacerdos de Soizeio, I, 25, 26, 196.

HILDEARDIS, abbatissa Sancti-Juliani-de-Pratis, II, 121; — uxor Evrardi de Curciaco, I, 246; — uxor Hugonis de Treiet, I, 237; — uxor Hugonis de Villandon, I, 229; — uxor Roberti de Busloto, II, 85.

HILDEBERTUS *de Lavardin*, episcopus Cenomannensis, *postea* archiepiscopus Turonensis, II, 24.

HILDEBURGIS, uxor Aimerici Popin, II, 111; — uxor Gaufridi de Somboono, I, 146, 147; — uxor Hugonis de Vovis, I, 79; — uxor Odonis de Ulmo, I, 58, 71.

HILDEGARIUS, faber, I, 114.

HILDRICUS, cancellarius Theobaldi (V), comitis Carnotensis, II, 92, 103, 107.

HIREBEC (Robertus), 18.

HODEARDIS, uxor Girardi de Caorchis, I, 61.

HODEBURGIS, uxor Gaufridi Mordant, II, 122.

HODEBRIUS, paagerius, I, 57.

HODIERNA, uxor Raherii de Montiniaco, I, 22.

HOEL (VI), fils de Conan (III), duc de Bretagne, I, 244.

HOGOT (Garinus), II, 157.

HORRICUS, abbas de Cistel, I, 138.

HORTOLANUS (Hubertus), II, 95.

HOTOT (Gislebertus de), I, 205; — (Rogerius de), II, 71.

HOUSSARD (N.), *prieur de Tiron*, II, 209.

HUBERTUS, archipresbiter Aurelianensis, I, 62; — carnifex, I, 179; — cellararius Sancti-Petri Carnotensis, I, 89; — forestarius, II, 50; — presbiter, II, 109; — sacerdos Sancti-Hilarii-super-Erram, II, 69.

HUELINA, uxor Josleni, filii Fulcherii, I, 56.

HUGO, abbas Sancti-Germani-de-Pratis Parisiensis, I, 52; — *abbas Tironensis*, I, 28; — *Le Roux*, archiepiscopus Dolensis, II, 87; — *d'Amiens*, archiepiscopus Rothomagensis, I, 193, 203, 205, 212; — *d'Etampes*, archiepiscopus Turonensis, I, 253; — canonicus Carnotensis, I, 2, 5, 12; — capellanus leprosorum Mauritanie, II, 91; — capellanus Sancti-Georgii, II, 23, 33; — capellanus Gaufridi de Turre, II, 54; — cardinalis, vicecancellarius Eugenii (III), pape, II, 63, 67; — constabularius Ludovici (VII), regis Francorum, I, 127; — *de Saint-Calais*, episcopus Cenomannensis, I, 210; — episcopus Quinentrensis, II, 108; — faber, I, 115; — *famulus monachorum Tironensium*, II, 15, 47; — filius Galterii, nutritoris, I, 23; — filius Geberge, I, 45; — forestarius, de Brimunt, I, 107; — monetarius, I, 195; — prefectus Ferrerie, II, 44; — presbiter de Colungiis, I, 254; — presbiter Sancti-Aniani, I, 121; — *prior de Erablo*, *mox* abbas Cisterciensis, II, 83; — *prior Sancti-Audoeni*, I, 197; — subdecanus Carnotensis, I, 252;

— tonsor, *de Carnoto*, I, 101, 182; — (II), vice-dominus Carnotensis, I, 189; — villicus, I, 38.

HULDIERIUS, molendinarius, I, 135.

HUMBERGA, uxor Evrardi (I) de Puteolo, I, 33.

HUMBLERIIS (Agnes de), filia Radulphi, I, 153; — (Ansgardis de), filia Galterii, I, 153, 192; — (Eremburgis de), filia Galterii, I, 153, 192; — (Eremburgis de), filia Gisleberti, I, 153; — (Galterius de), I, 152, 192; — (Gaufridus de), filius Gisleberti, I, 152, 191; — (Gislebertus de), I, 152, 192, 228, 229; — (Guillelmus de), filius Horrici, I, 153; — (Herbertus de), filius Galterii, I, 192; — (Hildeardis de), filia Gisleberti, I, 153; — (Hilduinus de), filius Horrici, I, 153, 192; — (Horricus de), I, 152, 192; — (Johannes de), filius Radulphi, I, 153; — (Radulphus de), I, 152, 192; — (Raginaldus de), filius Galterii, I, 153; — (Raginaldus de), filius Gisleberti, I, 152; — (Richerius de), filius Galterii, I, 153; — (Robertus de), filius Gisleberti, I, 152; — (Robinus de), II, 46; — (Rogerius de), I, 152, 192; — (Theobaldus de), filius Galterii, I, 153; — (Ursionius de), filius Radulphi, I, 153.

HUMERIIS (Ricardus de), constabularius Henrici (II), regis Anglie, II, 38.

HUNFRIDUS, capellanus Adele, comitisse Carnotensis, I, 29, 41.

HUNVILLE (Adam de), filius Guillelmi, II, 158.

HURTADUS (Radulphus), I, 236.

HUTE (Thomas), 182.

I

ILLETO (Gaufridus de), II, 157, 162; — (Guillelmus de), II, 39; — (Hugo de), I, 176.

IMBERT (*Germain*), *prieur de Crasville*, II, 235.

INFANS (Albertus), I, 15, 149.

INFERNUS (Gaufridus), I, 26.

INGELRICUS, major de Chamarcio, II, 8.

INNOCENTIUS (II), papa, I, 201, 202; — (IV), papa, II, 151.

INSGERIUS, archidiaconus Carnotensis, I, 2, 5, 12.

INSULA (Bartholomeus de), filius Jeremie, I, 16; — (Fulcherius de), filius Jeremie, I, 16; — (Galterius de), II, 77; — (Gislebertus de), II, 77; — (Hamelinus de), filius Jeremie, I, 16; — (Hugo de), filius Jeremie, I, 16; — (Jeremias de), I, 16, 156; — (Philippus de), filius Jeremie, I, 16.

INSULA-BURCHARDI (Hugo de), I, 208.

ISABELLIS, uxor Sulpicii de Ambasia, comitissa Carnotensis, II, 133, 154; — uxor Girardi de Rus, I, 102; — uxor Guillelmi Goet, II, 79; — uxor Mathei de Vernonio, I, 242; — uxor Rotroci de Monteforti, II, 73.

ISEMBARDUS, *camerarius Tironensis*, I, 71; II, 28; — canonicus Carnotensis, I, 5, 12; — faber, I, 135; — filius Teodoli, monetarius, I, 121; — *monachus Tironensis*, I, 59; — prepositus de Castro-

Theodorici, II, 84; — *prior Ferrarum*, II, 21, 53.

ISIELDIS, uxor Pagani, filii Berlaii, I, 173.

ISIS (Gradulfus de), filius Roberti, monachus Sancti-Petri Carnotensis, I, 225; — (Guido de), I, 225; — (Robertus de), I, 225.

ISLOU (Lambertus de), filius Galterii, I, 140.

ISMARUS, episcopus Tusculanus, II, 63, 67.

ISNARDUS, vicecomes, II, 19.

Ivo, coquus episcopi Carnotensis, I, 59; — decanus de Sancto-Egidio, I, 242; — episcopus Carnotensis, I, 1, 2, 4, 11, 13, 33, 119, 158, 195; II, 104; — *famulus abbatis Tironensis*, I, 72, 210; — forestarius, de Brimunt, I, 107; — I, 107; — monachus de Lavarzino, I, 114; — sacerdos Sancti-Baomiri, I, 174.

IVONUS, presbiter, I, 222.

J

JACINTUS, cardinalis Sancte-Marie-in-Cosmedin, II, 63, 67.

JAILLE (Jean de la), *prieur de la Madeleine-sur-Seine*, II, 234.

JALANZ (Goherius de), filius Hugonis, I, 222; — (Hugo de), I, 23, 178, 179, 206, 222.

JALLIA (Guiscardus de), I, 113.

JAMYN (*Amadisius*), *prior de Cruce-Vallis*, II, 238.

JARDINS (*Henricus des*), *abbas Tironensis*, II, 204.

JARETARIUS (Galterius), auriga, I, 19, 57.

JARROCELLUS (Girardus), I, 60, 124.

JEANNE, femme de Philippe Morhier, I, 89.

JEMILIE (Hugo de), I, 19; — (Thomas de), filius Hugonis, I, 19.

JEROSOLOMITANUS (Ascelinus), I, 122.

JEUVRON (Garinus de), II, 26.

JOCHO, molendinarius, II, 27.

JOCULATOR (Hilarius), I, 149.

JOHANNA, uxor Bernardi (IV) de Firmitate, II, 178, 181.

JOHANNES, *abbas de Pellicia*, II, 218, 235; — abbas Sancti-Nicolai Andegavensis, I, 35; — canonicus Carnotensis, I, 5, 12; — canonicus Villane, II, 26; — capellanus Gosleni, episcopi Suessionensis, I, 130; — capicerius Carnotensis, I, 149; — cardinalis Sancte-Marie-Nove, II, 63, 67; — *cellararius Tironensis*, II, 190; — decanus Cenomannensis, I, 8; — decanus Cenomannensis, II, 193; — (II), episcopus Aurelianensis, I, 61, 100, 206; — *de Salisbury*, episcopus Carnotensis, I, 143; — episcopus Glasqwensis, I, 81; II, 14; — episcopus Luxoviensis, I, 43; — herbarius, I, 229; — janitor, II, 95; — mediterius, de Behardería, II, 69; — molendinarius, II, 20; — *monachus Sancti-Sulpicii-in-Paillo*, II, 24; — *monachus de Vadu-Alneti*, II, 14; — propositus, II, 30; — presbiter de Charenceio, II, 69; — presbiter de Pruneio, I, 155; — *prior Castaneorum*, I, 79, 95, 115, 116, 157.

JOLLANUS, dapifer Henrici (II), regis Anglorum, II, 82.

JOLY (Michael), notarius, II, 238.

JORDANUS, cardinalis Sancte-Susanne, II, 63, 67.
JOSAPHAT (Herveus de), I, 182.
JOSCELINUS, cordubernarius, I, 99.
JOSLENUS, filius Fulcherii, I, 56.
JOSMERUS, famulus Petri Regis, I, 99.
JOUSSELIN (Paganus), I, 66.
JOVINUS (Raginaldus), I, 172.
JOUSSEMOLLE (Mathurinus), II, 225.
JOYEUSE (Anne, duc de), II, 244.
JUDAS (Robertus), I, 139.

JUDITH, femme de Waltheof, comte de Northumberland, I, 109.
JULIANA, uxor Roberti de Curtolino, I, 73, 146.
JULIUS, cardinalis Sancti-Marcelli, II, 63, 67.
JUPILLIS (Bartholomeus de), II, 36; — (Herbertus de), I, 21; — (Robertus de), II, 36; — (Theobaldus de), I, 179.
JUSTINUS, presbiter de Cambremer, II, 76.
JUVENIS (Evrardus), I, 132; — (Hugo), I, 38.

K

KATERINA de Clermont, uxor Ludovici, comitis Carnotensis, II, 113.

L

LABORI (Hubertus), I, 117; II, 81.
LACU-NIGRO (Odo de), cancellarius Carnotensis, II, 186.
LAGUINA (Bartholomeus), filius Petri, I, 222; — (Petrus), I, 208, 222; II, 8.
LAILLER (Martin), prieur de Ceton, II, 252.
LAMBERTUS, abbas Tironensis, II, 111; — canonicus Sancti-Georgii-de-Nemore, I, 16; — cellararius, I, 64, 195; II, 7; — cordarius, I, 107, 159; II, 46; — despensarius Fulconis, comitis Andegavensis, I, 113; — faber, I, 44; II, 31; — prior Tillioli, I, 62, 63; — vigerius, I, 150.
LAMBORRIA (Galterius de), I, 234; — (Hugo de), I, 235.

LAMOIGNON (Anne de), femme de François-Théodore de Nesmond, II, 176.
LANDA (Raginaldus de), II, 2; — (Ricardus de), I, 60.
LANDRICUS, archidiaconus Carnotensis, I, 2, 5, 12; — pretor, I, 172.
LANEAU (René), prieur de la Ronchère, II, 253.
LANERIACO (Arnulfus de), I, 98, 181, 208; — (Gervasius de), II, 97.
LANGEIO (Fromundus de), II, 95; — (Matheus de), II, 94.
LANGLOIS (Jean), prieur de la Couture, I, 246.
LAPOSTOJEL (Simon), II, 147.

LARBENT (*Jacques de*), *prieur de la Madeleine-sur-Seine*, II, 234; — (*Raoulet de*), *prieur de la Madeleine-sur-Seine*, II, 234.

LARCHIER (*Johannes*), *monachus de Pellicia*, II, 218.

LARRE (Oliverius de), I, 110.

LATELEA (Robertus de), II, 31.

LAUBIER (*René de*), *abbé d'Arcisses*, II, 235.

LAURENTIUS, famulus Simonis de Peuvers, I, 184; — *monachus de Basquevilla*, I, 204.

LAVARZINO (Beatrix de), uxor Ursionis de Fractavalle, I, 206, 207; — (Gaufridus de), II, 81.

LEAGE (*Ludovicus de*), *abbé d'Arcisses et du Joug-Dieu*, II, 222, 223.

LÉAUTÉ (*Claude*), *prieur des Châtaigniers*, II, 251.

LEBAL (Guillelmus), II, 13.

LEBAS (*Jean*), *prieur de Saint-Blaise-de-Luy, de la Roussière, de Sainte-Radegonde de Corbeil*, puis *d'Ablis*, II, 234, 235.

LEBER (*Nicolas*), *prieur de la Madeleine de Reno*, II, 235.

LEBORGNE (Jean), II, 199, 200.

LEBORT (Robertus), I, 102.

LEBRETON (Guillelmus), II, 180; — (Johannes), II, 224.

LECOMTE (*François*), *prieur de Saint-Barthélemy de Charencei*, II, 235, 251.

LECORPS (*Briant*), *prieur de Cohardon*, puis *de l'Ouïe*, II, 234, 235.

LECORREUR (*Jean-Baptiste*), *prieur de la Madeleine de Reno*, II, 235, 251.

LEDEMANS (Odo de), I, 183.

LEDGARDIS, uxor Evrardi, fabri, I, 44; — uxor Gaufridi de Rivereio, I, 84; — uxor Lorini de Porta-Drocensi, I, 190, 228.

LEDREIES (Gebertus), II, 13.

LEDUIT (Gaufridus), I, 103, 180; — (Helvisa), II, 48.

LEGRAND (*Jean*), *prieur de la Jarrie*, II, 235; — (*Robert*), *prieur de René*, II, 234.

LEGRECESTRIA (Robertus de), filius Roberti de Bellomonte, I, 43, 77, 162, 163, 164; II, 82.

LEIDEZ, presbiter Sancti-Marcelli, I, 63.

LEISART (Raherius de), I, 34.

LEMERCIER (*Petrus*), *firmatus prioratus de Cohardonio*, II, 219, 220.

LEMESGRE (Herveus), II, 157.

LEOBINUS, canonicus Carnotensis, I, 5, 12.

LEPUS (Guillelmus), I, 191; — (Raginaldus), II, 46.

LEREIO (Rollandus de), I, 185.

LERO (Robertus de), II, 46.

LEROUX (Jean), sergent, II, 206.

LEROY (Georgius), agricola, II, 229.

LESCLENCHEIR (Guillelmus), II, 81.

LESLEU (*Johannes*), *prieur de la Roussière*, II, 320, 222, 235.

LETERI (Foubertus), II, 120; — (Guillelmus), II, 160.

LETICIA, uxor Guidonis de Menevilla, I, 131.

LETIXIER (Ricardus), II, 221.

LEUGIS (Agnes de), filia Gaufridi, II, 124; — (Dodo de), I, 189; — (Garinus de), I, 59; — (Gaufridus de), filius Gosleni, prepositus Carnotensis, I, 59, 188; II, 95; — (Gaufridus de), II, 123, 124; — (Goslenus de), I, 59, 70, 106, 127, 182, 188; — (Goslenus de), filius Gosleni, archidiaconus Carnotensis, I, 59, 86, 100, 107, 159, 188, 191; II, 39, 46,

123, 128; — (Guido de), I, 199; — (Hugo de), subdecanus Carnotensis, I, 2, 4, 11, 128, 155; — (Luciana de), filia Gosleni, I, 59; — (Milo de), I, 148, 189; — (Odelina de), filia Gosleni, I, 59.

LEVESVILLA (Aalis de), filia Evrardi (II), I, 128; — (Amauricus (I) de), filius Evrardi (I), I, 128; — (Amauricus (II) de), filius Evrardi (II), I, 128; — (Beatrix de), filia Evrardi (II), I, 128; — (Eustachia de), filia Evrardi (II), I, 128; — (Evrardus (II) de), filius Amaurici (I), I, 128; — (Evrardus (I) de), I, 128; — (Evrardus de), filius Amaurici (II), I, 128; — (Germundus de), filius Evrardi (II), canonicus Carnotensis, I, 128; — (Girardus de), filius Amaurici (II), I, 128; — (Isabellis de), filia Evrardi (II), I, 128; — (Isabellis de), filia Amaurici (II), I, 128; — (Margarita de), filia Amaurici (II), I, 128; — (Petronilla de), filia Amaurici (II), I, 128; — (Philippa de), filia Amaurici (II), I, 128.

LEVREVILLA (Hugo de), I, 106, 107, 157, 229, 230; — (Maria de), I, 106, 107, 157.

LHOMME *(Louis de), prieur de Bouche-d'Aigre*, II, 250.

LIBRANS-NEMUS, famulus Stephani, prepositi Carnotensis, I, 195.

LICHO (Fromundus), I, 93.

LIGERIUS, clausarius Carnotensis, I, 64.

LIMETH (Gislebertus de), filius Rogerii, I, 169, 170; — (Laurentius de), filius Rogerii, I, 169, 170.

LISIARDUS, episcopus Sagiensis, II, 161.

LOCELLIS (Carrellus de), I, 34; — (Gaufridus de), I, 34; — (Herbertus de), I, 34.

LOCHE (Raginaldus), canonicus de Curva villa, I, 71.

LODOPA (Odo de), I, 135.

LOESVILLA (Paganus de), I, 151.

LOGIIS (Girardus de), II, 118; — (Robertus de), I, 170, 173.

LOHERENGIUS (Gaufridus), I, 60.

LOIGNY (Gazot de), II, 201; — (Geoffroy de), II, 201.

LOISVILLA (Guido de), II, 47.

LOIVILLER (Galterius de), II, 126, 127; — (Guillelmus de), II, 126, 127.

LOLOERENC (Henricus), I, 222.

LONAYO (Theodericus de), II, 180.

LONGA-AQUA (Bertrannus de), I, 248.

LONGA-TESTA (Richerius), I, 230.

LONGO-CAMPO (Guillelmus de), cancellarius Ricardi, regis Anglie, II, 108.

LONGO-PONTE (Cecilia de), II, 77; — (Gervasius de), filius Cecilie, II, 77; — (Guillelmus de), filius Cecilie, II, 77; — (Hugo de), filius Cecilie, II, 77; — (Lucia de), II, 161; — (Radulphus de), filius Cecilie, II, 77; — (Simon de), II, 77.

LONGOVILLARI (Odo de), famulus, I, 191.

LONVILLERIO (Fulcoius de), I, 153; — (Geroius de), II, 43.

LOREMERA, uxor Garnerii Oculus-Canis, I, 177.

LORIDUM (Raginaldus), I, 73.

LORRAINE (Marguerite de), fille de Ferri (II), femme de René, duc d'Alençon, II, 230.

LORREIO (Guillelmus de), I, 170.

LOSDUNO (Gaufridus de), II, 81.

LOTTORINGENSIS (Matheus), II, 84.

LOUN (Girardus de), I, 235.

LOVELLUS, *famulus monachorum Tironensium*, II, 85, 86.

LUCAS, cardinalis Sanctorum Johannis et Pauli, I, 202; — *de Nogento, monachus de Basquevilla*, I, 205.

LUCELLO (Hubertus de), I, 113; — (Popardus de), I, 113.

LUCI (Ricardus de), II, 83.

LUCIA, uxor Hugonis de Calvomonte, I, 53; — uxor Rotroci de Monteforti, I, 223.

LUCIANA, uxor Gosleni de Leugis, I, 59.

LUCIUS (II), papa, II, 41.

LUDOVICUS, buticularius Ludovici (VI), regis Francorum, I, 127; — filius Theobaldi (V), comes Carnotensis, I, 65, 69; II, 91, 106, 112, 116, 159; — (VI), rex Francorum, I, 18, 46, 66, 95, 127, 158, 183, 195; — (VII), rex Francorum, I, 247; II, 68, 104, 154; — (IX), rex Francorum, I, 247; — (XII), rex Francorum, II, 231, 233.

LUENS (Fulbertus de), I, 200.

LUETANE (Garinus de), II, 74.

LUÉZÉ (*Charles*), *prieur de Cohardon*, II, 251.

LUPELLUS (Ascelinus), I, 108, 130, 138.

LUPI-SALTU (Hugo de), dominus de Soldaio, I, 175.

LUPUS (Aalis), filia Pagani, uxor Roberti Gifardi, I, 101; — (Paganus), *de Nerone*, I, 101.

LUQUETO (Robertus de), I, 92.

LURIACO (Petrus de), I, 102, 161.

M

MABILIA, uxor Guillelmi Goet *juvenis*, I, 106; — uxor Raginaldi de Foresta, I, 61; — uxor Theobaldi Raguenel, II, 165.

MACÉ (*René*), *prieur de Saint-Barthélemy de Charencey*, II, 235.

MACERIIS (Guiardus de), I, 214.

MACHUA (Petrus), II, 2.

MAÇON (Nicolaus le), II, 180.

MAGISTER (Jordanus), II, 168; — (Petrus), I, 120, 167, 239.

MAGNAVILLA (Robertus de), I, 205.

MAGNEVILLA (Guillelmus de), II, 108.

MAGNO-CAMPO (Aimericus de), II, 33.

MAGNO-PONTE (Gaufridus de), I, 65.

MAGNUS (*Raginaldus*), *prior de Turneto*, I, 238; II, 81.

MAHEUST (*Johannes*), *prior de Coutres*, II, 219.

MAILLEBOIS (*Jean de*), *prieur de Sept-Faux*, II, 234.

MAINGARIN (Matheus), II, 11.

MAINTIENS (Ricardus le), II, 76.

MAIPPE (Hugo de), I, 241.

MALA-HERBA (Arnulphus), II, 45; — (Osbertus), II, 45.

MALA-MUSCA (Drogo), I, 223; — (Odo), filius Raginaldi Borgoil, I, 41, 231.

MALA-PUGNA (Aimericus), I, 124; — (Giraudus), I, 124.

MALASPINA (Imbertus de), I, 31.

MALA-TERRA (Ernaudus), II, 47; — (Roscelinus), II, 47.

MALAVEA (Ricardus de), II, 2.

MALBOVERIUS (*Ernaudus*), *prior de Spesovilla*, I, 84, 236; — (*Guillelmus*), *filius Ernaudi, monachus Tironensis*, I, 84.

MALEBRANCHE (Stephanus), II, 190, 200.

MALEIT (Petrus), II, 55.

MALE-NUTRITUS (Guillelmus), I, 140; — (Hugo), II, 50; — (Raginaldus), II, 126.

MALESIIS (Benedictus de), I, 141; — (Garinus de), filius Gisleberti, II, 28.

MALFERUN (Radulphus), I, 142.

MALGERIUS, *famulus monachorum Tironensium*, I, 184.

MALLA (Gaufridus), II, 131.

MALLEIO (Gilduinus de), I, 113.

MALOBUIXON (Ricardus de), I, 136.

MALUS-LEO (Hugo), filius Roberti de Moteia, II, 118.

MALVASLET (Gislebertus), I, 204.

MANANDUS (Theobaldus), II, 36.

MANASSES *de Garlande*, episcopus Aurelianensis, I, 238; —(II), episcopus Meldensis, II, 84.

MANDEGUERRA (Robertus), I, 39, 54.

MANDROISE (G.), II, 158.

MANDRONIS (Bernardus), II, 89.

MANSEL (Garnerius), I, 59; — (Guillelmus), I, 165; — (Hugo), I, 69.

MANSO-LEONCI (Paganus de), II, 57.

MARAIS (Guillelmus de), II, 48.

MARCEL (Bertrandus), II, 224.

MARCHA-SUAVITER (Gaufridus), II, 47.

MARCHEILO (Guibertus de), II, 27.

MARCHUS, *monachus Tironensis*, II, 51.

MARCILLEIO (Philippus de), I, 170.

MARCORIO (Garinus de), II, 92.

MARESCALLI (Guillelmus), II, 115, 116.

MARESCOT (Guillelmus), I, 173; — (R.), II, 157.

MARGARITA, uxor Aimerici Baufredi, I, 180; — uxor Gaufridi de Bellomonte, II, 118; — uxor Gaufridi de Leugis, II, 124; — uxor Hugonis (III), vicecomitis Castriduni, II, 94; — uxor Roberti de Bellomonte, I, 82.

MARGUM (Robertus de), I, 140.

MARIA, uxor Garini, pellificis, I, 122; — uxor Rogerii de Humbleriis, I, 153, 192.

MARIA (Galterius), I, 137; II, 165.

MARIGNY (Hugo de), II, 80.

MARNA (Robertus de), I, 239.

MARNERIIS (Alexander de), II, 17.

MAROLIO (Guillelmus de), I, 172.

MARREIO (Garinus de), avunculus Odonis de Aco, I, 238; — (Robertus de), I, 34, 238; — (Robertus de), filius Garini, I, 238.

MARTEL (Alanus), II, 109, 114, 152; — (Baldricus), I, 217; — (Galterius), I, 217; — (Gaufridus), filius Guillelmi, I, 217; — (Gaufridus), II, 109; — (Guillelmus), I, 203, 204, 205, 216; II, 98, 109, 113; — (Guillelmus), II, 108, 113, 139, 153; — (Guillelmus), II, 208; — (Louise), fille de Jean, femme de Constantin de Barville, I, 216; — (Odo), I, 216, 217; — (Radulphus), II, 153; — (Rogerius), filius Guillelmi, I, 217.

MARTHA, uxor Hugonis de Terceio, II, 142.

MARTIGNÉ (Thomas de), seigneur de Doué, I, 171.

MARTIN (*Johannes*), *medietarius prioratus de Ronceria*, II, 221, 222; — (N.), sergent de la Soublière, II, 242, 243.

MARTINEIO (Paganus de), II, 77.

Martinus (IV), papa, I, 195.

Marulio (Frogerius de), I, 248; — (Sevinus de), I, 248.

Mascherenvilla (Evrardus de), I, 222.

Masciaco (Paganus de), II, 92.

Masculus (Guillelmus), II, 15.

Mathea, uxor Guillelmi de Sozaico, I, 222.

Matheus, constabularius Ludovici (VII), regis Francorum, I, 247; — dapifer Gaufridi, vicecomitis Castridunensis, I, 181; — presbiter de Avertonio, II, 24.

Mathias, camerarius Ludovici (VII), regis Francorum, I, 247.

Mathildis, imperatrix, filia Henrici (I), regis Anglie, I, 109; II, 37, 82, 83; — uxor Conani (III), ducis Britannie, I, 186; — uxor Gosberti Trobel, I, 179; — uxor Johannis de Montiniaco, II, 133; — uxor Pagani de Bosco *et* Hugonis de Alogia, II, 72; — uxor Radulphi de Balgentiaco, I, 233; II, 58; — uxor Roberti de Rus, I, 102; — *d'Angleterre*, uxor Rotroci (II), comitis Perticensis, I, 31, 84, 125, 126; II, 155, 160, 164; — uxor Stephani de Cursesaudo, I, 72.

Matonviller (Girardus de), II, 120.

Mauchenai (G. de), II, 155.

Mauduit (Johannes), II, 153.

Maugerius, clericus Insulæ, I, 16.

Maulleone (Savaricus de), II, 53.

Maura, uxor Oleardi de Sancto-Martino, II, 3.

Mauricius, archidiaconus Dunensis, II, 174; — carpentarius, I, 87; — clericus, de Fonteneio, I, 213, 215; — episcopus Cenomannensis, I, 8; II, 138; — *monachus de Murciaco*, II, 20.

Mauritania (Garinus de), filius Aalardi, sacerdos, I, 140; — (Hugo de), II, 28; — (Radulphus de), II, 156.

Mayenne (Charles de Lorraine, duc de), II, 242.

Mecent (Philippus de), II, 55.

Medardus, *famulus monachorum Tironensium*, I, 138, 140.

Medius (Hugo), clericus, I, 16.

Medunno (Durandus de), I, 233.

Medunta (Adelais de), uxor Andree de Baldimento, I, 75.

Melee (Fromundus de), I, 226.

Mellaio (Aimericus de), I, 97; — (Burgunnus de), II, 36; — (Hugo de), II, 163; — (Paganus de), I, 108.

Mellento (Adelina de), uxor Rogerii de Bellomonte, 1, 76; — (Galerannus de), filius Roberti de Bellomonte, I, 42, 76, 77, 162, 193; II, 158; — (Robertus de), filius Galeranni, II, 159.

Memberolis (Blanca de), I, 129, 136, 137; — (Fulcherius de), I, 138; — (Gaufridus de), I, 138; — (Helgodus de), I, 129, 137; — (Hugo de), I, 138; — (Robertus de), I, 38, 177; — (Roscelinus de), II, 102; — (Simon de), II, 200.

Memnon (Johannes), II, 24.

Meneldis, uxor Roberti de Moteia, II, 118.

Menevilla (Evrardus de), filius Guidonis, I, 131; — (Galerannus de), filius Guidonis, I, 131; — (Guido de), I, 131; — (Hugo de), filius Guidonis, I, 131.

Menia (Gaufridus de), I, 103.

Mensendis, uxor Balduini de Villa-Fluis, I, 169.

Menstel (Stephanus), II, 5.

MERELVILLA (Odo de), I, 248; — (Goslenus de), I, 59; — (Guido de), I, 70.

MERIACO (Ansoldus de), I, 92.

MERLAINVILLA (Theobaldus de), II, 12.

MERREVILLA (Gaufridus de), II, 47.

MESCHINUS, capellanus Theobaldi (IV), comitis Carnotensis, I, 64.

MÉSERAY (Guillelmus du), II, 162.

MESGUILLEN (Guillelmus de), II, 122; — (Odo de), II, 77.

MESIO (Gradulfus de), I, 69; — (Robertus de), II, 92, 95, 102.

MESMERAND (Guillaume de), I, 200, 206.

MESNERIA (Arnulphus de), II, 91; — (Robertus de), II, 91.

MESNILIO (Guillelmus de), II, 48; — (Paganus de), I, 40; — (Radulphus de), II, 77; — (Rogerius de), II, 48.

MESTENONE (Agatha de), filia Amaurici, uxor Balduini de Garesanno, I, 90; — (Amauricus de), filius Mainerii, I, 39, 70, 90; — (Amauricus de), filius Johannis, I, 90; II, 37; — (Galerannus de), I, 101, 102, 161; — Guillelmus de), I, 90; — (Johannes de), filius Amaurici, I, 90.

MET (Aubertus de), I, 151.

MEUN (Geldoinus de), I, 41.

MEURON (*Étienne*), *prieur de la Madeleine de Bréval*, II, 234.

MEYSÉ (*François*), *prieur de Sainte-Radegonde de Corbeil*, puis *de la Madeleine-sur-Seine*, II, 234, 235.

MICHAEL, salinarius I, 135.

MIELLE (Guillelmus de), I, 113; — (Hugo de), 113, 141.

MILESENDIS, uxor Fulconis (V), comitis Andegavorum, I, 63; — uxor Godescalli de Campo-Folio, I, 148; — uxor Guillelmi de Colonia, II, 54; — uxor Guillelmi de Cursesaudo, II, 50; — uxor Hugonis de Bosco, II, 69; — uxor Johannis, sutoris, I, 107; — uxor Pagani Helinandi, I, 94.

MILICIA (Albericus de), I, 66; II, 136; — (*Albertus de*), *filius Alberici, monachus Tironensis*, I, 66; — (Fulco de), I, filius Alberici, I, 66; — (Gilbertus de), I, 66; — (Hamelinus de), II, 136; — (Hugo de), filius Alberici, I, 66.

MILLEIO (Gislebertus de), II, 95.

MINGUEL (Jean), seigneur de Couttes, I, 105.

MINONIUS (Christianus), II, 47.

MODALIBUS (Guillelmus de), I, 210.

MOISI (Robertus), I, 173.

MOISNARDUS (Morellus), I, 208.

MOLEHERNA (Fulco de), I, 113.

MOLLIS-VENTUS (Gaufridus), II, 80.

MONASTERIIS (Gaufridus de), I, 135, 136.

MONASTERIOLO (Berlaius (III) de), I, 182; — (Giraudus de), filius Berlaii (III), I, 35, 121, 132, 134, 135.

MONCIACO (Johannes de), I, 187.

MONFALCON (Fulco de), I, 112; — (Guiscardus de), I, 113; — (Haois de), I, 112.

MONTFORTE (Raginaldus de), I, 35.

MONGERVILLE (Guillelmus de), II, 158, 160.

MONLEMIN (Fulcoius de), I, 23.

MONTANDON (Hubertus de), II, 109.

MONTBOISSIER (*Guillaume de*), *prieur du Sépulcre d'Allemagne*, II, 235.

MONTEACUTO (Thomas de), comes Salesberiensis, II, 209, 210.

MONTE-AUPENSI (Garinus de), I, 143, 144, 222; — (Henricus de), filius Radulphi,

I, 88; — (Radulphus de), I, 77, 88; — (Theodericus de), filius Garini, I, 143.

MONTE-AUREO (Drogo de), I, 167; — Durandus de), I, 173; — (Gaufridus de), I, 166, 197; — (Hamelinus de), I, 167, 197; — Hugo de), I, 166, 197; — (Johannes de), filius Petri, I, 167; — (Matheus de), I, 167, 197; — (Nihardus de), I, 166; — Petrus de), I, 197; — (Petrus de), filius Hamelini, I, 197.

MONTE-BERELE (Gervasius de), I, 38, 180.

MONTE-BERNARDO (Hugo de), I, 233.

MONTE-CORBUM (Garinus de), I, 180.

MONTE-CORLEN (Robertus de), I, 164.

MONTE-DUBLELLO (Beeriverius de), I, 180; — (Guiburgis de), filia Pagani, uxor Bartholomei de Vindocino, II, 1; — (Paganus de), II, 1; — (Paganus de), filius Hugonis (III) de Castriduno, II, 110, 111; — (Papinus de), filius Stephani, 1, 87; — (Raimbertus de), I, 38; — (Stephanus de), I, 87.

MONTE-DULCI (Aldricus de), I, 146; — (Guiardus de), I, 54, 83; II, 12, 39, 47; — (Guillelmus de), II, 162; — (Ivo de), II, 126; — (Philippus de), II, 118, 126.

MONTE-FOLET (Gaufridus de), I, 119, 129, 133, 181; — (Girardus de), I, 181.

MONTEFORTI (Agnes de), uxor Galeranni de Mellento, I, 76; — (Amauricus (V) de), filius Amaurici (IV), I, 90; — (Fulco de), II, 73; — (Hugo de), I, 42, 76; — (Hugo de), filius Hugonis, I, 42; — (Hugo de), II, 73; — (Robertus de), I, 219; — (Rotrocus de), I, 223; II, 18, 73; — (Rotrocus de), filius Rotroci, I, 223; II, 73, 80.

MONTE-FULCHARDI (Radulphus de), I, 55, 115.

MONTE-HAGIO (Radulphus de), monachus Tironensis, I, 254.

MONTE-HATOINO (Burgundus de), II, 2.

MONTE-IBREIO (Herbertus de), I, 173; II, 43.

MONTE-JOHIS (Hubertus de), II, 56.

MONTELEHERICO (Aalis de), uxor Hugonis (I) de Puteolo, I, 38.

MONTE-LETI-BOVIS (Guillelmus de), II, 32, 53.

MONTE-PINZON (Guido de), filius Simonis, I, 90; — (Radulphus de), filius Simonis, I, 90; — (Robertus de), filius Simonis, I, 90; — (Simon de), I, 90.

MONTE-RABENI (Petrus de), II, 53.

MONTE-RAHART (Engelbaudus de), I, 26.

MONTE-RANERII (Galterius de), I, 112; — (Paganus de), I, 112.

MONTESSON (Jean de), prieur de Saint-Sulpice-en-Pail, II, 234.

MONTFLAYNE (N. de), scutifer, prior de Trehoderia, II, 229.

MONTGOBIAU (Matheus de), II, 156.

MONTHEON (Jacquelinus de), I, 66.

MONTIBUS (Gilduinus de), I, 66.

MONTINIACO (Aalis de), filia Raherii, uxor Raginaldi de Spieriis, I, 181; — (Adelicia de), filia Johannis, II, 133; — (Agnes de), filia Wanilonis (II), uxor Hugonis, vicedomini Carnotensis, et Odonis de Valleriis, I, 14, 16, 22; II, 8; — (Aimericus de), I, 60, 61; — Eustachia de), filia Odonis, I, 22; — (Galiena de), filia Odonis, I, 22; — (Gaufridus de), I, 38, 119; — (Guillelmus de), I, 21; — (Helvisis de), filia Johannis, II, 133; — (Herbertus de), I, 21; — (Hildeardis de), filia Odonis, I, 22; — (Hugo de), filius Johannis, II, 133; — (Hugo de), filius Odonis, I, 22; — (Hugo de), filius Raherii, 1, 22; — (Jacquelina de), filia Odonis, I, 22; —

(Johannes de), I, 21; — (Johannes de), II, 132, 133, 161; — (Johannes de), filius Johannis, II, 133; — (Margarita de), filia Johannis, II, 133; — (Odo *de Valleriis, postea* de), I, 22, 38, 180; 181; II, 8; — (Odo de), filius Odonis, I, 22; — (Odo de), filius Raherii, I, 22; II, 96, 97; — (Philippus de), I, 16, 23, 87; — (Raherius de), filius Odonis, I, 22, 94; — (Raherius de), filius Raherii, I, 22; II, 84, 96, 97; — (Wanilo de), thesaurarius Majoris-Monasterii, I, 160, 181, 219; — (Wanilo (II) de), I, 22.

MONTIREAU (Johannes de), II, 163; — (Ludovicus de), II, 220; — *(Petrus de), prior Sancti-Michaelis-de-Colle*, II, 214, 215, 218, 220.

MONTIS (Paganus), I, 171.

MORCHOISNE (Arnoul), II, 199.

MORDANT (Agnes), filia Huberti, II, 122; — (Gaufridus), II, 122; — (Hubertus), II, 122; — (Hubertus), filius Huberti, II, 121, 160; — (Johannes), filius Huberti, II, 122; — (Mathildis), filia Huberti, II, 122.

MOREAU (Jean), II, 207.

MOREL (Garinus), II, 45.

MORELLUS, famulus comitisse Perticensis, I, 144.

MORELLUS (Raginaldus), pistor, I, 64.

MORET (Marie de), femme de Mathieu de Trie, I, 215.

MOREVILLA (Hugo de), II, 15.

MORHIER (Aimery (I), fils de Morhier de Nogent, I, 89, 90; — (Aimery(II), fils de Guillaume (I), I, 89; — (Etienne), fils de Guillaume (III), I, 89; — (Garnier), fils de Morhier de Nogent, I, 89, 90, 101; — (Garnier), fils d'Aimery (I), I,

89; — (Garnier), fils de Garnier, I, 89; — (Godescal), fils de Morhier de Nogent, moine de Saint-Jean-en-Vallée, I, 89, 90; — (Guillaume(I), fils de Garnier, I, 89; — (Guillaume (II), fils d'Aimery (II), I, 89; — (Guillaume (III), fils de Philippe, I, 89; — Jean), fils de Garnier, I, 89, — (Philippe), fils de Garnier, chanoine de Chartres, I, 89; — (Philippe), fils de Guillaume (II), I, 89; — (Simon), fils d'Etienne, I, 89; — (Thècle), fille de Garnier, femme de Guillaume de Chartres, seigneur de Ver, I, 89.

MORIA (Garinus de), filius Radulphi, I, 173; — (Radulphus de), I, 173.

MORIEUL (*Hugo*), *firmarius prioratus Basqueville*, II, 226.

MORINOCATUS (Asallitus), I, 171.

MORINUS, presbiter, II, 21.

MORINUS (Hugo), *de Porta-Drocensi*, I, 190; — (Ricardus), I, 102, 162.

MORISE (*Jean*), *prieur de Montaillé*, II, 235.

MORTAIGNE (Guillelmus de), II, 149, 150.

MORTPEIN (Bartholomeus), filius Herberti, I, 179.

MORTUA-MULIERE (Grimaldus de), I, 27.

MORVILLA (Goherius de), II, 119.

MORVILLARI (Clarellus de), I, 59; — (Garinus de), II, 120.

MOSCHATUS (Guillelmus), I, 26; — (Herbertus), II, 44; — (Raherius), II, 44; — (Ricardus), I, 151.

MOSTEREOL (Gaufridus de), II, 79.

MOTEIA (Ada de), filia Roberti, uxor Mathei de Arreis, II, 118; — (Aimericus de), filius Roberti, II, 118; — (Galterius de), filius Roberti, I, 83, 188; II, 27, 118; — (Galterius de), filius Galterii, II, 118; — (Garinus de), filius Roberti, II, 118; — (Gaufridus de), filius Robert, I, 117, 188; — (Hodierna de), filia Roberti, uxor Gaufridi, forestarii, II, 118; — (Juliana de), filia Roberti, uxor Girardi de Logiis, II, 118; — (Matheus de), filius Roberti, II, 118; — (Odo de), filius Roberti, II, 118; — (Philippus de), filius Galterii, II, 118; — (Philippus de), filius Roberti, II, 118; — (Raginaldus de), filius Galterii, II, 118; — (Robertus de), I, 17, 101, 117, 142, 144, 146, 147, 188, 245; II, 118.

MOTEREIS (Philippus de), II, 73.

MOUNET (Hugo de), II, 118.

MOUSTIER (Guillaume du), II, 214, 215, 220; — (Louis du), prieur de la Chapelle-Vicomtesse, II, 235.

MOUTEILLE (Andreas), filius Arnulphi, II, 158.

MOYSANT (Galterius), I, 207.

MOYSES, monachus Sancti-Petri Carnotensis, I, 156.

MULOT (Johannes), II, 223.

MUNGERVILER (Goscelinus de), I, 159.

MUNZ (Hugo de), I, 224.

MUSSET (Renaud), prieur de Saint-Georges de Cintry, puis d'Oisème, II, 235.

MUSTERIOLO (Gervasius de), II, 95.

MUTEOS (Raginaldus), I, 16.

MUTHART (Paganus), II, 2.

N

NAEL (Raginaldus), I, 98.

NAEL, famulus Alcherii, filii Aalonis, I, 195.

NANUS (Guillelmus), I, 204, 217.

NAUDO (Thomas), II, 81.

NAVET (Rogerius), II, 147, 175.

NEAUFETA (Belinus de), I, 252; — (Christianus de), I, 252.

NIELLA (Adam de), I, 199; — (Albertus de), I, 199.

NEMORE (Guillelmus de), II, 119; — (Hilduinus de), I, 170.

NEMORE-HUNODI (Philippus de), II, 155.

NEPTUNUS (Stephanus), canonicus Sancte-Marie-Magdelene Castridunensis, I, 177.

NERON (Odo), II, 126.

NERONE (Gaufridus de), I, 228; — (Guiardus de), II, 13.

NESMOND (François de), évêque de Bayeux, II, 176; — (François-Théodore de), II, 176; — Marie-Louise-Catherine de), femme de Louis-François de Harcourt, II, 176.

NICOLAUS, decanus Villane, II, 25; — (IV), papa, II, 197, 198.

NICORBIN (Herbertus de), I, 191.

NIGELLA (Hildeerius de), II, 32.

NIGER (Archembaudus), I, 99; — (Germundus), I, 90; II, 13; — (Radulphus), I, 90; — (Robertus), sacerdos, I, 184, 246.

NIGRA-TERRA (Gaufridus de), II, 24.

NOA-DROCENSIUM (Lambertus), I, 168.

NOCEIO (Gaufridus de), I, 226; — (Hugo de), I, 82, 226; — (Maria de), filia Engolrandi, II, 12; — (Ogerius de), filius Hugonis, I, 226.

NOERIO (Alexander de), II, 16, 17.

NOGIOMO (*Hubertus de*), *prior Ledi*, I, 59; — (Hugo de), I, 40; — (Moreherius de), I, 88, 89, 90, 101.

NOPIN (Garinus), I, 83.

NORMANNIA (Herveus de), I, 153.

NORMANNUS (Gaufridus), I, 180, 201; — (Giraudus), II, 55; — (*Giraudus*), *prior Tillioli*, I, 61, 124; — (Hubertus), II, 97; — (Robertus), sacerdos, I, 184; — (Robertus), II, 98.

NORTHIMBRIA (Gualleous de), I, 109; — (Mathildis de), I, 109.

NOVAVILLA (Alanus de), I, 163.

NOVIGENTO (Osbertus de), II, 69.

NOVIO (Aimericus de), filius Stephani, I, 222; II, 8; — (Stephanus de), I, 38, 98, 138, 206, 208, 222; II, 8.

NOVO-BURGO (Henricus de), filius Roberti, II, 159; — (Radulphus de), I, 163; — (Robertus de), archidiaconus Rothomagensis, II, 98; — (Robertus de), filius Henrici de Mellento, II, 82, 158, 159.

NUILLEIO (Burgundinus de), filius Gaufridi, I, 194; — (Guillelmus de), I, 146.

NUSEIO (Andreas de), I, 213; — (Ricardus de), I, 213.

O

OCA (Robertus de), I, 98.

OCIOSUS (Garinus), I, 155.

OCTAVIANUS, cardinalis Sancti-Nicolai in Carcere-Tulliano, II, 63, 67.

OCULUS-CANIS (Garnerius), I, 177, 181.

ODA, nutrix Aimerici de Faia, II, 23.

ODELINA, uxor Fulcoii de Chahenne, I, 111; — uxor Galterii de Humbleriis, I, 153, 192; — uxor Gosleni de Leugis, I, 188.

ODO, archidiaconus Carnotensis, I, 2, 5, 12; — camerarius Rotroci (II), comitis Perticensis, I, 40; — cardinalis Sancti-Georgii ad Velum-Aureum, II, 67; — carnifex, II, 37; — clericus Ernaudi de Feritate, I, 235; — famulus Ursionis de Fractavalle, I, 127; — prepositus Carnotensis, I, 59; — sacerdos de Fractigneio, II, 43; — sacerdos de Hargenviller, I, 83, 117, 141, 147, 245; — serviens Roberti de Claro-Fonte, II, 15.

ODO (Natalis), presbiter, II, 226.

ODOINUS, faber, I, 168.

OER (Robertus), II, 28.

OGERIUS, decanus de Esparlum, *deinde* sacerdos de Nerone, I, 101, 102, 188; II, 13.

OGERVILLA (Guillelmus de), I, 191.

OISESMO (Garinus de), filius Guillelmi, I, 151; — (Guillelmus de), I, 151; — (Milo de), filius Guillelmi, I, 151; — (Petrus de), II, 95.

OLUS (Paganus), I, 166.

ONUMNETO (Hubertus de), II, 156.

ORATORIO (Dimesengis de), filia Gaufridi,

II, 58; — (Gaufridus de), II, 58; — (Gaufridus de), filius Gaufridi, II, 58; — (Odo de), filius Gaufridi, II, 58; — (Robertus de), II, 57; — (Robertus de), filius Gaufridi, II, 58; — (Roscelina de), filia Gaufridi, II, 58.

Orchis (Gaufridus de), II, 23, 33; — (Radulphus de), II, 33.

Orcoso (Odo de), I, 120; — (Paganus de), I, 120.

Orgeriis (Ricardus de), II, 5.

Ornay (Ogerius de), I, 41.

Orrevilla (Guillelmus de), I, 97; — (Raginaldus de), I, 97; — (Raginaldus de), II, 116.

Osanna, uxor Drogonis Pichart, II, 69; — uxor Frogerii de Marulio, I, 248; — uxor Hugonis de Boigne, I, 55, 56, 85, 142; — uxor Rogerii, sutoris, II, 29.

Osbernus, major de Nerone, I, 90; — monetarius, I, 121; — *prior Culture*, I, 184.

Os-Leporis (Guillelmus), filius Herberti, II, 28.

Osovilla (Guillelmus de), II, 130; — (Nicolaus de), I, 205; II, 130.

Osseri (Reuricus de), II, 56.

Ossesso (Gaufridus de), I, 21.

Osterlancort (Hubertus de), II, 51.

Otto, cardinalis Sancti-Georgii, I, 203.

P

Pachot (N.), intendant de Jean-Casimir, roi de Pologne, II, 249.

Pagana, uxor Pagani de Frovilla, I, 138.

Pagani (Raginaldus), II, 80.

Paganus, cliens Ansoldi, filii Godeschaldi, I, 151; — coquus, I, 85, 140; — corvesarius, I, 56; — dapifer Galeranni Britonis, I, 151; — decanus Toarcensis, I, 61; — faber Carnotensis, I, 64; II, 3; — *famulus monachorum Tironensium*, I, 240; — filius Berlaii, I, 172, 173; — major Sancti-Martini, I, 195; II, 3; — prepositus de Noiomio, I, 83; — sacerdos de Rille, I, 241.

Paganus (Amelina), filia Galterii, II, 28; — (Galterius), filius Richerii, I, 23, 24, 113, 126, 140, 141, 144, 145, 109, II, 22, 28, 81; — (Galterius), filius Galterii, I, 141; — (Galterius) *de Vindocino*, I, 141; II, 1; — (Gaufridus), filius Galterii, I, 97, 113; — (Goferius), filius Galterii, I, 141, 144; — (Guillelmus), II, 155; — (Hubertus), II, 47; — (Machelinus), filius Galterii, II, 28, 44; — (Robertus), filius Ascelini, I, 161; — (Stephanus), I, 161.

Palardus (Galterius), I, 90.

Palmagis (Reinerius), I, 83; II, 28.

Palpitroth (Alo), II, 51.

Panerius (Ermengardis), filia Hugonis, I, 72; — (Frodo), filius Hugonis, I, 72; — (Gilia), filia Hugonis, I, 72; — (Henricus), filius Mainerii, II, 2; — (Hugo), I, 72; — (Hugo), filius Hugonis, I, 72; — (Ivo), filius Hugonis, I, 72; — (Roscha), filia Hugonis, I, 72.

PANET (Gaufridus), II, 22.

PANIL (Simon de), II, 32.

PAPIA (Radulphus de), I, 99.

PAPILION (Guillelmus), II, 37.

PARADISO (Johannes de), I, 123.

PARISIUIS (Petrus de), I, 131.

PARVUS (Guillelmus), II, 6; — (Radulphus), II, 165; — (Robertus), II, 6.

PASCALIS, canonicus Carnotensis, I, 12.

PASCHER (Raimundus), II, 28.

PASSAVANT (Gervasius), II, 79.

PASTUREL (Frogerius), I, 126; — (Hugo), I, 126.

PATAICO (Gaufridus de), I, 15; — (Guiterius de), I, 142, 178, 221; II, 8, 51.

PATRICIUS, *prior de Sancto-Anthonio*, II, 144.

PATRILLET (Johannes), II, 240.

PATRY (François), seigneur de Falandre, II, 241, 242.

PAUPER (Amauricus), I, 90; — (Gaufridus), I, 171; — (Odo), I, 38; II, 39.

PAUSE (*Louis de la*), *prieur d'Heudreville, puis de Bacqueville, et enfin abbé de Bois-Aubry*, II, 235.

PAVEIA (Lebertus de), I, 233.

PEEVILLERIO (Garinus de), I, 182.

PEHIER (*André de*), *prieur de la Roussière*, II, 235.

PEJOR-LUPO (Archembaudus), subdecanus Aurelianensis, I, 62, 100, 128.

PELÉ (Pierre), II, 199, 200.

PELEINVILLA (Galterius de), I, 146; — (Hugo de), I, 146; II, 85.

PELOQUINUS (Escherpi), I, 98.

PERCEHAIE (Raginaldus), I, 14, 16, 200.

PERDRIEL (Baldricus), II, 69; — (Galterius), II, 69; — (Robertus), I, 83; II, 2, 28.

PEREI (Ascelina de), filia Hersendis, uxor Hugonis Bormandi, I, 231; II, 74; — (Hersendis de), I, 231; — (Raginaldus de), II, 74.

PERILLEI (Petrus), I, 171.

PERRAULT (*Antoine*), *prieur des Fouteaux*, II, 235, 252.

PERREIO (Adam de), I, 104; — (Radulphus de), I, 82, 227.

PERT (Robertus de), I, 81.

PERTICO (Philippa de), filia Rotroci (II), uxor Heliæ Andegavensis, I, 54; — (Radulphus de), II, 77; — (Stephanus de), II, 155, 157, 160, 164.

PERTIS (Evrardus de), I, 222; — (Gaufridus de), I, 221; — (Hildeardis de), I, 230; — (Paganus de), I, 237.

PERTUSET (Vitalis de), I, 222.

PESAZ (Guillelmus), II, 69; — (Odo), I, 210; — (Robertus), II, 69.

PÉTEIL (*André*), *prieur de la Madeleine de Réno*, II, 235.

PETRA-RUBEA (Paganus de), I, 171, 172.

PETRAVILLA (Eustachius de), II, 130; — (Gislebertus de), II, 109; — (Guillelmus de), I, 204; — (Radulphus de), II, 130, 153; — (Raginaldus de), II, 114, 130, 131.

PETRIS (Galterius de), I, 102.

PETRONILLA, uxor Ivonis de Veteri-Ponte, II, 110; — uxor Mathei de Langeio, II, 94.

PETRUS, archidiaconus Blesensis, II, 174; — archiepiscopus Lugdunensis, I, 31; — canonicus Carnotensis, I, 5, 12; — decanus Carnotensis, II, 173; — decanus de Sancto-Karileffo, II, 80; — decanus Velgesinensis, I, 212, 213, 214 ; — faber, filius Radulphi, I, 107, 158, 159; II, 46, 68; — fullo Carnotensis, I, 64 ; — major, I, 187 ; — *monachus Tironensis*, I, 175, 184 ; — pistor, II, 81 ; — prior Sancti-Launomari, I, 29.

PEVERE (Aubertus de), I, 248 ; — (Beroardus de), I, 183; — (Horricus de), filius Beroardi, I, 183 ; — (Hugo de), filius Raherii, I, 184 ; — (Marchus de), filius Beroardi, I. 184 ; — (Raherius de), I, 184 ; — (Salo de), I, 248 ; — (Simon de), filius Beroardi, I, 184.

PHILIPPA, uxor Giroii de Curvavilla, I, 104 ; — uxor Guillelmi de Soldaio, II, 80.

PHILIPPUS *de Harcourt*, episcopus Baiocensis, II, 37, 75, 82 ; — *de Nonancuria, monachus*, mox *prior Tironensis*, I, 59, 79, 184 ; II, 28, 34, 39, 81 ; — precentor Aurelianensis, I, 100 ; — (II), rex Francorum, I, 127, 166, 212 ; II, 25, 114 ; — sacerdos de Lanorvilla, II, 11.

PIACHERIUS (Guillelmus), II, 157.

PICARDUS (Alberga), filia Roberti, I, 240 ; — (Guillelmus), I, 239 ; — (Hersendis), filia Roberti, I, 240 ; — (Robertus), filius Guillelmi, I, 239.

PICHARDUS, sutor, II, 89.

PICHART (Drogo) *de Guicheriis*, II, 68 ; — (Martinus), filius Drogonis, II, 69.

PICOTUS, carretarius, II, 81.

PICTAVIENSIS (Petrus), II, 173.

PIEFERT (Helias), filius Roberti, sacerdos, II, 130, 131 ; — (Robertus), II, 114, 131.

PIEL (Ansoldus), I, 107.

PIFANNUS (Radulphus), I, 153, 192.

PILATUS (Guillelmus), II, 55 ; — (Petrus), II, 55.

PINARDUS (Albertus), II, 74 ; — (Bonus-Homo), II, 74.

PINELLIS (Beraudus de), I, 94 ; — (Fulcherius de), I, 94.

PINERVEL (Thomas), II, 145.

PINU (Gislebertus de), filius Milonis, I, 77 ; — (Guillelmus de), filius Gisleberti, I, 77 ; — (Milo de), I, 77.

PIPINUS (Ernaudus), II, 74 ; — (Hugo), II, 74.

PIREIO (Girardus de), I, 138.

PISCIS (Arnulphus), filius Fulcoii, I, 110, 111 ; — (Fulcoius), I, 110, 112 ; — (Gaignardus), I, 110, 111 ; — (Raginaldus), filius Fulcoii, I, 110.

PITAUMERIA (G. de), II, 156.

PLANCY (Raoul de), maréchal du comte Thibaut V, II, 68.

PLANO-VILLARIO (Odo de), I, 41.

PLANTA (Richerius de), I, 147.

PLATEA (Dionisius de), filius Guillelmi, II, 161 ; — (Guillelmus de), II, 155, 161 ; — (Richerius de), I, 83, 245.

PLESSEIO (Arnulphus de), II, 161 ; — (Guillelmus de), filius Pagani de Frovilla, II, 11, 12 ; — (Odo de), II, 97.

PLIGANT *(Johannes), prior de Basquevilla*, I, 205.

PLUISNELA (Garnerius), filius Theoderici, I, 233 ; — (Goslenus), filius Theoderici, I, 233 ; — (Theodericus), I, 233.

POHAIRE *(Richard), abbé de la Pelice*, II, 235.

POINCHUS (Robertus), II, 25.

POISLAY (Marie de), femme de Gauvain de Dampierre, I, 141.

POLEIN (Raginaldus), II, 137.

POLOGNE *(Jean-Casimir de), abbé de Tiron*, II, 249, 250.

POMEIO (Hugo de), II, 57.
POMMEREIO (Guillelmus de), II, 119.
PONCIACO (Guillelmus de), filius Hugonis, I, 103; — (Hugo de), I, 97, 98, 103, 113; — (Hugo de), filius Hugonis, I, 103; — (Philippus de), filius Hugonis, I, 103.
PONT (Thierry du), II, 70.
PONTE-AUDOMARO (Guillelmus de), filius Humfredi, I, 76; — (Humfredus de), filius Thoroldi, I, 76; — (Robertus de), filius Humfredi, I, 76; — (Thoroldus de), I, 76.
PONTE-PETRINO (Odo de), corvesarius, II, 78; — (Robertus de), II, 78.
PONTIS (Gaufridus de), II, 51.
PONZ (Guiardus de), I, 252; — (Hugo de), I, 252.
POPIN (Aimericus), II, 111.
PORCHERIA (Guillelmus de), I, 38, 149, 208.
PORCINUS (Bernardus), I, 171, 172.
PORCO-MORTUO (Hugo de), filius Johannis, I, 212, 213, 214; — (Hugo de), filius Simonis, I, 214; — (Johannes de), I, 212, 213, 214; — (Johannes de), I, 214; — (Ricardus de), I, 214; — (Simon de), I, 212, 213, 214, 242.
PORNEZ (Grafio de), II, 55; — (Guillelmus de), filius Grafionis, II, 55.
PORTA (Odo de), I, 218.
PORTA-DROCENSI (Lorinus de), I, 228.
PORTA-MORARDI (Ivo de), I, 153; — (Raginaldus de), filius Hugonis, I, 153.
PORTIS (Andreas de), II, 186.
PORTU (Adam de), I, 29; — (Hugo de), I, 60; — (Robertus de), I, 60; — (Rogerius de), I, 60.
POSTELS (Drogo), II, 52.

POTERIUS (Odo), I, 25, 26, 78, 162.
POTORON (Hugo), I, 206; — (Matheus), I, 206; II, 37.
POYLE (Berardus de), I, 31.
PRAELE (Gaufridus de), I, 19.
PRATELLA (Agnes de), filia Hugonis, I, 191; — (Arnulphus de), filius Hugonis, I, 191; — (Gosbertus de), filius Hugonis, I, 191; — (Hugo de), I, 146, 150, 190; — (Robertus de), I, 191; — (Sultanus de), I, 191.
PRATELLIS (Girardus de), I, 31.
PRATIS (Herveus de), II, 156.
PRATO-GIRARDI (Gavanus de), II, 22.
PRATO-HEMERICI (Colinus de), II, 184.
PRAXEDIS, mater Azzonis Borrel, I, 41.
PRESSIGNEIO (Durandus de), I, 214; — (Godart de), I, 212, 213, 214, 215; — (Rogerius de), I, 213, 215.
PRÉVÉREND (*Johannes*), *abbas de Asneriis, mox de Arcissia*, II, 235.
PRÉVOST (*André*), *abbé d'Asnières-Bellay*, II, 235; — (*Louis*), *abbé d'Asnières-Bellay*, II, 235.
PRIMART (Robertus), filius Gisleberti Treholt, I, 212, 213, 214.
PROVERT (Johannes), II, 186.
PRULEIO (G. de), II, 162.
PRUNEIO (Garinus de), II, 46; — (Paganus de), I, 159; — (Radulphus de), II, 58; — (Raginaldus de), II, 155.
PUISAT (Galterius de), II, 24.
PUISAYE (Michel de), II, 241.
PULCHER-FRATER (Paganus), I, 25.
PULCRELLUS (Robertus), II, 17.
PULLUS (Herbertus), I, 111, 112.
PUSIOLIS (Fromundus de), II, 58; — (Stephanus de), II, 58.

Puteo (Fulbertus de), I, 229.

Puteolo (Bucardus de), filius Hugonis (III), I, 33, 128; — (Evrardus (I) de), I, 33; — (Evrardus (II) de), filius Hugonis (I), I, 33 ; — (Evrardus (III) de), filius Hugonis (III), I, 33, 128, 243 ; — (Galerannus de), filius Hugonis (III), I, 33; — (Gilduinus de), filius Hugonis (III), I, 33; — (Guido de), filius Hugonis (I), I, 33 ; — (Hugo (I) de), I, 33 ; — (Hugo (II) de), *senior*, filius Hugonis (I), I, 33; — (Hugo (III) de), *junior*, filius Evrardi (II), I, 33, 38, 70, 127, 128; — (Radulphus de), filius Hugonis (III), I, 33.

Q

Quarrellus (Ansquitinus), I, 110; — (Fulcherius), II, 156; — (Guillelmus), I, 110, 111, 112; — (Jordanus), filius Ricardi, I, 110; — (Odo), I, 226; — (Ricardus), filius Ansquitini, I, 110; — (Ricardus (II), filius Jordani, I, 111; — (Robertus), I, 111.

Quenenc (Garinus), II, 74.

Querceto (Ansoldus de), filius Garini, I, 251 ; — (Guillelmus de), filius Ricardi, I, 212, 213, 214, 215, 242.

Quercu (Fulco de), I, 33, 35, 104.

Quercu-Ederosa (Matheus de), I, 25.

Quitellus (Odo), I, 195.

R

Rabel (Stephanus), II, 11.

Rabella (Villana), I, 231.

Rabinart (*Jean*), *prieur de Réné*, puis *de Saint-Sulpice-en-Pail*, II, 234.

Rabot (*Claudius*), *prior de Villemardy*, II, 224, 225.

Racan (Honorat de Bueil de), I, 98.

Radereio (Aimericus de), I, 146; — (Stephanus de), II, 156.

Radulphus, *abbas de Pellicia*, II, 121; — *abbas Rocaburgensis*, I, 81; — abbas Sancti-Victoris Parisiensis, II, 147; — archidiaconus Aurelianensis, I, 100 ; — armiger Juliane de Aquila, I, 24; — camerarius Carnotensis, I, 2, 5, 12; — canonicus Suessionensis, I, 130; — capellanus Theobaldi (IV), comitis Carnotensis, *mox* archidiaconus Meldensis, I, 65; — dapifer Simonis de Balgentiaco, II, 58; — faber, I, 158; — famulus Ansoldi de Campo-Folio, I, 149; — *famulus Hugonis, prioris de Memberolis*, I, 138; — hastarius, II, 24; — filius Armandi, monetarius, I, 122, 158; II, 7; — nepos Isembardi, camerarii Carnotensis, I, 72; — pelliparius, II, 13; —

pistor Carnotensis, I, 64, 73, 74, 148, 190, 228; II, 45; — prefectus, II, 36; — — prepositus, I, 204; — prepositus de Fontineio, I, 215; — presbiter de Bajocis, II, 76; — presbiter de Chasdum, II, 75; — *prior Castaneorum*, I, 174; — succentor Carnotensis, II, 174; — sutor, I, 130, 138.

RAGEREAU (*Guillelmus*), *prior de Cruce-Vallis*, II, 238.

RAGINALDUS, canonicus Carnotensis, I, 2, 5; — *de Mouçon*, episcopus Carnotensis, I, 91; II, 109, 110, 121, 126, 155, 160; — *de Corbeil*, episcopus Parisiensis, II, 175; — *famulus abbatis Tironensis*, I, 80, 112, 134, 143, 146, 210; II, 118; — major Rotomagi, II, 86; — *monachus Tironensis*, I, 157; — nepos Huberti Asinarii, I, 72; presbiter, I, 226; — sutor, I, 173; — vicecomes, II, 19.

RAGONDIS, uxor Raimbaldi Cratonis, I, 153, 154.

RAHERIUS, prepositus Carnotensis, II, 95.

RAIMBALDUS, archidiaconus Carnotensis, I, 2, 5, 12; — clericus Richerii, archidiaconi Dunensis, II, 39.

RAIMBERT (N.), docteur és droits, II, 209.

RAIMBERTUS, *prior Vadi-Alneti*, II, 4.

RAINARDUS, comes Joviniensis, II, 19.

RAMA, uxor Roberti *et* Galterii Lignarii, I, 150.

RANERIUS, armiger Manassis de Torniaco, I, 197; — faber, I, 168.

RANGERIUS, *monachus de Yronio*, II, 59.

RANNULFUS, cancellarius Henrici (I), regis Anglie, I, 37, 42, 43; — sacerdos Sancti-Johannis de Noiomio, I, 40, 86, 147.

RASLONDA (Guillelmus de), filius Herberti, I, 217; — (Herbertus de), I, 217.

RATERUS (Bartholomeus), I, 134.

RAVARDUS (Theobaldus), II, 47.

RAVENEL (*Guillaume de*), *prieur de la Moinerie*, II, 235.

REBORT (*Robertus de*), *infirmarius de Jugo-Dei*, II, 222, 223.

REBOURS (Guillelmus), II, 43.

REBUFETH (Rogerius), I, 175.

RÉCLAINVILLE (Jean d'Allonville, seigneur de), gouverneur de Chartres, II, 241, 242.

RECONVILER (Mascelinus de), prepositus, I, 33, 35, 65.

RECUCION (Guillelmus), I, 204.

REGIMALASTRO (Fulcardis de), filia Pagani, uxor Gasthonis, I, 115; — (Gastho de), filius Gervasii de Friesia, I, 115, 116; — (Gastho de), filius Ivonis, I, 116, 126; II, 81; — (Ivo de), I, 97; — (Ivo de), filius Gasthonis, I, 116; II, 155; — (Theobaldus de), I, 153.

REGIS (*Matheus*), *prior Sancti-Anthonii*, II, 214, 215.

REGNIER (Mathurin), I, 204.

REIO (Ansquitillus de), I, 164; — (Drogo de), I, 163, 164.

RELEIO (Hugo de), I, 113; — (Ridellus de), I, 113.

RÉMOND (Johannes), II, 238.

RENART (Philippus), II, 180.

RENEGARTH (Herbertus), I, 165.

RENONCET (*Carolus*), *prior Montis-Allerii*, II, 225, 235.

RENOUART (*Charles de*), *prieur de Crasville*, II, 235.

REVEL (Girardus), I, 21.

REX (Guillelmus), II, 2; — (Petrus), I, 61, 99; II, 36, 57, 59; — (Robertus), *de Pressigneio*, I, 213, 214.

RIBARIO (Garinus de), II, 79.

Riboth (Paganus), I, 147, 245.

Ricardus, canonicus Carnotensis, I, 2, 5, 12; — capellanus Henrici, comitis Northumbrie, II, 15; — capellanus Stephani, comitis Mauritanie, I, 165; — coquus, I, 236; — episcopus Abrincensis, II, 98; — episcopus Albanensis, I, 6; — episcopus Herefordensis, I, 29; — *famulus monachorum Tironensium*, II, 15; — furnerius, II, 86; — medicus, II, 58; — rex Anglie, II, 108, 109; — sacerdos, I, 88; — vinearius episcopi Baiocensis, II, 76.

Richeldis, cameraria Pagane de Frovilla, I, 139; — mater Ansoldi Borbel, I, 183; — uxor Guillelmi de Monte-Leti-Bovis, II, 32; — uxor Roberti Picardi, I, 240.

Richerius, archidiaconus Dunensis, I, 151, 215; II, 38, 39; — coconarius, I, 158; II, 7; — meteerius Constantii prepositi, I, 167; — succentor Carnotensis, II, 95.

Ridel (Gervasius), II, 115.

Rideriis (Fulcoius de), II, 95.

Rigault (René), *prieur de Tiron*, II, 253.

Risu-Bovis (Galterius de), II, 58.

Rivaria (Garinus de), I, 98, 103; — (Giraudus de), I, I, 223.

Rivereio (Arnulphus de), filius Gaufridi, I, 84; — (Gaufridus de), avunculus Hugonis de Boigne, I, 55, 56, 71, 84, 85, 95, 115, 116; — (Girardus de), I, 94; — (Theobaldus de), I, 223.

Roaudus, vicecomes, II, 35.

Roberget (N.), II, 241.

Robertus, *abbas de Troncheto*, II, 204; — archidiaconus Rothomagensis, I, 212; — camerarius comitis Perticensis, II, 157; — capellanus Alberici de Milicia, I, 66; — capellanus Hugonis, vicecomitis Dunensis, II, 12; — capellanus Rotroci de Monteforti, II, 73; — capicerius Carnotensis, II, 39; — carpentarius, I, 204; II, 209; — clericus Blanche de Memberolis, I, 137; — clericus de Fontineio, I, 215; — clericus Insulæ, I, 16; — coquus, I, 238; — decanus de Seoris, I, 252; — episcopus Lincolie, I, 27; — episcopus Lundunensis, I, 109; — faber, 191; — faber Parisiensis, II, 52; — *famulus monachorum Tironensium*, II, 46; — filius Berlaii, I, 172, 173; — filius Martini, I, 42, 49; — filius Roberti, I, 227; — heremita, I, 240, 241; — major, I, 182; — oblearius, I, 229; — pelletarius, I, 193; II, 51; — poterius, I, 230; — prepositus, II, 109, 114; — prepositus Mauritanie, I, 128; — sacerdos de Campo-Folio, I, 152; — sacerdos Charisiaci, I, 21, 252; — sacerdos de Curtosleno, I, 173; — sacerdos de Fresneio, I, 175; II, 77; — sacerdos de Langeio, II, 95; — sacerdos de Sancto-Hilario, I, 227; — sacerdos Sancti-Martini, I, 93; — subdecanus Baiocensis, II, 71, 76; — venator comitis de Pertico, I, 38; — vigerius, I, 98; — villicus, I, 103.

Robin (Paganus), II, 11.

Robore-Ligato (Petrus de), I, 69.

Rocacher (Jean), *prieur de Sainte-Radegonde de Corbeil*, puis *des Fouteaux*, II, 235.

Roceio (Beatrix de), uxor Gaufridi (IV) de Castriduno, I, 39; — (Mamilia de), uxor Hugonis (II) de Puteolo, I, 33.

Rochiis (Hugo de, I, 238.

Rodericus, canonicus Carnotensis, I, 5, 12.

Roèle (Girardus de la), II, 145.

Roerius (Guillelmus), I, 112.

Rogerius, abbas Sancti-Florentii Salmuriensis, II, 177; — archidiaconus Rothomagensis, I, 205; — *du Homet*, archiepiscopus Dolensis, II, 87; — clericus,

I, 193; — filius Roberti de Legrecestria, episcopus Sancti-Andree, I, 81; — episcopus Saresberie, I, 29, 75; — *famulus abbatis Tironensis*, I, 210; — molendinarius, II, 86; — pistor, I, 64, 148; — prepositus Carnotensis, I, 148, 157; — presbiter Charenceii, I, 240; — rusticus, *de Mesnilio-Bercerii*, II, 17; — sutor, II, 29.

ROGRINI (Ernaudus), I, 195.

ROHELINUS (Amanuinus), II, 33.

ROHES, uxor Auberti de Guerame, I, 111.

ROLLANDUS, *monachus de Vado-Alneti*, II, 4.

ROLLERS (Hugo de), I, 41; — (Petrus de), I, 41.

ROLLOS (Guillelmus de), I, 42; — (Ricardus de), filius Guillelmi, I, 42.

RONCIA (Philippus de), II, 164.

RONSARD (*Charles de*), *abbé de Tiron*, II, 239; — (Louise de), femme de François de Crevant, II, 239; — (*Pierre de*), *prieur de Croixval*, I, 93; II, 238, 239, 240.

Ros (Adam de), I, 163; — (Guillelmus de), abbas Fiscannensis, I, 163.

ROSCELINUS, gener Bodardi, pistor, I, 64.

ROSE (Hugo), II, 226.

ROSCHA (Garinus de), filius Rogerii, II, 81; — (Guillelmus de), I, 134; — (Guillelmus de), filius Rogerii, II, 81; — (Mathildis de), II, 12; — (Rogerius de), II, 81.

ROSCIA, uxor Pagani Lupi, I, 101; — uxor Stephani Pagani, I, 161.

ROSEIO (Galterius de), I, 21; — (Hugo de), I, 226.

ROSEL (Durandus), I, 88.

ROSERIA (Galterius de), I, 235; — (Guillelmus de), II, 181; — (Hugo de), I, 235.

ROTORIO (Hugo de), II, 44.

ROTROCUS, canonicus Carnotensis, I, 5, 12; — (II), comes Perticensis, I, 11, 13, 17, 18, 31, 38, 39, 53, 71, 83, 84, 85, 125, 126, 139, 140, 142, 146; II, 26, 50, 155; — *de Beaumont-le-Roger*, episcopus Ebroicensis, *postea* archiepiscopus Rothomagensis, II, 83, 97.

ROURIS (Galterius de), filius Guidonis, I, 170; — (Guido de), I, 170.

ROVEI (Herbertus de), I, 35.

RUALENUS, *monachus Sancti-Andree in Scotia*, I, 232; — sacerdos Sancti-Andree Carnotensis, I, 151.

RUCTORIA (Blancardus de), I, 142.

RUFUS (Adelardus), filius Rogerii, prepositi Carnotensis, I, 64, 65, 147, 148, 157, 195; — (Albertus), I, 147; — (Aubertus), II, 48; — (Fulcherius), presbiter, II, 18; — (Galterius), I, 204; — (Gaubertus), I, 198; — (Gaufridus), II, 37, 126; — (Guillelmus), I, 56; — (Hamelinus), II, 25, 26; — (Hermannus), filius Adelardi, monachus Sancti-Petri Carnotensis, I, 148; — (Hubaldus), I, 61, 62; — (Hubertus), filius Adelardi, prepositus Carnotensis, 1, 65, 148, 157; — (Hugo), I, 99, 252; — (Humbaldus), I, 99; — (Humbaldus), filius Humbaldi, II, 58; — (Ingenoldus), II, 69; — (Johannes), I, 238; — (Matheus), I, 38, 129, 176, 222, 243; II, 8, 12; — (Odo), I, 97; — (Pipinus), I, 135; — (Radulphus), II, 20; — (Raginaldus), capellanus Faie-Basse, I, 61; — (Ricardus), I, 112; II, 109; — (Robertus), II, 25; — (*Robertus*), *monachus Sancti-Andree in Scotia*, I, 232; — (Theodericus), I, 120.

RUGAVASSALLORIA (Fulcradus de), I, 180; — (Gaufridus de), I, 180.

RUNCHERIA (*Herbertus de*), *monachus de Vado-Alneti*, II, 4.

RUPE-DONATA (Amelina de), II, 184.

RUPEFORTI (Galerannus de), I, 194; — (Guido de), filius Guidonis, I, 17, 19, 38.

RUPIBUS (Robertus de), II, 88; — (Sibilla de), filia Roberti, uxor Raginaldi de Castro, II, 88.

RUS (Girardus de), I, 102; — (Hugo de), I, 102; — (Robertus de), filius Girardi, I, 102.

RUSELLUS (Robertus), filius Roberti de Claro-Fonte, II, 15.

S

SABLAILLO (Guillelmus de), I, 109; — (Lisiardus de), II, 72.

SACRACERRA (Helvis), uxor Jeremie de Insula, I, 16.

SAINTE-SUZANNE (Hubert de), I, 105.

SALE (Hubertus), I, 159, 191; II, 46.

SALEL (Hugues), abbé de Saint-Cheron-lés-Chartres, II, 238.

SALOMON, cantor Carnotensis, I, 252.

SALOMON (Johannes), II, 25.

SALT-DE-CRUES (Durandus), I, 198.

SALVAGIUS (Herbertus), II, 126.

SALVA-GRANUM (Giffardus), filius Huberti, I, 94; — (Hubertus), I, 93; — (Paganus), filius Huberti, I, 94.

SALVALOU (Gaufridus de), II, 51.

SALVATICHUS (Gaufridus), prefectus de Stampis, I, 183.

SALVERIUS (Tereiacus), I, 173.

SANCTA-CERONNA (Girardus de), filius Roberti, I, 173; — (Guillelmus de), I, 173; — (Robertus de), I, 173.

SANCTA-COLUMBA (Helias de), I, 213, 214, 215; — (Raginaldus de), I, 238; — (Robertus de), I, 242.

SANCTA-MAURA (Goscelinus de), II, 72.

SANCTO-ALBINO (Gaufridus de), II, 24; — (Hugo de), II, 23; 24; — (Odoardus de), rector de Tiexlino, II, 128, 129.

SANCTO-ANDREA (Hugo de), I, 2.

SANCTO-ANIANO (Guido de), II, 25.

SANCTO-AUDOENO (Guido de), I, 197; — (Guillelmus de), II, 114, 130.

SANCTO-BOMARO (Amelina de), filia Gaufridi, II, 50; — (Gaufridus de), I, 25, 196; — (Guémart de), II, 89; — (Guillelmus de), filius Gaufridi, I, 25, 196; II, 50; — (Odo de), monachus Tironensis, II, 50, 89; — (Petrus de), II, 50, 89; — (Philippus de), filius Gaufridi, II, 50.

SANCTO-CARAUNO (Bernardus de), filius Radulphi, I, 252; — (Garinus de), I, 169; — (Guillelmus de), I, 169, 252; — (Radulphus de), I, 252.

SANCTO-CARILELPHO (Brito de), I, 150, 206; II, 8, 36, 59; — (Silvester de), I, 151, 243.

SANCTO-CIPRIANO (Adelelmus de), I, 54.

SANCTO-EGIDIO (Henricus de), I, 242.

SANCTO-FLORENTINO (Garmundus de), I, 23.

SANCTO-GEORGIO (Galterius de), filius Galterii, I, 21.

SANCTO-GERMANO (Aalis de), uxor Ivonis Cholet, I, 89; — (Matheus de), presbiter de Coriho, II, 87.

SANCTO-HILARIO (Guillelmus de), I, 173; — (Raginaldus de), II, 37.

SANCTO-ISPANO (Fromundus de), I, 57.

SANCTO-JOVINO (Bartholomeus de), II, 91.

SANCTO-JULIANO (Haois de), filia Olivari, uxor Drogonis de Curtolino, II, 48; — (Olivarus de), II, 48.

SANCTO-LEOBINO (Galiena de), filia Galterii, I, 117; — (Galterius de), monachus Tironensis, I, 117; — (Gastho de), filius Galterii, I, 117; — (Gaufridus de), filius Galterii, I, 117; — (Guillelmus de), II, 184.

SANCTO-LEONARDO (Matheus de), I, 104; — (Petrus de), I, 104.

SANCTO-MANEVEU (Galterius de), I, 60.

SANCTO-MARTINO (Alcherius de), II, 3; — (Bernardus de), filius Roberti, II, 43; — (Constantinus de), II, 3; — (Ermengardis de), II, 3; — (Ermengardis de), filia Constantini, II, 3; — (Frodo de), I, 98; — (Goflechaus de), filius Constantini, II, 3; — (Haaburgis de), II, 3; — (Haois de), filia Constantini, II, 3; — (Hubertus de), monachus Tironensis, I, 188; II, 3; — (Maria de), filia Constantini, II, 3; — (Maria de), filia Oleardi, II, 3; — (Milo de), II, 3; — (Oleardus de), II, 3; — (Radulphus de), presbiter, II, 3; — (Raginaldus de), filius Constantini, II, 3; — (Theobaldus de), filius Constantini, II, 3.

SANCTO-MAURICIO (Guillelmus de), I, 153; — (Herfredus de), I, 182.

SANCTO-MEDERICO (Raginaldus de), II, 154.

SANCTO-MICHAELE (Bodardus de), II, 79; — (Guillelmus de), I, 66; — (Guillelmus de), filius Bodardi, II, 79; — (Herbertus de), I, 222; — (Ledgardis de), filia Bodardi, II, 79; — (Sicilia de), filia Bodardi, II, 79; — (Theobaldus de), sacerdos, II, 79.

SANCTO-PETRO (Bursardus de), I, 172.

SANCTO-PHILIBERTO (Odo de), II, 55.

SANCTO-PRISCO (Radulphus de), I, 152.

SANCTO-QUINTINO (Paganus de), I, 54; II, 27.

SANCTO-REMIGIO (Garinus de), I, 111; — (Hugo de), filius Gilbaudi, II, 47; — (Tancredus de), sacerdos, 1, 110, 111.

SANCTO-SANXONE (Galterius de), II, 85; — (Galterius de), filius Galterii, II, 85.

SANCTO-SERENICO (Odo de), filius Roberti, prior de Lavarzino, I, 114; — (Robertus de), filius Geroii, I, 114.

SANCTO-STEPHANO (Girardus de), II, 55.

SANCTO-SUPPLICIO (Galterius de), II, 56.

SANCTO-VICTORE (Hemenulfus de), I, 146; — (Richerius de), I, 114, 141.

SANCTO-VINCENCIO (Mainardus de), II, 18.

SANGUINE-MIXTO (Guillelmus de), I, 102.

SAPIENS (Garinus), I, 59.

SAPRIO (Nicolaus de), I, 164.

SARAN (Gaufridus de), I, 187.

SARREE (Ricardus), I, 16.

SARRELLUS (Simon), I, 172.

SAUCEIO (Odo de), I, 170.

SAVAGIUS (Christianus), I, 139.

SAVARIUS, dapifer Ame de Foresta, I, 60, 61, 62.

SAVEIR (Robertus), I, 248.

SAVILLY (N. de), II, 225; — (Tristandus de), II, 225.

SAVINNE (Rogerius de), I, 175.

SAVORE (Ricardus), II, 45.

SAXO (Germundus), filius Simonis, monachus Columbensis, I, 89; — (Simon), I, 89; — (Simon), filius Simonis, I, 89.

SCABIOSUS (Arnulphus), I, 120.

SCALIS (Galterius de), II, 97; — (Odo de), sacerdos de Tiexlino, II, 110.

SCHOMBERG (Jean-Ferdinand-César de), II, 176.

SCOLASTIA, uxor Radulphi de Bosnaio, II, 23.

SCRIPTORIS (*Antonius*), *monachus de Jugo-Dei*, II, 222.

SCUTUM-AD-COLLUM (Garinus), I, 131; — (Robertus), I, 131.

SEARE (Fulcaudus), I, 23.

SECHERVILLA (Aubertus de), I, 206.

SECOREIO (Garinus de), I, 143; — (Johannes de), I, 38, 118, 180, 206; II, 59; — (Raginaldus de), filius Johannis, I, 129, 138, 180.

SEDUSINUS, canonicus Carnotensis, I, 5, 12.

SEINORET (Hugo), I, 173.

SELLE (Gaufridus), II, 168.

SELLE (Gosbertus de), I, 175.

SENANTES (Hugues de), fils de Nivard, I, 89.

SENGOBERT (Auvrichius), II, 31.

SEPTEM-FONTIBUS (Hugo de), I, 140, 186; II, 27, 43; — (Petronilla de), filia Bartholomei, II, 43.

SEPTSOULS (Jean), *prieur de l'Ouïe*, II, 234.

SERANNUS, prepositus Carnotensis, I, 2, 5, 12.

SERLO, canonicus Baiocensis, II, 71, 76; — *d'Orgères*, episcopus Sagiensis, II, 156; — scutarius, I, 179.

SERNE (Robertus de), I, 34.

SETEIR (Petrus), major de Savigniaco, II, 80.

SEXTARIUS (Galerannus), I, 38; — (Raimundus), I, 181.

SEZANIA (Raginaldus de), I, 69, 70.

SIGILLO (Robertus de), I, 81.

SILLARIUS, canonicus Carnotensis, I, 12.

SILVESTER, episcopus Sagiensis, II, 86.

SIMON, *abbas Tironensis*, II, 201; — cancellarius Aurelianensis, I, 62; — cardinalis Sancte-Cecilie, II, 194; — cancellarius Ludovici (VI), regis Francorum, I, 127; — fornarius, I, 238; — *monachus Tironensis*, I, 79, 80; — presbiter, 1, 252.

SINE-BARBA (Garinus), I, 23, 87, 94; — (Nivelo), II, 85; — (Nivelo), filius Garini, I, 23; II, 85.

SINE-NAPIS (Amauricus de), filius Garini, I, 17; — (Egidius de), filius Garini, I, 17; — (Galterius de), I, 17, 20; — (Ledgardis de), filia Garini, I, 17; — (Raginaldus de), filius Garini, I, 17; — (Robertus de), I, 17; — (Robertus de), filius Egidii, I, 17; — (Robertus de), filius Garini, I, 17.

SION (Aufredus de), I, 245; — (Gaufridus de), I, 245.

SIROT (Ricardus), I, 138.

SIX (Guido de), I, 180.

SOHIS (Raginaldus de), II, 116.

SOIS (Harduinus de), I, 248.

SOISEIO (Guillelmus de), II, 118; — (Hubertus de), II, 162.

SOISSONS (Charles de Bourbon, comte de), II, 241, 242, 243.

SOLDAIO (Acardus de), I, 175; — (Agatha de), I, 223; — (Galterius de), I, 175; II, 80; — (Gaufridus de), filius Gervasii, canonicus Turonensis, II, 80, 81; — (Gervasius de), II, 80; — (Guillelmus de), I, 222, 223; — (Guillelmus de), filius Galterii, II, 80; — (Guillelmus de), filius Guillelmi, II, 80; — (Hildrerius de), I, 175; — (Hugo de), filius Gervasii, II, 80, 81; — (Juliana de), I, 223; — (Maria de), uxor Hugonis de Lupi-Saltu, I, 175; — (Nicolaus de), filius Gervasii, II, 80; — (Paganus de), I, 223; — (Petrus de), filius Acardi, I, 175; — (Ranevius de), filius Acardi, I, 175; — (Rotrocus de), filius Gervasii, II, 80; — (Stephanus de), filius Guillelmi, II, 80.

Soluche (Simon), II, 145.

Sombono (Gaufridus de), I, 146, 147; — (Gaufridus de), filius Gaufridi, I, 146, 147; — (Goherius de), filius Gaufridi, I, 146, 147; — (Hugo de), I, 146; — (Robertus de), filius Gaufridi, I, 146, 147.

Sorel (Bernardus), filius Galterii, I, 143.

Soure (Guillelmus de), I, 112.

Sparnone (Paganus de), I, 90.

Spesovilla (Archembaudus de), filius Huberti, I, 237; — (Archembaudus de), filius Petri, I, 222; — (Auxendis de), filia Petri, I, 178, 222; — (Girardus de), I, 221; — (Girardus de), filius Huberti, I, 221; — (Hubertus de), I, 220, 237; — (Hubertus de), filius Petri, I, 143, 144, 178, 222; — (Isabellis de), filia Petri, I, 178, 222; — (Jaquelina de), filia Huberti, I, 143, 144, 178, 222; — (Odelina de), filia Huberti, I, 237; — (Paganus de), filius Huberti, I, 221; — (Petrus de), filius Huberti, I, 142, 143, 144, 177, 178, 220, 222, 230, 231, 237; — (Robertus de), I, 237; — (Simon de), I, 237.

Spierius (Raginaldus de), de Lannere, I, 15, 16, 38, 103, 118, 119, 149, 175, 176, 181, 206, 208; II, 47.

Spina (Milo de), II, 32.

Spinetis (Fulbertus de), I, 66.

Spiniac (Guillelmus de), canonicus Dolensis, II, 87.

Stabulo (Vivianus de), I, 140.

Stampis (Raginaldus de), I, 131.

Stanham (Edwardus de), I, 132.

Stephanus, abbas de Cistel, I, 138; — abbas Sancti-Johannis-in-Valle, I, 2, 5, 12; — *cellararius*, deinde *prior*, mox *abbas Tironensis*, I, 107, 157, 188; II, 7, 39, 81, 87, 90, 91, 92, 95, 96, 97, 98, 177, 179; — archiepiscopus Arelatensis, II, 203; — *capellanus abbatis Tironensis*, II, 39; — capellanus de Puteaco, I, 158; — carpentarius, I, 167; — comes Carnotensis, I, 68, 78, 106, 147; — coquus, II, 81; — cordarius Carnotensis, I, 64, 73, 74, 148, 190, 191, 193, 195, 228, 251; II, 3, 5, 7; — decanus Aurelianensis, I, 100; — *de Senlis*, episcopus Parisiensis, I, 80, 120; — forrerius, II, 12; — hastarius, *de Gevra*, II, 22; — *de Castriduno, monachus de Basquevilla*, I, 205; — *monachus Ferrarum*, II, 21; — filius Rogerii, prepositus Carnotensis, I, 64, 74, 75, 148, 157, 193; — presbiter de Donanem, I, 178; II, 8, 57; — *prior Tironensis*, II, 111; — filius Stephani, comitis Carnotensis, comes Mauritanie, *postea* rex Anglie, I, 165; II, 14, 35, 83, 87; — salnerius, I, 154; — sutor, II, 111.

Stoldis (Durandus de), I, 31.

Suevrio (Petrus de), I, 62.

Sules (Radulphus de), I, 81.

Sulliaco (Margarita de), uxor Henrici, comitis de Auco, I, 27.

Sumervilla (Guillelmus de), II, 15.

Supplicius, canonicus Carnotensis, I, 12.

Surrel (Adam), filius Herberti, II, 31; — (Herbertus), II, 31.

Susanna, uxor Drogonis Custodiens-Piras, I, 111.

T

TACHELVILLA (Girardus de), I, 107, 158.

TALEVATH (Guillelmus), I, 173.

TANCARDIVILLA (Guillelmus de), camerarius Henrici (I), regis Anglie, I, 28.

TANERIA (Garinus de), I, 222.

TAPETII (Mainardus), I, 16.

TARIEE (Hugo de), II, 70.

TAROENT (Fulco de), II, 18 ; — (Gosbertus de), II, 19 ; — (Herbertus de), II, 19 ; — (Joscevinus de), filius Fulconis, II, 19.

TASTE (*Benoît de la*), *prieur d'Oisème*, II, 252.

TEBERIUS (Gaufridus), II, 44; — (Ricardus), II, 44.

TEFAUGIA (Anthelmus de), I, 99.

TEHERIUS (Ricardus), I, 117.

TELLE (Stephanus de), I, 136.

TENDRUM (Raginaldus), I, 222.

TENELLUS (Galterius), II, 78.

TEONISVILLA (Petrus de), II, 75.

TERCEIO (Aimericus de), I, 86, 189 ; — (Ernaudus de), I, 189 ; — (Gaufridus de), II, 185; — (Guillelmus de), II, 142, 148, 157; — (Guillelmus de), filius Hugonis, II, 142 ; — (Hugo de), II, 142; — (Johannes de), filius Hugonis, II, 142.

TERINEIO (*Drogo de*), *famulus Johannis*, *prioris Castaneorum*, I, 79.

TERMEIS (Ansgotus de), II, 2.

TESCELINUS, famulus Stephani, prepositi Carnotensis, I, 195.

TESTA-LONGA (Richerius), II, 81.

THECLA, uxor Moreherii de Noiomio, I, 89.

THEOBALDUS, *abbas Tironensis*, II, 138 ; — cancellarius Ludovici, comitis Carnotensis, II, 117; — canonicus Suessionensis, I, 130; — (III), filius Odonis, comes Carnotensis, I, 41 ; — (IV), filius Stephani, comes Carnotensis, I, 29, 38, 40, 64, 68, 69, 70, 74, 75, 92, 104, 105, 106, 138, 148, 149, 150, 181, 185 ; II, 8, 38, 49, 57, 68, 72, 74, 84, 116, 117, 158, 159, 160 ; — (V), filius Theobaldi (IV), comes Carnotensis, I, 41, 65, 184; II, 67, 68, 91, 102, 106, 190 ; — (VI), filius Ludovici, comes Carnotensis, II, 113 ; — forestarius, de Nerone, I, 2, 5, 102 ; II, 14 ; — presbiter Carenceii, I, 168 ; — prior de Andevilla, I, 128 ; — villicus, de Ledo, I, 72.

THEOPHANIA, uxor Alberici de Milicia, I, 66 ; II, 136.

THÈRE (*Guillaume de*), *prieur de Bacqueville*, II, 235; — (*Philippus de*), *prior de Abluis*, *mox de Tironio*, postea *abbas de Jugo-Dei*, I, 246 ; II, 222, 234, 235.

THESCA, uxor Hugonis de Pratella, I, 190.

THESVAL (Hubertus de), II, 91.

THEUTONICUS (Galterius), I, 206.

THEUVILLA (Aimericus de), filius Roberti, II, 45, 46 ; — (Aucherius de), II, 46 ; — (Ermengardis de), filia Roberti, II, 46; — (Gaufridus de), II, 46 ; — (Guillelmus de), filius Roberti, I, 191; II, 45, 46 ; — (Petrus de), I, 182 ; — (Robertus de), I, 159; II, 45, 46 ; — (Robertus de), filius Roberti, II, 46.

THIDAULT (Ludovicus), II, 225.

THIRINNIACO (Raginaldus de), I, 26.

THIVILLE (*Laurent de*), *prieur des Fouteaux*, II, 235; — (*Pierre de*), *prieur des Fouteaux*, II, 235.

THOERIO (Salomon de), II, 59.

THOMAS, *abbas de Asneriis*, II, 235; — cancellarius Henrici (II), regis Anglie, II, 82; — capellanus Fulconis, comitis Andegavensis, I, 113.

TIEIR (Galterius), I, 39.

TIERRAVILLA (Robertus de), II, 131.

TILLIO (Gislebertus de), I, 204.

TILLIOLO (Guillelmus de), II, 17; — (Paganus de), I, 62.

TIREHT (David de), II, 4.

TOARCIO (Amauricus (I) de), I, 171; — (Amauricus (III) de), I, 171; — (Amauricus (IV) de), I, 171, 172; — (Amauricus (V) de), I, 171; — (Savaricus (I) de), I, 171.

TOCEIO (Galterius *Robert* de), I, 23.

TOENI (Godechilde de), femme de Robert de Beaumont, comte de Meulan, I, 28.

TONDU (Odo), *de Luisant*, filius Huberti, II, 6.

TONSOR (*Radulphus*), *prior de Trouderia*, I, 213, 214.

TORCE (Petrus de), filius Rogerii, II, 78; — (Rogerius de), II, 78.

TOREI (Salomon de), I, 206.

TOREL (Benedictus), II, 28; — (Petrus), II, 2.

TORIHEL (Garsadonius de), I, 27.

TORINIO (Garnerius de), II, 4; — (Guillelmus de), presbiter, II, 4.

TORNAM (Guido de), I, 199; — (Helvis de), I, 199; — (Ligerius de), I, 198; — (Manasses de), I, 119, 120, 197, 198, 199; — (Margarita de), I, 199.

TORNAMINA (Guillelmus), II, 55.

TORNERIA (Aimericus de), I, 171, 172; II, 21.

TORTA-QUERCU (Guillelmus de), I, 105.

TORTAROTA (Gislebertus), II, 51.

TORTUS (Guiardus), I, 90, 101; — (Hubertus), *de Monte-Dublello*, I, 174; — (Lambertus), I, 208; — (Raginaldus), pelliparius Sancti-Petri Carnotensis, I, 230; — (Robertus), I, 230; II, 81; — (Theobaldus), I, 74.

TRAVERS (Gosbertus), I, 57.

TREHOLT (Gislebertus), I, 212, 213, 214, 242; — (Odo), I, 212, 213, 214.

TREIET (Agatha de), filia Hugonis, I, 237; — (Hugo de), I, 237.

TRESLORT (Godescallus de), II, 20; — (Robertus de), II, 20.

TRES-MINAS (Harduinus), II, 73.

TRIE (Mathieu de), I, 215.

TRIQUEDUS (Radulphus), II, 37.

TROBEL (Gosbertus), paganus, *de Castriduno*, I, 178; — (Guiardus), I, 179; — (Guiburgis), filia Guiardi, I, 179; — (Helvis), filia Gosberti, I, 179; — (Maria), filia Guiardi, I, 179; — (Odinus), filius Guiardi, I, 179.

TROCHON (Philippe), procureur, I, 147.

TROEIA (Gervasius de), I, 113.

TROIO (Amauricus de), I, 113, 167; — (Gaufridus de), filius Petri, II, 140; — (Hugo de), filius Petri, II, 140; — (Matheus de), I, 167; II, 51; — (Matheus de), filius Petri, II, 140; — (Petrus de), II, 139; — (Petrus de), filius Petri, II, 140.

TROISNELLUS (Berengarius), pelliparius, I, 193; — (Fulcaudus), filius Hugonis, I, 148; — (Galterius), I, 17; — (Guillelmus), I, 26; — (Hugo), I, 148, 195.

TROSE (Guiardus), II, 20; — (Paganus), filius Guiardi, II, 20.

TROUSSEL (Gui), I, 233.
TRUELLA (Bernerius), I, 158.
TRUMEL (Stephanus), I, 62.
TRUNCHERIO (Holdoerius de), I, 151.
TRUSANUM (Galterius), I, 140.
TUDELA (Hubertus de), I, 204.
TUNICA (Raginaldus), II, 11.
TURINEL (Arnulphus), I, 230.
TURMELLUS (Fromundus), I, 140; — (Paganus), II, 85.
TURNEIO (Odetus de), I, 94; — (Robertus de), I, 238.

TURPINUS (Cecilia), filia Guidonis, uxor Mathei de Troio, I, 167; II, 51; — (Guido), I, 93, 166; — (Guillelmus), I, 166.
TURRE (Gaufridus de), II, 54; — (Petrus de), II, 2; — (Raginaldus de), filius Jeremie de Insula, I, 16.
TUSCHA (Odo de), II, 80.
TUSCHIA (Johannes de), II, 20.
TYROT (*Gaufridus*), *frater Hugonis de Levrevilla, monachus Tironensis*, I, 157, 229.

U

UBELINUS (Galterius), I, 124.
UDO, abbas Sancti-Petri Carnotensis, I, 156.
ULMEIO (Galdricus de), I, 80; — (Guido de), I, 153.
ULMETO (Aubertus de), I, 159.
ULMO (Agnes de), filia Odonis, I, 58, 71; — (Geroius de), I, 71; — (Geroius de), filius Odonis, I, 58, 71; — (Guillelmus de), filius Odonis, I, 58, 71; — (Hubertus de), filius Geroii, I, 71; — (Odo de),
filius Geroii, I, 58, 71; II, 135; — (Paganus de), filius Geroii, I, 59, 71; — (Robertus de), filius Geroii, I, 71; — (Robertus de), filius Odonis, I, 71.
UMFRANVILLA (Gislebertus de), II, 15; — (Robertus de), II, 15.
UMPHARVILLA (Guido de), II, 10.
UNVERRIA (Ansoldus de), filius Roberti, I, 26; — (Robertus de), I, 27.
UNVILLERIO (Guillelmus de), I, 151.
USSEEL (Theobaldus de), II, 48.

V

VACHARIUS (Johannes), II, 154.
VADO (Aalis de), II, 153; — (Radulphus de), II, 153; (Robertus de), II, 153.
VALCILLON (Galterius), II, 23.

VALEIO (G. de), II, 162.
VALENIIS (Fulco de), canonicus Cenomannensis, I, 236; — (Garnerius de), filius Hugonis, I, 236; — (Gaufridus de), I, 236; — (Hugo de), I, 98, 235.

VALENTAI (Guillelmus de), II, 20.
VALERIIS (Guillelmus de), II, 78.
VALETUS (Evrardus), II, 118; — (Guillelmus), II, 118.
VALFRIEL (Torquentinus de), II, 77.
VALGELÉ (Thibaut du), I, 169.
VALIA (Flaaldus de), I, 148; — (Girardus de), I, 195.
VALLE (Paganus de), I, 93, 215; — (Radulphus de), II, 102.
VALLE-CUPRATI (Gastho de), II, 156.
VALLÉE (René de), prieur de Pontneuf, II, 252.
VALLE-GUITONIS (Imbertus de), I, 31.
VALLE-PILON (Alberea de), I, 226; — (Guillelmus de), I, 34, 224, 225, 226; — (Philippa de), I, 226.
VALLERIIS (Hugo de), I, 184.
VALLIBUS (Fulco de), II, 89; — (Guillelmus de), I, 232; — (Hugo de), II, 73.
VALLO-GALLET (Ranulphus de), I, 111.
VALNOISA (Galterius de), filius Garini, I, 173; — (Garinus de), I, 173; — (Gaufridus de), I, 173.
VANERIUS (Bernardus), I, 238; — (Girardus), I, 237, 238.
VARENNIS (Odo de), I, 180; — (Sulpicius de), I, 31.
VASLINUS, forestarius, de Brimunt, I, 107; II, 43; — pellitarius, II, 53.
VAUHERNU (Michel de), prieur des Fouteaux, II, 235.
VAYDIE (Denis), prieur de Mougon, II, 234.
VAYIN (Johannes), prior de Jugo-Dei, II, 222.
VEEL (Garinus), I, 173.
VEIER (Raherius), filius Arnulphi, I, 23.
VENCHAICO (Paganus de), I, 208.

VER (Ernaudus de), I, 251.
VERGER (Jean du), prieur de Mougon, II, 234.
VERMANDOIS (Elisabeth de), femme de Robert de Beaumont, comte de Meulan, et de Guillaume de Varenne, I, 28.
VERNEUIL (Henri de Bourbon, duc de), abbé de Tiron, II, 248, 249, 250.
VERNOLIO (Galterius de), II, 8; — (Simon de), I, 120.
VERNONIO (Adjutor de), I, 211; — (Eustachia de), uxor N. de Clara, I, 213, 242; — (Guillelmus de), filius Johannis, I, 212; — (Guillelmus de), filius Mathei, I, 212; — (Johannes de), filius Ricardi, I, 212; — (Matheus de), filius Johannis, I, 211; — (Matheus de), I, 211, 212, 213, 214, 215, 241, 242; — (Ricardus de), filius Ricardi, I, 212; — (Ricardus de), filius Guillelmi, I, 211, 212, 214; — (Ricardus de), frater Mathei, I, 212; II, 70.
VERRERIIS (Johannes de), II, 11.
VERSEIO (Gervasius de), filius Pagani, I, 110, 218.
VETERI-ALONNA (Stephanus de), I, 176.
VETERI-PONTE (Ivo de), I, 105; — (Ivo de), filius Roberti, II, 110; — (Laurentius de), filius Ivonis, I, 105; — (Ludovicus de), filius Ivonis, I, 105; — (Maria de), filia Ivonis, uxor Francisci de Bellomonte, I, 105; — (Robertus de), I, 33, 105; — (Robertus de), filius Roberti, I, 105; II, 110.
VETERIS (Johannes de), II, 153.
VETERI-VICO (Gaufridus de), I, 31; — (Odo de), II, 92, 102.
VEUD (Escummardus de), II, 55.
VIA (Robertus), I, 151.
VIATOR (Hugo), I, 130, 138, 243; II, 39; — (Robertus), II, 161; — (Theobaldus), II, 157.

VIBREIA (Landricus de), II, 4.

VICHERIIS (Gastho de), I, 140, 142; II, 126.

VICO-CAPRINO (Garnerius de), I, 113.

VIENNA (Brito de), filius Salomonis, I, 41; — (Henricus de), I, 41; — (Johannes de), I, 85; — (Raimundus de), I, 41; — (Salomon de), I, 41.

VILAIN (Ricardus le), II, 159.

VILECEN (Girardus de), II, 19; — (Gosbertus de), II, 19.

VILECOC (Engelguis de), filia Hugonis, II, 46; — (Ermengardis de), filia Hugonis, II, 46; — (Henricus de), filius Hugonis, II, 46; — (Hugo de), II, 46; — (Luciana de), filia Hugonis, II, 46; — (Raginaldus de), II, 46.

VILEMANT (Galterius de), I, 229.

VILERBETON (Girardus de), II, 102.

VILERJOET (Galterius de), filius Roberti, II, 58; — (Robertus de), II, 58.

VILERMOIN (Rainerius de), I, 99.

VILLABON (Evrardus de), I, 70; II, 56, 57.

VILLA-FLUIS (Balduinus de), I, 169.

VILLAFRANCA (Petrus de), I, 31.

VILLA-LOVETI (Guillelmus de), II, 77.

VILLA-MEIUM (Galterius de), I, 167, 198, 199, 239; — (Robertus de), I, 167.

VILLANA, uxor Aimerici de Torneria, II, 21.

VILLANDON (Guillelmus de), I, 191; II, 58; — (Hugo de), major, I, 191, 229; — (Juliana de), filia Hugonis, uxor Landrici, I, 191.

VILLANIS (Guido de), I, 167.

VILLA-NOVA (Hugo de), homo Sancti-Petri Carnotensis, I, 74; — (Moreherius de), I, 187.

VILLANUS (Guillelmus), I, 126.

VILLA-PERDITA (Paganus de), I, 146, 189.

VILLARIO (Hugo de), I, 82, 227; — (Hugo de), filius Hugonis, I, 82, 227.

VILLA-VISANA (Gerricus de), I, 227.

VILLEIO (Galterius de), filius Roberti, II, 25; — (Guillelmus de), filius Roberti, canonicus Sancti-Juliani Cenomannensis, II, 25; — (Robertus de), II, 24, 25.

VILLEREIO (Amauricus de), II, 137; — (Guillelmus de), II, 137; — (Gulferius de), I, 115; — (Herveus de), II, 137; — (Hugo de), I, 116; — (Petrus de), I, 181.

VILLERETH (Humbaldus de), I, 233.

VILLERS (Frodo de), canonicus de Curvavilla, I, 71; — (Galterius de), I, 252; — (Girardus de), I, 206; — (Guillelmus de), I, 165, 206; — (Herbertus de), filius Girardi, I, 206, 222; — (Hubertus de), forestarius, I, 143, 144; — (Paganus de), I, 251.

VILVOCEES (Gaufridus de), I, 228.

VINDOCINO (Adela de), filia Bartholomei, uxor Gosberti de Boscato, II, 1; — (Agnes de), uxor Petri de Monte-Acuto, I, 167; — (Bartholomeus de), filius Galterii Pagani, I, 98, 103, 141, 180; II, 1, 36; — (Engelbaudus de), filius Galterii Pagani, archiepiscopus Turonensis, II, 1; — (Gaufridus de), filius Gaufridi, I, 38; — (Grippa de), II, 95; — (Hugo de), II, 29; — (Maria de), filia Galterii Pagani, uxor Gaufridi, II, 2; — (Philippus de), filius Grippæ, II, 95; — (Vulgrinus de), filius Galterii Pagani, II, 1.

VINEIS (Raginaldus de), II, 58.

VINNOLES (Gaufridus de), 1, 23.

VIRELEIO (Aimericus de), II, 157, 163; — (Gaufridus de), II, 157.

VIRGULTIS (Guillelmus de), II, 42, 43; — (Odo de), II, 42, 43; (Ogerius de), II, 42, 43.

VIRGULTO (Pasquerius de), II, 192, 193 ; — (Philippus de), II, 192.

VITALIS, archipresbiter, I, 246 ; — capellanus Juliane, domine de Aquila, I, 23, 173 ; II, 27 ; — decanus, I, 184 ; — forestarius, I, 41 ; — *monachus Tironensis*, II, 7 ; — presbiter Sancti-Sulpicii-in-Paillo, II, 23.

VIVIANUS (Stephanus), villicus Ferrarum, I, 171.

VOVERUS (Odo), I, 183.

VOVIS (Galterius de), filius Hugonis, I, 79 ; — (Helena *Falca* de), filia Hugonis, I, 79 ; — (Hugo de), I, 78 ; — (Rainerius de), filius Horrici, I, 229.

VOXALDUS (Odo), filius Roberti, I, 222, 231 ; — (Robertus), I, 231.

VULGERIUS, episcopus Andegavensis, I, 121.

VULGRINUS, archidiaconus Aurelianensis, I, 62 ; — cancellarius Carnotensis, I, 2, 5, 6, 13.

W

WARENNA (Guillelmus de), I, 28.

WARINC (Helias de), II, 98.

WARINVILLA (Guillelmus de), I, 205 ; II, 109.

WEVILLA (Guillelmus de), II, 77.

WIGUETOT (Hugo de), II, 142, 150 ; — (Isabelle de), femme de Colin Labbey, II, 149 ; — (Radulphus de), II, 142, 143, 149, 150, 151.

WIMUNT (Herbertus), II, 168.

WINBELEVILLA (Radulphus de), I, 204 ; II, 109.

Y

YNARVILLE (Robert d'), chapelain de Saint-Léonard de Bacqueville, II, 208.

YSANNA, uxor Engolrandi de Noceio, II, 12.

YSAVIA, uxor Huberti Mordant, II, 122.

Z

ZACHARIAS, subdecanus, *deinde* decanus Carnotensis, I, 71, 128, 182 ; II, 10.

TABLE GÉNÉRALE DES MATIÈRES.

TOME Iᵉʳ.

INTRODUCTION	I
I. Fondation de l'Abbaye. — Vie de saint Bernard	I
II. Chartes fausses	XVIII
III. Collège royal militaire. — Description des lieux claustraux et de l'église.	LXXV
IV. Cartulaire original. — Liste des abbayes et des prieurés dépendants de Tiron	CX
CHARTES ET DOCUMENTS (1114 à 1140)	1

TOME II.

CHARTES ET DOCUMENTS (1141 à 1720).	1
DICTIONNAIRE TOPOGRAPHIQUE.	255
TABLE DES NOMS DE PERSONNES	315

www.ingramcontent.com/pod-product-compliance
Lightning Source LLC
Chambersburg PA
CBHW070443170426
43201CB00010B/1196